艺 术 上 我 们 秉 承 ： 真 正 的 永 恒 的 民 间 立 场

China New Poem Almanac

1999中国新诗年鉴

主编/杨　克

广　州　出　版　社

图书在版编目（CIP）数据

1999中国新诗年鉴/杨克主编．—广州：广州出版社，2000．6
ISBN 7—80655—128—X

Ⅰ．1… Ⅱ．杨… Ⅲ．诗歌—作品集—中国—当代
Ⅳ．I227

中国版本图书馆CIP数据核字（2000）第30552号

1999中国新诗年鉴

广州出版社出版发行
（地址：广州市人民中路同乐路10号　　邮政编码：510121）
广东番禺市新华印刷有限公司印刷
（地址：番禺市市桥镇环城西路工农大街45号　邮政编码：511400）

开本：850×1168　1/32　　字数：55万字　　印张：21．75
印数：1—20000册
2000年6月第1版　　2000年6月第1次印刷

发 行 人：黎小江　　责任校对：穆　紫
责任编辑：李宝聪　　装帧设计：康笑宇

发行专线：020—81881976

ISBN 7—80655—128—X/Z·2

定价：28．00元

《1999 中国新诗年鉴》编委会

序

谢有顺

一、分野

在20世纪即将结束的时候，中国新诗以它自己独有的革命方式度过了1999这最后的一年。仿佛是历史与时间的馈赠，那些暧昧不清的事实逐渐开始露出水面，一度被庸俗、腐朽、人云亦云的气息所污染的诗歌天空也重新变得晴朗：固有的天经地义似的诗歌秩序遭到了瓦解；可疑的庸常的诗学趣味受到了质疑；名不副实的写作得到了新的阐释，并敞开了它们的真相；还有一些被自己制造的幻觉宠坏了的诗人和诗评家，也开始享受幻觉破灭之后的沮丧和不安……当越来越多的人起而应用怀疑这一武器时，旧有的话语体制所蕴含的权威将不复存在，重建诗歌精神的努力反而有机会在怀疑的缝隙中得以生长。

这是一个诗歌精神大面积失血的时代。虚假的意识形态姿态（“流亡或准流亡的诗歌命运”）、庸俗的形式主义（“中国诗人是否都应该像不断变换写作形式的庞德那样，才被证明为才华横溢?”）、友情吹捧和神化（“《倾向》的‘编者前记’暗示的正是九十年代诗歌所怀抱的两个伟大的诗学抱负：秩序与责任。……

这个同仁杂志……无疑成了一盏照亮泥泞的中国诗歌的明灯。”）充斥诗坛，以及由此导致的被强势话语奴役的状况（“我们对所谓‘国际诗坛’抱有足够的警惕性，另一方面，我们却极其渴望得到它的承认，藉此获得一个什么是伟大诗人的标准。”）和诗歌原创性的可怕丧失（“从来不认为自己的写作是一种‘创新’”），它们共同构成了独立、创造和自由之诗歌精神真正的敌人。在这种境遇下，我想，中国新诗的希望，很大程度上就在于是否有更多对旧话语体制有破坏性的力量被聚拢，是否有更多沉潜在民间的充满活力的声音被倾听。当一些诗人极力否认有“民间”的存在，或者别有用心地把“民间立场”贬损为“黑社会立场”时，继续争论下去已经毫无意义，因为我不明白，在一个充满精神强制和话语强制的时代，真正的诗人如果不在民间他又会在哪里。所幸的是，“民间”的意义作为一种精神事实正在赢得广泛的共识，并且在 1999 年那场盛大的有关“民间立场”和“知识分子写作”的诗歌争论中得到了有力的强化。

尽管这场争论由《1998 中国新诗年鉴》一书所引发，但争论的意义却由诗歌本身所完成。是缘于对诗歌独立品质的捍卫，对诗歌自由精神的吁求，诗界才有这一次观念上的解放和决裂。我把它称之为必要的分野。让诗与非诗分开，让真实与谎言分开，让创造与模仿分开，让借鉴西方与唯西方大师是从分开，让有尊严的写作与知识崇拜分开，让有活力的言说与对存在的缄默分开，让朴素的词语与不知所云分开，让心灵的在场与故作高深的“复杂诗艺”分开，让敏感的人与僵化的知识分子分开。数十年来，诗坛每一次必要的分野，都为诗歌带来新的崛起和辉煌，相信这次也不例外。时间正在悄悄地证明这一点。正是经由这次争论，许多人的读诗热情被挑旺，各类的诗选也以过去难以想象的数量热销读书界；也正是经由这次争论，许多荒谬的诗歌结论被改写——至少，现在没有人会再幼稚地认为那些虚构的流亡经验是什么“笔意沉痛”，也没有人会再盲目地以为某些诗人和某本同仁杂志是什么“明灯”了。一个公正、本质、独立、自由的诗歌平台初步建立了起来。为了保存和再现这次争论的价值，《1999中国新诗年鉴》以“附录”的形式收录了大部分的争论文章，秉着公允的立场，我们兼及了各种观点，并坦然面对哪怕过激的、无理的批评。我们相信每个人都有言说与判断的自由，包括读者自己，因此，热爱诗歌的人足以从所收文字中分别辨明每个写作者的内心与表情，无须我再饶舌。我一直赞赏圣经里的两句话，一句是《旧约·箴言》上的“人心里怎样思量，他为人就是怎样”，一句是《新约·马太福音》里的“人心里所充满的，口里就说出来”，所谓“我手写我心”的奥妙也许正在于此。没有人可以在文字中隐藏自己的内心。而更多的时候，说话的方式比说话的内容更重要，记住比忘记更重要。

并不需要指出谁是争论的胜利者，它毫无意义，只要争论引致了双方重新思考自己所面临的问题，目的便已达到。我从来不认为诗学争论是什么一方对另一方的打击（只有内心虚弱者才会有此想法），而是把争论理解为一种恢复，即，把每一个诗人、每一种写作恢复到它本应有的位置和空间里。在过去相当长的时间里，一些诗人的成就与一些诗作的意义被过分地夸大了，加上少数掌握了话语权的人的竭力鼓吹，这种夸大反而成了现成的结论被许多人征引。我惊异于当下的诗坛居然活动着那么多毫无辨别能力的庸众，他们合谋把一些屈辱与闭抑的事实渲染成了阅读神话，不仅自己沉浸其间，还想方设法将它强加给读者和这个时代（诸如“我预感到：八十年代结束了”之类）。这真是一种痛楚的记忆，如果没有来自“民间”的清醒的写作者的一声断喝，有的诗歌写作者在洋人的后花园所构筑的那些谎言不知还要持续多长的时间。我上面所说的恢复，意思就是要反对一切的幻觉、神话、自我感动，把那些被夸大的诗人和诗作还原到它本来的面貌上。这实际上是一个艰巨的清场过程，只有保证了这一过程的完成，诗歌的继续革命才有进一步的可能。

然而，当我参编《中国新诗年鉴》后获知，许多闪烁着奇异才华、生活在民间的诗人在诗坛都是匿名的、不被重视的时，我才真正明白，现存的所谓诗坛也不过是权力作用后的产物而已。与意识形态这一庞然大物一样，以北京为主导的诗歌秩序同样适合生产霸权和霸主。有一个问题我一直百思不得其解：为什么一些拙劣的“知识分子写作”诗人会成为所谓的诗坛权威，为什么一些诗评家充满西方话语优势的奴役色彩的理论会被人奉为圭臬？看来的确存在一个阐释的真空问题。由于长期以来诗歌只是少数人的事业，且多数好诗都隐于民间，谁手中掌握着话语权就显得尤为重要。在封闭性非常强的诗歌领域，对诗歌的解读似乎就成了不多几个“知识分子”的专利，更多的人，只是在沿用他们所阐释过的结论。于是，一种误读的恶性循环产生了。我想，只有把那些隐匿在民间的优秀诗人和诗作发掘出来，才是反击这种荒谬局面最有效的办法。《1998 中国新诗年鉴》较好地实践了这一点，它大力推举的是鲁羊、伊沙、朱文、阿坚等人全新的、带有异端色彩的诗，强调诗歌与此时此地的日常生活、存在敏感之间的相关性。没想到这引起了“知识分子写作”群体的集体恐慌。很清楚，这种恐慌的内部秘密在于，他们在幻觉中建立起来的权威受到了致命的挑战，以及他们在富有活力的民间立场面前显得黯然失色的不甘。

《1999 中国新诗年鉴》进一步突出了来自民间的优秀诗人的写作成果。只要读一读第一卷，宋晓贤、沈浩波、李红旗、朵渔、巫昂、盛兴这些闪光的年轻名字，已足以改变我们对诗歌现状的消沉看法。拿他们与另一帮面貌可疑的诗人相比，谁才是诗歌的希望，我想真相已经大白，并将继续大白于天下。

二、前进

站在这条更为健康的诗歌地平线上，我掩饰不住阅读的欣喜之情，因为《1999 中国新诗年鉴》中的许多诗都带着金子般的质地，它们是编者从堆积如山的诗稿和文学杂志中挑选出来的。长达一年的艰苦卓绝的努力，宋晓贤这些卓越的诗人才渐渐呈现在我们的视野中，这个过程，有如农夫在田间的劳作，最终迎来了谷物归仓的丰收之日。

选择的标准依然秉承着我们一贯的诗学信念：对当下存在的敏感，心灵的在场，观察世界之方式的探索，艺术的原创性和语言的天才。它们是一些带着体温和切肤之痛的诗篇，与日常现实亲密结盟，并把每一个语词都逼向存在的深处。这些诗篇，如同一把把砍向生活的刀，迸发着难以阻遏的力量。力量的源泉显然来自生活本身，来自诗人作为一个有活力的个人的体验，来自语言和智慧对存在的深刻注解。或者说，力量来自于人，而不是来自于知识。“有血有肉的人，他诞生、受苦、并且死亡——最主要的就是他会死，他要吃、喝、玩、睡、思考，以及行使意志。他能够听，能够看——这些人才是我们的兄弟，真正的兄弟。”(乌纳穆诺语）只有这样具体的人的主体性真正确立后，诗人才能重新获得解释现实的权利。那些敌视日常生活、天天坐落在大师语录中间无所事事的人，也许从来没有想过，如何在最为日常的经验中发现诗性并有效地表达它，才是一个诗人最大的写作难题。里尔克在《给一个青年诗人的十封信》中说：“如果你觉得你的日常生活很贫乏，你不要抱怨它；还是抱怨你自己吧，怨你还不够作一个诗人来呼唤生活的宝藏；因为对于创造者没有贫乏，也没有贫瘠的地方。”

真是至理名言。看来，我们惟有在生活面前谦卑地俯下身，倾听来自它内部的叹息和悲伤，并接受生活触角的必要训练，才有可能获知进入存在深处的秘密通道。那些与诗人自己有关的生活细节和存在敏感，是对日渐贫乏的诗性最重要的援助。比如，像宋晓贤的《一生》：排着队出生/我行二，不被重视/排队上学堂，我六岁，不受欢迎/排队买米饭，看见打人/排队上完厕所，然后/按次序就寝，唉/学生时代我就经历过多少事情//那一年我病重，医院不让进/我睡在走廊里/常常被噩梦惊醒/泪水排着队走过黑夜//后来恋爱了，恋人们/在江边站成一溜儿/排队等住房、排队领结婚证/在墙角久久地等啊等/日子排着队溜过去/就像你穿旧的一条条小花衣裙/我的一生啊，就这样/迷失在队伍的烟尘里//还有所有的侮辱/排着队去受骗/被歹徒排队强奸/还没等明白过来/头发排着队白了/皱纹像波浪追赶着，喃喃着/有一天，所有的欢乐与悲伤/排着队去远方。它的简洁、深刻和巨大的概括性，在近年的短诗中是罕见的。漫长的一生，仅一个“排队”的细节，足以洞见其全部的无奈、屈辱和悲伤。语言的躯壳里面，盛装的是富有疼痛感的心灵，加上宋晓贤在应用语言上的杰出才华，《一生》理所当然地成了《1999 中国新诗年鉴》的头条诗。这样安排，旨在向读者表明，编者的心中一直是眷恋类似的诗作的。包括宋晓贤的另一首短诗《苦孩子》：苦孩子咬字不清，几乎说不出/自己的苦衷，他爱笑/总是用牙齿咬住下唇，他的财富嘛/就像我的慈爱一样贫穷//有一次我替他从脖子里/翻出衣领，他也抱怨自己/幸福也许就在他的屁股兜里/但爸爸给的钱只够他学习//他的自行车吱嘎作响/也像个苦孩子总是哭，没衣服/每晚，他跟妈妈分享一张古老的书桌/妈妈改作业，苦孩子背书//20 瓦的灯泡刚刚够用，刚刚够用/一切完毕，苦孩子躺在小床上/身子底下，一张破席/但窗子够大，望得见星星//星星呀在不眠地闪烁/一大把一大把的/就像是梦中的玩具/苦孩子是否看见了幸福。它同样呈现着让人心疼的精神表情。它让我们看到，现代诗也可以写得这么朴素而有力，并且感人至深，我相信，这样的诗作，根本就不用担心会没有读者。即便是像李红旗的《时候》这样简约的短诗，也贯彻着令我们惊讶的语言韵律和存在力度。“这时候/平静的坐着/看着一只天使从我的脑海里飘过/你能告诉我/这是美丽的吗/妈妈//这时候/我安静的坐着如果我就这样安静的死在这里/你能告诉我/这是完整的吗/妈妈//你能再把我生一遍吗/你都坏了/像多年前的一块保守的饼干/带着满身的老茧和灰尘/正在想念着陌生”。类似的好诗，恐怕是那些固守书斋和知识的诗人一辈子也写不出来的。回想起来，现代诗在这些年会落到如此严重的孤芳自赏的境地，确实跟一些人在诗中推崇晦涩难懂的诗艺（鲁迅说，“伟大也要有人懂”）、炫耀知识、大量仿写大师的艺术经验、抽空人性的气息有关。正是这种恶俗的诗学趣味，进一步扩大了现代诗与读者之间的距离（甚至是彻底的决裂）。但是，你只要读一读宋晓贤、李红旗、朵渔、巫昂、盛兴，读一读吕约、沈浩波、世宾、哑石等人，就会发现，一个新的诗歌群落，一种新的美学原则，以及一种新的精神和话语的方式正在年轻一代中悄然崛起。业已失落的诗歌尊严正在被挽回，仍然眷恋诗歌的心灵正在慢慢靠拢。

我愿意在此直截了当地指出这些人的特殊意义：他们的写作，使汉语成了一个发声的、说话的、人性的身体。这种说法，是针对一些人把诗歌语言变成了一个不具有日常经验和人性细节的空壳而言的。也就是说，我们所推崇的诗歌话语是关涉灵魂和身体的双重性质的。它既有内在的精神秘密，也有外在的物质形态。二者是和谐的、完整的、统一的。用曼德尔施塔姆形容俄国语言的话来说，词就是肉体和面包，它分享着肉体和面包的命运：苦难。“词环绕着躯体自由地徘徊，如同一个灵魂环绕一具被遗弃的、却未被忘却的躯体。”年鉴所收黄灿然的《杜甫》一诗中有一句诗说“汉语的灵魂要寻找恰当的载体”，也是这个意思。强调这一点非常重要，因为诗坛一度涌动着一股虚化日常生活、身体细节和精神尊严的潮流，结果，由此造成的空档，便由那些与诗歌无甚关联的所谓“非连续性的历史关系”、“知识型构”之类的怪物所填充。其实，虚化日常生活、身体细节和精神尊严，也就虚化了灵魂的真实性，这样的诗歌必然是苍白、冷漠和无力的。《1999 中国新诗年鉴》在编辑和遴选的过程中，对这类诗歌保持了足够的警惕。

要使诗歌成为既是灵魂的也是身体的，核心的问题是，如何让人及其存在在语言中出场，即，如何让个体灵魂的体验物质化。这个物质化的过程，实际上就是日常化和口语化的过程。因此，日常生活和口语在诗歌中的应用，决非像一些人所理解的那样，只是一个策略，或者称其为贫乏无味的代名词，它的背后其实蕴含着一个如何转换的诗学难题。要把诗歌写成一个灵魂事件，似乎并不太难，而要把诗歌写成一个含示人性尊严的身体事件，就显得相当不容易。身体意味着具体，活力，此在，真实，它是物质的灵魂。有了它，诗歌将不再空洞，泛指，不再对当下的生活缄默。我喜欢灵魂节律和身体节律相谐调的诗歌，它是真正意义上的面对存在，这种存在感由许许多多物质化的生命细节所构成的，坚实而有力。

存在，灵魂与身体双重的存在，应该成为诗人最高的自尊。而一旦灵魂和身体的现实在语言中建立了起来，更为可信的艺术现实才会真正出现。我感到高兴，这条由韩东、于坚等人开创的诗歌道路，已经有越来越多的后来者走在其间，而且成绩卓著。前行者并不孤单，孤单的只会是那些忘记了自己还有身体、光想着在时代上空飞翔的人。

三、陷阱

说诗歌既是灵魂的也是身体的，强调的是灵魂的身体化（物质化)，但我们并不因此向诗歌要求过多的物质、具体和材料，否则，诗歌将面临诗性意义上的饥饿。在每个革命性的命题后面，都隐藏着一个陷阱，作为编者，我们常常这样提醒自己。即便是在备受争议的日常生活和口语方面，我们也不是把它简单地看成纯物质形态的事物，而更多地把它看成是一种心灵品质。普通意义上的日常生活和口语，与诗性意义上的日常生活和口语，是有很大不同的，正如口水和口语之间，也有很大不同——前者是肉体的分泌物，后者是灵魂的物质化。在这个分辨的过程之中，我们一直信守写作是心灵自尊和语言自尊相结合的产物这一原则。

但我们依旧无法阻止陷阱的生长。首先要面临的是，许多的诗歌写作者把诗歌的口语化运动，理解成了毫无意味的大白话。于是，大量平庸、乏味、口水式的诗作折磨着我们。拒绝是必然的。必须将乏味的大白话和闪光的口语品质区别开来，以维护诗歌语言的魅力。真正的诗歌语言永远是诗人自由心性的显现，并且，它将说出一个诗人的感受挺进到了什么程度。比如，韩东的精粹和节约，伊沙的轻松和幽默，于坚的恣肆和开阔，侯马的文雅和细致，宋晓贤的执着和节奏感，均包含着他们不同的认识事物和感受生活的方式，它们是分别从不同的心灵品质中派生出来的。从严格的意义上说，用口语入诗是最难的一种写作方式，这就好比朴素（而不是深奥）是艺术最高的境界一样；口语也无法复制，因为它是第一性的，个人的，它对应于原创性，这跟另一些诗人所做的忙于仿写大师文本的工作（还美其名曰“互文”）是有本质区别的。但是，当现代诗的口语化运动有了一段光彩的历史之后，我感觉它的使命也在悄悄地发生变化：过去，它更多的是颠覆、解构、拆除意识形态和文化传统的固有深度、使诗歌返回到生活的平面上；现在，它也面临一个如何变得深刻、如何警惕自身内部的美学危险性（不致滑向口水化）的问题。当下诗坛已经有了太多口语化写作的低级衍生物——无味的大白话或令人腻味的口水诗。《1999 中国新诗年鉴》本着对艺术良知和诗歌理想的忠诚，守住了口语的诗学底线。它竭力提高口语的艺术品质，同时也有力地打击了当下流行的晦涩、干枯、不知所云的诗歌话语潮流。我们有信心让现代诗以其朴素、优美和深情的品质，返回到读者当中。

形象的类型化。这是另一个陷阱，遍布于成名和未成名的诗人的写作之中。近年诗歌的平民化倾向，使得诗人所创造的形象多样起来，不再是单一的忧郁知识分子、精神启蒙者和时代代言人的角色。英雄主义消失了，代之而起的是一些日常、卑微却真实的自我。这本是好事。而令人惊异的是，诗歌在反对一种精神类型和话语类型时，没想到，它很快又形成了新的类型化问题。比如，许多诗人都不约而同地写到了妓女形象，写到了与妓女之间的微妙关系，可当它们共同构成一种类型时，这一形象就变得单调，大同小异，让人厌倦，有一些还显得非常阴暗而龌龊。比如，一个挺有才华的诗人，竟然在一首诗中津津乐道于与三个妓女同床作乐的场景，真令人难以置信。我们并不反对写妓女、撒尿等日常事实，但反对诗人将自己的诗写脏了，写阴暗了。这是一个不容质疑的艺术趣味问题。在任何时候，我们都坚信，诗歌是美学最亲密的兄弟。写妓女形象写得较好的诗有韩东的《在深圳的路灯下》、侯马的《李红的吻》等，它们之所以好，是因为里面蕴含了美和沧桑，还有对特殊心灵的诗性捕捉。在这个很能见出诗人是否具有健康的心灵风度的题材上，大部分诗人除了糟蹋自己之外，并没有做得更好。这个事实让我们看到，在诗歌写作上，重提写作的尊严、理想的吁求、个人的独创是多么的迫在眉睫。心灵的质量和诗歌的质量，许多时候的确是统一的，我们没有理由忽略。

与时代的关系。韩东说，“民间立场就是坚持独立精神和自由创造的品质”，我非常同意。民间立场也是一种最为坚固的个人诗学立场。但并不能因此以为，坚持民间的、个人的立场，就阉割了诗人与时代的复杂关系。任何的个人都是时代中的个人，他身上的时代感是无法抹杀的。时代感对于诗而言，只有一个必须的尺度，那就是真实——我们坚决反对诗人在诗歌中虚构阔大的时代命题，以掩饰自身对存在的麻木。记得一些“知识分子写作”者，总是把自己错置于曼德尔施塔姆、帕斯捷尔纳克、布罗茨基、米沃什等人的时代里，并借此想象自己也处于他们那样的被压抑的命运中，于是，一个在国内活得八面玲珑的人，居然也写起流亡诗和准流亡诗来。这种所谓时代感的虚假性是不证自明的。孰不知，帕斯捷尔纳克等人的时代感，是来源于他们所处的时代强加给他们的致命压力，以及他们与时代之间的对抗，决非什么获利的手段。帕斯捷尔纳克借日瓦戈医生的口说：“时代不会考虑我是什么，它把它的愿望强加在我头上。”曼德尔施塔姆也在《时代的喧嚣》中说：“我想做的不是谈论自己，而是跟踪世纪，跟踪时代的喧嚣和生长。我的记忆是与所有个人的东西相敌对的。如果有什么事与我相干，我也只会做个鬼脸，想一想过去。……在我和世纪之间，是一道被喧嚣的时代所充斥的鸿沟，是一块用于家庭和家庭记事的地盘。……我和许多同时代人都背负着天生口齿不清的重负。我们学会的不是张口说话，而是呐呐低语，因此，仅仅是在倾听了越来越高的世纪的喧嚣、在被世纪浪峰的泡沫染白了之后，我们才获得了语言。”俄罗斯诗人如此热心于时代性的表达，是因为那个时代抹杀了诗人作为个人存在的痕迹，“我的记忆是与所有个人的东西相敌对的”，他们表达这种切肤之痛的目的，就是为了找回一度隐匿的个人经验。因此，时代对诗人来说，永远是我的时代，而不是他者的时代。在北岛、张枣、王小妮、梁小斌、昌耀等一代诗人那里，时代感的痕迹要明显一些，而后起者与时代的关系，多半被改写成隐秘的私人记忆。但是，类似“这一年，春季大旱/谁也挡不住/土地开裂，露出/干枯的肚肠/老鼠逃出米缸/庄稼颗粒无收/我们的好乡长/为了不让上级失望/连夜派人把耕地/先漆成草绿/再涂成金黄”（宋晓贤：《1958 年》）这样的诗句，还是引起了我们特别的注意，原因不在于诗人写了重要的历史事件，而在于他为这个历史事件找到了准确的诗学表述。好诗从来都是个人和时代真实的内心证词。基于这种眼光，《1999 中国新诗年鉴》的视野才变得开阔，没有沦为个人私秘话语的迷幻花园。

形式主义。还有一个要反对的敌人是过度的形式主义，它的要害是精雕细琢，做了修辞术的奴仆，实际上通篇说的都是废话。（塞尚攻击了 19 世纪那种雕琢的感伤艺术后说了一句精辟的话：艺术必须与真正的人生现实相连，美更在于“完整”而不在于“漂亮”。）一些人普遍把形式主义理解成一种高尚而复杂的诗艺，却从来不去测度它是否具有必要的人性体温和心灵深度。有意思的是，一些人在崇尚西方大师的诗艺的同时，似乎把翻译而有的艰涩和混乱也一并学来了；另外一些人则在反对这种形式主义的时候，堕入了另一种形式主义。为了减少这种形式主义美学陷阱的负面影响，我们决定，宁肯选择有活力也有破绽的诗，也不要精致却死气沉沉的作品。前者意味着希望，而后者只是一些高级废话，徒增语言上的文化积尘。不过，形式是一个诱人的迷宫，没有精神分辨能力的人是很容易陷落其中的——许多人最初的革命冲动，不知不觉都演变成了一种自我放纵和不顾一切代价的标新立异。当各种艺术形式都在当代得到了充分的实践之后，诗歌所要做的，不应该是把形式上的追求过度发展为形式主义，而是应该把一切的形式都引到心灵的身边，使之内在于心灵言辞中，并擦去语言上的杂质和积尘，为精神的出场准备地盘。我从来认为，把话说得明白、清晰并富有美感是一种最重要的写作能力。

四、信心

至此，我们所追求的杰出的诗学品质已经显形，它是在1998年的基础上继续前进的结果，也是在克服了种种美学陷阱之后的收获。一方面是大量的阅读，整理，遴选，发现，把散落在各个角落的优秀诗作挖掘出来，并且像保存火种一样保存它；另一方面是不断地把诗歌还原到与口语、常识、活力、经验、人性、生活、自尊、此在相关的地带，有力地矫正了当下诗歌潮流中变异的气质。我们不愿意像有些人那样，把诗歌的萧条简单地归结于时代和诗人的平庸，在伟大的20世纪走向结束的最后一年，这样的抱怨于事无补。相反，踏踏实实地为现代诗的发展和进步做一些事情，才是艺术良知的真诚体现。

如果《1999中国新诗年鉴》感动了你，征服了你，重新激起了你对诗歌的爱，对美的向往，对汉语的信心，那一点都不用奇怪，因为我有信心说，1999年度中国新诗大多数动人的瞬间都凝结其间了。这样的瞬间，是一年来编者一点一点积攒下来的。有了它，21世纪的新诗或许会有一个更为平实的起点。它也告诉我们，我们所要的诗不在别的地方，就在这儿，就在那些被人遗忘的角落，关键看你是否有发现它的心灵和眼光。

回想起1998年，生活在南方的几个热心诗歌的人，会萌发编辑诗歌年鉴的冲动，实属偶然，没想到，短短的两年时间，它居然酿成了20世纪末最重要的诗歌事件之一。应该感谢诗歌本身，它在自身的精神本质遭到破坏、歪曲、中断之后，再次显示出了巨大的自我修复能力，及时地把诗歌带回到人性和艺术的伟大道路上。我乐于看见诗歌从一种不正常的和当下精神现实、内心生活相疏离的状态，回到普通的人群中，回到此在。这多么不容易。新诗走过了约80年的历史，其中的大部分时间，都是在写一种理想，一种往上升的东西，一种抽象的事物，一种语言的自我缠绕；接触西方诗歌后，又几乎整个地活在众多大师阔大的背影中。于是，创造性，以及个人心灵在语言上的刻度，这两个诗歌中最重要的方面，业已萎缩到了极限。更糟糕的是，多数诗人和读者的思维、心灵与美学趣味，都接受了固有的诗学训练，趋向定型，难以改变。革命遇到了前所未有的困难。当诗歌要从一种天上的状态落下来，回到具体的现实、具体的人性、具体的语言、具体的美时，首先要对付的是每一个人心中的这种艺术惯性。需要一次彻底的解放，以打破所有虚幻的、放大的诗歌理想，让诗歌朝另一个方向前进，在地面上前进。这需要背负这一使命的诗人付出巨大的力量，也需要读者具备很强的承受力才能最终完成。

敏感的人或许已经看出来，这实际上是一次重大的、意义深远的诗学转型。似乎是一种必然，它最初崛起于南方的诗歌群落，现在又由以南方为主体的《中国新诗年鉴》所推广。强调南方的作用并非多余，因为南方较为显著的平民、日常、人性化无疑更契合这种新的诗歌方向。它所蕴含的柔软、富有质感且对存在有锐利发现的诗性品质，也更适合于诗人来到最个人和内部的领域，重新恢复对真实、美、朴素、细节、此时此地的生活、有责任感的心灵等事物的挚爱，使诗歌与“我”相关，与词语的物质性相关。诗歌，应该在这个沸腾的时代，重获心灵的力量，当下的力量，描绘和捍卫人类空间中最个人和内部的东西，从而使其有效地在我们的存在现场展开。诗人不是那些站在生活之外、活在苍白的想象中的技术崇拜者，它应该在生活之内，在人性之内。只有站稳于生活内部，才有写作的精神基础，也就是说，若没有对自身当下处境的敏感，写作就只是一个姿态，没有任何真实的价值。诗人应该是一些对此时此地的生活最敏感的人。因为他们提前知道了生活所传递过来的消息，并展开了他们的追问，时代才把他们称为先行者。这样说，并不等于诗人在生活面前就失去了当有的警惕，失去了批判性，也不等于说写作应屈服于生活中的物质和欲望逻辑，恰恰相反，那些抽空了生活的意义与价值，只剩下表面那种虚假繁荣的所谓“自然生活”是需要警惕的，它并非生活应该有的面貌。只有油盐酱醋或任何一种投机的生活都是“伪生活”（哈维尔语）。这个提醒非常重要，因为有许多希望重返生活的诗人都由于对生活中蜂拥而来的真实缺乏警觉，导致其写作意义被过度的日常性所蛀空，在记录生活的同时，遗忘了写作对生活的批判功能，而沦为“伪生活”的助言者。真正的诗人，应该在保护生活免遭粗暴伤害的同时，也质疑“伪生活”给我们带来的苦难，并保持对生活信念和意义的坚守。这一点，我们在年轻一代的诗人身上看到了越来越多成功的实践。比如，收在《1999中国新诗年鉴》中的大多数诗，都有非常具体而实在的外貌，里面却潜藏着他们和以前的诗人之间对生活完全不同的理解。这些诗人不再仅凭整体主义的结论、想象的经验或者阅读经验来写作，他们的写作是人性而细节的，里面却充满对常识的重新发现。对生活和常识的承担，使他们的写作不像另一些诗人那样，走的是虚化日常生活的道路，他们更愿意相信，诗歌深刻地与生活相联，写作所要反抗的是生活中庸俗的趣味和空洞的虚无，而不是反抗整个生活本身；照样，他们对理想的向往，也不再停留在乌托邦或集体记忆里，而是结结实实地从我们脚下的大地上生长出来，它也许并不是那么崇高和激动人心的，但它却是牢固的，人性的，现实的。任何诗人都没有理由忽视如何使诗歌具有美和现实的力量这个问题。诗歌是掌握、理解美和现实的，而不是疏远它。

所有这些，都是为了证明，一个真正的诗人，必须诚实地面对与“我”相关的存在，以及存在的细节——它的疼痛与不安、寒冷与梦想、希望与慰藉，并通过一种词语上的承担写下自己内心的证言；而那些让人激动难忘的诗篇也反过来证明，能写下如此诗篇的人，的确是在我们的时代里诚实地生活过。现在，多么令人高兴，这些诚实的人，诚实的诗歌，正从纸上走向真正的民间，走向此时此地的存在，走向存在中的你。

2000 年 2 月 17 日，广州

目　录

第二卷

第三卷

第四卷

第五卷

第六卷（诗歌理论）

附　录

附录一：

诗歌争论备忘录

第一卷

宋晓贤：

一 生

排着队出生，我行二，不被重视
排队上学堂，我六岁，不受欢迎
排队买米饭，看见打人
排队上完厕所，然后
按次序就寝，唉
学生时代我就经历过多少事情

那一年我病重，医院不让进
我睡在走廊里
常常被噩梦惊醒
泪水排着队走过黑夜

后来恋爱了，恋人们
在江边站成一溜儿
排队等住房，排队领结婚证

在墙角久久地等啊等

日子排着队溜过去
就像你穿旧的一条条小花衣裙
我的一生啊，就这样
迷失在队伍的烟尘里

还有所有的侮辱
排着队去受骗
被歹徒排队强奸
还没等明白过来
头发排着队白了
皱纹像波浪追赶着，喃喃着
有一天，所有的欢乐与悲伤
排着队去远方

天上家庭的日常生活

在天上广袤的原野上
生长着湛蓝的庄稼
瞧那些紫云，那些美丽的稻草人
来回走动，来回巡视

他们干得卖力，而且悠闲
哪怕是最大的铁鸟
也不敢偷吃一点点
天上的庄稼每天成熟

但收获得很少，只在西边

每到傍晚，拖拉机
在我们头顶来回辛劳
辛勤地耕耘着上帝的农田

等它忙完了，黑色的泥土翻过身子
天就黑下来，这样的时候
日子也不会停下，天上的后院里
生长着许多发亮的虫子

那样一片可喜的闪光
上帝在一旁看着，心里好喜欢
你听那远处寂静的声音
那是神的妻子在饲养夜蚕

它们在吞食天上的桑叶
那捉摸不透的热情的蠕动
永恒的光之舞，它们在女人
温柔的注视下越来越胖了

快快吃吧快快长大，因为
明天一早，上帝的织布师——
那勤劳的蜘蛛一钻出卧帐
就要把金灿灿的梭子撒向遥远

幽默曲

早晨，我写出这样两句：

鸟儿成群飞来
在我们头顶旋舞

可是到了傍晚
我就发现：
鸟儿比我们低了
鸟儿在我们脚下

在一个深渊与另一个深渊之上
滑行，并且翻腾
鸟儿呀呀叫着
欢呼在风中

从午至晚
是否意味着：
抒情主体已经改变？
鸟儿在风中写道：
人们孤独地涌来，
在我们头顶旋舞……

乘闷罐车回家

腊月将尽
我整好行装，踏上旅程
乘闷罐车回家
跟随一支溃散已久的大军

平日里我也曾自言自语
这一回终于住进
铁皮屋顶
一米高处开着小窗
是小男孩办急事的地方
女孩呢，就只好发挥忍耐的天性
男男女女挤满一地
就好像
每个人心中都有位沙皇
就好像他们正开往西伯利亚腹地

夜里，一百个
梦境挤满货舱
向上升腾
列车也仿佛轻快了许多
向雪国飞奔
我无法入睡
独自在窗前
把冬夜的星空和大地
仔细辨认
我知道，不久以前
一颗牛头也曾在此处
张望过，说不出的苦闷
此刻，它躺在谁家的厩栏里
把一生所见咀嚼回想？
寒冷的日子里
在我的祖国
人民更加善良

像牛群一样闷声不语
连哭也哭得没有声响

垂死街

街道正对着窗子，清晨
一个胖女人走过
一个日子死去，没有泪
除开灰尘，我们的城市死去

没有人为它哭泣
我即将死去，没有人为我哭泣
因为人们即将死去，没有人
为自己哭泣，只有灰尘

蹒跚着步履上街买菜
他们已经彼此考验了三十年
而且已经到了无须话语的年龄
他们生活着，仅靠着与这世界的默契

那还上街买菜干什么
想花掉走到墓地的力气？

1958 年

这一年，春季大旱

谁也挡不住
土地开裂，露出
干枯的肚肠
老鼠逃出米缸
庄稼颗粒无收
我们的好乡长
为了不让上级失望
连夜派人把耕地
先漆成草绿
再涂成金黄

苦孩子

苦孩子咬字不清，几乎说不出
自己的苦衷，他爱笑
总是用牙齿咬住下唇，他的财富嘛
就像我的慈爱一样贫穷

有一次我替他从脖子里
翻出衣领，他也抱怨自己
幸福也许就在他的屁股兜里
但爸爸给的钱只够他学习

他的自行车吱嘎作响
也像个苦孩子总是哭，没衣服
每晚，他跟妈妈分享一张古老的书桌
妈妈改作业，苦孩子背书

20 瓦的灯泡刚刚够用，刚刚够用
一切完毕，苦孩子躺在小床上
身子底下，一张破席
但窗子够大，望得见星星

星星呀在不眠地闪烁
一大把一大把的
就像是梦中的玩具
苦孩子是否看见了幸福

吕　约：

父　亲

当我说到这个词：父亲
背脊上同时涌起两股电流

当我说：他是强大的，他变得弱小
当我说：他老了，他变得
比我还年轻，有足够的血液和牙齿
喜欢无缘无故地鼓掌，适当的时候
还会兴致勃勃的提议：来场游戏！

他把他森严的卧室兼工作室改装成
游戏室的模样，点缀一些气球，解除它的魔力。
他拉开灰白色夹克衫的拉链，露出T恤衫的鲜红领子。
他甚至摘下眼镜。
他的每一条皱纹都在恳求说：来吧……样子几乎有点
胆怯，仿佛事情并不取决于他。

总是这样，他的每一个决定，起初都像年轻姑娘一样胆怯
试探着，摸索着，一旦发觉障碍实际上并不存在
便迅速变得（像堕落的姑娘一样）肆无忌惮。

他消耗我的力量。

他吞噬我的权利。
他宣告我创造的无意义。
而我已分不清：以上究竟是他实际所为
还是像他所说的那样——仅仅出自我的想象？

当我在这个巨大的走廊与一扇扇门之间，摸索着，
试探着转动门把手（黑暗中它闪着微光）

门背后一声咳嗽——犹如被电流击中
犹如一只试图翻越门槛的耗子，由于震颤和狂喜，
几乎不能动弹：那是父亲的仁慈
父亲的召唤！
而我的大胆
是得到允许的大胆

运动员

一天晚上　夏天晚上　十点钟
我和她　一位运动员　真正的运动员
肩并肩　趴在高低杠上　聊天

广阔的操场　在月光下呼吸　一会儿舒展
一会儿　缩成一团　像张大白纸
随时可能被风掀翻　吹走
我们的高低杠　像枚装订针　把它固定住了

运动员向我倾诉　她失恋了

“他跟玩一只球似的　一脚把我踢远”　飞快地
她模拟了那个动作　又突然弯下腰
捂住胸口　仿佛一脚踢中了那儿　而我注意到
她弓起的屁股　小　结实　高弹性的足球
应该踢在那儿才对

“是球　总会有人再捡起来的”我安慰她
她笑了　印第安人的笑　印第安人的牙齿
转而又凝固成　印第安人的忧虑　“问题很多
肌腱炎　韧带劳损　关节松脱　最主要的
月经不规则　我怀疑　根子就在这儿”

我赞同她斩钉截铁的诊断　同时　悄悄感染了
她的忧虑　想起我的那些暗疾　偏头疼
关节炎　坐骨神经痛　共同的是
月经问题　最重要的
让我们陷入共同沉默的问题

突然　运动员凑近我　低声说
“去它的”这时　她已翻到高低杠上
跨坐　翻腕　伸腿　倒勾
挺身　回旋　一连串令人眼花缭乱的狐形
她自由了　瞬间
她摆脱了一切　甚至摆脱了
这道高低杠

风　更猛烈地吹刮　转眼之间
运动员不见了

不知是在过于自由　迅疾的翻腾中　她松开手
飞走了
还是被风刮走了

只剩下我　在飘飘欲飞的白纸操场上
牢牢抓住一根　冰凉的　发烫的金属
闻到它带汗的锈味

助　手

在黑洞洞的走廊上　助手们跑来跑去
带着他们摇晃不定的光亮

他们敲开　趋近　递上　等候　送呈　转报
退出　带上　小跑　解释　安慰　送走
他们的手传递着　报告　申请　诉状　证词　材料
手术刀　文件　　聘书　图章
这些不知疲倦的信使　活动在
塔底塔尖　上下级　不同部门　甲方乙方
甚至完全是两个世界之间

无法喊住他们　谁也无法
让他们停下来　与他们片刻交谈　尽管他们
那么年轻　温和　活泼　乐于助人
几乎是邻居家的儿子　但当他们
匆匆忙忙　互相叫喊　用别人听不懂的术语　暗语
简短对答　一种陌生的气息

在弥漫　摇荡　游移　扩散
一道朦胧的光柱　将我们和
他们之间的唯一联系　投向虚无

这些天性快乐的孩子　在雾中跑来跑去
传递着失去意义的消息　早已作废的命令
捷报　过期合同　字迹难辨的委任状

雾在弥漫　政治家与运动员的　富人与情人的
公务员与海员的　工人与艺术家的　小狗的

幻　影

“北约和南联盟干起来了”，翻开《都市报》
我吃了一惊，屏住呼吸读下去
就像一架轰炸机发现了目标
三月刚刚进入下旬，阳光已这么毒辣。
站在高架桥的阴影下，读完报纸，把它对折起来
举到额头上方。它投下一块阴影，不大不小
正好遮阳，该死的
广州的太阳。偶尔抬一下眼睛，可以瞥见
北约新型战斗机的大幅照片。
它倾斜在我的额头上方，仿佛正准备
从那里起飞。
小巧的，翼身合一的，英国制造的
最新战斗机，代号“幻影”。好名字
尽管华丽了点儿

可对于一架飞机，这名字真不赖
至少让我胃口翻新
让美国佬的“灰鹰”、“鹞式”
见鬼去！为它命名的那家伙
智商总算不低，而且有点浪漫——
突然，头顶上一阵沙沙声
一轮小心翼翼的，精确的袭击，稍停片刻
又是一轮，这回规模更大，最后，
它明确地变成雨。
转眼之间，举在头顶上的报纸
就给淋湿了，软不拉唧地
耷拉下来。战斗机的巨幅照片
贴上我的脸，湿漉漉的一片冰凉
像是冷不防地
给人“叭”地亲了一口。

沈浩波：

福莱轩咖啡馆·点燃火焰的姑娘

你当然可以坐下
一杯温酒，几盏暖茶
总有人知道你倦了
便有音乐如梦抖落你满身的霜花

做男人不易，这你打小就知道
那年也是初春，寒气逼人
喝醉酒的父亲在院里一边流泪
一边数着天上的星星
你说小姐我不喝酒了
你说小姐对不起
从今年开始我才刚刚是个男人

“要不然就换杯咖啡吧”
乳白色的羊毛衫落满灯光的印痕
爱笑的小姐绣口含春
“带火焰的咖啡最适合夜间细品
它来自爱尔兰遥远的小城”

你眼看着姑娘青葱似的指尖
你说小姐咖啡真浅
你眼看着晶莹的冰块落入汤勺

你眼看着姑娘将它温柔地点着

你说你真该把灯灭了
看看这温暖的咖啡堕入黑暗的世道
看看这跳跃着的微蓝的火苗
在姑娘柔软的体内轻轻燃烧

我想看见光

我站在阴暗的地方
看着她，如蜂鸟般
忙碌的女人，在厨房里，
在水汽中，我看不清她
想象不了她，她是
浮游着的，仿佛月色。
她是暗夜的种籽：一枚
捉摸不定的杏，平滑
光洁。啊，这柔软着的
梦，在娴熟的温婉中
轻轻浮动。

我看不清她，想象
不了她，她的短裙，
仿佛来自洒满雨滴的
丛林，它是其中
发光的部分，它簌簌着
垂下，像黑色的叶片

轻轻旋转，但矜持着，
并不飞扬，也不卷起尘埃。
它紧贴着光滑的白桦树干，
像裹着一颗心，静静的
静得像她。

她忙碌着，我看不清她
空气阻隔着阴影里
我的梦想。啊，我多想
看见她，让她肌肤的色泽
破空而来，洒落我全身。
我多想叫住她，多想说
停下，姑娘，请转过你
轻盈的身子，让我看见你：
先是飘飞的头发，像雾；
接着是柔荑般的肌肤，像
云。然后，然后

然后我会说，姑娘，我看见了光。

302 中巴·作为一名听众

“你去过西安吗？”高个子男孩欠身发问，
他已经学会将头发染成金黄
黑色的T恤，落着“公牛”的英文字样。
“还真没去过。”答话的女孩年龄稍小，
看起来满脸娇憨，不由得你不暗自爱怜。

在暖春使人困乏的空气里，
听到有人提及西安，我敏感的心灵
在中巴的动荡中微微震颤。

“我也没去过。”男孩的话音透着细微的遗憾。
“我叔叔倒是在那儿呆过。”女孩的面孔，
在透过玻璃的阳光中浅浅地发红。
但她接着说，“这是好多年前的事了。”
听着他们漫不经心的对答，我有些心旌摇荡，
我想起我那远在西安的弟弟，想起我和他
共同在西安度过的那些闪光的日子，
我多想听他们聊聊古城墙下
老夕阳，要不，聊聊羊肉泡馍也好啊
到今天，它还在我齿颊边散发着芳香。

“西安到底有多大？”男孩突然想起什么似的，
扭头问道，“我怎么知道。”
阳光里的女孩有点怕晒，一边躲闪
一边不耐烦地随口应答。
“那，西安有火车站吗？”男孩接着问。
…………
“那，是不是有飞机场啊？”
…………
“那，西安是不是一个省啊？”
可怜的男孩陷在正午的玄思。

作为一个听众，我满脸堆着笑容。
“你们是北京的孩子吗？”我问。

“那当然！”男孩的回答热烈而干脆
“你今年多大了？”我问得小心翼翼。
“快20了，哎，你问这干吗？”男孩有些不高兴，
女孩拉了他一把，看着我，满脸警惕。
“噢，没什么，我的意思是
北京比西安大多了。”

老家伙

“当然，我得做个有责任感的男人。”我对他说。

“当然，我必须建设好我的家庭
我必须照看好我的妻子。”我对他说。

“当然，我可不能对不起她，你不知道
我是多么爱她。”我对他说。

“当然，我必须忠贞不贰，我可不能伤害她，
你知道，女人是很容易受到伤害的。”我对他说。

“不然，谁让我是个男人呢？我必须承担
一个男人应当承担的一切。”我对他说。

“当然，我不是没有想过其他女人，我可不是什么圣人，
但只是转瞬即逝，我发誓。”我对他说。

“我操你妈，你笑什么？”

我愤怒地指着他说。
那个躲在暗处的老家伙直起身子，冲我“嘿嘿”直乐。

女友醒来

那么，等待着吧
会有一个令人心醉神迷的结局
阳光，微风，清晨的鸟鸣，振奋的西服
多么好，我便得救似的披衣而起

一切都在预料之中
那么多貌似明亮的幸福会在梦幻的尽头展开
那么多貌似勇敢的人生会从起床开始

一定不会有人告诉我，我还有可能时来运转
但我毕竟还是看到了
窄小的阁楼，硬梆梆的木板床
你缱绻的笑容，在清晨第一缕光之间迎风绽放

啊，你竟醒来了，亲爱的，我目睹了你醒来的瞬刻
这是神赐的目睹与被目睹的时刻
这是流光溢彩与被流光溢彩的时刻

晨光洒满小屋，这里是明亮的地方
睡梦残余在你的唇边，这里是欢乐的地方
而你的容颜，亲爱的，我看到它时
它正开放在一切明亮和欢乐的顶上

李红旗：

时　候

这时候
平静地坐着
看着一只天使从我的脑海里飘过
你能告诉我
这是美丽的吗
妈妈

这时候
我安静的坐着如果我就这样安详的死在这里
你能告诉我
这是完整的吗
妈妈

你能再把我生一遍吗
你都坏了
像多年前一块保守的饼干
带着满身的老茧和灰尘
正在想念着陌生

他们的爱情

一只母狗对一只公狗产生了好感

她的主人王春兰也对那只公狗的主人
朱长江产生了好感
这样他们四个见面见的越来越频繁
王春兰还是处女还是初恋
她的很多夜晚都难以入眠
于是写了很多的诗
并很陶醉
虽然严重的睡眠不足
使她看上去很憔悴
但这根本遮不住追求幸福的愿望
留在她浑身的光辉

母狗从来不写诗
虽然她也是处母狗也是初恋
也是整夜的难以入眠
当王春兰和朱长江在墙跟底下
不好意思的交流思想的时候
母狗和公狗已经跑到另一边的墙根底下
母狗蹶起屁股的时候
朱长江正鼓足了勇气轻轻碰了一下王春兰的手
公狗爬到母狗屁股上的时候
王春兰的脸也红了
朱长江为她的美丽情操激动了好一阵子

灾 难

醒来以后一只小鸟正在我的大拇指上叫

树上还没结什么果实
其实树还没怎么长出来
季节和气候都没了

另一只鸟飞过来的时候
我就有点兴奋了
站起来走到空气里
穿越一些自己的影子

这件事情没完没了
过了一会我有点烦了
打了个哈欠闭上眼
等待第三只鸟停在我随便哪个地方
再叫一叫

一只胡思乱想的狗

一只胡思乱想的狗
在一条盲目的路上转来转去
一个胡思乱想的群众
隔着两厘米厚的橡胶鞋底
在同一条路上向着虚构的目的地
积极地前进
它心不在焉地看了一眼心不在焉的狗
很是心不在焉
让人担心的是
这么的心不在焉

被另一个心不在焉的人看见了
他心不在焉的告诉了所有的人
更遗憾的是
所有的人都心不在焉地听见了
直到那只胡思乱想的狗
心不在焉地咬了一口那个胡思乱想的群众
胡思乱想的群众心不在焉地死了以后
所有人才抬起
所有两厘米厚的橡胶鞋底
心不在焉地把那只胡思乱想的狗
踢死在那条盲目的路上以后
所有的人才心不在焉地感到了一阵又一阵的愉悦
(欲知后事如何　　请听下回分解)

朵　渔：

河流的终点

我关心的不是每一条河流
她们的初潮、涨潮，她们的出身、家谱
我关心的不是她们身形的胖瘦，她们
长满了栗子树的两岸
我不关心有几座水泥桥跨越了她们的身体，
我不关心她们胃里的鱼虾的命运

我关心的不是河流的冰期、汛期
她们肯定都有自己的安排
我关心的不是她们曾吞没了几个戏水顽童
和投河而去的村妇
她们容纳了多少生知的泥沙
这些，我不要关心。

我关心的是河流的终点。她们
就这么流啊流啊，总有一个地方接纳了
她们疲惫的身躯，总有一个合适的理由
劝慰了她们艰难的旅程。比如我记忆里的
一条河流，她流到我的故乡时，已老态龙钟，
在宽大的河床面前　　进进退退，欲走
还休。

穷人旅店

我们共同受困于一场来自
草原的大雪，在佳木斯的
朝阳旅社，苍县的老马和单县的小朵
以雪为主题大发牢骚。
佳木斯至虎林被大雪覆盖。覆盖、覆盖，
老马明显不懂它的真实含义，这个河北农民
只会唉声叹气。

对天气失去信心之后，我们开始对付
共同的敌人。自天津至哈尔滨，一路上
我们碰到了数不清的敌人：路警、小偷
票贩子、的士司机、车站站长、三轮车夫
小城流氓、饭馆小姐、旅店经理……我们将
铁路沿线一网打尽！一网打尽，老马明白
这个词语的力量，“但一池活鱼，一网打尽
谈何容易！”

我们在朝阳旅社度过了三个飘雪的夜晚
我们还谈到了乡俗、家族、目的地和女人
我们熟悉了彼此的口音和鼾声
我们因共同的敌人和弱小而情同手足
在分别的那一刻，我们竟没有感觉到晴天
所带来的无限欢欣

同样尴尬的旅程，我后来又经过数次，

但与苍县老马的遭遇　却是不会再有。我一直
想用一首诗来纪念一下朝阳旅社，如今，
作为一个诗人，这已显得很方便。

玻璃蜂房

我不会盯着蜂房里的玻璃鱼缸不放
像一场前卫的滑稽剧，或者《红鲱鱼》，我们
只关注对方的身体。
你表演了一天你精疲力尽你上床睡觉你的美梦
和天空的星星有说不完的情话

我不会为花丛中的醉汉的警告担心
你的尾部被牛仔装紧紧包裹仿佛可以
无限延伸。每一朵花的
每一次遭遇，虽然她们盛开并且接纳了
开心的蹂躏，你，其实你带回家的
只是一些表面消息

我不会向养蜂人打探你的精神病因
和花国里的所有女王一样对你的发髻高高，对
美丽的部下充满嫉恨。流放那个
胆怯而薄情的臣子，这个白天的兴奋的花粉气息
变成了夜晚的欢欣——
但你分明又一次误解了　　你的新情人

我不会轻易敲响那玻璃房的门

你期待中的收费员，他目前正在盘算
如何将女主角的双脚吊起。还有焦虑，
它不同于一只怀孕的鸽子，将爱情保持着
最恰当的湿度。而你——
我的温情债主，每日每夜的期待，
请你高明地延续

巫　昂：

孩　子

他诞生在我忍无可忍的时刻
清晨
病房里充满奇异的味道
母亲是我的医生
人们还要安睡
她俯身摸我的腹部
微笑着说：
“这是我见过最倔的婴儿。

他们送来的花束都已枯萎
我床下摆满各种各样的罐头瓶子
出院通知总是放在临床铺上
时间慢慢过去
我终究要成为一个孩子的母亲

他诞生在灯光闪亮的时刻
像小提琴手走到台前
面对观众

所有的苦痛
只是手掌之外的苦痛
我是树

从此有了结果

他诞生在最初的音乐
响起的时刻
仿佛只是小心翼翼地响起
后来蜂群包拢了我们
月亮立刻出现

我在黑暗中
听到他的哭声

沙丁鱼是一种廉价的鱼

人们告诉我
沙丁鱼是一种廉价的鱼
我知道
这决不是大海的想法

如果让我拥有七个孩子
我一样会对邻居说
老三终于考上了北京大学
二姑娘看来只能嫁给老实的
班车司机
五儿的跳高水平又长进了
明年给他再买套运动服

我计划中的家政

似乎永远也不可能实现
因为再也没有一个
愿意抚养
七个孩子的丈夫
也没有一个供他们玩耍的
大庭院
让我透过窗纱
一眼就能看到最小的女儿
穿着我从未见过的
可疑的花裙子

我上街
也不用带上他们中间最安静的一个
我锁门
里边没有七只喳喳乱叫的鸟崽

生活如此平静
我只能学蚕花娘娘
在纸上
生养我亲爱的女儿

今天是失恋的第一天

蜜蜂看着我
摇摇头
“今天是失恋的第一天
我哪儿也不去。”

我是个不谙世事的甲壳虫
“怎么回事
你的理由跟孔雀眼
一模一样。”

大家都在愉快地度过
失恋的第一天
我只好独自去游荡

什么时候披头散发

在清晨
去河边汲水
发现水洼里的蛙声
像我的姨妈

她是我年幼无知的一分钱
她站立的姿势
像是在等待我摔倒
她有两任丈夫
一个粗暴一个善良

她笑话我写的字
像雨后
庭院里红蚯蚓

我离家远行的那一天
唯有她
没来送行我
我们本是两个陌路的女人
即不相爱也不结仇
而那天
我离开的是我的故乡
而非她

中秋节

中秋节
我和一个奇怪的人一起度过
他好像坐在我身边
又好像陷在摇椅里
他的眼睛还来不及睁开
月亮像一把刀

我们来到桥下
草丛里藏着破烂的足球
他像个拉线木偶
从天降临
有雾的天
什么都看不清楚
他的手
已经生锈

中秋节
我终究要和另一个
遥远的家团圆
满街都是月饼
妈妈说："买一箱梨
藏在床底下
一人吃一个。"

我一定是一个
万分有福的人
因为唯独这一个中秋节
我没有出门远走
我和异国的小丑一起读书
看到最后一行
然后
无比满足地
闭上眼睛

盛　兴：

安眠药

我的那些朋友们
将安眠药咖啡般轻轻搅匀
一口一口的小啜
剩在碗底的部分一饮而尽
向我摊一摊手
他们端着杯子的姿式
像一只坚硬的盾牌
在夜晚无懈可击

有时我们在去药店的路上相遇
彼此摇一摇头
就进入各自没有安眠药无法入睡的黑夜

你不能同时买下大量的药
你将遭到猜忌与拒绝无疑

而这些年我们所食安眠药的总和
足可以杀死一整个黑夜里的光明
救活一整个白昼里的黑夜也足够

在那些光阴里

我们拖着无法成双的鞋子
在卧室里趿来趿去
有时也举杯祝愿
彼此的黑夜与白天
杯子干了以后就聊一些与睡眠无关的话题
感受着睡意与清醒间的过渡
寻找着虚度了的岁月
与其它岁月的界限

一个罪犯在逃跑

一个罪犯在街上逃跑
看不到警察追赶
此刻警察不知在哪睡大觉呢
逃跑穿过人群和闹市
人们不知道他为什么奔跑
因为罪恶藏在他的内心
你为什么不突然停住
装作陌路行人若无其事呢?
你为什么不混入人群
拐进旮旯胡同呢?
就这样奔跑
你究竟要跑到哪儿去
就这样奔跑
仿佛要跑尽一生的路
是警察在追赶你
还是你在追赶警察

可爱的罪犯在街上奔跑

一个糟老头

从我家门前经过时
他已经糟得要命了
他如同一个垃圾场的父亲
戴着一顶警察的帽子
是因为感到了威武
穿着女人的花鞋子
是因为感到了漂亮
噢！该死，他糟透了
我不知他将继续糟下去
还是已经完美无缺
而警察突然就想把他拍死
如同一只苍蝇
而我却想喊一声爷爷
带我去你熟知的下水道
我？还想看看你口袋里有没有黄金

洗鱼的水

不知为什么
刚刚还在水里吐泡泡的鱼
突然被摔到盆里

(灭顶的灾难总是突然而至)
洗鱼的家伙把袖子挽到膊肘上
水里泡着刀子一遍遍的洗鱼
水妄图把鱼彻底洗干净
由里到外
鱼终于被洗干净了
被洗干净的鱼扔到了一边
张着嘴巴，瞪着无神的眼睛
如同一个傻子
洗鱼的水在盆里散发着鱼腥
像是满满一盆鱼的灵魂
鱼的梦境
鱼以外其它的一切东西

承受肮脏的能力

一张白纸承受肮脏能力为 0
一朵春天之花承受肮脏的能力为全部
那是缘自一种深深的爱
应当还女人以清白
在没有世界以前
甚至没有梦想
也没有重力以前的样子
应当把爱都给孩子
追赶他们到孕妇腹内
一直到如一根两头光滑的棒棰

有时真想做一块石头
有坚硬的外壳
也有坚硬的内心
承受肮脏的秘密
连自己也不知道

李建春：

酒　店

看见那女孩吗，我愿意和她
生活，一年，一天，哪怕一小时。
早晨发现大门敞开像
屋檐的鸽子，世界已充满光线，
加入喧闹的灰尘，演唱。

她在橱窗后面
消失了。其他的女孩
在大堂里打闹，香水味
搅和纷乱的色彩。
哦，天气真好，阳光明媚，孩子们
在树篱下砌冰块。一些念头
被迅速地冻结，如同滚动的卷
进入冲洗店暗房。
把剃刀收进抽屉里，
刮胡子，干净地
生活。系好领带，走到外面，
人民医院上空，一双手臂露出，
抖动湿漉漉的衬衫，
乳房晃动，玻璃上的水珠
刺眼，在阳光下，但很快就干了。

发 廊

今天有多少奇怪的事发生！
地板上姑娘们一长溜儿
笑嘻嘻，月季花开了！而我像
进退的蜜蜂，一个生动，一个主顾。
“生意真好呵”我咕哝着躺下去
迎接你干净的剃刀。

没有想到会这么快地爱上你，像在
立交桥上骑摩托追赶星星的屁股一样。
因为这刀片可以及时地按下去，或者
你敞开的衣襟使我迷乱？
不可能的熔岩冲击街道的渣滓。
这种爱，我又如何向你解释？
事情发生着像在迷信的源头，像陷阱，
我在深不可测的黑暗中发呆。
忧虑的念头使我发疯。
而夜晚也越来越空，竟变成
一粒抽象的圆点，在里面
你发光，暧昧而超越。
我会回来的我要寻找

一个更深的故事。“人都是这样的，”
你淡淡地说。在街上，我把你带进

偏僻的角落："也许我找错了人，也许
我找对了。""你留下号码吧我下次
再叫你。你是个江西人。我只有
十八岁。现在，上那儿去。
来吧，先请我喝杯冷饮。"

诗

他精力充沛，以至于无所事事，
他在耀眼的天空下踢球，在
阳台上，哼着即兴的调子，跳舞。
还说，这未免过分，对日子来说，
对窗台上的石灰来说。
"喂，你这么转来转去的干什么，
你在街头打电话吗，向一个
虚拟的家？把荒唐事
向那里解释？很可能。它们
静止，并等在那儿。把一封信
砌进墙壁，半夜里
挥动铲子！在不知哪一本书里，
你本该得到更好的报答，昨天是圣诞节，
我本该意识到什么。"

对着墙上的挂历他感到
一丝快意，在灯下，
沉醉于无尽的幻想中，
像一滴水银，或者眼泪，

滑落在干燥的破棉絮里，
就这样近乎没有。哦，那些
女孩子！可爱的汽车，别墅，
在海边！那些宽容的风度翩翩的女神！

颜　峻：

农　民

我还抱有一丝幻想
向自由的菠菜这样地唱
我唱维生素
我唱阳光和虫子
我也唱我的邻居
他衰老的乡音和贪欲的目光

我还抱有一丝幻想
我耕作　写书　手淫　失望
大陆架断裂的地方我有过一次恋爱
海洋学者？走私犯？
我忘了她的身世
只因为我一生居住在北方

我还抱有一丝幻想
是真的　我的拖拉机满载悲伤
我被时间驱赶
说着我和我的夕阳
太多的　工业文明温暖的灯光
——对不起　记者先生
是劳动和自恋使我疯狂
总有一天　我会看不见天堂

物质生活

汗水浸透了想念
我讨厌着舞蹈　并且
不停地　向有光的地面撞击
——听着　这无所谓
蜜　音箱　具体派　热
或者一节从天窗闯入的哭声

这都无所谓
要不是木椅盛着夜晚的一部分
让另外的白白浪费

从兰州到兰州商学院
要花费更多磨损的物质
例如轮胎
这无所谓　只要降落是美的
甚至比我更美

因为我只是一闪而过
和白炽灯一起燃烧
你把电门一关
像青春一样　我不就掉下来了吗

我透过黄金的影集说话
像是感叹：

生活　只有啤酒是不够的
还要有电子邮箱里的燕子
还要有空气　这无所谓
尤其　当她找不到啤酒也找不到白酒
过了年
我就会请你听这痛苦的呼喊

就像从单位飞到女人身边
我要磨损我纯洁的心
找不到电池也找不到钥匙
找不到美……

所以还要有勇气醒来
忧心忡忡
给未来打一个传呼

尤其是当我说无所谓的时候
我可能还说了别的
血向哪里涌动
风就吹破哪里的物质
那不堪一击的

我可能还说了：
呸！

书桌·革命

革命像是大门　彼此敞开着
借尸还魂的货车
撞碎了台灯
天哪　这让人怎么工作——
未竟的理想全部死在了纸上

玻璃的板子　书签　放大镜
影子和该死的影子
这些领不到月薪的进步者
一上街就只能变蓝
如今黑暗来得猛烈
平面的心灵也竖起了耳朵

伤口相互咬啮
打开更美的声音
进入另一支铅笔自囚的森林

移动吧　跟着可信赖的上帝
把茶杯斟满怀疑
岁月剩得不多
还要用来打牌　输掉体重
走来走去并且交换反光

世界就在抽屉里
死者被折叠　相互信任
说太冷
但谁又能为此燃烧？
书签或放大镜的背影？

那只能越活越远
一到秋天　枯叶就落满了额头

世　宾：

遇见你

遇见你，在去年的冬天
在科隆的晴日里，遇见你
火红的棉袄和被冻红了的小手
在枯黄的草地上蹒跚地跑

他们默不作声，像被什么驱赶
从你的身边经过，却听不见你
因缺齿而有些漏风的笑声
和脚环上时高时低的铃铛

遇见你在那个宽阔的花园
你小小的双足每一次踏下
就像敲响了世界的鼓点
一切变得明亮，富有生机

有谁能像你在风中跑
却望见阳光里飞翔的蝴蝶
和正在开花的无名的小草
谁能和你一起笑，在无人知晓的地方

在春光明媚的早晨

刚刚回来，刚刚站在
阳光和美人蕉一同盛开的
剧院前，就开始想你

刚刚打开内心一扇窗
感觉到空气中活泼的氧分子
来自楼隙间清爽的微风

告诉我，已没有阴霾
能迫使我返回，阻止我
开口，喊出那个字

在春光明媚的早晨
我觉得我就要爱
就要留下来，在稠密的人群中

我渴望与这世界融在一起

已是三月，我还必须忍耐多久
才能从寒冷和孤寂中脱身
屋里的家什零杂，心不在焉的样子
阳台上和街道上的植物
绿了，木棉花和角花红得耀眼

已是三月，我非常清楚，生机
已注入大地上所有生物的机体
溪水涨了，抬高了我们的视线
小草在土层底下，敲击着岩石
阳光变得热辣起来；已是三月
姑娘们的曲线获得了解放

我的心也狂跳不已，我的眼睛
发亮，在这欣欣向荣的景象面前
我要告诉每一个相逢的人！我爱
在我的内心深处，在每一个血细胞
里面，我渴望与这世界融在一起

因感觉到你的存在我快乐

不用睁开眼睛，就能看见你
不用走向你，你已来到眼前
只要一伸手，就能摸到
你的衣袖、双臂和隐在暗处的脸
即使我已经聋了，也能听到
你两排小小的牙齿砸碰的声音

我从不知道我会如此幸福
曾经有过的孤独，和一间
阴暗、潮湿的房间，在一夜之间
仿佛一个勤劳的农夫在日光下
把它们翻晒了一遍

我再也不怕坐到那张破沙发上
在阴湿的春日里烤火取暖
我不再计较受到的指责
不再计较盗贼开走了我的摩托车

现在我只有快乐，无所不在
我看见的山是山，水是水
我触碰到的物体都是你

哑 石：

小动物的眼睛

老实说　对于山谷中的小动物
我心怀愧疚　无法直面它们的眼睛
那里面有紫色的雾（沙沙流曳着）
有善意的、并将在胆怯中永恒存在的
探询。当暮色伴我回到石屋
它们就出现　于众多暗处
创造我　且期待比那皱褶、潮湿的
树皮　人能给出更为坚定的音讯。
我知道　即使躲进随手翻开的书里
它们也会在语词的空白处探出头来
望着我　低语将要蒙受的羞辱、泥尘。
是的　到了牙齿一颗颗疏松、脱落的晚年
我还会记起这一切　坚持着
并用灵魂应答那再度敛聚的童真

亮　处

这样的夜晚　我会步出石屋
到山谷被月色洗净的每一亮处去
那里　有我已很熟悉的风物
它的体温、柔发　鼻尖上的褐斑

以及低沉嗓音中慢慢变黑的霜渍
我都很清楚。但我还是要拜谒它们
像第一次那样　不放过任何一处——
也许　就在前面最平凡的荆棘丛里
久已失掉音讯的友人会突然冒出来
抱着一捆枯枝　双眼朝气勃勃……
“不止一次了！”湿润的山脊上
我远眺着仿佛降落在石屋顶上的月亮
橙黄、浑圆　惊异于自己的变化：
粒粒星宿　从胸肋间缓缓踱出……

日常生活

我说　山谷的日常生活是绵长的
在清风抚唱的秋日里收集浆果
抱回干得可以燃烧的枯枝
(它们常被野兽的皮毛温暖的发抖)
这是生活；让湿滑的山石绊上一跤
爬起来　揉揉红肿的膝盖
然后一脚踢开跌出的、不中用的老骨头
这是生活；夜读　感受石屋的
荫凉　以及犁铧翻开的铁灰色寂静
这是生活；从这片榛树林缝隙望出去
落日正拍打着幽深的、细浪如雪的大海
像一个永恒的幻觉　这也是生活；
如果允许　心象会比大海更大、更湿润
“它的千秋微响　本是一股承诺之火！”

大　鼓

寂静之蓝亲吻着山谷的每一角落
在这里　在满坡乱石和金银花中
生命的思虑已显得非常多余。
花香和尘土不是把血管塞得满满的吗
而大风鞣制的胸口　如同野牛
粗朴的皮　上面有烈焰细致的纹路
也有星空沉重得要坠下去的忧戚
你不是可以把它擂得咚咚地响吗
仿佛一面暴雨的大鼓。是的
纯洁的生命中　该来的终将会来
而已经来到的也将谦恭的驻留下去！
当花香掀开身下那块沉沉的石头
一只黑色巨蝎径直无声地爬了过来
我澄澄迎着它　眼里没有恐惧。

杨　志：

1999 年 9 月 15 日

秋天里一场雨
城市里冒出了许多蘑菇
傍晚时，女孩子们长胖了
那些美丽的心灵开始变得脆弱而容易受伤

就在昨天的空饭盒旁
我们还在详细地分析
每一位经过门前的夏天
她们在语言里解构
散发出真理的光芒
可是叶子一落，她们就羽毛丰满了

雨点从地里长出来
我到外面去拜访一位朋友
去讨论一些高雅的话题
顺便提及他无耻的肥肉

那么多女孩穿过这些街道
匆匆消失在夜色里
我猜测着她们羽毛里裹着的躯壳
还有她们可疑的欢乐
车灯从我身边穿过

带来了意想不到的温和

一个消息

在愉快的夜里
我听到了这个消息
它先是警惕的
而后是放肆的
投进了我的河流
一些晦暗的部位
一些我从不触及的地区
我走在坚硬的马路上
和朋友大声谈笑
路上的声音——落进泥土
希望它们能够安静地度过这个冬天

假如这个消息能够站起来
拍拍我的肩膀像安慰一个陌生的友人

外婆的屋子

我一直不知道她埋在哪里
大姐和我来到她的屋子前
又过了多少年
屋子还那么瘦小
我伸头往里张望

还有几件木家具
像一个凌乱的老针线盒
一切都锁在黯淡的光线里
大姐的阿倩催着早点回去
我就背着她离开了

一路上阿倩叫着我小弟的名字
一路上想着外婆的屋子
像那些日渐被人淡忘的土话
一天天的黯淡下去
那些她梳不完的虱子
也许已经变成了肥大的老鼠
妈妈在这屋里长大
外婆在这屋里变老
妈妈死了。外婆死了
她们，还有她们的苦难
都变成了泥土
我也要离开了
我回头望望身后的村子
弟弟和阿倩叫嚷着跑向开来的小轿车

初恋

我们的爱情已经删改，编定
上面划满了谋害者潦草的签名
每个细节优美，每一段情节曲折
却再没有人感动：那个说书人静静坐着

他老了，他的书早已说完，他自己泪流满面
这泪水随即同他的身体变得冰冷
干硬……
那么合上吧，就把它留在黑暗中
只留有些活的微光在眼里

安　琪：

习　惯（组诗）

塑料花生

发布着关于黑色的童话。我不再倾诉
经过任务的钟拉长时距
空间有气无力。它的过去需要塑料花生清洗

这一刻到达枯竭。风举行盛大的葬礼
在我内心却是意志的灯笼疯狂而且迷妄
我扑灭两条直线的空白窗口一样
我自说自话，满足菲薄的愿望

我张开翅膀像一只熊。性爱的日子落在头上
余下晴朗和旷朗
它们都是风尘的产物，暧昧不清

我想要的蛙声浪费了春天的铜镜
设身处地，我也有可爱的孩子和梯子
我的黑色童话掩藏在自给的自足里

它们之间，时间用塑料花生填补
我的心就是我的路！
我分裂冷漠，把深思担在肩上，我不止一次地
把电线缠在脸上心上

我的过去不再有力量
它光滑的躯体仍然弯曲着接近幻想的色彩
大胆些，轻些，尾随海峡进入虚无和黄昏的市镇
多么密集！
我果皮的呼吸像病中的绳子悄悄垂落。

向上的流水

流水会到天上。人性的觉醒从来不被
注意，我看见一个词跛着腿
散开的光在前面引路

它任意地得到红色和书籍
音乐的幸免，混合一刻仓促的满足
对于生活是过早成熟的心在流离颠沛
向上的火焰，也会把死亡逼近漆黑一秒

我开始被活着的玻璃篡改
飞往心灵的大隼多么湿润。流水却是
流水的一席之地
它与寂静更加相同？它不声不响地。它在天上！
我也要在幻想中沉浸

它迟早会把跛腿的词消灭干净。
现在好了，我血液的残局依然蔓延。依然在
得到人性的觉醒与邀约
光是在牺牲时间？或者，光有别于百里之外
的蜻蜓？

我从不为一个黑色瞬间歌唱

我忘掉所赋予我的实在
不要再说什么了，钟尖在转。它长长的阴影
干预了空气的爆发

只有流水向上。如果我的生命没有给我
更多的理由
我是否还要进入死亡的内部?

听听动词

它已经丢弃最为实际的幻想
手镯也是空的。撕碎的纸页，哀叫着，发出
饥渴和野性的声音
整个下午显得混乱，我坐在下午的混乱里
突然就流下苦涩的眼泪
一个人的死亡多半也是这样的
我的心化作无益的蝴蝶：哦，重来，听听动词
听听动词也是一种幸福
白色症结归纳起来，它就要告诉我
一个引子被引到荒芜。我做错了一件事，像
宽广在转身的一瞬消失
那个写诗的人疯狂强猛，把一片灯的光斑肢解得
罪恶累累
我也是在阅读中记着它的无辜
字迹模糊不动，显现的真实，仿若花草
喃喃着错误延伸的手臂

我通通把它们收进梦中

我所要的一天逾越痛苦的界限
枯树的音节：变化，袅娜，有着晚霞湿透的身骨
坏掉的心
并且记载着三千里行程

我已经不会让动词记下阅开的眼睛
听听，死亡也是浪漫的
生命和死亡一样互为置换——
它们自然地，毫无道理地空掉！

习惯

习惯可以战胜一句艺术的话
风的灰烬，造成大面积需要的火灾
明亮得看见云彩瘦削的衣衫

它就在我的面上梳洗，忧伤的稻草归航
我知道梦幻可以藏住阴暗
我附住它们，我的身躯做成意志的马车
我叫它“诗歌”
但天要灰了，因此我有一片心动的荷叶

我爱着的鲜血流尽自己的字迹
并且使我获得兴风作浪的默许。习惯都会这样
我想起它就有一个惊怕蠢动起来
现在是风和小虫做着理想的报告

我于是抹抹脸
我的眼睛看见更远的话

我引入会飞的灰烬
从种子到种子，从云彩到云彩
大气都在掩饰的痕迹里自尽
平静的表情错过冬天。苍天在上，铁的存在
他们漂散到达另一个圆满的行列

我也组合一支星期乐队
我用摔破的吉它对习惯做一次彻底的毁坏
……

第二卷

王小妮：

我看见大风雪

一

我离开城市的时候
一件大事情在天空中发生。
千万个雪片拥挤着降落
这世界
再没有办法藏身了。

大风雪用最短的时间
走遍了天下的路。
大地的神经在跳
行人让出有光的路脊
灵魂的断线飘飘扬扬。

山顶高挑起粗壮的核桃林。
雪压满了年纪轻轻的儿子们。

现在，我要迎着寒冷说话。
我要告诉你们
是谁正在把最大的悲伤降下来。

上和下在白胶里翻动
天鹅和花瓣，药粉和绷带
谁和谁缠绕着。
漫天的大风雪呵
天堂放弃了全部财产。
一切都飘下来了
神的家里空空荡荡。

细羊毛一卷卷擦过苍老的身体。
纯白的眼神飞掠原野
除了雪
没有什么能用寂静敲打大地
鼓励它拿出最后的勇气。

二

我想，我就这样站着
站着就是资格。
衣袖白了
精灵在手臂上闪着不明的光。
许多年里
我一直正面迎着风雪。

什么能在这种时候隐藏

荒凉的草场铺出通天的白毛毡。
割草人放下长柄刀
他的全身被深含进灰暗的岁月。
割草人渐渐丢失。
雪越下越大。

播种的季节也被掩埋。
树在白沫里洗手
山脉高耸着打开暗淡的沟纹。
我惊奇地看见伤口
雪越大，创面越深。
大地混沌着站起来
取出它的另一颗同情心。
药一层层加重着病。

宽容大度的接纳者总要出现
总要收下所有的果实。
我从没见过真正的甘甜
没见过满身黄花的冬天。
大风雪跟得我太紧了
它执意要把伫立不动的人
带高带远。

三

我不愿意看见
迎面走过来的人都白发苍苍。
闭紧了眼睛

我在眼睛的内部
仍旧看见了陡峭的白。
我知道没有人能走出它的容纳。

人们说雪降到大地上。
我说，雪落进了最深处
心里闪动着酸牛奶的磷光。

我站在寒冷的中心。
人们说寒冷是火的父亲。
而我一直在追究寒冷的父亲是谁?

放羊人突然摔倒在家门口
灯光飞扬，他站不起来了。
皮袍护住他的羊群
在几十年的风脉中
我从没幻想过皮袍内侧的温度。
在洁白的尽头
做一个低垂的牧羊人
我要放牧这漫天大雪。

大河源头白骨皑皑
可惜呵，人们只对着大河之流感叹。
谁是寒冷的父亲
我要追究到底。

四

雪越来越低
天把四条边同时垂放下来。大地慢慢提升
镶满银饰的脸闪着好看的光。

我望着一对着急的兄弟。

愿望从来不能实现
天和地被悲伤分隔。
落在地上的雪只能重新飞翔
雪线之间
插进了人的世界。

慈悲止步
退缩比任何列车都快。
天地不可能合拢
心一直空白成零。
悲伤一年年来这里结冰
带着摩挲出疤痕的明镜。
山野集结起一条条惊慌的白龙。

为什么让我看见这么多。

风雪交加，我们总是被碰到疼处。
天和地怎么可能
穿越敏感的人们而交谈。
它怎么敢惹寒冷的父亲。

我看见人间的灯火都在发抖
连热都冷了。

五

许多年代
都骑着银马走了
岁月的蹄子越远越密。
只有我还在。

是什么从三面追击
我走到哪儿，哪儿就成为北方
我停在哪儿，哪儿就漫天风雪

这是悲伤盛开的季节
人们都在棉花下面睡觉
雪把大地
压出了更苍老的皱纹。
我看见各种大事情
有规则地出入
寒冷的父亲死去又活过来。

只有我一直迎着风雪
脸色一年比一年凉。

时间染白了我认识的山峰
力量顿顿挫挫
我该怎么样分配最后的日子

把我的神话讲完
把圣洁的白
提升到所有的云彩之上。

宋　琳：

告诉云彩

一个个尖顶刺入天穹，一排排浪翻滚，
轮辐和磁针都不会停止，欲望也不会。
我们活在世间，抛开苦难不谈，
走在街上，大步流星，依然先前模样。
梅花看过了，蟋蟀歌声又起，
月光浣洗金棕榈的绸衣，和我们
神圣夏夜的欢爱，燕子倾斜，
有点儿娇慵的人儿多妩媚。
诗人下地狱，与亡魂和空气交朋友，
而市侩们抹着嘴唇，站成一圈，
拥着蜂腰和蛇腰进出转门。

现在你看，西天那一抹彤红的云彩，
幻美，灿烂，点燃了银行大厦的玻璃，
也把绿光的圆弧镶入松鼠的眼睛。
我为何不能赞美这哀伤的天使，
这回光之海的惊心动魄，
这可见的移动的乐园，奇迹人生的
短暂的万花筒？我为何要去想，
我有多孤独，多厌烦，多绝望，
像那些入夜以前将客死他乡的人，
像哈姆雷特？就这样告诉漫溢的云彩，

说我们已来到阳台，且啜饮又观望。

无 眠

住在街对面的无眠的人
如果你为一段往事辗转反侧
如果你恰巧也是一个异乡人
为今夜的无端不宁所搅扰
如果你听着海风——海很遥远
想象月光——月已落下
你熟悉的一切：家人，友情，地址
回忆中令人心旌摇荡的时刻
向你不辞而别，世界背叛了你
像一个不忠实的情人
因朝夕相处而充满你气息的
每一件小物，也都转过身去
甚至你自己也成了黑暗的同谋
正柔肠寸断地把你拧绞
你听着心跳——血在流动
观看手足——完好无损
如果你抬头望见那颗星
一颗晨星，多么美丽，她在跳动
而很快她也会消逝
那么此时，请大大地打开窗口吧
这样我就能看见你并且祝福你

陆忆敏：

元　月

与年度有关的鹰
泻下如高山流水

在云上
被烧烤。又转投人间
琐碎地
消失在胃革之囊
当我的皱纹向桌下滑落
也使它
寂灭并有了回响

有声的白天食物
和光嫩的往事
在音乐里添上几声抽泣
那忽明忽暗的天光
像染墨的纸
悬挂于中堂

我吩咐洒扫之后
就把舌头留在桌上

教孩子们伟大的诗

当我
带伞来到多雨的冬季
我心里涌起这样一种柔情
——教孩子们伟大的诗
教孩子们喜爱精辟的物语

车站外的灯光是昏暗的
墙壁是陈旧的
地上是冰湿的
我和我心中的我
近年来常常相互微笑
如果我的孤独是一杯醇酒
——她也曾反复斟饮

我有过一种经验
我有一种骄傲的眼神
我教过孩子们伟大的诗
在我体质极端衰弱的时候

于 坚：

在诗人的范围以外对一个雨点一生的观察

哦　下雨啦
诗人在咖啡馆的高脚椅上
瞥了瞥天空　小声地咕噜了一句
舌头就缩回黑暗里去了，
但在乌云那边　它的一生　它的
一点一滴的小故事　才刚刚开头
怎么说呢　这种小事　每时每刻都在发生
我关心更大的　诗人对女读者说
依顺着那条看不见的直线　下来了
与同样垂直于地面的周围　保持一致
像诗人的女儿　总是幼儿园保持着一致
然后　在被教育学弯曲的天空中
被弯曲了　它不能不弯曲
但并不是为了毕业　而是为了保持住潮湿
它还没有本事去选择它的轨迹
它尚不知道　无论如何选择
都只有下坠的份了　也许知道
可又怎么能停止呢　在这里
一切都要向下面去
快乐的小王子　自己为自己加冕
在阴天的边缘　轻盈地一闪

脱离了队伍　成为一尾翘起的
小尾巴　摆直了　又弯起来
翻滚着　体验着空间的
自由与不踏实
现在　它似乎可以随便怎么着
世界的小空档　不上不下
初中生的课外　在家与教室的路上
诗人不动声色　正派地打量着读者的胸部
但它不敢随便享用这丁点儿的自由
总得依附着些什么
总得与某种庞然大物　勾勾搭搭
一个卑微的发光体
害怕个人主义的萤火虫
盼望着夏夜的灯火管制
就像这位诗人　写诗的同时
也效力于某个协会　有证件
更快地下降了　已经失去了自由
在滑近地面的一瞬（事物的本性
总是在死亡的边缘上　才抓住）
小雨点　终于抢到了一根晾衣裳的铁丝
改变了一贯的方向　横着走
开始吸收较小的同胞
渐渐膨胀　囤积成一个
透明的小包袱　绑在背脊上
攀附着　滑动着　收集着
比以前肥大　也更重
它似乎正在成为异类
珍珠　葡萄　透明的小葫芦

或者别的什么　它似乎又可以选择
这权利令它锋芒毕露　具备了自己的形式
但也注定要功亏一篑　这形式的重量
早已规定了是朝下的　一个天赋的陷阱
就像我们的诗人　反抗　嚎叫
然后合法　登堂入室
用唯美的笔　为读者签名
拼命地为自己抓住一切
但与铁丝的接头越来越细
为了更大更满　再也不顾
满了　也就断掉　就是死亡
身子一抖　又成了细细的一条
顺着那依然看不见的
直线　掉到大地上
像一条只存在过一秒钟的蛇
一摆身子　就消散了
但这不是它的失败
它一直都是潮湿的
在这一生中　它的胜利是从未干过
它的时间　就是保持水份　直到
成为另外的水　把刚刚离开咖啡馆的诗人
的裤脚　浅湿了一块

诗歌·短篇集

139

像蜗牛一样
从时间的表面爬过
但是要像战争的表面那样
扣下坦克的爪印

140

有人裙子垂地
几乎盖着我的脚
那不是我的脚
那是我渴望着被贱踏的心
它蹦跳起来

141

彩虹出来了
“架起一条通向天堂的火车”
只是一个幻觉
学校据此教育学生
努力吧
要不然没有座位

142

我只是时间的
一只只胎儿

我只是胎儿的
一具具尸体

143

老教授
在一棵柏树下
练习太极拳
姿态优美
像一只正在长出羽毛的
白鹤
他忽然摇身一变
像杂志那样打开
于坚　我告诉你一件事
我儿子
要到美国去了

145

我写下了“黑暗的”
在白天　在阳光底下
我有些踌躇
我考虑着黑暗的意思
乌鸦还是集中营?
当我思考着
黑暗正以墨水的形式
从我的笔尖底下
踮起脚尖溜走

146

主席台上
花朵也穿着毛呢制服
唯一温柔的是倒茶的小姐
当她袅袅走进文件和话筒
为他们沏茶
我们才想起来　那些木偶
也有嘴

147

书店狰狞的面目
悬挂在每一条大街
进不进去都无所谓
你的晚餐已经出版

148

一万个人的大街上
这个家伙又不见了
马云！　我到处　大叫
发现他　正站在黄色的电话亭旁
发呆　干什么　你！
他不回答　继续看着那群
在夏日的阳光中
啃香蕉的

长腿姑娘

149

阳光树的一片叶子
刚好就盖着那盆菊花
花朵三五　黄金之色
我去搬椅子　泡茶
当我预备好一切
转来
那灿烂的一页
已经变成猫的脊背

150

黎明
我拉开窗帘　看见
玻璃窗嘘满了水汽
这才发现
老秋天　竟有一张
情人的嘴

151

我总是在猜测
这样说的后果是什么
我总是在害怕
是否说了不准说的话

我总是在担心
他们是否已不再容忍
大道如青天
我在舌尖上小心翼翼地行进
就像一个探雷的工兵

152

天变了
当我醒过来　拉开窗帘
发现它阴云密布　在刮风
它昨天的脸孔呢
在夜里谁把它得罪了
我再也不想去郊外
我将躺在被子里
像一只被杀害的乌鸦

严　力：

幸　福

有人说幸福与你贴得如此之近
就无法看到它的全貌
有人说
幸福在你看得到但拿不到的地方
那地方名叫永远的前方

为此你能说些什么？

我要说
幸福需要痛苦的载体
我很早就幸运成为了苦力
我要说
苦力的个性就是体会份量！

我要说
我曾与幸福在路途中互相照顾
互相谦让
但更多的是互相猜疑
它怀疑我只是为了消费而无建设
我怀疑它仅仅昙花一现而非长久
于是我们分道扬镳
于是我们又回头互相寻找

我要说
就这样我们分分合合
把所有笔直的道路走得弯弯曲曲

我要说
分手的时候
它也没有离开过我的肩头
我依然以扛着幸福的姿势走路
我要说
幸福无所谓谁是它的载体
我还要说
幸福走到只有动物的地方
才会回头向人类走来!

真理的花瓶

漂亮是一个器皿
所有的人把你往花瓶的方向推
你也发现自己有许多被推的部位
而男人的手把桌子和床连在一起

这个真理曾在你家门口徘徊
如今则家喻户晓
你抬头走向大街时
许多花羡慕你已是名牌的器皿

美术课

太写实的地方必须虚掉
老师大讲抽象的必要
我摘掉眼镜
望着夕阳斑驳的玻璃窗
如果现在就把老师抽象成
一尊纯线条的雕塑置于讲台上
那么在家等他回去的妻儿
将会多么痛苦

但是老师继续讲道
符号是一种假设
假设我们战胜了死亡

侯　马：

吃杏的姑娘

杏树在杏树园里
吃杏的姑娘
比杏花来的晚，比成熟的杏
来得要早一些

这又是使人心惊的一个下午
一枚青涩的杏，取代了一首诗
立在那里，取代了一个
在别的场景可能发生的故事

她端详杏，就像她端详夏
夏回望她，她高举左手
环步杏园，她说：
“谁能把这枚杏顺原路送回枝头?

说着她把杏送到唇边
吃杏的姑娘来过以后
整个夏天弥散着苦杏仁的味道

望长安

蓝衫人在一个夏天来到长安
正巧赶上了落日

蓝衫人出现在一棵云杉之下
他呼吸着　眺望着　辨认着
在城市的面前眯缝着双眼
市民在城墙的阴影里行走
城楼放飞着惊悸的鸟儿
而蓝衫人　伤心的人儿
落魄的人儿

他用风尘的笔写道
“我必须忍受我的孤独，
像远山必须忍受着长安”

欲飞结

一个孩子多么想飞
他的愿望是平淡的
也是顽固的

他站在墙头
这个黄昏是平衡的
也是危险的

无论如何奋力挥舞
胳膊也没有变成翅膀

他感到一丝人类的悲哀

但他喉咙吼出的声音
几乎像引擎的轰鸣
几乎像羽毛拍打着空气
每月至少在梦中可悬空一次
他提心吊胆　将信将疑
不过是一只游泳的蛙

不过是两条失重的腿
而背上永远梦不出
天使般阔大的翅膀

在暮色里他不甘心地
张着双臂　他是执著的
也是徒劳的

他的身姿有点像架战斗机
但更像直立的十字架
他在一生中持续地梦想飞

凝望雪的傅琼

雪沿着时间的缝隙飘落　没有声音
傅琼站在小泥屋门口　站在雪中

雪踮脚尖沿着电线沿着树枝

沿着田野　把道路踩肿了

傅琼把一片雪花接在手中
许多雪花把傅琼抱在怀里

这时候　雪光取代了天光波光
甚至傅琼在小泥屋点的烛光

可是　你把万籁怎样
也不能遮住傅琼明亮的双眸

于是傅琼向雪凝望　同时
雪也摆出同样的冷漠朝傅琼凝望

她们相互估量相互仇视　甚至爱慕
两种温柔的对视

韩　东：

一幅画

关于那个夜晚
我只记得两个身影
他们坐在桌子边
其中的一个是我
那天晚上呀

一定充满了喧嚣
可我记忆里的
这幅画没有声音
我经常想起一个情景
两个人坐在桌子边
我经常想起
他们的身影
一个是我
一个在不断变换
我经常想起
也经常看见
就像一幅画没有声音
我和另一个人在其中

墙壁下的人

一面墙壁下的一个人
一面有着整齐的砖缝的墙壁下的那个人
站着不动
阳光也不能使他歪斜
因为影子在他和墙壁之间
并不妨碍他的后背紧贴墙壁
就像是有钉子穿过他的身体钉入
从纵面我们只看见墙壁
从那里拐过没有任何东西凸现出来
从正面看他是墙壁下唯一的东西
他笑或者微笑都是这样
如果墙壁塌下他也一定破碎
如果墙壁飞起他只须躺着
他甚至不是画在墙壁上的那个人
到墙壁的距离前胸比后背更近
他只看见你他不知身后有墙壁

东　风

一阵东风使东边所有的窗户关闭
南边的那扇紧贴着朝南的墙
西边的窗户自向西的墙上凿出
而北窗破袭，在危险的时刻
画框、镜子和玻璃，被涂上墨汁

祖母以前的祖母在她的针线活旁摸索眼珠

一所从未住人的房子门窗紧闭
另一所房子没有门也没有窗
高地上的风抓不住天空的任何一角
心灵的窗户，在方向不定的墙上
如果他站在里面就有四扇窗户
如果他站在外面就有四所房子

比　如

在你的床上睡觉我不梦见风
和你熟悉的人交谈不提及你
进入你的城市回避你

在你来信的日子不走近信箱
被欲望左右的时候另有高尚的借口
爱上你的敌人，诋毁你的姐妹

在你也想到时我改变题目
需要回答时颠倒词序
还有一部分不能看也不能听

雨　季

一所房子的四面在下雨

只有一面有窗，提供下雨的景象
主人有如阴郁的司机
驾车经过漫长的雨季
经过相同的房屋和侧面
时间的路标已模糊一片
我们正以相同的时速并驾齐驱
前时，相对于明亮的雨丝和水滴
安全就像盲人眼中持久的白雾

爸爸在天上看我

九五年夏至那天爸爸在天上看我
老方说他在为我担心
爸爸，我无法看见你的目光
但能回想起你的预言
现在已经是九十年代了，爸爸
夏至已经过去，天气也已转凉
你担心的灾难已经来过了，起了作用
我因为爱而不能回避，爸爸，就像你
为了爱我从死亡的沉默中苏醒，并借助于通灵的老方
我因为爱被杀身死，变成一具行尸走肉
再也回不到九五年的夏至了——那充满希望的日子
爸爸，只有你知道，我希望的不过是一场灾难
这会儿我仿佛看见了你的目光，像冻洁的雨
爸爸，你在哀悼我吗？

翟永明：

友人素描

1. 电话中的玛利亚

"要搬至你家　当我
孤寂成灾时"

一只手托住她的美腮
一只手抚摸
被钓上床的爵士旋律
一口一口地品尝
从美国舶来的本地时尚

沙沙的、雨声式的倾吐
长自她内心的
恐惧之菌
和不明就里的噪音干扰

从电话里传来
玛利亚的忧伤　可我知道
我的忧伤　却血红如酒

2. 束发的女友小春

女友年轻时　魅力无尽
像艳阳天　或者火烧云
统治着男人的表情
但命运不济　消费掉她的青春

在我年轻时　忙个不停
工作、写诗　以及别的事物
像盛装披挂的盔甲
打扮和　消费掉我的激情

如今　女友和我
都不再年轻　但爱情
已变为镜片般敏锐的刀刃
磨拭你的内心
以及我们无动于衷的眼光
就像你散开长发　旋即
又束上发夹　短暂的黑
漂过　如同瞽者的月亮

3. 端酒杯的唐丹鸿

杯中酒　抓住她的蛇形耳环
于是　啜饮中的红唇
又转为乌
金刚钻般的柔情
　　来钻她的瓷器心

坐中女子美颜以待
她们的笑　在空中叮当作响
她们的手势　也一样
我们在谈论饶舌的爱：
……“丹鸿　你的柔发　白肤
让某人倾情”

“肉体是一个问题”　谈及时
犹如拍岸的雪浪　成为一片
——与各种灾难
于是　我们考虑
将戒指扔进酒盅
缩成微粒　以应付
婚姻里的各种游戏
然后再应付词语带来的
完美主义　毗邻着呕吐和
体液的待续
……和耳鬓厮磨的偷香

绝望的黑葡萄汁
滑过舌尖　是否
在血液里笑着颤抖？

6. 给一位美女

“我怎能集中精力
俯案不语？当一个豆蔻少女

在一边嬉玩”
那个男人在心里嘀咕

与我同桌共餐
她眸子中现身的美
也在唱　也在跳
我们怎样区分
爱人与被爱
谁更愉快?

我们宁愿看着
一个美女怎样品尝
她的结婚蛋糕
她一吻定情
再吻　引起战争

8. 一位美女建筑师

瑜珈　肯定不只是一种境界
你图纸中活得很好的部分
你用绿色液体写下的字词
它们并不伤心　与这个世界平行
它们的装束像瑜珈花环
深入我心　它们的母亲
它们的女人　也一样
天然的　隔世的
冷　堆积出一个美貌
纸做的心　那些纸做的骄傲

片刻间　会变成全身的钢筋

水中的荣弟

水　兼有一室沧浪
　　兼有一点悲伤
凌空倒进体内的香水瓶
我嗅呵嗅
嗅到分别的寒气
坐中有我所爱　弟弟
在我的右侧　匆匆改了装
水呀　淹过了脚趾
"我"回答时像含着一枚果
吐出来像深深的长矛
宝石光样的　孤注一掷
迷失了它的背影
弟弟　当夏日逼人　我愿
绘一张签花小影
看看我眼里的气　透出纸背
射向云　能否
达到更深的洁癖？
水呀　淹过了脚踵

我们的双亲　在千里之外
我们的骨肉　在水中
我们的鞋　　埋在纤尘里
我们这一对双胞胎

不放纵　不拘束　甚少哭泣
头盔　还有异类目光
沉入水底　弟弟
我独爱千倾之野
如同心中旧识
水呀　淹过了膝盖

对畸形的事物嗜好
就像一个针眼　看不穿
又不知所深　弟弟
双眼和内心
都在贪馋地流泪
它们抖动泡沫　一匹一匹的
阳光布料　惊吓了
闷闷低飞的鸟
水呀　淹过了腰腹
弟弟　当冬日将至
刀刃已在闪光　冰霜的问候
躲在你的柔和嗓音里
“要”　或者“不要”
伤了我　在这两叶
灰心的肺囊里　我呀
高举起熙熙攘攘的十根手指
不是投降　是向前
搅起一池哀嚎
水呀　淹过了胸腔

酹酒、修书、失睡

弟弟——不可测的度
驯服了前尘、后世和今生
他们洗一个澡　灭灯
然后相拥而眠　这一切
是自然的问题　弟弟
不是形而上的主题
也不仅仅是男女的问题
水呀　淹过了脖颈

那深　是否触动了爱
那冷　帮助你
对天真　对热忱
不断研究　弟弟
我们的天性是遗传？
还是诗歌路过时
派生出的蜂蜜？
早晚饮一杯　对彼此有益
黑暗中的鼻孔嗅到
那极端的甜……
水呀　淹过了头顶

伊　沙：

生活的常识

在夏季
热浪滔天的路上

一个少女
单腿跳着手捂耳朵

这个动作有点奇怪
在她身上是一种美

奇怪和所谓美
人们得到了

他们所要的感受
但并不关心

这一动作的
产生与由来

而我知道
我掌握那样的常识

在我童年

从游泳池回家的路上

同样一个动作
帮我清出了存留在

耳朵眼里的残水
热热地流出来

我又听到周围的世界了
就像眼前的这位少女

此刻她的心情
一定非常不错

单腿跳着手捂耳朵
在夏季热浪滔天的路上

如此生活的常识
让我进入了本质的诗

张常氏，你的保姆

我在一所外语学院任教
这你是知道的
我在我工作的地方
从不向教授们低头
这你也是知道的

你不知道的是
我曾向一位老保姆致敬
闻名全校的张常氏
在我眼里
是一名真正的教授
系陕西省蓝田县下归乡农民
我一位同事的母亲
她的成就是
把一名美国专家的孩子
带了四年
并命名为狗旦
一把鼻涕的崽子
随其母离开中国时
满口地道秦腔
满脸中国农民式的
朴实与狡黠
真是可爱极了

风光无限

老婆不在
大胡子卡尔
扔掉鹅毛笔
脱去燕尾服
溜进了厨房
把那正削
土豆的女仆

压在地板上
直喘粗气
这算不算
一个阶级
在压迫
另一个阶级

遥远的前世

也曾投胎帝王家
楚怀王是我
遥远的前世
对于国家政治而言
我的贡献在于
因了我的软弱
才有了中国的统一
我更大的贡献
还是在民族文化方面
我曾英明地
迫害过一个诗人
让他痛苦
牢骚满腹
写就中国最伟大的诗篇
别老盯着我
玩过的美人
用过的脏官
在那乱世

我是国王不容易
千年以后
当我转世
才是个真的坏人

回答母亲

和母亲坐在一起
看电视　这种景象
已经很少见了

电视里在演一位
英雄　在一场火灾中
脸被烧得不成样子

母亲告诫我
“遇到这样的事
你千万不要管……”

久久望着母亲
说不出话　这种景象
也已经很少见了

母亲早已忘了　曾经
她是怎么样教育我的
怎么把我教育成人的

“妈妈放心吧
甭说火灾了
自个儿着了我也懒得去救”

这样的回答让她
感到满意　看完这个节目
她就忙着给我炖排骨汤去了

杨　克：

风中的北京

风中的北京
骑自行车的人
四下惊飞的麻雀

发粘的空气很脏
陷在灰蒙蒙里的太阳
像一圈暗红的月亮

昨天　昨天还秋高气爽

翻飞的纸　形而上飞翔的纸
掠过头顶的塑料袋　鼓涨的塑料袋
使我看清了风的形状

树叶在响
灰头土脸的麻雀
吱吱喳喳回巢的麻雀

洒落一地京腔

风吹人低见车辆

骑自行车的我
像一支箭
紧绷在弓弦上

射进北京的风里
射入租的家门

两个敲门的警察
令我忆起少年屋檐下
我伸进鸟窝的两根手指

“缓慢的感觉”

汽车蝗虫般漫过大街
我的身体像只大跳蚤在城市的皮肤蹦达
“忙”这条疯狗
一再追咬我的脚跟
这个年头
有谁不整日像只野兔?

其实我想让内心的钟摆慢下来
慢下来……
我真想握住什么

“我喜欢缓慢的感觉”
骤然停下的片刻，在向日葵酒吧
我听见你的声音在说

缓慢是音乐的休止
钢筋牢牢抓实混凝土
那足球射门瞬间漂亮的急停动作
读了三年的一本书
会议中的两分钟瞌睡
头发乱了
风突然止息在发梢上的一刻

我奔跑，只因为所有人在奔跑
骤然停下的片刻
不外乎红满天的太阳，砰然坠落
掉进酒沫四溢的夜生活
“我喜欢缓慢的感觉”
——退缩后最松驰的时分
我听见有个声音在说
我多么欢愉
像一只被丢弃在路边的跑鞋

1999年12月31日23点59分59秒

一百只羊闯来
一天是一颗柔弱的小草

一千头狼逼近
世纪是一只可怜的羊羔

在基督的时间之外
时间在对抗中弯曲
六十甲子　十二生肖
小孩滚动的铁环
我踩着格林威治的裸雪
走过中关村亢奋的街道

此刻在麦当劳M的黄屁股下
两个阿O在接吻
对过胡同幽暗的厨房里
一只雄蟑螂对母蟑螂
短暂的进入
那美妙的一瞬
啊　世纪之交　千年之交

获赠书上的签名

那些树枝一样茂盛的笔划
生长它们的那个男人
一截粗壮的树桩
干枯的手指　内里充盈血性
他一生像马大踏步走路
却在文字里兜圈子
打个喷嚏　如同炸响的惊雷
现在我们已听不到他的鼻息

而甜美的曲线　像闪电的先兆

尖利　敏锐　在扉页的天空炫惑
灵动就是生命
倾泻欲出的水
眼看就要胀破绢秀的字迹
那拈花指尖
挑起心之颤栗
并且温暖最麻木的肉体

而今他们的脸在书页里消失
神秘的文字悬挂在我的枕头边沿
当我恰巧用某种姿式斜卧
惊惧中我突然清醒
我听见了黑夜的尖叫——纸上的声音

梁小斌：

一种力量

打家具的人
隔着窗户扔给我一句话
快把斧头拿来吧

刚才我还躺在沙发上长时间不动
我的身躯只是诗歌一样
木匠师傅给了我一个指令
令我改变姿态的那么一种力量
我应该握住铁
斧柄朝上
像递礼品一样把斧头递给他
那锋利的斧锋向我扫了一眼
木匠师傅慌忙用手扫住它细细的
光芒
我听到背后传来劈木头的声音
木头像诗歌
倾刻间被劈成
两行

母 语

我用我们民族的母语写诗
母语中出现土地　森林
和最简单的火
有些字令我感动
但我读不出声
我是一个见过两块大陆
和两种文字的相触碰撞的诗人
为了找水
我曾经忘却了我留在沙滩上的
那些图案
母语河流中的扬子鳄
不会拖走它岸边的孩子
如今，我重新指向那些象形文字
我还在沙滩上画出水在潺潺流动
的模样
我不用到另一块大陆去寻找点滴
还有太阳
我是活在我们民族母语中的
一个象形文字
我活着
我写诗

阿　坚：

小俗谣

该花不花大傻瓜

大海留下了岛
姑娘留下了老
多少钱都留不住
留个儿子算条路

什么花，最好的花
最好的花，花钱的花
姑娘花，花姑娘
该花不花大傻瓜

没有大，哪有太
空来空去一个爱
爱起来，挺解闷儿
爱到带劲儿爱坏事儿

赤脚男人爱走道

新鞋硌脚，旧鞋正好
不怕腿短，就怕脚老

鞋不怕破着，怕空着
女人不怕累着，怕闲着

最招人的鞋是破鞋
破鞋不破有点斜

立正不立斜，是位傻大爷
歪着才舒坦，稍息是过节

赤脚男人爱走道
一走走到公鸡叫

赤脚的不怕鞋有洞
穿着鞋也穿着风

好汉不怕女人坏
一好一坏配盘儿菜

水一样的脸

珠老才黄，鬼老才色
女人越美，男人越饿

月光是水，太阳是火
我要烧开你，你要浇灭我

那个女子，让我心闹
水一样的脸哟灌我七窍

想说情话，胆子丢掉
成了哑巴肚子里乱叫

男人心里，都算皇上
娶不够的亲，恩情浩荡

那些小嘴儿，盛满佳酿
咱醉时不记，醒时不忘

美女不嫌，就在跟前
舍不得碰，看就解馋

小脸懒懒，酒窝浅浅
不怕美死你，就怕你傻眼

拽过媳妇儿

今天挨了头儿骂
回家就想打架
儿子瘦，掐不着肉
狗儿跑，闪了我脚
拽过媳妇儿来一顿
她一哎哟我气顺

今晚停电不见影儿
麻将成了石头子儿
摸黑喝酒瞎了菜

肚子里面冒坏水儿
一点不困干啥事儿
拽过媳妇儿当玩艺儿

雨连连，真叫烦
上不了工在家闲
一地泥巴一地水
两手空空没啥逮
拽过媳妇儿当小鬼儿
忙乎一会儿算一会儿

走道磨不短腿

吃硬硌不破嘴
走道磨不短腿
不怕打嗝和放屁
只怕咳嗽打喷嚏

不怕越吃越饱
只怕越走越少
猪羊占满了肚
轱辘占满了路

腰一粗了腿细了
人们肉肥，病就是贼
房子高了树矮了
城里多美，就有多鬼

饿是犯罪

吃了么，没呢
吃了么，吃了
吃了么，快了
吃了么，怎么着

地湿天先湿
问人先问吃
人嘴张天地
饥饱最先知

吃肉的人，不要太肉
吃面的人，不要太面
大师能喝西北风
倒指东南练气功

吃饱无愧
饿是犯罪
犯了第几
破坏自己

徐　江：

关于青春

我想　　我正在写
你们认为落伍的一首诗
有关叶子从四季的某个角落
　　旋转着
落下
然后潮湿地
贴在马路上
　　　　有关
你们遗落的恋人以及人生
第一次面对的窘境　　第二次……

我写着　　有时自己
把前边的一页翻过来　　看看
连自己都惊讶——记得那么真切
那些　　你们认为不存在的东西
又朝气蓬勃　　站在了纸上
关于飞鸟
蝉鸣
郊外校园草丛里的露水
黄昏时分　　操场上人群的欢呼
我重新写出来

今夏的每一个夜晚
我家的窗外都传来青蛙
响亮的叫声　　还有壁虎
趴在沙窗上吞食蚊子
白肚皮一动一动的　　有些吓人
妻子对我说："该赶走它们。"
我说算了　　留着吃蚊子吧
现在我想的　　正是这件事

关于青春
你们总不停地去赶它们
而我则把那些留下来
去吃今天的大队蚊子

大好年华

我们曾一道喝酒
一起听流浪者为我们唱他写的新歌
我们写诗　　眼红肿着
谈我们肝肠寸断的祖国
为一位热爱的俄国人或阿根廷盲者
整晚讨论图书馆失窃的可能
我们聊彼此欣赏的女孩
从那些眼神里猜谁的希望大

然后我等各奔东西
然后每早八点准时上班　　经受蹂躏

然后各自娶亲
各自盘算本地楼价
每月花销的最低可能
多年之后
我读到他寄来的早年诗作和信
说现在　　已很少再写

我当时真愤怒呵
这就是
他妈的人们所说的“大好年华”

俺这十年

没什么可炫耀的。
有时想想
觉得挺可怕
十年！我像个囚徒
把自己一半儿关进生活，
一半儿关进写作中。
没什么长足的进步，
眼望着世道人心一天天真实，
一天天支离破碎，爱情成为果冻
友情不时卷带
我写了一两本书
二三百首诗。

缺少成就大事业的性情

写东西也并不勤奋，
我只是看着，想着
从光阴捞一些浮起或沉淀的东西
有选择地
放进纸中。
我换过七八处工作
有的长，有的短
或主动，或被动
每一回（可庆幸的是）
都比原来有所改进。

当然
其中也不乏对创作构成阻碍和伤害的日子，

还好，都一一挺过来啦。
没什么特别的愿望
总想着，怎么
尽快挣足买房欠银行的钱
诗集嘛，如果不卖钱
不出也罢。
候马不是说了吗：“人生得一二知己足矣。”
但我有时也会起这样的疑心：
数字也许不对——要么有七八个知己
要么一个都没有。
对此观点我也不特别坚持。

周末我一般是：睡半天觉
留半天等母亲来，还有一天

或写稿，或采访。
所以有时坐在家中看外面阳光灿烂
总禁不住鬼火乱冒："我他妈究竟遭了哪份儿罪啦"
当然，这感觉三伏天除外。

有时会想起一首歌
"一年过去又是新的一年我们的眼泪也就掉了下来"
有时则忙，想不起。
这样多可怕！
这样十年就过去啦。
这样我现在只好坐下来写这首诗，
这样我希望你能想起我们彼此故意不提的那些事情。

朋友呵，你从哪里来。

朱　文：

没想到今晚竟如此突兀

工地一角的灯光，竟是如此
单薄，照不亮

整个砂堆。砂子可不是粘土，
但现在它就像是粘土，别的

什么也不像。砂粒滚动的声音
是黑夜在行走，脚步谨慎；

因为看不到砂粒在滚动，根本
看不到，于是就怀疑

是别的什么，还会是什么呢？
那可说不清，就像

除了我，今晚本身也非常可疑，
可疑是如同一粒砂子的

表情，隐秘的某个动机，在
这样的灯光下，谁又能看清？

所以，那只会是粘土，我们是

接受这一点，通常用来

塑像。现在灯光正打在黑夜的
脸上，那个为黑夜塑像的

人，不知到哪去了。我只能
说，他大概不太乐意看到我

幼儿师范学校

一个班的女生，在操场上。
她们穿着白汗衫
排球也是白色，还有球网。
人太多，于是也就没了规则

现在她们不关心孩子
她们全都爱上孩子的父亲

晒得发红的手臂挥摆着，
被投射在球场上，于是
泥土不断地嚣叫

大剪刀和园丁老张，
在球场一边，修理着冬青
这根偏执的枝条啊，
这根不长眼睛的枝条。
剪断它，剪断。

老张可干得越来越用力气
嘴唇也因此发白，在
他身的的地面上，满是
一条条晒得发红的手臂

这又何必呢？老张。
您最好回家去，
至少您棋盘上的冬青
会又好看，又整齐

杨　黎：

“我要用一种诗歌的方式……”

我要用一种诗歌的方式向你描述今年
1999，我对一位老板说，
这使我描述的内容缺少了勇气

如果我用一种爱的方式描述今年呢？
同样是 1999，面对少女
我感到黄昏中突然出现罕见的宁静。
她就坐在我的对面，
一对大大的眼睛看着我。但我
我仍不知道她是否听懂我在怎么说？
我说：我爱你。
或者我说：我想摸摸你的乳房。
就在子云亭
一家非常舒适的茶楼
1999，我参予了两本杂志的工作：
一本是《一周生活》
一本是《电影作品》。
当我用杂志人的口气向你描述今年时，
我会说：世纪之交
天空中一阵雷声滚过飞机的窗前；
一位老人，在回家的路上
看见了闪电。

而诗歌——
诗歌在纸上被我慢慢地写出来。

就像老板有老板的角度，少女
也有少女的口气。
他们换一个地方喝茶
比如圣天露：
那是99年8月底的事情
天气已经渐渐转凉。
老板说：
你能否将一套房子描述得更加动人？
就说阳台，你是否愿意让别人看见
站在上面的少女？

我愿意。
我说我要用诗歌向你描述今年，
就是因为我想到了
阳台与少女：
我们为他们裸露在外面的地方而赞叹，
特别是阳光灿烂的时候。
那是做爱的时候
我说

杨　键：

溪桥策杖

一

让我在马远的色彩和结构中漫游，
让那骑来的人就是马远。

二

枯石楠的湖边，冷清的石椅，
垂柳弥漫在落日经久的眼中，
——什么也没有丧失，虽然场景
败落：我是宋代的马远，
也是现代高炉下的工人。

书

在虚幻花园的树下读书，
读着一本具体的书，
仿佛杯中的尘沙落下，
我成为主人公、事件、地点。
心灵的映照，漫开

对应——它奥妙的运用
是我的寓言，我的神话，
也属于作者，也不属于读者，
它是一个声音？一个图像
一个神呈现在窗口？我在书本上醒来
在大地丧失了感动。
那与世界相应的欢乐啊！我因为不相应
而痛苦，我因为不相应
才是一个抽象的人，
在抽象的路上走着沉闷的人间。
回到家，回到具体的读书的花园，
我是永明禅师和征讨世界的成吉思汗的读者，
是乾隆皇帝和上官仪的一个读者，
也是他们的作者，
是万物的作者，也是天堂和地狱的作者。
因为心灵的对应，因为心灵的铸造，
我像圣徒又加入长期的斋戒和跋涉，
看着茫无际涯的书海，
坚持它们可怕的不真实性。

告诫

地区的发展，表面的浮雕，
重复其院庭的房屋，人们在过冬时
专为色情的听觉，一丝曙光透入了
囚笼，被矛盾纠缠的尘世
无法领受落日神圣的意旨，

因为对一个女人的爱，
对名声，对财富的窥视，
它们之间的距离，
是恒河——是一册《奥义书》，《四十二章经》
是人们早遗忘的永恒。
当所有的痛苦，所有的欢乐，
被悬起；《吠陀经》的贫民院庭
拥有无欲的早晨，看见了清晰而广博的岛屿，
解放的归乡之感啊！
心灵是一座城市的背景，是一首诗的背景，
看不见，也摸不着，却蕴藏在其中，
律动，澎湃，为万物的背景，
让我们成为中心，
成为沙漠的君主，黄昏和朝霞的君主，
但你像是在另一个时代，你像是被一个时代
抛弃的灯塔，
抛弃的稻草。

非　亚：

母　亲

母亲
你是我心中最后一块石头
孱弱的石头
让我在梦中
疼痛地握紧

当你站在门口
日光下的一切都慢慢苍老
从平静的天空
你看到了什么

你看到了什么
你又能看到什么
我在远处奔忙
像一节冬天的火车

当你躺在病床
抓住仅存的阳光
我感到所有的树木
在山上都停止了奔跑

它们使我垂下了孝顺的头

它们使我的心
吐出带血的石头
一群疯狂的蛆虫
爬满了我温热的面颊

传统节日

擦窗，扫地，用湿布抹去厚厚的积尘，整理
房间，书桌，扔掉无用的纸箱，空瓶，
旧电视报，买年货，拿着500元钱，街上的
人如此之多，节日对于忙碌一年的人来讲，
是准备多一点吃的和玩的，“来点糖果，瓜子，
和花生，水果也要一些，最好是红富士，
桔子和香蕉，年初一，我们要去青秀山，看看早开的
桃花”，年夜饭的下午，厨房里热气腾腾，男女主人
进进出出，全为了丰盛的晚餐，“来，干杯，
为新年干杯，为你的进步干杯……”，当五颜六色的电视节目
把我们抓住，女主持人笑容可掬，我们围在茶几之前，
任由刺骨的寒风在户外转悠，午夜，
当窜起的焰火，照亮了整个夜空，沉闷的钟声，
像往常一样敲响，我们站起，走到窗前，为新的一年和旧的
一年而感怀，唏嘘，当风停止，汽车的
引擎熄灭，夜已深，
人已静，世界也沉沉睡去，
我亦躺下，数着数字…………
想到过去的岁月，短暂的青春，像一片石子

落入湖水，我那无知而又咆哮的生命，
在日历的翻动中，又度过了一年。

传统家庭

我们三个人，各自坐着：父亲，母亲，
和我，我们三个人，
彼此各自独立。

我们说着话，带着轻微的手势，
有时波动，有时起伏，
那穿堂而过的空气。

三个人，像三块无形的
磁铁，在房间，
沉默在一个整体。

幸福和安祥，多么像
一对鸟儿，
落在我们窗台。

这是平常生活的一幕：父亲，母亲，
和我，难得地坐在了一起，
感恩的光线，撒在地上。

何小竹：

回忆周北河

我们上了河堤
然后就看见那座
正在修建的桥
当然河是过不去了
只好在河堤上
我回忆的是晚上的周北河
河堤之外看不见河
但听得见河水在流淌

不是一头牛，而是一群牛

那天的确也是这样
先是一个农民牵来一头牛
让我们拍照
后来别的农民听说了
也把他们的牛从牛圈里牵出来
牵到雪地上
让我们拍照
副县长说，够了，够了
别牵来了
记者们没有胶卷了

但农民们还是把所有的牛都牵了出来
他们都想给自家的牛
照一张像

马　松：

儿　语

蜜蜂和花都不要我啦
我的泪水
我的泪水就要被五月叉出门外
我的哭泣不顶用　我的脚想不通
蜜蜂和花为什么不找别的什么东西去生
偏偏要生下我
再见了　蜜蜂爸爸
再见了　蜜蜂妈妈花

树枝上
今夜哪条路会把床分一点给我睡
谁摸透了蜜蜂与花的心
谁敢夹在中间翻身
今夜我被塞到哪儿去睡　我的背怎么放平
路在汪汪大叫
路追着我的脚咬
我今后靠什么养大我呢
我边走边低头我边低头边饿
我的脚印如草一片片伏倒绿了又黄了
五月是明年的家
前面是去年的海
海　吃不完的船吐一口给我吧　我去舔

海　牙缝里剩下的兰色用岸剔出来给我给我

好时光

你骑在火上到处追她
你首先骑着一朵一朵的花儿　冒着她名字的危险
不停换马
你的旁边　鸟骑着风　风骑着云也在追她
你骑着一个又一个山顶追他
追啊　空气越来越没弹性
你也就一追一个洞了

但是鸟儿还在追她，追啊
鸟儿不住地口渴也就不断将你当成水去喝
鸟儿俯身向你，一下水就乖乖站于地上
水将她充满又闷将出来你丢下的那些战马
就要死灰复燃
你追到她开始骑你，你背后的那些战马
就像浪花骑着大海那样骑你啦

天空从她开始
云就至她结束
从此你深情的闪电变咸
咸得黑夜无法入口

余　怒：

守夜人

钟敲十二下，当，当
我在蚊帐里捕捉一只苍蝇
我不用双手
过程简单极了
我用理解和一声咒骂
我说：苍蝇，我说：血
我说：十二点三十分我取消你
然后我像一滴药水
滴进睡眠
钟敲十三下，当
苍蝇的嗡鸣：一对大耳环
仍在我的耳朵上晃来荡去

剧　情

你在干什么
我在守卫疯人院

你在干什么
我在守卫疯人院

你在干什么
我在守卫疯人院

我写诗，拔草，焚尸
数星星，化装，流泪

谬 论

我伸出十指，长短不一
毫无逻辑

它们不属于我
我也无力概括

我的生活中
长出了灰指甲

苦 海

我一生都在反对一个水泡

独裁者，阉人，音乐家
良医，情侣
鲜花贩子
我一生都在反对
水泡冒出水面

矫 正

按一下按钮，钟就报一次时间
“现在七点整”

再按一下
“现在七”

再按，“现在”

越说越快，连成一片
“现、现、现……”
他按住不放，“对，这才像时间”

灰　娃：

是谁背叛神的意志　灭了蛐蛐知了王国

高悬树顶　　琮琮仿佛
日光摇筛碎琥珀我的心
一圈圈回环灿亮细波
而草丛璎珞叮铃叮铃一串又一串
把寂静一再扩展一再绵延虚空

神的钟响了　快出来吧
快来感恩季节的馈赠
人心　世道　都被神意浸透
我们身心溢满那种
清冷凄伤的幸福

安息日到来前大地深层
发布警示传出信号
自天门飘洒红黄绿褐的
音符飞旋着
零落叶凄楚却嘹亮峭拔

无论阴翳轻笼还是玫瑰照耀
红铜金黄闪烁墙头林梢
上苍的眼波嚣张跋扈褪尽
满眼清澄洗练禅意漫染

莫非

神异的光源流射人间
天堂传来祈祷的回声
唤醒灵魂掬饮生命深意
过往旧事萦怀不已
又惆怅又甜蜜　可今年

秋光秋云依然颀长阴影曳得更长
浅金色烟雾漏下金箔银片
晃来晃去与点点幽暗离合交错
我的心眷留低徊　该怎样
安顿大地的心　因为

那一串串穿凿世事撕着人心的铿鸣
熄灭了
虚空不可挽回大地和我的心
但梦很长很长　千年的惋惜的影子
在流光隧道飘荡

可既然大地坚忍无比
谁竟从大地逼走
摇落清芬的音乐？是谁
竟从人心里掏去那
百念丛生万千感慨的凄然之美呢

吉木狼格：

千山鸟飞绝

从前到山里来
动物比人多
鸟儿比动物多
如今到处是凌乱的足迹
飞回来的鸟儿
露宿一夜又飞走了

我们羡慕鸟儿的翅膀
鸟儿会不会羡慕我们
一双灵巧的手
我们羡慕鸟儿
能够自由的飞翔
我们还羡慕猎豹
那样完美的体型

我眼中的大自然
和心中的大自然
是截在不同的
昔日的鸟儿
那是我心中的大自然
而我眼中的大自然
实际上正是那些
看不见的鸟儿

第三卷

张　枣：

祖国丛书

那溢满又跪下的，那不是酒
那还不是樱桃核，吐出后比死人更多挂一点肉
井底的小男孩，人们还在打捞

直到夜半，直到窒息，才从云嘴落地的
那只空酒瓶，还不是破碎
人类还容忍我穿过大厅

穿过打字机色情的沉默
那被拼写的还不是
安装在水面又被手打肿的

月亮的脸；船长呵你的坏女人
还没有打开水之窗。而我开始舔了
我舔着空气中明净的衣裳
我舔着被书面两脚夹紧的锦缎的
小飘带；直到舔交换成被舔
我宁愿终身被舔而不愿去生活

潞　潞：

笼罩童年的一日

童年是一次午后的治疗，薄荷在枯萎
是发疯的想法和嗽过的喉咙
牙医在寻找着最后的分界线
它在一个男孩面颊的后面，酒精瓶向上
是压低的呼吸寻找着出口
是敲响的四肢和骨胳
放过了今夜的床

笼罩童年的一日，我无法把它扎紧
让拥抱我的人看见并喊出名字
它从一只袋子中被取出。像齿轮
缓缓地滑过我爱人的手掌
它在反射，如同一面平静的水平仪
我记不清，它也可能在独唱

我早已戒掉了那一天，它满身是血
我爱人的手臂伸得很深，她很放肆
稀薄的空气，溺死者再不会醒来
盐遮盖了他的眼睑
他在沥青中击打，漆黑一片
这是大地的骨肉相残着

一切都不可避免

是沉睡点燃了永久的幻觉
由此产生了真正的冒险家?
他在深浅不一的墨水渍里沉浸了太久
为那些词汇注入某种化学成分
它们也许会在半夜尖叫起来

这是一个多角形的房间，适合隐匿
不可避免的设计，一只手铸造了其他
再没有穿过月光的美人，将人生分开
再也追不回失去的财富
因为我们始终在回避另一个世纪

但愿另一个世纪不再有黑水渍
只有风，吹动漫天的粉裙
并允许我们中的一个人轻薄一下
当然还要允许他把诗念完
让人类学习一次陶醉

不管多么短暂，试着摆脱一次
所有的——都要在今夜飞来
我们会辨认出其中的一些
它们是童年时代那些小精灵的遗骸
是混血的紫罗兰和最微观的行星

(但愿另一个世纪不再有黑水渍
所有的——都要在今夜飞来)

北　岛：

使　命

牧师在祷告中迷路
一扇通风窗
开向另一个时代
逃亡者在翻墙

气喘吁吁的词引发
作者的心脏病
深呼吸，更深些
抓住和北风辩论的
槐树的根

夏天到了
树冠是地下告密者
低语是被蜂群蜇伤的
红色睡眠
不，一场风暴

读者们纷纷爬上岸

战　后

从梦里蒸馏的形象

在天边遗弃旗帜
池塘变得明亮
那失踪者的笑声
表明：疼痛
是莲花的叫喊

我们的沉默
变成草浆变成
纸，那愈合
书写伤口的冬天

目的地

你沿着奇数
和练习发音的火花
旅行，从地图
俯瞰道路的葬礼
他们挖得真深
触及诗意

名号不能止住
韵律的阵痛
你靠近风的隐喻
随白发远去
暗夜打开上颌
露出楼梯

食　指：

生涯的午后

冬日的太阳已缓缓西沉
但温暖如旧，更加宜人
有生涯午后成就的辉煌
谁去想半生的勤奋和郁闷

冬日的斜阳还那么斯斯文文
天边已渐渐涌上厚厚的阴云
注定又有一场冷酷的暴风雪
在我命运不远的前方降临

别了，洒满阳光的童年
别了，阴暗的暴风雨的青春
如今已到了在灯红酒绿中
死死地坚守住清贫的年份

自甘淡泊，耐得住寂寞
苦苦不懈地纸笔耕耘
收获了丰富的精神食粮后
荒野上留下个诗人的孤坟

但现在这颗心还没有死
也不是我的最后的呻吟

这不就是生涯的午后吗?
还远远不到日落的时辰!

1998. 1. 9—2. 18

在精神病福利院的八年

盛夏如雨的汗滴下擦拭楼道
隆冬刺骨的冷水中洗净饭碗
只有在支着困倦苦思的长夜
一丝暖暖的春意才遣上笔端

懒惰、自私、野蛮和不卫生的习惯……
在这里集中了中国人所有的弱点
这一切如残酷无情的铁砧、工锤击打得我精神的火花四溅

一下便把我的周身点燃
此时我旺盛的生命力像一束
烧得噼啪作响的火焰
而思绪却像一缕轻烟……

不因没成为栋梁的树干
而感到哪怕是一点点的遗憾
在物欲像满天风雪的冬夜
我情愿是一堆作柴草的枝蔓

点着它，给赶路人以光亮
让饥寒受冻者来取暖

而我将化为灰烬
被一阵狂风吹散

1998．3．3

暴风雪

噢，下雪了，正当我在屋外
纷纷扬扬的大雪中苦思徘徊
亲爱的，你像一阵风裹着的雪团
“呼”的一下扑进了我的胸怀

哦，亲爱的，你不再是个女孩鬓角已被无情的岁月染白
可我猛地感到：茫茫风雪中
你重现了年轻时身披婚纱的风采

人生就是一场感情的暴风雪

我从诗情画意中走来

凛冽的风雪中冻僵的手指扳动着
车轮的辐条移动历史的轮胎
大汗淋漓，耗尽青春年华
前进的距离却是寸寸相挨

抬头风雪漫漫，脚下白雪皑皑，
小风吹过，清醒得叫你说不出话来
可要生存就得在苦寒中继续抗争

这就是孕育精神之冰和雪的年代

人生就是场冷酷的暴风雪
我从冰天雪地中走来

1998．11—1999．1

刘立杆：

云南书简

那骑自行车来的邮差是不是
化装的窃贼？他想投递一封去年的信。

世界移动过了吗，不过
添上了几棵灰蒙蒙的棕榈。

但是世界已经移动过了：一列
穿过旅馆的火车卸下中午的困倦。

那低海拔的幽灵从云端
扑来，如同滇池上空低飞的海鸥

在一个错误的纬度，迷惘地
尖叫——在云南，有时她又会变成

一个大象般沉重的女人
踏过你单调的白日梦。

但是他既是邮差，又是窃贼
一座缩微城市就在挎包里沉甸甸的。

今晚，他要涂改整条街的门牌——

不是按照数序，而是按照一段起伏的旋律。

但是他永远无法安排自己
除了不停地攀升，不停地逼近群星。

而另一个人正远远奔来
这匿名的怪兽，他的记忆比岩石还要

古老，在岩石挤压成高原之前
在午睡与觉醒之间。

冬夜的映射游戏

一个闲聊和牌戏的夜晚
雪，和几枝插入细颈瓶的腊梅。
往昔就像她喜欢吃的杨梅
盛在白瓷盘里
糖渍过的，像窗外煤矸石路上
刚刚飘落的雪，有点脏。

他在摇篮上俯身，两只手
反复交叉，变幻出狂吠的狗和飞鸟
变幻出一个农庄的晴朗天空：
棉花糖般的云朵
池塘，和大片棉花田。一个少女
正在山坡上漫步，杏色的

脚后跟灵巧地颠动着

在棉花糖的午后。少女的阴影
像狂躁的狗，嘶咬着她沉重的裙角。
唉，他的手多么徒劳！
死亡是否已经在她体内孕育
杂草？消失的山坡上

雪花飘了又飘。狗已经逃离
池塘开始结冰，而棉花糖的毒素
弥漫在每个令人窒息的
黄昏。不错，这些
是往事，窗格里云朵有限的移动——
但也可以是另一个少女的

未来。瞬间的雪在摇篮上闪烁
仿佛那些他不断挨近
又害怕触摸的生命。
他知道自己再也没有什么可想的。
黑暗的电流中
一只鸟反复扑腾着翅膀。

献给白桦树

哪只僵硬的燕子掳走了你
静穆的树林？又是哪根冰凉的
手指会在这张纸片上停留？
彼此相认的喜悦中

一个男性名字的女性韵脚

叹息着，又巧妙嵌入银色树干
——不，不是燕子；
但是那剪形的翅膀正折回

幽暗的书房，但是燕子的
眼泪已经混合了窗户上的模糊水气
——那里，一队骠骑兵
起伏的马头正从雪地上远去。

仿佛记忆的戳印：街道里
嘎嘎响的冰碴和冬天的蓝色纹理。
哪本被篡改的字典
还收录了这些陈旧的词语？

青春，假如，爱和忧伤
……那泛黄纸页上翻腾的涅瓦河
彼得格勒，以及
皇村学校风雪弥漫的黄昏——

这些从时间里赎回的声音
是否还可以使一个辗转的灵魂变得
安祥？少女归来
在他怀里恸哭——普希金！

既然你已经代替我写下
这一切……少女老去，而燕子
一次次折回。瞎眼的时光
久久摸索这张毁灭过的脸。

昌　耀：

20世纪行将结束

——影物质。经验空间。潜思维。正在失去的喻义

（一首未完成诗稿的断简残编）

残编1：

在宇宙间看日出……是十分壮观的。美国一个航天员说，航天飞机飞行速度很快，太阳出来时好像“迅雷似的”一跃而出，太阳落山时也一样迅速地隐去。

——录自1988年4月24日《人民日报·每周文摘》

现在
他听到自己在妻子的梦里正接受死亡。
他听到妻子从他的脖颈足足接了一盆血。
他听到妻子把他的尸骨填进了燃烧的火炉。
他听到妻子尝试用炉灰拭净血污的双手。
现在
他听到妻子从妻子自己的梦里走了出来。
他听到岳母向妻子谨献殷勤：
丫头，那红通通的血……那死人……
是你今天有可能发财的好兆头。

现在他终于感受到了《庄子戏妻》的悲哀。

听到菜刀剁在砧板敲出《快乐寡妇》的节奏。

北方原野因众多湖泊之照耀而光亮起来。
古瓶、宝马与长矛挤在一片沃壤启碇夜游。

残编 2:

……酒半乃言曰:"人之公余为小快乐,夜间安眠为大快乐,辞世长逝为真快乐。我们共产党人的哲学就是鞠躬尽瘁,死而后已"继而高唱(国际歌),打破沉寂之空间。酒毕,徐步赴刑场,前后卫士护送。空间极为严肃,经过街衢之口,见一瞎眼乞丐,回首一顾,乃有所感也。

——录自第 530 期《文摘报·文史与人物》

睡眠将我罗织在一颗华丽的茧壳。
……当我从行李架取下旅行提包,
发现我脱下不久的靴统已填满烟蒂,
月台小贩向我兜售的瓜果同时全部靡腐。
就是这样准确无误——
只要一次不带雨伞出门必遇大雨滂沱。

从广场地下雨道步出北口,
见一青年向人叫卖非法出版物。
台阶上坐着一个行乞的女孩。
一条环形河道坐落在红墙下方,
我没见到水边蹲伏着的著名狮面人。

于是我重重地骂了一声"骗子",

出手的拳脚却弱不禁风绵软不胜。
心想清醒地拼杀将是何等痛快呀。
心想那年月远在异国他乡月色波动，
苹果园在 B29 重型轰炸机底连续爆炸，
冲击波野蛮撕开姑娘们的军裙，
我们穿越战场通向月光谷地。
稻田一角农妇停驶的牛车酷似大炮。
我们拉开距离翻过一面山坡，
波动的月色下面飘浮着甜甜的面酱味儿，
老文工队员说是 SALAMI 味儿——人味儿。
那就是说前面该有朝鲜人栖息的村庄了。
那时“万岁军”的口号在制高点是一面旗帜。
但我想说那随风飘来的是熬制饴糖的味儿。
那年头我是一个穿军装的孩子。

残编 3：

关于禅有这么一句话，我以为那便是这种境界的一种较为接近的说法：“在我开悟前见山是山见水是水。当我被教导着开悟时，见山不是山，见水不是水。现在我已开悟，见山又是山，见水又是水了。”

——录自 1988 年 6 月 18 日《文艺报》文章《悟境》

穷途之哭，连类无穷。

干渠道边一角黄昏的骚动：
温暖的墙根畜群的残骸、蒿草的清香，
豆科植物张扬起坚守的网状叶脉，
浓冽的气息强化了夏日的记忆。

一只蚱蜢偎依在粉壁孵抱自己的暗影。
蜚声于涂，几只鸡鹅爬上对面陡坡。
一种美丽常是身边被忽略的美丽。
一个世界常是重叠着的同一世界。
而时间是术士，是炼丹炉。
时间是产婆因此具有了生命意义。
生命是时间但时间未必等于生命。
在生命未发生的荒古时间存在着。
时间是运动而当生命发生运动才被赋予意义。
时间是生命借以图存的方式。
死亡是生命平面展示的标本。
生是权利，亦是义务。

死与生同：
死亡的刀尖，自由的大门。

残编 4：

母鲎前面的四只爪子，是四把大钳，用以捕捉小动物。而公鲎却是四把勾子，专门用来钩着母鲎，而母鲎也在相应的部位留有余地，给公鲎搭勾子用。这一对夫妻从来都是双宿双游。……(它们) 从泥盆纪就有了，到了寒武纪，我南方形成了华夏古陆，由于没有致命细菌，生命脱离了竞争，成为留下的“活化石”、三叶虫的嫡传后裔……

——所录引文已不知何所本

他们倒卧在路面，
上扬的双臂好像从土地生长而出，
尖尖的十指向着苍天合拢仿佛一种哀求。

有福的人们啊，请向如此高高擎起的花朵
或者玉盏……施舍一两滴清泪。

然而有一个清醒的声音如此说道：
我必须胜任情感的多重体验——
面对华夏族群自杀式的堕落，
我是一个潜在的遁世者。
面对外部势力对华夏世界的谋杀，
我是一个天然的义勇军。

清醒的多重人生体验，
无疑是一种折寿的行为。

残编 5：
眼泪不是水。
——作者自语。

强紫外光煅烧下的男像。
誓要去除自身质体一切的杂质与结晶水。

这是一条箭直的路：一层层台地，一折三叠。
依维柯牌旅行车以八十迈时速向前冲刺。
白热化的车体以航空器的状态尖声嚣鸣。
我们妙语连珠追赶女舞蹈家远去的轿车。
密封的座厢至今尚可嗅到腹地扑鼻的粉尘。

红色的血：富含的铁元素遇氧而呈红色。
蓝色的血：富含的铜元素遇氧而呈蓝色。

前方的地平线露出一角金字塔的上堆。
粘土性岩层组成的沟槽垄脊减弱了光的强度。
我们折向西北行，折向新的远方。

此后我一直记得这场冒险游戏。
人类未始不是一个长不大的孩子。
然而我至今不能回答发自童心的提问：
指甲有没有根？如果……
猫头鹰和猫咪干嘛都姓猫？如果……
画眉鸟吃不吃树？如果……

妻子如此劝喻：
我们还是回到山里那座当年的茅屋。

残编6：

他其时并不惧死，当宋希濂部下出示枪决令时，他正伏案写绝命诗。诗也写得真绝，在这种时候还能巧用唐人诗句偶成一首："夕阳明灭乱山中，（韦应物）/落叶寒泉听不穷；（郎士元）/已忍伶俜十年事，（杜甫）/心诗半偶万缘空。（郎士元）"此时军法处长催他起程赴刑，秋白又挥笔疾书——"方欲提笔录出，而毙命之令已下，甚可念也。"秋白半有句："眼底烟云过尽时，正我逍遥处。"此非词谚，乃狱中言志耳。

——录自1996年9月21日《文学报》文章《徐村的绝唱》

妻子说：就从这里开始。
东方
唐·吉诃德军团的阅兵式。
予人笑柄的族类，生生不息的种姓。
架子鼓、筚篥和军号齐奏。

瘦马、矮驴同骆驼排在一个队列齐步并进。
从不怀疑自己的锐枪头还能挺多久。
从不相信骑士的旗帜就此倒下。
拒绝醍醐灌顶……

从远古的墓茔开拔，满负荷前进，
一路狼狈尽是丢盔卸甲的纪录。
不朽的是精神价值的纯粹。
永远不是最坏的挫折，但永远是最严重的关头。
打点行装身披破衣驾着柴车去开启山林。
鸠形鹄面行吟泽边一行人马走向落日之爆炸。
被血光辉煌的倒影从他们足下铺陈而去，
……

妻子说：就从这里开始。
我从楼梯下来看见丈夫已倒在深雪。
我跑去将他扶起。
他说："我们谈恋爱吧。"
我说，谈就谈吧，可千万别碰到我肩头。
说完我拽上身边的小儿子转身就走。
儿子闹着要跟他爸爸。
我将房门在身后砰地关紧，
瞧见那人依然躺倒在雪地。
一线赤红的流水或隐或现从乱石间流逸，
那汁液珍贵如血不可被生灵渴饮。
心还怦怦地跳着。
永远的至死不悟。
永远的不成熟。永远的灵魂受难。

永远的背负历史的包袱。……

……

……

残编 7:

文词结束之处，音乐即告开始。

——亨·海涅

1988 年写作

1999 年 1 月 9 日整理毕

莫　非：

本事诗（一）

——为珊珊生日即兴

我已经有了一个人。再有一个
就是梦想。比梦想更好的女人
在别处，同别的人讨论婚姻
打发文字编辑余下的时光

有一个人和有一个梦想不一样
比如�，就说我有病，胡闹
而我个人感觉不仅健康而且认真
怕就怕我们认真。怕就怕一个人

没有梦想。经过白天的梦想
总是好的。因为梦想朝生暮死
当我站在正午的阳台上眼前一黑
仿佛只有筠看得清清楚楚

本事诗（二）

——为珊珊准备结婚而准备

天转地转。可真是一场疯狂
出门向东出门向西。生活
从新小说那儿前进，前进进

像珊珊一样突然，往昔的梦想

落花流水。为什么偏偏是你
换一个人该多好。换一个人
操办你的大事也行啊。偏偏
是我，越走越远。甚至看见了

婚礼的尽头，我后妈对你关心
又开心。只有我清楚谁干了
蠢事，并且如此完美：时候
到了：北京在下雨，珊珊要嫁人

本事诗（三）

——为珊珊出嫁乱弹

分晓在一夜之间。好上了谁都没办法
没办法的事总有神助。才女伯蔷让仲平
这才子算是赶上了：自行车黑灯瞎火
一抬脚就到万寿路。珊珊回首

那人匆匆正在办事处。大生一对糊涂虫
也不看有病没病。音乐不听诗说话
要嫁就嫁焦仲平。一座大楼在五层
秘密穿过。谁曾想以情报中心为半径

震动了几家窗户，新闻系出了号外

一不小心，生活仿照旧小说拍案叫绝
惊的是，老焦有了新娘，奇的是
莫非整个儿丢了魂，后边跟着他后妈

张曙光：

卡桑德拉

没有人相信我说出的一切
没有人。我在说话的时候，人们
只是在笑，谈论着天气，或漫不经心地
注视着广场上的鸽子，它们在啄食
成群发出咕咕的求偶声。没有人相信
我说出的一切，孩子们跟在我的后面
投掷石子，像当初对待年老的塞尚
当黄昏收拢起橄榄树的叶子
城墙上的石子陷入对历史的沉思
牧人们细数归来的羊群，酒吧里
弥漫着浓烈的烟草气味，但没有人
没有人相信我说出或正在说出的
一切。人们议论着电视中
很久以前的那次坠毁，花花公子
诱拐了某位石油大亨的妻子，议论着
性丑闻，科隆香水，花椰菜和萨义德
他们历数着过去像翻开一册
珍藏的相册。但没有人相信
我说出或正在说出的一切
现在夜晚包围着我们
像铠甲，没有箭簇能够穿透
它坚硬的黑暗，天没有下雨，没有洪水

冲击着堤坝，电影院里上演着
七十年前的那次沉船事件
我在另一个场合（或另一首诗中）说过
这只是出于一种票房的需要
用泪水换取钞票。没有希望正像同样
没有恐惧。旋转木马的阴影静卧在
花丛中，像一个古老的预言

参加为钢琴家琳达小姐举办的晚会

在轰响的钢琴旁度过一个真正的夜晚
一种并非人人熟知的语言，向我诉说着——
哦，美丽的公主，来自安徒生的童话
或某位布尔乔亚作家伤感的故事
缩短着白宫和落后国度间的距离
似乎证明着魅力也能征服全世界
并非只靠武力和金钱。在杂乱的
视线里，自如而优雅，弹奏
迷人地微笑，最终使每个人成为
手指下面跳动的琴键。哦，琳达
爱仍然有用，还有艺术，尽管已经
变得世俗而浮浅，就像你的演奏，或
夏夜熟透的水果和树叶的气味

黎明鹏：

告诉侄儿

你有三兄弟，现在少了一个
你知道他是怎么死的吗
你爸说，你母亲亲手扔他下大江时
他太重，六岁了，水还没有将他淹没
便掀起裙脚，下去将他踩沉，踢出去
给大水卷走
省了很多事
这条江，叫滥江，从你家门前流过
你母亲杀他时，不在家门口
把他背过坝，沿江直到
一个容易抛到深水一些的地方下手
当时你哥是怎样挣扎的，除了你母亲
可能没有别人看见，除了现场的草木
可能没有别的知道
大家都信他是你母亲杀的，却不具体到这么残酷
他是你母亲第二胎生的，长相很好，但弱智
弱智是发高烧造成的，生死由你母亲决定
事后静悄悄，大家都不提
那一年我快要高考了
上课之前，你爸来到我的宿舍说：
“她太残忍了……”
我不知道去听了什么课，读了什么书

你爸也没因此要与你母亲离婚

如今你已上北大
我真想有一个反骨的侄儿从北大毕业
也是一种继承
你甚至可以
把我们这一代，彻底抛弃

北京的落叶

这里的落叶是秋天的景色，不是柴
谁叫这些树木不长在我的故乡呢
我堂兄的儿子，九岁了，没有母亲已六年
今晚这样的时分，别人都吃完晚饭
不知他打柴回家了没有
这么遥远，即使我眼前的树叶不挂在秋风上
他又怎么来拾呢
这里打柴，像扫这种落叶
是不会被人骂的，这不是已被承包的树林
谁叫我们生在树叶都没有多几片的地方呢
在那偏僻的村落，没有母亲的孩子
肚里连饭也没有多一碗
不是因为天黑，我看不清落叶是奢望
像你这样的年龄，这样的时刻
我端起饭碗，就想见到一只小鸟
像落叶一样降临
不知你现在吃过没有

你爸已年老，不老又怎么样
这里的落叶是秋天的景色，不是柴

吃土的女孩

亚凤是我小时候肯借铅笔给我的女同学
还常从家里偷热番薯到无人的巷子给我吃
她自己却吃土，有硝的最好，没有也一样吃
等我吃完，她也饱了
我是不愿意吃土的人，她却死都要吃
她到死也不明白，这么好吃的东西
吃了为什么会死呢
每次她对着我大口大口地吃土
我也大口大口地吃她的番薯
就特别感激，还问她好不好吃
她也这样问我，回答都是笑笑
亚凤死时，像个没有脾气的母亲
跟活着一样，她的面容
这么多年来，在一些车厢里、旧屋外
还经常见到，如果我问你好了吗
我的病将比她更严重

一根头发挺立的依据

我不知道如何形容一个人的一生
熬尽风霜岁月，大地一样的人

森林一样的头发，不能骨软
还有一根，顽强地与发胶对抗着
这根头发即使在最明亮光滑的额头
也会在舞蹈的日子里自然跳起来
没有歌声的生活，我见过一棵大树倒下
扑起的那一层音乐
一根头发在它的原始动态中
说明了一切，生命一词的构成
笑声怎样从发根像头屑一样掉在风中
呐喊如何从发梢上出发，穿过空气
保留着少年动人的风采。头发呢，发胶时代
像农民都不愿再种的“四脚矮”水稻
这根头发，站不住春风得意，直立
像一个愤怒的保镖
有尊严的生活，不怕黑，更不怕焦
或短或长，留一点把柄给狂风

叶　舟：

谣　曲

半口袋刀子是光。
三匹大马，亲爱的只有我俩。

半个羊圈是敦煌。
离我不远，仿佛女儿格桑。

半个洞窟是屋梁。
美梦如昔，睡在马头琴上。

半个菩萨是心肠。
一半归你，一半还给远方。

半夜里坐着月光。
草原这夜，一支酒歌将我击伤。

半途中抓住村庄。
两匹豹子，爱情飞驰山冈。

半个身子交给你。
背负灯火，半个中国，我爱我的北方。

九匹马的草原

九匹马的草原，一望无边。
九个秋天，像心上人深藏的一只筐篮
打水来到我家门前。

九只口袋里迎风伫立的马匹，面向水面。
青海：七颗星子，九座寺院
九道车辙真像美丽人间。

九盏灯台下，牛羊归栏。
今夜你是否仍然爱我如初——
九位女神，你静黑如钟的最小雪山。

九顶奔跑的乳房，九座帐篷。
我抱住鲜花坐入九月的伤口。
九道诵念，高如天堂。

九只鹰，围住天空。
秋天的废墟，像一座荒凉祭场。
九根鞭子上爱情的屋梁——

九匹豹子的呼喊，酒杯中
只剩下我独自一人，手提马灯。
九个夜晚，半个身子为你而眠。
为成为一道牺牲
为了在心上复活。青海

九匹大马的草原，九次梦见。

西宁的一截钢轨

西宁的一截钢轨，带着
热爱的锈迹，冰冷沉默。
这时你捧起了灰烬——
其实是捧起了这个夏天的核心。

郊外的青稞熟了，积石山区雨雪推进。
西宁的一截钢轨，融进了
宗教和最后的钟声。

一截废钢轨，坐着
法显和文成。
今夜故乡的灯笼灭了
谁又能忆起马上的亡灵？

在最后的驻锡地，
你必将遇见一头豹子和经卷。
在西宁的街道上走过，
你必将错过一个半兽的神祇。

夜色堆积，在这个七月也寒凉的码头，
一个孩子背起了断裂的钢轨。
草原以远人畜兴旺——
一个黑铁的时代又有何用？

一截废旧的钢轨，
等于一阵止息的心跳。
而地火秘密地奔突、运行，
一个黎明正无人问津。

臧 棣:

在某种意义上

在某种意义上
你就是我的家
高傲的阳台毗邻历史的下颔
一扇打开的窗户咀嚼着
一片梦中的野外景色

在某种意义上
你是我温柔的姐姐
忧伤的眼睛像多情的箴言
而如果把我们所看见过的加在一起
就会形成一种肉体的高瞻远瞩

在某种意义上
你就是我的灵魂的镜子
没有你：我永远不会认出我身上的
另一种生命。在一些难忘的时刻
你就是我在另一个领域里睁开的眼睛

在某种意义上
你是奇迹最小的妹妹
希腊的风景就像手镯一样
适合你随意的佩戴

而一种热爱使你学会在星星间飞翔

在某种意义上
你是我的园丁
盛开和成长都属于你
不是作为报偿
而是作为深奥的安慰

凌　越：

我们在寂静的屋子里过冬

我们在寂静的屋子里过冬；过去的
变化了的不断摇晃，有三年
你不再习惯于回顾往日，而让疑惑追随着血液，
有三年，这书本里的喜悦激起了日子的仇恨，
在眼睛里，类似影剧院的最后光亮中，
我们丢弃在寂静的屋子里。
而生活，它有这冬天的幻觉，
它有这隐藏啜泣的墙壁的恐怖，
并且我们也已不在那文字的火苗中召唤。

冷冽的空气有一种清新，而时光
映现出雪花寂静雕像中虚幻的风景：
干净的球场，太瘦的冬日，
我们在“吱吱”叫唤的老鼠的声音里过冬，
我们沉默着，让过分疲倦的
冬天之光照亮屋子的一角——竟然是熟睡的情侣。

雨　夜

我们乘着喋喋不休的话语的翅膀
用三秒钟的晕眩，敲响了雨夜的门：

雨声在四周竖起了高墙，
屋子暗下来，夜的血液冲刷着光秃的枝桠；
这里，你注视着弥漫的夜雾，把打开的书
　　又重新合上。
日子的水流，从屋瓦上清晰地流过，
寂静赋予你时间的芳香，
并为你隐藏的喜悦吹起一阵色彩的风。
——白天的目光线进入了梦乡，
而在你关闭的眼睛里，一只蜜蜂在嬉戏。

树　才：

活下去

——给苇岸

一天又一天。它们是怎样
走近我们，又是怎样
不打招呼就离开了我们……
我们被留下来，孤零零的
望着太阳陨落时的血腥，惊呆了

这一天又一天！它们从哪里开始
最初经过谁的手，又是怎样死里逃生……
当我们和自己的呼吸在一起，我们
听见，它们的滴答就是我们的心跳
是它们在时间的铡刀下抢救我们

明天？我们醒来时，这扇门一定开着
当欢乐满了，溢出来了，又流得空空
当那么多房屋从倒塌中逃离人类
我们只能低下头，细细打量今天

活下去吧，凭着绝望好好活下去
你那只用旧了的温软的黄书包还等着
你再搁进去一些大地上的事情
愿你能耐心地，无冤地，活下去……

人们欢乐

人们欢乐是有道理的
有人今夜要回老家
人们把剩下不多的时光
倒进酒里，一杯杯饮下

有个人满脸通红
有个人嗓音嘶哑
在炸开的哗笑声中
他吐出自己的心里话

好像没有人认真听
也没有人舍得打断他
唉生活在告别后会平静下来
这是遥远的中国村

月亮知道今夜是节日
人们聚到夜间的草地上
避开了炎热、想家、小小的磨擦
有人开始哭出声来

人们哭泣是有道理的
这道理来自劳动的生活
敞开的窗，合拢的剪刀
又在剪裁下一个难熬的日子

小小蚂蚁

小小蚂蚁，爬上了我的手臂
一阵疾速的痒！只能是它

抬起手臂，双眼同时睁开
草地上的午睡比溪水更清浅
我看见蚂蚁正匆匆乱爬

纤细的汗毛对它该是高大的芦苇
泛绿的血脉之河也让它不敢迈步
旁边，一颗黑痣更像一片可怕的沼泽地

小小蚂蚁，在我的手臂上着急
它进退两难。它试图突围。它来回空跑
细心的观看让我忍住了神经里的奇痒

我轻轻将手臂放下，想让它顺势爬回草地
它却偏要攀登！眼看就要爬过肩头了——
我心中一急，嘴里已吹出一口大风

小小蚂蚁，霎时不见踪影
我懊恼地抬眼望向天空
突然，又一阵疾速的痒——
小小蚂蚁竟又出现在我的手臂

蚂蚁太多，也太渺小，我已认不出
这一只是不是刚才那一只

西　川：

不　必

不必请求那些粉红色的耳朵
它们只接纳有道理的声音
而你的声音越来越没有道理
仿佛傍晚响在法院窗外的雷霆

你把头发染得五颜六色但你不是飞鸟
你慌不择路时惟一可做的是投石问路
星月、山冈，允许一头大熊啼哭
但在城里，你一悲伤就像货币一样贬值

不必在自己的胳膊肘上咬出牙印儿
不必打扰墙洞里的耗子：你的邻居
在茶杯即将从桌面滑落地面的一刹那
应该以幽灵的速度把它接在手里

在挣不到大钱时小心花钱
在小钱也挣不到时就把欲望擦净
但不必在已有的道德中添加新的道德
瞧瞧那些红人儿，瞧瞧那些白痴

从此孤身一人接午夜的电话
如果听筒里只有忙音就拔掉插头

从此孤身一人剥开花生米
品尝这没有道理的滋味，暴露一点点贪婪之美

你越来越没有道理的声音被孤独放大
眼开空无开着坦克攻占你的躯体
但不必依赖安眠药，请走出家门
寻找一家空中旅店并从那里眺望你失眠的屋顶

或穿过漂着垃圾味的街道
敲开一户户人家收回你过早散发的诗篇
大人物的心理疾病是否值得模仿
再完美的冷嘲热讽也意味着思想乏力

不必混进电影院，那些散场后
步行回家的人们迈着英雄的方步，但哈欠连连
不必拔出手指中的木刺
让它疼，让它感染，让它化脓

应该以死人的名义反对处死灵魂的云朵
不必为方便而凿穿大地
但是依然，每时每刻都有人死去
就如同每时每刻都有俏皮话变得不再俏皮

从此孤身一人把破旧的自行车骑得飞快
并且必在废墟间再数一遍脚趾
可能的话，就从大海上跳过去
不可能跳过去，就甘愿淹死在大海里

在圣彼得修道院为我的家人祈祷[1]

如果上帝注视圣彼得修道院，
他一定会满意这旷野中突起的红色建筑，
他一定会同意结队的玉米迎接大雪飘临。
一场大雪已经超出虚构。
踏着雪地上的脚印走过圣彼得。
三十名修道士仿佛三十颗星星裹在僧袍里，
他们在钢架的小教堂里歌唱，
在无边的黑夜中向我宣示另一种生活。
这另一种生活是踮起脚尖，减轻体重，
以便冥思的头颅获得飞翔的清爽
以便结霜的手指促进星空抓住飞旋的花朵
如今我亦来到此地，身后跟随着
一些模糊的身影；我亦离开人群，
惟愿人群中的烦扰会因我的离开而减弱。
孤绝之夜，我听到夜空中飞机的轰鸣；
灵魂的成长应和着猛然敲响的钟声
又猛然沉默——

灯光撒落在我临时的橡木桌。
我拉开抽屉，别人的《圣经》我翻到
《腓立比书》第二章第一节。
在圣彼得修道院我拧开浴室里的热水喷头
洗净身上的泥垢，尝试使用

① 圣彼得修道院位于加拿大萨斯卡彻温省的荒野中。

一种陌生的语言祈祷上帝取消我的浑浊。
所以上帝，你来，在我的背上猛击一掌，
使我重见你的高山、你的花园，使星光
晕染我的额头，也晕染我远方的祖国，
因为我全部的过去混和进那里的明天，
你若取消我的黑暗就请取消
包围我远方文明的鬼怪妖魔：
所以上帝，你来，从我的家人开始，
取消我爷爷的驼背，让他够得着枝头的水蜜桃；
取消我奶奶的迷信，让她走出地窖；
让我的父亲大喊大叫，他禁忌太多；
让我母亲的心脏免于噩梦的撕咬；
别让我二哥欠债，他有老婆有孩子；
别让我妹妹落入无赖的圈套；
还有，还有……哦，上帝，别人都怎样祈祷？
我渺小，我谦卑，我的嘴巴一次次张开，
我要整夜在你的耳边低语，
所以你来，你来——

朱　朱：

厨房之歌

多么强大的风，
从对面的群山，
吹拂到厨房里悬挂的围裙上，
屋脊像一块锈蚀的钟摆跟着晃动。

我们离街上的救护车
和山前的陵墓最远
就像爱着围裙上绣着的牡丹，
我们爱着每一幅历史的彩图。

有水壶和几瓶酒，
水分被空气偷偷吸干的梨子，
还有谦虚地邻近水管的砧板。
在日光中，厨房像野鸭梳理自己的羽毛。

厨房多么像它的主人，
或者他的爱人消失的手。
强大的风掀开了暗橱，
又把围裙吹倒在脚边。

刮除灶台边的污垢，
盒子被秋天打开的情欲也更亮了，
我们要更镇定地往柘草上撒盐，

将胡椒拌进睡眠。

强大的风
它有一些更特殊的金子
要交给首饰匠。
我们只管在饥饿的间歇里等待，
什么该接受，什么值得细细地描画。

秋　日

多刺的骄阳啊，
蘸满紫色的毒汁
扫过我们的脸。

从前你不是泥水和冰上的花纹，
像狗一样等候一个人？
你不是霜的文字，脆弱又含有人性？

大而黑的玫瑰，
转进了天空；
不会是一把盐和汗的钥匙吧？

因肿胀变得庄重吧。
南方的银叶子正在猎枪的扳机里行脱帽礼。
让我们别再谈论什么镜子吧。

煽 动

一切死得多慢，
在旋律里掺进了玫瑰与蝴蝶，
我在说：玫瑰涌上来
而蝴蝶，甚至死后也是美丽的。

蝴蝶是美丽的，
它因你的煽动而更美丽。
太阳剪着我们身上的羊毛，
只有这里，才有这样的太阳。

太阳下才有这样的玫瑰，
它是被怀疑的锦缎；
才有这样的蝴蝶，
展翅在最小的损失中。

唐丹鸿：

突然吊桥升起……

突然吊桥升起行人止步并看见
河水正在流逝，仿佛随着合奏
高抬的左腿正在抵达彩虹，
突然光从后面照来阴影朝前方倾覆
她躬身亲吻，她的乳房被衬衣遮掩

在黑暗里，在芬芳中，乐队的狂潮
并不比情欲猛烈，乌鸦们欢呼着
扑向我的胸膛，除了花腔还有姐姐
在我耳中，她嘹亮的裸体正四蹄狂奔

突然吊桥降下行人朝彼岸走去
高抬的左腿像我的头一样耷拉下来
突然青春的激动的追光经不住流水摧残
那伟大子宫的大门在我回来前已经关闭
我抚摸你萎缩打皱的苹果脸，我热爱

次曲美人

如果我口里含着一枚琥珀
决不说出“棕色的手肘”

意味着次曲：一位美丽的人
包藏在松涛中的反扭的腕骨

还不如说挽起袖子
暴露了雕花匕首——
额头情愿用燃烧抚慰它

如果我口里含着一片云母
决不说出“羚羊的眼睛”
渗出闪光的液体淋湿了次曲——
可是，美丽的人是谁？
还不如说：

“次”就是
松开衣襟，撩起长袍
“曲”就是
拂去积雪任雪莲疯长
拨开浓云露出纯粹的蓝色

如果我口里含着一颗流星
决不说出“被吹灭的油灯”
曾经把裸体映红、放大——
整个草原都目睹了帐蓬上摇晃的次曲
还不如说：

“她举起手肘”表达
舒展翅膀掠过了岩石
“她转过脸来”化作

猛然跌入夜晚的细胞的雪崩
“她起伏”，就是从黎明挪出银河的后腿
“她凝结”，当快感飞逝
停滞于琉珀的窒息，云母的光芒

可是，我嘴里都含过一些什么呢？
我很想手执一把雕花匕首
推操着纸张的后背追问——

如果，在成都，“次”
是指我厌倦了自己的理智
在拉萨，“曲”承认梦改变了我的太阳
穴
还不如告诉她，一位美丽的人

向白云伸出的是我的舌头
写在纸上的是我的尸骨。

桑　克：

女强人

午夜过后，拿她
没法子的何止是
大腹便便的政治家？
小女仆暗中攥着刀子，
掌纹里磨出的血，
已说明忍耐的极限。

她的威名以及艳影
何止在海上？何止是
上流社会标准的牙签？
剔掉绅士们多余的
体力，对她而言
只不过是小菜一碟。
在粗话丛中，她对
宫廷风雅的习俗也有
一两句精彩的论断：
“支撑我全部生活的，
或许是不恰当的激情。”
但她的面貌却接近

用道德禁忌换来的
薪水。哦，大约

上帝知道，她模糊的
愿望，来自童年的
乡村，教堂钟声激荡；
而幼小的她却始终穿着
缀花长裤；对着打碎
1/3的镜子反复观看。
她父亲盯着她，仿佛
盯着一把伸到后背上
搔痒的竹手。那东西
如今在博物馆也不见踪影

她从浪声中醒来，起锚的
号角在晨风里像新出土
的诱饵。她自语着
新的计划："大富翁"没什么
好劫，代号"春天"的保险箱
却标志着成功的高度。

连晗生：

工作日

她站立一直是我的直尺。建筑
　　　　　　　　规模。忽然想起；
　　　　　　　　牙签釜破船只
单车挂在墙壁上。距离毕业三年，
居然不能和姑娘们在桌上办公和跳舞。

虽然有打电话的自由，
和在走廊追赶的权利。当我经受打击——
不是在喷水池边欣赏水景，而是在计算机室默哀：
门开了——有人来复印
一个身材窈窕的女大学生，从学校走来：
笑容可掬，（可曾浇灭我夜读的坏习惯！）——再见！

在沉落和上升的电梯中攀登，吸附钢壁，
可是我仍难逃这个重型感冒者的呼吸——
举着蜡烛，滴水漏，来到领导的门前，
推敲，众人微笑看着这个机械人。

喘气，像一列海岸边的台湾列车！
他却被人山人海的厕所拒之乐园之外，原来在这
关键时刻，不是谁都可以无忧地蹲下。而在七楼下面的
停车场，call 台小姐像小鹰骑车经过。

经过整夜的辗转：一群企鹅淋漓的泪滴，
天空晴朗，万里无云。对面的售楼
阳光明媚，宽敞的房间
清风吹临第一平方，
一只保温瓶卓然而立——

时间在车窗行驶

时间在车窗行驶
荒废了——我在此石像的坐姿

倚着散乱之柱——蒸腾嘴中的苦味
意志导致遗忘：使在空中自动漫游

啊，空地上，飘飞的纸片。——裂缝间甲虫的庆曲，它的
　轻微韵响；
同时劫掠你的肉瘤，你的血色微笑！

——我知道我要做一个人
正在走入树的公路

你轻轻地摆动日报，我飘摇的视线
你折向窟窿钢铁，我也马上离椅而起——

胡续冬：

胡闹

整整一夜，这个狡猾的纸团
始终没有发出传说中的老鼠
绝望的叫喊。我从一个球迷的梦里
偷学到了罗纳尔多的脚法，又从
他上铺的武侠呼噜中叼走了
一个武林高手七成的内功，而这一夜
或者说这颠倒的世界中残缺的一页
仍未能记下我辉煌的一笔——
只须那么一下，当我骑士般的利爪
从任人亵玩的肉垫上张开，像
我的枕头——《铁皮鼓》里受尽嬉弄的小奥斯卡
尖厉的嘶叫，将老鼠的心脏
像肮脏的玻璃一样弄碎，我眼中
刹那间汇聚的老虎的金黄就足以
让酷爱博尔赫斯的主人那样给我足够的尊严
像对待他的女朋友一样。只须那么一下——
迷宫般的夏夜。等待奇迹的宿舍
我吞食了主人那么多的诗歌，也不能
在这沙沙有韵的纸团读到
一只老鼠的变形记：那上面
是否碰巧印刷着让我永世沦为宠物
的咒语？事已至此。那些低等的物种

蚊子、苍蝇，躲在角落里嗡嗡讪笑
像是看见了人们把我改变命运的辛劳
斥责为不解人意的上蹿下跳。纸团
还在我的脚下作响，越来越
失去耐心的我开始从里面听到
天亮后主人那不无轻蔑的招唤——“胡闹！”
和我一如既往的愤怒的回答——“呜喵！”

（献给我的爱猫胡闹）

太太留客

昨天帮张家屋打了谷子，张五娃儿
硬是要请我们上街去看啥子
《泰坦尼克》。起先我听成是
《太太留客》，以为是个三级片
和那年子我在深圳看的那个
《本能》差球不多。酒都没喝完
我们就赶到河对门，看到镇上
我上个月补过的那几双破鞋
都嗑着瓜子往电影院走，心头
愈见欢喜。电影票死贵
张五娃儿边掏钱边朝我们喊：
“看得过细点，演的屙屎打屁
都要紧着盯，莫浪费钱。”
我们坐在两个学生妹崽后头
听她们说这是外国得了啥子
“茅司旮”奖的大片，好看得很。

我心头说你们这些小姑娘
哪懂得起太太留客这些龉龊事情，
那几双破鞋怕还差不多。电影开始，
人人马马，东拉西扯，整了好半天
我这才晓得原来这下片子叫“泰坦尼克”，
是个大轮船的外号。那些洋人
就是说起中国话我也搞不清他们
到底在摆啥子龙门阵，一时
这个在船头吼，一时那个要跳河，
看得我眼睛都乌了，总算捱到
精彩的地方了：那个吐口水的小白脸
和那个胖女娃儿好像扯不清了。
结果这么大个轮船，这两个人
硬要缩到一个吉普车上去弄，自己
弄得不舒服不说，车子挡得我们
啥子都没看到，连个奶奶
都没得！哎呀没得意思，活该
这个船要沉。电影散场了
我们打着哈欠出来，笑那个
哈包娃儿救个姘头还丢条命，还没得
张五娃儿得行，有一年涪江发水
他救了个粉子，拍成电影定好看
——那个粉子从水头出来是光的！
昨晚上后半夜的事情我实在
说不出口：打了几盘麻将过后
我回到自己屋头，一开开灯
把老子气惨了——我那个死婆娘
和隔壁王大汉在席子上蜷成了一砣！

南　人：

衣服泡在水里

衣服泡在水里
像我最好的一位朋友
昨天刚和我一起吃饭一起散步甚至
一起跳舞一起睡觉
今天　突然溺水而死

我看着洗衣粉投进去
水一下子变得肮脏
我不相信死亡竟是如此不干不净

望着越积越厚的泡沫
想像着朋友生前　那些
不愿提及的伤痛
洗好　晾干
妻子重又将衣服披在我的身上
我怎么也无法相信
我会再一次带着它走向死亡

事　件

回到屋里

蚂蚁咬死了我的糖

我追着它们走出屋外
一步踩死一只蚂蚁

没有蚂蚁的时候
我就坐在地上抽烟
等待下一只蚂蚁

我追着它们
走进了胡同又走出了胡同
走上大街又走出大街
走上海滩又走出海滩
走上悬崖又走出悬崖
世界真大我毫无倦意

最后一只蚂蚁
没有敲门从门缝溜进了一间屋子

我从裤兜里摸出我最后一块糖且
插进锁孔

姜　涛：

三姊妹

在人流中，她们打开手机的样子
像打开初春的头一片嫩叶
从倒挂枝头的会议室到退休部长
荫凉的臂弯，三姊妹口衔钓钩
藏身有术，仿佛机关舌尖上
一个轻轻卷起的袖珍支部

黎明愉快的化妆，学着
破壳的鸡雏，保持适当的抽象
晚间相约去“不夜城”
对男友施行宽容的加减法
或者只是莞尔一笑，表露的同情
基本不会超过裙摆的尺度

她们乖巧，聪慧，因而蒙受了比白昼
更漫长的照耀，让体制中的幻想
不分级别：少年人高高翘起的舢板
也冲上了到中年人体臭的暗礁
据称，她们的腰身并不比传说中的贵妃
更为苗条，但对男权的历史
显然缺乏兴趣。她们偏爱的是小说
更喜欢袖口一样伸出生活的格言

而作为一种技巧，枝繁叶茂的诗歌年鉴中
也有她们佯装成散文的脸
可以说三姊妹的弱点在各方面
都恰到好处：如同游泳池浑浊的深度
满足了初学者对大海的比拟性冲动

70年代出生，80年代当选校际之花
岁月匆匆，出落成美人已到90年代
她们在风格中成功地实验出时尚
所余不多，一杯胸脯扁扁的隔夜茶
递向学院墙根下尚待发育的新时代
人们可以公开表示赞同或反对
仿佛真地成为了“美”的股东

而被三姊妹所排斥的人，正以鲨鱼的速度
绝望地扑向了自己深海中的办公桌

张执浩：

人们在秋天干什么

秋天。我咳嗽，排出体内的积怨。
人生单薄，一张纸就可以承担
如此多的风尘。这不难理解

如同阴霾的天空，雁过无痕。
你抽过的雪茄还残留
在乌云的斗室里，我嗅着

一枚金钱桔光滑的表皮，想象你
今夜的睡眠是否有丝绸的睡衣。
许多人在谈论马车，只有我

着迷于扑向郊外的警笛，尖啸的
消防车，红色并不代表黎明，
它甚至包含了更多的信息——

“并不存在完全熟透的果实，
而且甜蜜的汁液也近似于苦酒，
否则，我们何必要醉熏熏地生？”

人们在秋天干什么？
反正我在打扫肺叶，咯不尽的血

最终还得靠血来溶解和稀释。

早晨你带着出门的苹果脸，
现在我已经不忍心辨认，像
我不愿说：“瞧啊，人群中的人！”

一个不工作的人

你瞧他多么勤奋，一大早就坐在了
那里，蹙着眉，眼睛搁在地图上
一座白雪皑皑的山顶。
坚持这样的姿势，他坐着，直到夜色
把他囫囵吞下，他还会在夜的肚皮内
坚持着这样的坚持。

他是一个不工作的人。
有人告诉我，多年以前他便如此。
多年以前，那张地图色彩明艳，
而现在大好的河山已经破碎，只有
那座白雪皑皑的山顶依然
完好无损。难道是因为他的注视？

我们在工作，但谁也没有他那么勤奋。
一个不舍昼夜的人坐在那里，
真叫人辗转难眠。如果他出现
在我们梦里，必然是以一朵雪花
的飘逸，或一座雪山的冷峻。

一个不工作的人让我们找不到

工作的意义。也许，这也是工作，
在眺望中确立肉体的地位，
在浑浊中坚持透明。总之，他
既不弯腰，又不起立，
他坐着，生活在那方寸地之上，
却绵延到了若干人的未来中。

一碗米

需要多久才能澄清一碗米
它的来历，它的去向，以及
它碜白的、隐约的疼

就在今天，父亲从地深处来信
他写道：应该节约粮食，趁你们年轻
最好是一天吃一粒……

也是在今天，我在水龙头面前哭泣
泪水淌在米碗中，像
多年前的他在稻场上打夜

他怀里的女人正在发育
他心中的梦幻正在成真
那时，他捻着米粒，让黑夜露出白牙齿

噢　如此昏噩的生活，食物的通道
仿佛深邃的矿井
需要米粒的光泽发出微弱的呻吟

现在，我再也没有碰见过运粮的车队
一粒米辗转来到我的身体内部
轻轻地诉说生活的平淡和徒劳

就在此刻，我刚刚咽下了一粒安眠药
它同样是磣白的、乏味的
却不能平息我无力的内疚

秦巴子：

一个片断

笔在纸上投下的影子
并不代表心灵和血
在大地上成长

星辰闪耀不代表夜晚
专注的眼神不代表爱情
诗人不代表诗

钥匙不代表家，隐私
从门缝里溜出来，公开的日记
不代表一个人的全部生活

忙碌的钟摆催促你上路
不是为了赴约，手捧鲜花的人
也可能意外地碰上葬礼

不是为了谁，不是因为命运
世界在内心里投下影子
如同一夜大雪把大地覆盖

写　真

高高的脚手架上挂着月亮
奔月的人被阴影压住了翅膀
一个乡下人撞倒了垃圾桶

这个城市里到处都是财富
这座城市住满了幽灵
幽灵的脚步像布谷鸟的叫声

一个乡下人来到了玻璃迷宫
从天堂开来的车子
要在地窖里掀起盖头

一个人扛着已经磨光的墓碑
他愿意看到自己的来世

他更愿意看到一桌酒菜
一个女人和一个儿子
他看到猪蹄希望它会走

在巨大的广告牌前停下
他量一量画中女人的鞋子
"多好的一只船呀!"

但是他无法渡向对岸
他想起村外的那条小河
结冰的冬天是无边的世界

想到冬天他就想到了棉袄

他回忆起棉花地里的爱情
他也顺便想到了讨厌的棉蛉

在异地

夜色四合之后，我慢慢
走回内心。是谁坐在身边?
催眠曲无法催眠

远窗灯火闪烁，枕畔
书页拂动着流年碎影
灵魂的脚步被我听见

我是我自己留宿的客人
说什么夜色如晦，说什么
夜凉如水，孤旅如寄

我是我表盘里奔跑的时针
让生命在每一刻都有见证
在异地，让世界扑面而来

我自己扶着自己
如同黑暗中的每一个人
如同事物们的存在本身
在异地，声音像声音
在异地，眼泪像眼泪
失眠的人也更像他自己

刘漫流：

饥饿的节日

终于
又成为你的婴儿
成为你躯体中的躯体
小小的完整的头盖骨
一副龋齿
一具绿色的尸体
十个小指头粘在一起
不停地摇摆着
滴着血
像蹼
像一对挣扎在水中的鱼鳍

终于
又回到那片废墟
回到那个饥饿的日子
小小的尖利的爪子
拼命地刨着
刨出了一点什么
白骨头
一个春天的婴儿
一只春天的绿色的老虎
望着我流泪的老母亲

望着我辛苦了一辈子的老母亲

母　语

谁是我们的敌人?
谁是我们的朋友?

敌人就是与我们为敌的人
最大的敌人是饥饿

朋友就是帮我们吃入的同志
最好的朋友是食物
最主要的问题是解决温饱
贫穷不是社会主义

千万不要忘记
狈是好兄弟

狗是狼群的败类
因为狗是人类的朋友

凡是敌人赞成的
我们就要反对

狼们啊
你们要警惕!

披着狼皮的人

和会说人话的狼

在无名的时光中

在无名的时光中
唯一可做的
只是砌墙

在黑暗中
我们一块块地
在砌

有时候
也不免停下手来
瞄上一眼

我们不知道
墙背后
掩藏着什么

或许仍然
只是
一片废墟

在无名的时光中
我们都只是
被黑暗遗忘的泥瓦匠

彭燕郊：

柚子花开的地方

那时候我已经长大了
开始把我的忧伤的头发留得很长很长

已经用不着你替我在白肚兜上绣花
开始喜欢穿我的宽大蓝短裤

那时候我的心已经成熟了
已经开始懂得那叫人难为情
可又十分温柔的事

那时候我们总有那么一点小小的狡猾
躲开别人，两个人一起
去山上捡松球，去田里摸螺蛳

我总是在别人看不见的地方等你
等你洗好家里的碗筷，喂完家里的小鸡
等你把在古井边洗好的衣服放到木桶里
大大方方地到河边来过水
那里美丽的风景
那是柚子花开的地方

在那里你总是玩着发辫上鲜艳的红头绳

总是摆荡着你那从肩上披下又拖到胸前的发辫

你把荔枝核做的小水桶送给我
还有用彩线织的带樟脑丸的香袋

在那里我不再蹦蹦跳跳
有时候我真的很像一个恋人
无言地撕着花枝的树皮，把树液往指甲上涂了又涂

在那里我总是装着没有听见
妈妈喊我回去吃饭的声音

我们快乐地沐浴在河水的反光里
而弯着腰洗衣服的你
是美丽得就像新月一样

你那精致的小脸又白又红
在那柚子花开的地方

那时候我们还不懂得接吻
嘴对嘴也已经够教人消魂了

天旋地转中，透过你起伏不息的胸脯
我分不清听到的是你的、还是我的怦怦心跳

“我喜欢你，我和你好……”
最难忘是你喘息中急促地说给我的悄悄话

当我们分别的时候我告诉你
我要到外面世界去流浪
我相信我们的爱情会因苦难而更加美好

流浪的路上，我的辛酸我的惆怅我的挣扎
还有我的遗忘——我把你埋藏在太深的心的深处

以致我忘记了我们约好的团聚的日子
忘记了在那个日子以前回到你的身边

对那些很会说“我爱你我爱你”的城里姑娘
我只有茫然的笑笑罢了

我相信我们的爱情虽然幼稚但却真实
而现在，别人告诉我你已经出嫁了

而你，我的和柚子花一起活在我记忆里的

柚子姑娘
彼此的手成为对方的温暖的，火苗

般龙龙：

暖冬，几首诗

1

当我吃力地说出汉语，
旧鼓楼早已等得不耐烦，
它要拆掉这些啰里啰嗦的东西，
“啰嗦，”它说。

2

六个苹果摆在桌上，
它们是我思虑的一部分，
光滑、理智，
大小不一。它们举目无亲。

没有人会登门拜访我，
就连你也不会。

3

我的家毫无诗意，
想看看它的样子吗？
微胖，邋遢，充满喧闹，
简直是一盘刚炒的麻豆腐。

4

你从来没爱过我，
滔滔不绝的日子只是个象征。
青春要在哪一天剥下我的皮，
制成鞋子：某些人的脚
早已方向不明。
我们像可怜的河鱼，
一滴一滴，试图挽留时光。

5

我的外貌能使祖国黯然，
我的语言，只在大地上书写茫茫的情怀。
多少假说传到千里外。
你知道我的本事
胜过一场战争，却在遥远的衬衫上跌荡起伏，
一只手接二连三长出野草和粮食……
最后，我在母亲的梦里坍塌了，
来不及告诉身边的人。
那些沉静的树
心满意足，它们伸出手，
并把一个好消息放在嘴唇上：

"阳光不出来，白雪也温暖，
它厚厚地，呼吸，
蹲在房檐上，枝桠上，屋前的灯笼上，
好像一个人的凝视"。

周伦佑：

冥想一只白鹤消失的过程

一只鹤在冥想中飘然而至
逼真的优美，使我的两眼感觉刺痛
鹤在梅花的阴影里倚琴而思
不与众口分享的时刻，只是一瞬间
呈现、确定，松驰开它洁白的羽毛
包融所有的细节，使记忆趋于完整
我知道：这不是普通的鹤
是我命中注定的那一只，从众多的鹤中
挑选出来，脱离物质的形式
在月光的心境中，与我的灵魂遭遇
纯洁得有些脆弱，容易被伤害的样子
总是躲在自己的白色里
练习冰雪的舞蹈。鹤的展开很慢
很纯净：从水墨的意念到一朵荷花
纯洁中心火焰的舌尖致命的冷
肉体的夜晚鹤吐出嘴里的罂粟
我的渴望更深地卷入一只花瓶
打碎，或绽开，紧紧抓住它的名字
鹤的形体飘忽不定，如光的流转
不能把握，只可意会一种心情
成为它的音乐或放纵的思想
朝相反的方向飞。鹤的经过如同

最初的出现：短暂，但深入人心
为别一种透明所驱使，白鹤
飘然而去，带走我的抒情部分
白色的周围天空越来越多
鹤越变越小。脸上的空白增大
无法停止的距离把生命连根拔起
堕入更深的黑暗。鹤越来越飘缈
只有一点白色，一点儿白色，蓝色……
与鹤联系的光明中断。最后丹顶的血红
在嘴里，微微有些中毒的感觉……

对石头的语义学研究

我见过各种各样的石头
花岗石。大理石。卵石。汉白玉
刻满铭文的石柱。无字碑。克尔白石
象征的。魔幻的。现实与超现实的石头
在野外的。在博物馆的。被想像的
只有在语言中能被复述和理解

石头是名词。它的正确读音是 shí tóu
按音序查“s”，按部首查“石”部
它由“石”和“头”这两个部分组成
“石”是词根，“头”是词缀。再往下
石：像形，从广从口。但从不说话
沉默的石头是一种坚硬的物质

就这样从石头的基本义开始
石头被读出。一次偶然的触动
使石头产生出别一种含义
穿过猛虎的黑夜石头碰出声响
石头作为偏旁，使一些字经久耐用
石头的转义可以独坐，给房屋奠基

比喻使石头在暗中移动
石头从止水中轻轻浮起
通过喻词变成别的事物
或者相反，别的事物好像石头
石头在比喻中缩小或放大
石头滚动，成为一支乐队的名称

在黑暗中石头被引申为火种
在火中，石头被引申为铁的原型
百炼成钢；为刀锋的冷淡
祭献之羊与刀刃互相理解
死亡中石头被引申为不朽
一条断臂统领众多的时间

退回石头，守住石头，或离开
石头。不同的接触，使石头
呈现得多些或少些。意守丹田
在石头反义时将它捉住
思想的介入使石头四分五裂
石头完好如初，一如神的全美

对石头的研究使你获得
石头的意识。在石头内部
凝神观照，体验一切石头
世界在本来的意义上被理解
和容纳。石头保持原样
使任何僭越的企图归于徒劳

叶文福：

故宫草

一方方石板　大地的封条
石缝中竟也长出绿的骄傲
你并非天衣无缝　故宫
御林军的长剑也斩不尽这倔强的渺小
悄悄　在这里守护生身之净土
每颗露珠都紧盯住阴谋如何酿造
将深宫秘史通过长长的根须
给地底岩浆送去精确的情报

直面盖世的伟大　绝不折腰
石缝正好夹磨高尚的情操
曾听得一声李自成的响箭
便立即自地底抽出呼啸的长刀

任洪渊：

司马迁的第二创世纪

伍子胥

他用最黑的一夜辉煌了一生
昭关最明亮的黑夜
一个个早晨凋谢在
　　　　　　门口
黑发
白头
头　碰不破黑夜
碰落了所有的白天
　　　　一步踩过
一生　用最黑的一夜辉煌
　　　　　　　　百年
白发　一根一根
生长漫长漫长的死亡
一夜摇落黑发上的全部太阳
几万次日出　一齐轰击
　　　　　　头顶
一个白洞
昭关　每一个黑夜
　　　　　　陷落

褒姒

她烂熳男人，烽火桃花

等她一笑
一丛丛无花期的花　开了
烽火

男人的桃花

一笑
灼伤了太阳　熔化了太阳
乱涌的星云
老了的血　谢洒成灰烬
只剩下最小的一滴　开始生长

残败在最红的开放里
耸峙的塌陷
又一种金属　在体内的深处
　　　　　　　　乱附为花

没有火
没有刀兵的　烽
烟

等她烂熳

男人　烽火桃花
嫣然的战争

高渐离

挖掉眼睛的一刹，他洞见了一切

太黑了　眼睛
再也升不过黔首　黑色的头
挖掉眼睛
灵魂　白衣冠走出
为自己送葬
一道雪波　拍击
　　　无边无涯

没有眼睛
就再不等别人的　光
再不等影子　层层叠叠的倒下
在一片没有底的土地
当挖掉眼睛的一瞬
黑暗破了
生命　痛楚得雪亮

筑声
明亮的开放　玉兰花
一盅一盅斟满白色的韵
叮叮咚咚碰亮天空

眼睛窥不见的神秘
突然银灿灿的　泄露
　　　　　无边无涯

林　莽：

夏末十四行：群鸟

那些高高地伸向天空的手臂
因叶子的坠落而轻轻地摇动
那些仿照根系而生长的枝干
再一次让鸟儿因阵风而飞离

谁的飘零会与命运无关
生命的吟唱有时离欢乐很远
树阴下匆匆而过的人们
可听见了大自然永恒的轻叹

鸟群寂静栖于夏末的林梢
那阵冷风无情地吹过时
我心头落下的不再是青春的沮丧

当人们宿命于时间的消亡
是谁让我们将生命化作了
凝聚于夜而分散于昼的群鸟

夏末十四行：品茗

半杯清茶的苦涩沁入了永恒的时光

是什么让你的信散发出海的光芒
那月夜下有树影的沙滩
是否宛如故乡梦中的底片

是谁轻轻的哼唱伴着水草的摇弋
以夏日的苍郁唤醒了绿色的记忆
一条心中的溪水注入了晚秋
那无法实现的一切在落叶的旋舞中倾

似乎触到了夜的寒意和肌肤的清凉
舒缓的乐曲呈现在闪烁的泪水中
它滴落的声音是否惊醒了午夜的梦

越过贮满阳光的杯子
桌面上的玻璃映出一杯清茶的倒影
是雨季的干渴以碧绿和苦涩将你滞留

夏末十四行：梦舞

那梦中起舞的可是昨日的夕阳
是谁在哀婉动情地歌唱
在岁月冻结的某个早晨
大雾中飘浮着谁的灵魂

那反复出现的事物是否属于我
在乐声中走动的男人或女人是谁的情人
他们经历了轮回的风雨

他们是否有着永不颓败的缘分

在反复讲述的那些不眠的夜晚
斩不断的情思远缚住风筝的心
谁曾告诫过那颗以爱铸剑的灵魂

以舞者的形象站在梦中的舞台上
歌声起处谁唱起了青春的激情与感伤
爱的心中是否都有一双永不收敛的翅膀

绿 原：

哦，你？

哦，你？——
哦月光，和你！——
月光如水
向你漾来
悄悄地。——
比纯黑稍淡的
月光多想亲一下
从没照过一支光的
你啊——城镇浑身是
霓虹的芒刺，禁止
亲密的生命们相互
接近，多情的月光才
跋山涉水不远千晨攀登
到这遥远、偏僻、孤高的
危楼，想挨一挨
你紫红的骨朵，瞧一瞧
你鹅黄的萼片，照一照
你珠蚌似地欲开
还闭的比纯白
更白的花瓣啊。——
难道你把日光让
给了世界，便对月光也感
到羞怯，甚或变
得狷傲起来么，怎么一闪闪

进了月光够不着的
枝叶荫翳处，你
失踪了，你在哪里？你在
哪里？——原来比太古
更沉静，比童年
更悠长，黑暗包裹着你：
你独自缓缓
开放着，梦着又
醒着，凝视着又
疑惑着你露珠般
的美貌，宛如
没有染过一粒尘的纳克素斯① ……
——更仿佛一名超脱江湖
的太极剑客，你以无物为剑
缓缓挥舞着，在一动不动之中
进退着，在进退之中
幻化着，在幻化之中
飞升着，直至四大皆空；
没有昨天，没有昨天的
回忆及其悔恨，也
没有明天，没有明天的希望及其迟疑；只剩下
现在，只剩下现在这
千古一刹那的
拼搏和执着：——
像流水一样你
连一秒钟也没有

① 纳克素斯：即希腊神话中一位凭泉自恋而溺、变成水仙花的美少年。译名为希腊原文读音。

停顿下来，来
欣赏一下自己，自己
几分钟的荣华，随即匆匆
匆匆低垂，萎蔫，凋零……。
那坚决，那甘愿，那怡然自在
证明你一剑刺穿了
生之烦恼连同
死之恐怖终于到达
伟大的圆寂并完成
从前世到来世的轮回。——
咦，你竟不肯，硬不肯让
最近的一双瞳孔抢拍
抢拍一幅令陌生者观之而
不胜唏嘘的
短暂今生完整而空白的
映像；——却令有心人顿悟
“光阴似箭”，唯愿是庄周最先见到的那支
不行不止的箭，能把
每秒钟的声与色
看不见的声与听不见的色
连缀起来并固定下来好让
残存的记忆形成一篇
消失主语的赞美诗，一首
谢绝伴奏的咏叹调，一阕
无色，连白色也不是的
息幻归真的安魂曲……
——于是，一旁偷窥已久的
那人如醉如痴，

茫然失措，不禁
战栗起来而
月光也随之
黯然失色而不得不
退避三舍了。——
其实，唉，哪里还有
人，即使醒来已盲
等着等白了头而
心仍跃动如初的
那人；哪里还有
月光，即使千里迢迢
渴求爱抚而来
终遭婉拒
仍不得不永远爱着的
那月光：如果没有了
你，没有了比人、比月光
更加不可诱惑、
不可欺骗、
不可凌侮的
你啊，你以比蜉蝣朝夕更短暂的
辉煌生命教人不贪光
　　　　不怕黑
　　　　不慕恋镜花水月……
敢以自己
唯一真实的开放与凋零睥睨
周围不可一世的虚无，我的
昙花？

屠　岸：

九十年代的“秀”

舞台空旷
演员三三两两
观众席是一片汪洋
导演搀着我的手
走到台中央
我的台词呢，说什么？
仿佛一切都已经遗忘
导演在耳边提词
我依然惝恍
我扮演的是儿童
是男士
还是——妙龄女郎？
巨大的魔镜
照出了我——
一个老者，鬓发苍苍
同台的角色
靠近我，远离我
所有的对白
像背书一样
我扔去假发
甩掉血色的袈裟
还我本来的面目——

是战士，也是情郎
我拥抱儿童
扑进母亲的怀里
向少女倾诉爱情
挽着朋友的臂膀
然而我
却对巨大魔镜
举起了投枪！
导演失踪
观众席涌来呼啸的海浪
角色一个个还原成木偶
舞台空旷
然而我
却对巨大的魔镜
举起了投枪！
对魔镜里所有的
仙王仙后
和魑魅魍魉
我——
　举起了
　　——投枪！

田　原：

吉野山印象

我帮一位山民的家
改装了窗户。然后
换去他们房顶
百年前被陨石击碎的瓦
在高高的房顶，我看见
屋后一棵年轻的柿树
它枝丫上结满的柿子
红透在更稀薄的空气里

这是一家普通的朝阳民居
坐落在被一棵大树劈成两半的阳光里
我在另一半的阳光里
从房顶又攀上了屋后的柿树

我的脚沾满了树下的鸟粪
在树叉间，我看见鸟
在宽敞的上空盘旋。它们的叫声
压弱我们在院里取暖的火苗

白烟散尽
远处的一座山林开始变白
一场雪正不紧不慢地飘向我们

我感到了。冬天寒冷指爪的
逼近、尖利和无情

透过鸟儿们的聒噪。我听见山民
亲切的呼唤。从柿树上滑下来
老山民送了我许多有趣的玩意儿
50 年前他父亲的拐杖
100 年前他爷爷的锈剑和一份无法
写出来的传家宝

骑马者·牵马者·马

骑马者比牵马者先累
牵马者和马走在草地上
骑马者走在马背

马踩倒了四棵草
牵马者踩倒了两棵草
被踩倒的草不是假寐
它们委曲地伏在大地的胸脯
　　强忍着泪水

没有谁知道他们的去处
牵马者不知

马不知
骑马者也不知

他们踩实松软的草地
他们踏破树荫的宁静
他们穿过十里飘香的果园
唯有雪天，骑马者躲进温室
指令牵马者把马喂肥

牵马者越来越瘦
马疲惫不堪
它清脆的蹄音变得沉闷
骑马者臀下的鞍
像是枷锁的魔爪
深深陷进马的脊背

远远地遥望他们的背影
牵马者和马是一个可爱的小不点儿
向着前方蠕动
骑马者浮在半空
像一块阴霾的乌云

有一天，紧握鞭子的骑马者
累了，他要下马
点燃草、庄稼和树木
牵马者变成了屠夫
马变成了一片白骨

麦 城：

失 题

桌上摆满了全国的饭菜
包括世界各地的碗筷
稻米，在锅里替农业叙事
茶水，泡软了黑夜
煤烟，飘成祖先的头巾
缠绕在一个民族的头上

风，在意谣传多愁的雨季
伞，展开了女人的忧伤
忧伤的下面
是一个受伤的村庄
村庄里的一切
被卷烟的纸
卷入发呆的苦井
蜡烛，无法拿出更多的光芒
照亮村庄的立场

英雄的钢笔落地摔碎
历代名言进入乡间
摇荡不定的小巷
始终没有传来贤人的呼喊
失学的孩子

想象谁又拿走希望工程里的恩情
并在自己的另一面
背叛祖训

身后的电视
打来古代最精密的长途电话
有一所学校的课本
印错了生存的方式
一代人的哭声，从此传来

谁把这么多的景色堆放在大连

我住在明泽湖的湖边
湖像个洗脸的盆
使我懂得把自己端给别人的时候
所需要的力量
湖里的水
静得像一面古代镜子
我突然从镜子深处
知道该怎样制服脸上的忧伤
该如何从左向右或从右向左
布置笑容
让笑容和树上醒来的景色
一同参加大连的美术活动
水的纯度
算清了我欠父母的最后一种思想

湖水从大海抄来了部分景色
也抄来了坟墓里的第一名外公
那半种内心平静
但没抄来涛声
我就是在这样的情形下
动用摄氏零度以下的目光
看见了蹲在礁石下面
准备迈进城里的外国风暴
这风暴距黑夜只有6公里
距从我内心罚下场的爱情
还有三个多小时

从这个角度上看
我要找到我表情的上级
发给我的这份表情
父母要在天黑下来之前
负全部责任
谁来担任景色的上级
谁负责把这景色快速地寄给圣经
我问过从宋词里长出来的树叶
也问过叠在唐诗里的巨浪
我曾委托海边的涛声
给西方的现代思想
打过无次数传呼

从涛声掰出来的景色
目光将如何处理这笔收入
跟大海玩了几天后的张枣

临行前跟我说
他想把部分景色放在兜里
带回到湖南老家
我说景色只可以放在诗里
景色无法托运

迄今他跟我说话时用的那束目光
还在外地活着

现代枪手“阿多”

——和英雄谈谈

上午逛完旧社会
下午就赶上女人在男人的
梦境里收拾生活
和辅导孩子练习路过父母的心情
还没来得及
看你从你的阴谋里
秘密失踪
一场死活也拣不起来的黑暗
又把我反写在枪手阿多的赔钱经历里

当然，谁也不知道
阿多的早年孤独和现有的不幸
使一个国家的哲学
跪在另一个国家非哲学的观念里
失声痛哭的故事

包括他持枪私自闯入
我守不住你的野心以前
托人定做的三种悲哀
当然，也没人知道
我和阿多
隔着一块纸叠的谎言
松开的那句最容易倒塌的绵绵情话
现在，你该伸出被风暴
摸过的双手
交出你今夜涂上口红的企图
该很正面地给世界留下
一组情意了
该转过你人格的上半身
感受枪手的传奇子弹
在爱情一走出巷子就下落不明的年代
救出的不用点燃蜡烛
就可以找回往日的生活
否则，阿多会拉动枪栓
指出你身上的种种罪恶
许多许多许多个然而以后
阿多不得不到一件象样睡眠的夜晚
不得不挪用我爷爷那个年代剩下来的苦难
握紧手里的一把仇恨
当痛苦数到他无法在眼下的
这个乱哄哄的祖国
把一个民族领进非非主义诗歌里的时候
一些人随着枪声走进了古代碑文
我们从另一个我们的脸上失散

那时，你浑身没带一名马克思的话
好像有一封情书
给你寄来一个紧靠死亡的陷阱
并动用腐烂的真理和过期的思念
鼓励你上路
然后，真理与思念合伙塌方
逼你掉进绝妙的现代骗局
让外公的眼泪偷走你的悲伤并给你结尾
可从电影里抄袭来的谋杀动机
却总不能及时拔开混蛋的制度
首先把你从世界上击落

沿着王蒙小说的象征写作手法
阿多再次返回自己往日的忧伤
琢磨今夜谋杀你的结尾部分
使用哪一种枪法
更能容易让正义把你从唐诗和宋词的深处
搜出来一次次打昏
谁曾想到旧社会的门口
才发现你的两只眼睛
原来是保密局的两个圈套

我总认为
该轮到我们自己提枪反抗我们自己了
或者一百个地面向阿多的枪口
重读现代灾难

邵燕祥：

平安夜

平安夜，至圣夜，
全安静，全光明……
——圣诞歌曲

如死一般安静

拒绝忏悔
不做弥撒
世界上从来没有宽容

如死一般安静

拒绝祝福
不点香烛
放逐新年鞭炮声

如死一般安静

拒绝酒精
与其干杯
不如把酒杯摔碎

拒绝钟声
钟声和祈祷一般虚伪

我的心也是钟锤
打破如死的静寂
宁肯听丧钟
只要它真诚

但拒绝死亡
该死灭的不是我们
拒绝上帝
上帝原来即是死神

一本书的题记

我捕捉思想如捕捉蝴蝶
粉翅薄如水
飞过栅栏　飞过蔷薇……

活泼泼的白蝴蝶共蝴蝶
落在纸上
憔悴
成了黯淡的标本……

惟触须还在
还在微颤……

听　雷

留下潇潇雨给水泥阑干
轻雷附远山迤逦而去
四月天凉如九月
下午天暗如傍晚

阑干讥笑我听雨
在雨中寻找什么
越过一波一波的屋瓦
我寻找雷声那远去的
雷声　曾挟持我的青春
奔向暴风雨　暴风雨
击打着湿透的头发睫毛
湿透的胸脯脊梁湿透的
道路　化成一片泥泞

我不寻找泥泞的记忆
我只眺望天外的雷声
回答水泥阑干的讥笑：

坏天气我有好心情

彭凯雷：

话 剧

哦，我不是生活在黑暗中的领袖，或同眠的蟑螂
我是在光明后面的诗人

话剧的灯，缓缓明亮
那些人大青春的脸庞象葵花转动在淡黄的光晕里

这来自生活的表演是肃穆的
是神圣的，十字架和革命歌曲将轮流出现
虽然，剧中的少年莫扎特自言自语
“我要用粪便将我埋起来”

这并不意味着，我对台上表演的陌生
两幕剧中，我的同学上演悲剧的主角
新闻的接近性让我和剧情溶为一体

那被玷污的美，那吹熄了孤独光亮的女主角
她是美好善良的，我已向她许诺一定前来
直而光明的惨淡，而这并不重要

台下，她同样散发着高贵的气息
她从未察觉，她的感觉是细微敏感的
这几乎是诗歌的全部，但这不是贵族的秘密

不，她从小就生长在总理的革命家族氛围里

她和祖国各地具有良好政治素质的平民子弟
同台演出，保护我们灵魂的夜晚
台下，我的四周呈现出安静平淡的氛围
而探照灯按照导演的意图
将光芒笼罩在圣洁的语言和动作上
话剧团的成员倾心崇高和理想，这和我们所有观众一样
我们相信我们是百姓中向往上升的一部分

而我拥有的时光正在下降
我暗暗告诫自己，这一切并非悲剧的因果
而我仍然被不为控制的话语深深感动

直到闭幕、欢呼、合影
直到西门外的餐馆
我和海波、汪汪在外层吃菜
话剧的整班人马在内层饮酒
这些时光深处回来的角色，从我身边鱼贯而入
我是否自卑，而我有些许害羞

主管话剧的副书记
优雅地和我打招呼“你小子也在这里喝酒”
这句话与歌唱相似，与深沉的热爱有关
把我带回生活之间
光明不是容忍我
而是容忍生活在光明中的人们

吴晨骏：

煎　饼

70年代的下午我
听到锣鼓声
外婆扛着大旗
走在街上

我又想起69年
深夜他们焚烧
纸扎的刘少奇

人们从外面涌过
我在一间孤独的平房里
等待外公给我带来
一只煎饼

麦场上的草

不可知的时刻一根草茎
深入我的皮肤
难道它要吸空我变成
一只无血的躯壳

在麦场上拣到一根草
我只穿着单衣，因而可接受
太阳光的轻抚
却没有料到这根草
对我怀有如此深的敌意

那是一块很大的方地
旁边还有久已无水的沟

简　宁：

课　程

那一年四岁还是五岁？
一片向阳的山坡。带刺的树丛和小溪，
黄蜂嗡嗡飞舞……
两个孩子走上山来，呼哧呼哧，
一个扛着锄子，一个小心翼翼
捧着一块河滩捡来的石头，形状
像一只鸟，扑腾着翅膀，并且伸长
尖尖的鸟喙。
在山顶上，他们刨出一个小坑，女孩催促着
“太阳都升起来了”，男孩依依不舍地
把石头放进坑里，培上土，他又掏出小鸡鸡，
一条晶亮的弧线接了太阳和山岗，
干瘦的男孩嘴唇乌紫，牙关打颤，
转脸夸耀着：“人的尿很肥！”

第二天，他们来了，那只石头的鸟
还卧在沙土里，没有长大。
第三天，还是。
第四天……
他们来了，再也找不到了。
而在他们梦里，一夜夜
一只伟大的鸟，挑着山岗，在飞。

这糊涂的游戏如今只剩下我一个人。
请原谅我，唯一的世界！
你在转，我们还不知道跟随。
第一次失望的打击
没有使鸟儿，也没有使我长大，
我仍然记得那灼热的泪水
和渐渐黯淡的晨曦。
多少个夜里，鸟儿在地下鸣唱
地上的哀情，多少次丧失
痛彻骨髓！
从消沉到崛起，从寂寥里
缓缓上升的大地，珍藏了多少谷粒？
一颗遗失的种子，
或者一段没有结果的相遇，
那看不见的子孙万代欢呼
繁殖在另一个空间里，
谁看见他们，谁将在夜晚
听见鸟儿的呼吸

莫雅平：

我们之间共同的东西

很多歌我只会唱一两句，
但我从来不羞于歌唱，
你不明白这意味着什么，
却会莫名其妙地跟着哼起来，
或者和我一起从一个曲子
流浪到另一个曲子。
我们之间一定有某种共同的东西

一本正经地谈哲学时，
我们谁也说服不了谁。
不过我困了打哈欠时，
你也会莫名其妙地跟着打，
尽管你一点儿也不困也不想凑热闹。
我的哈欠对你有感染力，
至少哈欠是我们之间共同的东西。

在大都市找不到厕所的时候，
你深刻地理解了时间和空间，
你会和我一样像热锅上的蚂蚁，
尽管别人以为你是春风得意脚步轻；
在解决了内部矛盾的那一瞬，
我们都是理解了解放的人，

灵魂得到升华的人。

亢奋过后我们说：
厕所是一个“人人平等”的圣地，
所以人们每天都来这里朝　圣。
喜欢为一切哪怕是上厕所找理由，
这也是我们之间共同的东西。
十个手指常常不自觉的交叉而握，
我们就说它们很孤独。

谢湘南：

试用期与七重奏

谁试用谁
证明你有用
在三月之内
从一个七天到下一个七天
你被试用
你正在被试用
生活没有窍门

你的一生都在被试用
从一个试用期到另一个试用期
生活没有窍门
你乐意被试用，决意
你试用别人
你不现实，世界不现实
那一个梦现实

必须证明你有用
为谁所用？
钱是小过门
休止符出现，别问
别问。痛苦爱上你
这是幸福？什么都别问

你被试用

你是我
打工者，流浪者
吹笛子的人，在夜的
深处，你仍在试用
被风，欲望之塔
所有的人都在试用你
连同自己，妓女

谎言重复千遍成真理
一个被试用连续的人
一个被连续试用的人
一个永远试用的人
一个个永远试用
一个与试用期等号的人
一个等号于试用期的人

OK！你被试用
照我的意思做，必须
这样。听话，虚伪叫忠诚
表现好才能加工资
在我眼里你还是个孩子
写诗与唱卡拉 OK 有区别吗？
傻冒，说话呀（噢！命运）

一个异乡人
一个没文凭的人

一个诗歌爱好者
一个说梦话的人
一个忧郁的影子
一个行走不定的人
一个试用期中的人

叶匡政：

第一页

别让我看到
那猛然止步的七月
我忘不了外婆骨节肿大的手指
猪骨汤中
再也喝不出葱花一般闪亮的爱了
那贫穷的年月
那超然一切的清汤

她打开锅盖
她说：喝吧

因为她的心这么说
多少年
出于本能
我不愿倒掉手中的残汤剩羹

夫妻肖像

星期天的正午首先在嗅觉中降临
虽然，屋外的太阳
还像一袋蓬松的锯屑

潮湿的衣物，在空中漫步

我食指上的黑水斑
是整个上午唯一的奇迹
她操着针线的手，慢下来
似乎要从伤痛中
抽出新的伤痛

这把铝壶
被炉火咬了整整六年
自来水总带着自责的漂白粉味
我松开一捆青菜
清洗着菜叶上发白的农药：它适合
所有麻木的心

那些认为我们幸福的眼睛
也纷纷走入厨房
沉闷的正午，总有婴儿诞生
总有新鲜的绿叶被塞到阳光下
我好像听见
那微光中的呼唤

——有多少我们爱上又错过的事物
把我们留在深深的债务中

郊外，春花饭馆

忧心忡忡的夜晚
骨缝间迟疑的细雨
春花小姐
很晚才脱去迎宾的长裙

被雨水揉皱的郊区
像一张破损的十元纸币
货车隆隆开过
摧毁了灯下所有事物的信心

她别扭地站着
难熬的饭馆，难熬的心。母亲
在厨房中捧着面团
拔起，又落下的算盘珠
带来雨夜的凉意

门外的杂草间，银白的罐头盒
像一只边走边啄的仔鸡
黢黑的月桂树，总在有人痛苦的地方
开出细碎、伞形的小花

位 置

十月，一从餐桌边站起
就感到茫然若失
已是秋天，每一扇窗户都阴下了脸

我经历过最初的教育：咀嚼时
不发出噪音
那些有耐心的人会得到祝福
像雪
像闪亮的硬币上，慢慢磨淡的稻穗
人长着圆圆的嘴
按捺不住要吃尽碗中的一切

我屈从于我的脚，我跪着的膝盖
我屈从于手上戴着的结婚金戒
每天深夜，我屈从于那只忙碌的老鼠
它在黑暗的厨房
向我传来生存严酷的回响
我屈从于我的回忆，和我
已吃掉的一切

半碗米饭给我，半碗给你
十月，一从餐桌边站起
就感到茫然若失

大　卫：

种过大豆之后种什么

这个问题我已经考虑多次
种过大豆之后
田野　新翻的泥土
馥郁的腐殖质
又该接纳什么样的种子

现在　我离开书房来到乡下
如果视力好些
你会发现我就是那个
头戴草帽　脚穿布鞋的农民
事物有它自己的规律
该种什么　不该种什么
一个节气赶着一个节气
阡陌呀青草呀月光呀露珠呀
怎么好意思拒绝一粒
发芽的种子

种过大豆之后
是种西瓜还是芝麻
是种麦子还是山芋
确实让人踌躇无措
就像一个捡到钱包的人

不知道是在原地等待
还是应该马上离开

种过大豆之后到底再种些什么呢?
这个问题确实不好回答
就像你弄不清一个人
种下爱情之后
怎么又种下了仇恨

继 续

一个接一个，这么多人相互抄袭
彼此的表情。乌鸦，像一块
烧焦的炭，已不能带来更多的温暖

一棵接一棵，这么多的树相继倒下
脚印消失的时候
路也就断了。你看那片水塘
已浑成了什么模样

救护车喇叭突然响起
我们的城市　又有一个人生病了……

如果这时候，出现一道闪电
它能否分开谁是诗人
谁是疯子

一种情愫

茶喝三遍成水
花落一次为泥
一场电影还没有结束
老橡树飘下最后的叶子

当一枚钉子袭来
谁，偷走了我的锤

打着饱嗝的人找不着饥饿
就像一个下岗工人找不到工作

再也不能关起门来写诗了
推开稿纸我硬逼着自己学会了哭泣

李士非：

反　差

当勃兰特在华沙双膝跪下
全世界看到一个反差

跪着的德国总理
比站着的日本首相高大

火与水

——题湛江湖光岩

最烈的火留下最清的水
威严诞生了妩媚

人世间是否有此境界
请用心灵细细品味

中　岛：

我遇见了鲜花贩子

我已经使自己变成了药
失败彻底解决了苦的滋味
这使我懂得我的父亲
和他苦心经营的小杂货店

生活告诉人们太多的不幸
微笑告诉人们太多的虚伪

我无法超越的都在我的过程中淡化
仿佛越来越多的鸟儿都要起飞
但是降落的地址却再也不容易找到

世界制造了太多太多陷阱
我们都无法逃脱这陷阱的诱惑
生存的尽头我遇见了鲜花的贩子
我遇见了我水淋淋的自己

生命不能拿到超级市场上出售

商业革命了但最终
生命不能拿到超级市场上出售

自由人人都见过
美好的一天
也会有太多的泪水
如果有一天阳光和鲜花都被伤害
历史也无意安排了
一场无知的游戏
我将是唯一心动的人
因为我将被摆在超级市场上
任购买者选择

阿卓·阿里：

阿 妈

站在路旁的阿妈
匆甩开羊群的阿妈
你呆着清脆的眼睛
请歇下羡慕的思想
我的车子在城里是最烂的
一辆　犹如你的花边裙
有如罗锅帽和手
但我的心更烂
有如这辆车……
虽然在城里它不是最烂的
它还有半点的血色
站在路旁的阿妈
请歇下羡慕的眼神
我的心布满了太阳的拷问

彝人谈火

假如火把民族不再谈火
这个世界倒是真的要变了

彝人与酒　与火　与月亮

我说过我的前辈们也说过
但我们的使命远未完成

英雄结下的黑老大爷
圣火照耀的胸膛伸得鼓鼓
我看见老大爷故事中火的河流
正淌过大爷的脸颊
为着早一点传脉过我们的身子

寒冷并不可怕　可怕的是
寒冷之前人群的变裂

我们坐在火边为的不是火
为的是我们明日的太阳

听说过几天　15岁的小绿
要远嫁　我们谈火　那是
为了驱赶孩子离别前的恐惧
为了萌芽孩子关于生命的关注

但我始终感觉那种叫残忍的东西
我在石磨的逢隙　孩子远嫁消息的内部
深深感悟一种惨剧
但我无能为力　我所能及的
仅仅是一个火葬民族谈火的一部分

杨晓民：

海　南

我来到海南。1997 年的隆冬
顶着太平洋西岸的强劲的气流。墨绿的
燕子衔着越野车的尾烟。重金属的火光中
在未完工的商务大厦上
飘飞着巨幅广告和彩色的泡沫
午夜，一个小姐消失在昏暗的街道
我在城市宾馆的露天平台上愤怒而焦灼
这就是海南——和我美丽的大陆连在一起
和千年的波涛，和城市的季风连在一起
雨季还没有到来。谁牵引梦中的河流
我的目光在游移中落定
这橡树与椰子赞美的岛屿
国营农场的蕉林，礁石上的苔藓
环绕在通什四周
我来到海南。这辽阔而明亮的省区
这隐藏的入海口
我还听到了一种与众不同的寂静

赛　特

那天我在反复观察这幢建筑
它就是赛特

它的外壳是白色的
它的微笑
遍布小姐脸部的微笑
排放着许多细腻的表情
这就是赛特
一只莺的化身

它在向我召唤
它在反复观察我的疑问
挂在墙上的尿壶是复制的
我来到赛特
它响亮的一面朝向大街
通过透风的玻璃世界
我感受到可口可乐温暖的泡沫
　　带我到很蓝的地方
背着旧书包
含在赛特的大喇叭上
我闻到了阶级和药水的气味
在购物中心的吞咽中
我想象动物狂欢的步伐
我看见了一只夜莺跌进天井
这就是我反复观察的赛特
无法描述

父　亲

最冷的一天，你砍倒了大树
父亲

我觉得炉火的后面没有世界
即使肢体席卷着风暴
一切都在心中消失
即使声音变成了焦土
你依旧义无反顾
我不再呼唤　父亲
　　儿子是你最孤独的镜子
和镜子里的谎言
徒然地寻找，那看不见的痕迹
　　比日落还要遥远
在喜剧的年代，孑然屹立
成为一种奢侈
一种痛苦
父亲，我已精疲力竭
在沦陷的黑夜，即使道路轰隆
我也感到无比的空旷
然而，我还是无法忘却
无法谄媚这伤害过我的一切
面对着最后一所屋子
　　你最后一棵树上的太阳
　　　　和乌鸦
我反抗着你
　继续着你
　　最坚强的一代
　　最脆弱的一代
　　最幸福的一代
　　最苦难的一代
在这个世界上

　　我们都是做梦的人
和被风高举的帽子
在阳光下
　　在风暴之下
　　　　狂舞
而那些尘埃中飞扬的人
远比我们幸福

张宏志：

老希腊

公元1998的羊水把老希腊浸泡在我思想的胎中
老希腊等待破产
手术刀忙碌白色的飞舞

雅典是临时的产房

现代在古老的废墟中挣扎
它从断壁残垣走向断壁残垣
古老在现代的垃圾中叹息
它背负着核废料和女神们的口红
它的眼睛早已失明瞳孔是若干个世纪的深井

你带着令我颤抖的神秘向我走来
你用断残的牙齿与我亲吻远古的疼痛
你的汗毛因温柔的过久而变成钢针
拥抱6000年的历史遍体鳞伤
庄严的窒息恐龙的哀叹

连续几天看那光秃秃的山连绵成时间的垃圾一片
把肮脏自负的手伸向那无奈的海
无奈的楼群
阳光下贫穷在向远处延伸

亲爱的我已无法忍受这文明的折磨和这古老的格局
天空有了朱莉娅的微笑
我跟着她的倩影沿着她的大街奔跑
从神庙到神庙
人们纷纷涌入欢乐的禁区看维纳斯的断臂
她伤心的往事以圆满的姿态立在了的房间的门口

谁是我永恒的病毒?
我永远也逃不了她的复制吗?
天亮了
我推开房门看
见了断手的秘密

东　川：

一个精神病者的手记

之一

谁在手表里安置了巨大的风暴
而这一刻时针、分针、秒针分明已
停止了走动，历史的停尸房里
那一片尸体还在叫喊着，多么灿烂美好
对，这是一个人的双手，乌鸦的脚
乌鸦里的侏儒肯定比九尺太阳高
对，这是一双推动蓝色星球的手
一生的努力，就是不让这些孩子生病
一个种族的胳膊上戴满了手表
一些蛆虫爬满了长城
而这分明是阁下留下的遗物
这一刻手表停止了走动，现在是午夜 1 点
现在分明是原子弹爆炸前的死寂

之二

蘑菇云，从地平线上升起来了
病床上躺着的黎明也升起来了
看哪，猫和老鼠提着全身的力气颠鸾倒凤
在天空孤注一掷的匪徒，我的小公马

抱着太阳亲吻，太阳的瞳仁里是无数杆枪
乌黑的枪口已经瞄准了星星的咽喉
蘑茹云，从地平线上升起来了
给我爱人的脖子缠绕一朵花
这是童贞世界的荣誉在讲述
一只蟑螂怀上了圣者的后代
一切幸福像另一只蟑螂爬过桥头堡
爬成了现在的人类

之三

一只只蟑螂在大街上徘徊，系着领带
为了圣战，这世界已被一种制度毁灭过多次
一把斧子在暗处微笑着，并把它的血盆大口
朝向了宇宙，一架飞机像一条狗
在房顶上盘旋并顷刻消逝的无影无踪
一本书打开，行刑队开始叙述
蛋糕枪毙一块藐视政权的鸡糕
鸡糕上长满了胡髭，针头上的胡髭
对，这不是上帝谦逊的胡髭，我很清醒
别踩我的肚皮
渺无人烟的沙漠里肯定有一只蜉蝣的肚皮
在惨惨作响
只有这一只蜉蝣躲过了人类这颗子弹

之四

为一个崇高的目的，让我在病房里生下我的儿子

让遍地的花朵生下一首诗
让天空生下一种被你们拒绝的气候

我没有病，我没有时间替世界服药
我已经没有时间
为你留下我的遗物

为一个崇高的目的，该丧失的早已丧失
我没有病，我没有时间给儿子们准备葬礼
春天的斧子已经来到了我心脏的外面
难道我已经没有改过的机会或者相反
渐渐隆起的地壳上，我已经发现一条初生的鱼
正朝天空爬去

贾　薇：

嫂子是谁

男孩走在路上
七七八八的太阳
打得他
分不清方向
男孩走在路上啊
心里直想
昨天夜里的灯光
谁在里面
嘻嘻作响
男孩走着
心里头有点东西
象水草一样　　疯长
男孩走在晚上
脚一蹬
脚头就触到
月亮的脸上
多舒服啊
男孩的心只那么
轻轻一下
就被洗得
干干净净

车前子：

纪念品

生活开大会，死发纪念品

剃光头发，脑袋
是拣到的纪念品
在垃圾场拣到
被别人用剩的铅笔

生活开大会，死发纪念品

穿戴整齐
身体是藏好的纪念品
“想看吗？你先脱衣！”
交换纪念品，交换角度

生活开大会，死发纪念品

伪和倒了霉的纪念品
贞操：留不住的纪念品

生活开大会，死发纪念品

两个人吵上一天架

为了
留下恶毒的纪念品

生活开大会，死发纪念品

敲一枚钉子到掌心
为了
找到伤疤的纪念品

生活开大会，死发纪念品

写诗；焚烧
一首诗写出
像归拢不多的骨灰
骨灰是大家的纪念品

生活开大会，诗发纪念品
“没人要，自己玩！”

陆　健：

世纪末对一些名词质疑

希特勒、墨索里尼、东条英机
这些名字
是否该重新再绞杀或焚烧一次
战争、毒品、艾滋病
按诺查丹玛斯的预言
人类将毁灭于哪一种礼仪

要以怎样的爱心为武器
投入科索沃地区？需要
多少鸽子才能落满戈兰高地
海湾的波浪在军衔与白骨上
还要猛烈多久？谁是和平的卫士
谁是自我膨胀的懦夫

科学在我们身上复制出多少祖先的缺陷
时间隧道将通向现实的哪里
哪些药品是健康的肉食种类
什么食物使我们更加饥饿

足　球

足球腾空而起

足球的话谁都能懂
足球英明，看遍了人间的心理

足球是最美的
形体而不自知
力量、速度，神性十足的劳动
在三十二个几何图形中
变幻着和人的关系

无论场上场下，足球只是君子
以简单的方式揭示奥秘
透露着哲学意味的游戏
它一静止，就招来了马群
它一滚动，就取消了国籍

比起足球，战争只是没有赢家的冲突
不如两军对垒，胜败都成为英雄
足球一来到世纪
就成为永不腐烂的果实
足球一放开手脚
满世界只剩下欢呼的少男少女

守门员的脸庄严得像会议
绿色草坪，如上帝的内衣，如
儿童爬来爬去的床单
如钟声，如无法洞穿的旗

李元胜：

纪念的空别针

这个下午
没什么值得特别纪念的
不过是风的手指
使劲地掏着这栋楼的砖缝

不过是楼上老人的破口大骂
突然中断，两分钟后
楼下的年轻人
恭敬地送上来他的牙齿

不过是一个孩子的哭
被风撕成一缕缕细线
又拉住所有竖立的耳朵
不过是情人牵着的手
在人面前，惊慌地松开

没什么值得特别纪念的
不过是这些司空见惯的手指
在下午的黑暗里摸索
在使劲地掏着我骨头间的缝

不过是我手里紧捏着的

这枚名叫纪念的别针
格外刺眼地空着
它不能别住这个下午的任何东西
风正把所有的内容
从它弯曲的夹缝里带走

烟雾飘过我的窗前

烟雾飘过我的窗前，我意识到
写作是危险的
我看到他的笔
正制造一起飞机失事

那些字焦黑，紧紧地收缩着
像不再挣扎的残骸
从空中滚落到雪地上

我看到墨水蔓延成火焰
他的明亮的仇恨
他的手，在方格稿纸上空
扣动了扳机

当一切归于平静
我看到他的眼泪
看到他撕碎的纸片
仿佛薄薄的冰块
孤独地飘浮在他的血管里

卢卫平：

盗版之遭

在乳房里填进硅胶
那挺拔
叫不叫盗版

在嘴唇上涂抹颜料
那鲜红
叫不叫盗版

爱情在钞票上祈祷白头偕老
那耳鬓厮磨
叫不叫盗版

月亮用太阳的影子照耀大地
那诗篇中千古的明媚
叫不叫盗版

问问下岗者
问问穷人
十块钱就能泰坦尼克
就能拯救大兵
就能不见不散
那眼泪

那偷的乐
叫不叫盗版

喉结上的故乡

故乡的嗓门大
故乡有一半时间
在啃着粗粮
故乡的大老爷们
都有大大的喉结
我在变声期来临的
那个凉凉的秋天
离开了故乡
我在城里小声说话
一日三餐吃着细粮
前不久故乡人驮着一袋红薯
坐两天两夜火车
只为看我一眼
他们说我什么都变了
方言里也夹着普遍话
只是喉结还是故乡一样大
我告诉故乡人
这么多年了我在城里
一直是一边吃晚饭
一边看天气预报
故乡常常在这里哽在我喉间

道　辉：

诗说一周（组诗选一）

星期一

白雾引入玻璃花瓶里的阴影
透明有如重叠，重新拨动一天的钟尖
它难言的症状已经信制出暗中的舒畅
它如果带来遥远的倾诉，曦光将为它弥漫
我看见了我所要证实的树声的轻盈

问候互相谦让，一张张寂寞呈现的面孔
所要带给我的分离出高过内心的阴影
在我伸手抹掉玻璃上灰尘的神迹
另一个人也已摆好幻觉的椅子，坐上刚刚隐去的
星光里，我也仿佛从星光里分辨出神秘的图纹

欢乐一样，熟识的人又留下了诗篇
含着湿润萎缩的花朵，有如永恒的来源
——那个人还在隔壁的空中耳语什么
喀什嘴中吐出的一句话，倚着昨夜月亮
的梯子，多少跟着一个想象的工作有关

那些猜疑和梦幻，睡眠在书籍里面的蝴蝶
我需要的一天无须再次重复。
我对于瞬间幻景的进入迫不及待。

像美的形体，暴露在晦黯的光亮下面
饮水如超验的声音随同着想象传来

渴望就此更加遥远。另一半是方向
在我看见了玻璃窗上一片乌云飘动成
裂缝的时候。打扫的光线已经变黑
仿佛过去的都不曾有过一个存在的具体

白昼就这样在眼瞳的顾盼中消失
手中的一本书，我打开到死亡的最后一页
树叶和鹿在那里畅想，尽头是灰烬
仿佛这个时代挥霍的精髓必不可少

形成满足的汁液，我看得比透明更远
像石膏模拟的马，我从圆桌想到了黑色乔叟
想到和它们切身相处能触摸到花草的灵魂
——那个人还在隔壁的空中耳语什么
像是在钉钉子，或是吹灭了一盏灯火

这些都彼此不分，从内心到空气的植物
幻想的是否就是彩虹的途径
通往无边无际，我幻想却是徒劳的碎片
我重新打开一本书时幸福的名字已经不存在

风吹得石柱发出声响，显得有些清凉
这个时候有人头戴冠冕身全去弯曲
它离开时钟尖与钟尖重叠在一起
我听见隔壁的那个人说：“慢走，再见。”

钟　鸣：

曼德尔斯塔姆在彼得堡

[我站在这里] ……①

是的，你在那儿直愣愣地在盯着彼得堡的风雪，
以撒广场街的地下砖，传来沙沙的脚步声——

不是叶利钦的一百卢布，也不是喝了伏特加
晕厥在那里的威尼斯，威尼斯已经一团死水。

你从不把自己的城市和罗马混淆，也不会把俄语
和德语搅为一团，——我从来不需要什么外国人。

风暴过后已恢复了正常，玻璃后面尽是些学童，
而怪汉奥涅金坐在雪橇里，正在追逐一条披肩。

城市到处都是温柔的欧罗巴女子，在谈论摇车，
贫寒的卢布在和美元兑换，硬币上没安排注脚，

但大教堂的骨骼仍演奏着音乐会，车站已被人群淹没，
彼得喂养的一代兵舰，也正为世界博览会停泊在港口，

① 引自曼德尔斯塔姆的诗作《贝壳》。

不再为有任何借口的战争，也不为政府身上穿的
任何一件礼服或袍子。你熟悉的淋巴结已消失了，

如今只有商人，还像讨厌的土耳其，一副奢侈的穷酸相，
在布拉格，捷克，在上海和无用的扬子江上做着白日梦，

像土包子似的，打着巴尔扎克的哈欠，将柏林墙和
西岭的雪观赏，把到嘴的面包，叫做“奶油沙皇”，

或水里游着的鲢鱼的皮货，或是冰箱里的洒其玛，
而谁都能和奥涅金的后裔一块走过施塔契广场。

在罗斯街头就地散步，或许会遇上昏了头的安娜，
每块砖头都咀嚼着那个老托尔斯泰的小说与悲伤。

那些冒牌的文学绅士，仍用冰冷的躯体围着冰炉，
灵魂，大圆顶，壮丽的城市，不只是罗马人活着，

那是理性的基础，那是靴子时髦的空间，
是五十年代的炼金术和棉花里的俱乐部。

每条帝工的道路，每道人民的皱纹，都有粗野的
马车碾过。有人会说，那是个疯子！而现在

却不过是雕塑，餐风露宿，比醉鬼还要迷惘，
再也不会为了柴可夫斯基的音乐心醉神迷了。

文人啊，谈了一个世纪已够了！请你们把普希金的
灵魂还给涅瓦河。实在不该再自欺欺人，一堆废纸。

许多人，实在是该进麻雀的文学院，从头认识字母。
你已用但丁熟稔的目光将这祖国的贫穷重新审视，

时间就是当年你身上简简单单裹住的黑呢子大衣，
通过燕子嘴上的泥块抛给了我们空空荡荡的春天。

在哪一扇窗口，你盯着西塞亚人，像淑女喝咖啡？
奥维德的欲望是否在新技术的身份证上真正开始消褪？

你勾起了 整个的回忆，哦，北方，那些空荡荡的
贴满各种颜色的标签的库房货栈，汽车，雪橇神气活现！

有的人穿梭往来，有的还抱着愤怒的雏形，
这是些亚裔人，一边吃东西，一边拍快照。

你邀我们到没有铭文的小巷看一扇哥忒风格的铁门。
为什么呀，你叙说的衷情，莫斯科没有人能够接受。

因为你是彼得堡！——是天堂偶然滴下的鸟粪。
不是希腊，也不是罗马。我躺着，思索，然后，

又在南方的草席上躺着——涅瓦河有两只石头狮子，
它头上的海军帽，沾了你多少光啊！就像要塞灯火，

穿过厚厚的云层扑向我们，——可是，难道风雪

越过了哈尔滨便走了样吗？——过于的俄国化？

但我们有俄国的建筑吗？有雪花和工业的混合吗？
其实，我们只引进了一些戴头巾的拖拉机和肉联厂。

机器还没有完全开动，我们的建筑也还没完全发现，
但祖国要吃肉，文人们要饮酒，而且要戒酒令——

这时代没什么能将胆怯的人阻碍，也没有卑鄙的风格，
比肉体的贫穷还更贫穷，第三等级很快就要浮上石头。

沈苇：

黄昏

几寸光阴，一堆乱石
这就是全部。当光线变暗
无疑与遗忘有关
仿佛一个弱智的欢乐

荒凉的村庄再次荒凉
黄泥筑居，胡杨变形
几簇新叶迅速发蔫
蒙着尘土，仿佛一种耻辱

当你注视落日熔金
全身颤栗如同一架古怪的竖琴
时光的鞭子下，是毛驴的谦卑
和异族的忍耐

一个悲伤的男低音，是在呼唤
夭折的孩子：遗落荒野的种子
稍等一会儿，倦鸟的翅膀
也将融入无边的黑暗

这宁静的动荡中，幽灵出没
生者与死者签下一纸契约
从近到远，万物沉默
其实是在自言自语：天哪！天哪！

巴音博罗：

海

有人把骨灰撒播在海上
而我把种子撒播在沙滩
看呵，那么多巨掌在天地之间拍击
喧腾的、汹涌的、暴烈的吆喝
来自溟朦的海面，来自
它悠长的叹嘘和摔碎的舟楫
水手的头颅，滚滚回应
无边无际的酒浆灌溉自己
无边无际的陆地要缓慢漂移
海是祖先的墓地，海是我们的血液
海是一场轰轰作响的大火
把英雄们的苦痛变成礁岩
垒进液体的叫喊的墙壁

历史沿着海平线隐隐波动
强盗们像海兽在夜间聚拢……
海呵，一代代沉重劳作着的手臂
一代代梦想埋进你幽暗的涡底

我们放纵，我们哭泣
我们把沙粒充实进我们肌体
海上的光辉多么伟大

海上的黄金取之不尽
这就是世界悲哀的真理!

这就是苍老的浮云，暮霞
落潮时禁锢在沙窝里鱼儿的盈盈鳍翼
当海从我们的胸膛里撤退
当人类巨大的不幸变作这
洪荒年代遗留下的虚幻大氅
谁又能告诉我儿孙们的梦想和自尊?

海啊，就让那沉重如山的湛蓝砸向我吧
就让我瘦骨嶙峋的肩膀
印满你粗野的齿迹
我们在沙里得不到的誓言
将用雪白的盐验证!

童 蔚：

生 日

翠鸟破壳的啼声
告诉我多余的时日
哭声像水流
破生去死，流向
记忆的开端

引来切蛋糕的人
如笼中之鸟起舞
而舞之蹈之的
双臂，唤醒树木

那是回忆之树
伫立，举目，占领着
分离母子的道别
雨滴样急促心音，也争夺着

那是回忆的时刻
我凝视，日历翻转为
一片片焦灼、血腥的落叶
降落在无边的机场

静静的午夜……

自海底起程的忧郁
无法坠入无边的境地

大海在鹈鹕的眼里聚集
又一次闪过：
无解的悲哀

曹宇翔：

离天最近的孩子

只知道笑，离天最近的孩子
黑黑的小脸，洁白的牙齿
从村庄、齐腰高的青稞地跑来
嘻嘻地围着我们汽车看
给你们照张相吧，嘻嘻
嘻嘻地跑了，一会儿又围拢过来
一脸调皮和好奇

经幡，玛尼堆，一只鹰飞
看不见影儿的云雀在鸣啼
我多么想知道这高原的故事
你们上学了吗？看过电影吗
那个背着干牛粪的少女是谁姐姐
多好看的衣裳，她远远张望
自山坡那边出现又羞然消失
摇摇头还是听不懂我说了些什么
只知道笑，快乐黝黑的孩子

我们怎么像一个村里的人
(你叫什么名字？如我童年
用衣袖，擦着鼻涕)
天那样蓝，高原寂静，云朵飘动

看到你们我是看见了自己
阳光里晾晒残破青春
笑声洗亮一颗旅尘埋住的心
这是在去拉萨的路上，在路边
离天最近缺氧高寒的旷地
上帝也不会知道，人与人
相互怜悯的一个仪式

未来的将是怎样的生活
又能为你们做些什么，慢慢长大
阳光照看的孩子，一群陌生孩子
是什么使我们休戚相关呢
同一个天空下，同一个人世
那朵云也许飘自我少年目光
这里的水要流经我的故乡
一切都有来由啊，“祖国”这个词
就能让我们认作兄弟

挥挥手，再挥挥手就迢遥万里了
永难再见，永难再见
跑啊跑啊，追赶汽车的孩子
永不——再见，孩子啊孩子
你们让谁，一生惦记

大 解：

晨风正在穿越大地

晨风正在穿越大地　从石家庄至北京
华北平原无遮无蔽　我坐在火车上
翻看一本旧书　偶尔抬头
看见许多事物一掠而过　原野在飞速撤退

透过车窗　霞光迎面扑来
远方的城镇和村庄飘出烟缕
我认不出更远处的事物　麦苗和畦埂
分割着田野　有人藏在地下
趁着春天抽出油绿的叶子

正是从那秘而不宣的根须和叶脉上
形而上的晨风从四面八方涌入我的窗口
吹乱了我的书页　唉　多少年过去了
一群呼号奔走的人长衫飘飘
就这样倏然隐没在历史和文字之中
时间会不会重来
让我在古城中遇见他们的背影？
再过一小时　北京就将出现在我的视野里
火车在加速　似乎只有加速
才能追上前人匆忙的一生

但谁能在风中久留？
谁能从幻念碑的浮雕上走下来
甩动着荷叶似的黑发　手捂着胸脯
等待我来临？
此刻　曙光所照耀的马路在原野上分岔
一群逆风骑车的中学生向我招手致意
而火车呼啸而过　沿着卧倒的天梯直冲向黎明

火车经过华北平原　中间没有停留
我从车窗伸出手去　感到风

程　维：

灯具店

这么多光明的词汇，与太阳有关
像是打开理想的门厅
进入一颗头颅内部，思想闪闪发光
让人领略黑暗的对立面
如此坚定、崭新，没有商榷余地
如同一场革命

当我说出灯具店，已不再是一个词
或一盏灯所能界定。它是众灯之母
太阳底下的他人的宫殿
光明收缴后　盗火者无畏的狂欢
把光明储藏、运转
售销到所有家庭。让每一个人
在黑夜都能与光明对称
保持精神之火，让盲人的内心
也能点亮一盏圣灯。这伟大而光明的艾迪生
大风中也不会熄灭和动摇
它的光焰，如同一种信念。由玻璃、钨丝和
电组成。使我们薪火相传

进入灯具店，如进入特大的大脑
黑暗越深，它的思想放射越大的光明

它使一栋空洞的房屋
形同午夜灿烂的花园
当十里以外的人看见它时
也能把自己与黑暗分开
成为光明的持有者，接近理想的大门

李　森：

雪　原

在缓慢地
旋转着的
全世界
最高的陆地上
铺开的一个个
寂静的草甸
秋天的矿藏
砂中的粒粒黄金
就在
一座接一座
神圣的雪峰之间
显明
谁虚构世界时
描绘的
一块块明亮的
图案?
那个普能的艺人
人们已经把他忘记

这就是此时
我看见的
雪原的辽阔

属于西藏的内地
我永生歌颂的
神祇
活动的场所
在我为琐事
忙碌的
大部分时光中
它远离了
我眺望的范畴
也不在
我心中那只
寂寞的鹰的
翅膀下面

它让我想起
无数只打着盹的
巨大的老虎
身上的花斑
白的是雪
黄的是草木
青色的
是云彩的影子

昨天夜晚
孤独的虎群
在辽远虚静的
月光中隐没
今早日出的时候

才又在那个
永远的高处
苏醒过来

我先看见了
它们在天边
满口洁白的牙齿
接着又看见了

李龙炳：

农民的隐喻

——献给我的父老乡亲

我是农民，我带上我的村庄的一百吨大米，我带上
　　我的父老乡亲的一百吨大米，在祖国的大地上前进
我进攻世界，进攻世界的意义。宝石和黄金属于城市
　　我带上一百吨大米背井离乡，我带上了一百吨大米
也就带上了一百吨大米的恩情。我会成为一百吨大米中的一斤大米
　　在时代的胃里，我是农民。我的身份具有经典性
一百吨大米具有经典性。一百吨大米进攻整个世界
　　一百吨大米包围世界的石头，使石头开口说话
一百吨大米进攻这个夜晚，使明天的早晨更加美丽
　　一百吨大米堆成一座山峰，使一百吨大米具有时代的高度
一百吨大米的记忆将不诉诸于文字而诉诸于大地
　　大地所造就的诗人决不仅仅是海子和叶赛宁
耕作的艺术将是世界上最具象征意义的那一部分
　　我带上一百吨大米前进，一百吨大米的目光
穿越一个世纪，每一斤大米都将成为一个世纪的见证
　　我带上一百吨大米进攻世界的真相。纯洁的内核
一百吨大米的敌人工作在饥饿的海洋
　　时间不算太晚，世界的梦中我作了一个真正的农夫

我带上的一百吨大米是我的父老乡亲的一百吨大米
　　一百吨大米就是一个村庄的杰作，一百吨大米就是大地的奇迹
一百吨大米能够梦见一千吨大米或一万吨大米（大米与大米
　　之间的亲戚关系世界上二分之一的人不能理解）
一百吨大米可以铺成一百条大路迎接一百位新娘
　　一百吨大米铺成的爱情是最纯洁的爱情，一百吨大米的
每一粒米都是圣洁而高贵的。一百吨大米进攻世界
　　世界是幸运的。我带上了一百吨大米我就不应该沉默
我是一百吨大米中的一斤大米我也不应该沉默
　　一斤大米做成的米饭并不是所有人都能吃得下去
生命如此骄傲，一斤大米曾经在谷仓里经历沧桑
　　一百吨大米曾经在谷仓里反抗过死亡。每一粒大米
都曾经是种子，每一粒种子都曾经是泥土中的灯
　　一百吨大米曾经在谷仓里起义，一斤大米曾经是烈士
一百吨大米热爱的生活是健康的生活。一斤大米的精神
　　在时代的胃里被颠覆。压迫消化，但不可摧毁
一百吨大米有一百吨的泪水，我和我的父老乡亲
　　在泪水中生活和呼吸，泪水中的灵魂无比高贵
一粒米的光是光明，一百吨大米的光是辉煌
　　我带上我的村庄的一百吨大米进攻世界，进攻世界的意义
进攻就是照耀。一百吨大米自身意义的真实，同时
　　又超越了世界的真实。一斤大米回到了意义的起点
一百吨大米可以对应百颗星星，一斤大米可以沉思宇宙
　　现在，历史就是一百吨大米。现在，真理就是一百吨大米
现在，我就是一斤大米。现在，我就是农民

现在，一百吨大米将要舞蹈。现在，一斤大米将要歌唱
现在，一百吨大米就是民间精神。现在，一斤大米就是命运
世界，在自身的珍重中，请原谅一个农民的声音
人类，在自身的珍重中，请原谅一个农民的心灵
在天生的权利中探索自我，劳动之美不逊色于时代
劳动的血是信仰的血，带来正义与良心的激情
一百吨大米的冲动是一首诗的冲动，是生命的冲动
一个农民的胸怀像大地一样辽阔。田野的朝霞
命运的朝霞。我带上我的村庄的一百吨大米前进
我终将成为一百吨大米中的一斤大米
我终将在父老乡亲中间，分开饥饿的波浪
现在，一百吨大米就是人性。现在，一百吨大米就是誓言
现在，我作为一斤大米，我可以成为香喷喷的米饭
这是一种心灵的外延。不管怎么说，我是农民
带上一百吨大米，就是带上物质中最纯粹的部分
带上一百吨大米，就是带上了灵魂的百万大军
带上一百吨大米进攻世界同时也进攻时间
一百吨大米在前进。一个倒退的时代便没有理由
时间拯救的步伐，在我和一百吨大米之间
一个国家太奢侈了。一个村庄才是时间的形式
我带上我的父老乡亲的一百吨大米。永远的一百吨大米
永远的光，永远的舞蹈，永远的婚礼，永远的爱人
我是一百吨大米中的一斤大米，爱人是另一斤大米
一间房子是谷仓。一个村庄是谷仓。一个世界是谷仓
整个宇宙是谷仓。我的肉体是谷仓。我的精神是谷仓
我带上一百吨大米，用呼吸推动上坡的车轮
一百吨大米的泪水是一个阶级的泪水
是世代相传的泪水。我不知道英雄是不是一斤大米

在杂草丛生的时代，我体验着稻苗的孤独
时间在飞逝，我站在田间，我在衰老
一百吨大米超越时间，一百吨大米填充记忆
带上一百吨大米，我是农民。带上一百吨大米的隐喻
我是诗人。带上一百吨大米的爱情，我是情人中的情人
现在，一百吨大米无处不在，一百吨大米
就是时间。现在，我就是一斤大米
现在，一斤大米就是一百吨大米
现在，我，就是一百吨大米

娜　夜：

交　谈

你不会只觉得它是一次简单的呼吸
你同时会觉得它是一只手
抽出你肉体里的　忧伤
给你看
然后　放回去
还是你的

你甚至觉得它是一次极好的体验
让你在远离了它的现场
侧身　想哭

可我怎么能扼制它
迅速成为往事啊

赵 野:

自我慰藉之诗

我不是一个可以把语言
当成空气和食粮的人
我也不会翻云弄雨，让天空
充满炸药的气息
二十个世纪，很多事发生了
更多的已被忘记
因此，我学会了用沉默
来证明自己的狂野
象那些先辈，每个雨季
都倚窗写下一些诗句
不是为了被记忆，而仅仅
因为雨水使他们感动
这雨水也使我感动，此刻
河流流淌，光明停在山顶

李　南：

小

小的枝桠，萌发小的心愿
小的嘴唇，吐出小的诺言
小啊，让我在月光下
垂下肩膀。
天宇的飞翔中，恒星是小的
恒星的旋转中，人群是小的
人类的步伐下，有更小的
蝼蚁、芝麻、尘埃……
小啊！常常让我羞赧和悲戚
面对着大
我没了别的想法。

下槐镇的一天

平山县下槐镇，西去石家庄
二百华里
它回旋的土路
承载过多少年代、多少车马。
今天，朝远望去：
下槐镇干渴的麦地，黄了。
我看见一位农妇弯腰提水

她破旧的蓝布衣衫
加剧了下槐镇的重量和贫寒。
这一天，我还走近一位垂暮的老人
他平静的笑意和指向天边的手
使我深信
钢铁的时间，也无法撬开他的嘴
使他吐露出下槐镇
深远、巨大的秘密。
下午6点，拱桥下安静的湖洼
下槐镇黛色的山势
相继消失在天际。
啊，过客将永远是过客
这一天，我只能带回零星的记忆
平山下槐镇，坐落在湖泊与矮山之间
对于它
我们真的是一无所知

江 熙：

失败主义时代

做完好事
他去办公桌前
继续和刚刚度完蜜月的女同事调情
想象颠覆一场婚姻的快感
所谓旧的格局已经打破
新的格局没有勇气建立起来
毕竟生活作风是个大问题

听完下午的报告
他不失时机，抬起屁股
把一种气息正确地纳入另一种更广阔的气息中
那块比较局部的砖头之下
压着那张被热量腐败的报纸
呼之欲出

下班后
他用毛巾擦干表情客观的脸
几十年始终如一日
一万年不算太久
多少事从来不能太急
昨天刚刚结束卫生检查
今天浪费粮食据说十分可耻

他想了一会儿
可耻和牙齿两者的关系
还是不太旗帜鲜明

天气预报说明天天气形势好转
没有不正之风

火葬场的早晨

在美国人和一个驼背的
联合国秘书长过意不去的那一天清早
我和我的狐狸妹妹来到郊外火葬场
暖暖的阳光把冬天照耀
我们在火葬场的草地上卧倒
草地青青，我们要做事情
我不说你也知道

天下没有不散的筵席
人间没有生意冷清的火葬场
一支欢快的哀乐把我们正忙的好事打断
今天的第一笔买卖提前一小时来到
一支兴冲冲的送葬队伍越过
我和我的狐狸妹妹
直奔红窗户的瓦房

火葬的仪式一如往常
人们排着整齐的队伍缓缓入场

一如计划经济时代一样
面无表情，既不光荣也不梦想
身穿社交场合必须的名牌西装
其中一个女人刚刚做完一次新婚伴娘
在队伍前进的过程中套好黑纱，匆忙卸妆

一如春天松果的气息
空气中飘荡着人肉的芳香
略带焦味的甜蜜透过烟囱上升
一张孩子的脸在青烟中真实、迷人而明亮
我站起身，拍拍身上的草屑
狐狸妹妹，你看见了吗？
那才是我们要去的地方

凸　凹：

葡京的葡萄

葡萄是诱人的。铁公鸡在不远处
望风。前门是老虎狰狞的大口
本该顺着传说的河流
后门划进，前门荡出
可一想到本人属虎，虎毒不食子
便一脚踏进了虎口

这是公元一九九七年十二月
的一天下午。葡京的葡萄真的很诱人
硕大而香美，圆润而密实
葡京聚满了肤色各异的人，聚满了
同一种澎湃的赌欲。是的
一枚镍币有赢得整座葡京的可能

这一天。我把握笔的手洗得雪白
袖管高盘，双目大睁
我默念的是一颗最富贵的葡萄
富贵的葡萄，可能的葡萄
一股酸水涌出，手被洗得更白
更为惨白

有一粒核
不知埋在身体哪个部位，至今没有吐出

江　城：

冬　至

如果把广州托付给你
如果广州的灯火最后熄灭在你的家里
如果自行车，这种令我们一代人
头痛的东西
成为城市疲乏的佐证
大哥，你就打断我的话
打断我忘却生活的声音
随我来到黑夜中摸索亲人的城市
谈论周围虚弱的空间

大哥　冬天已经传遍各地
冬天远离了城里树木的内心
我曾经为工作奔走的广州
从劳动走向幸福
从塞车的情景中
引发我热爱道路和春天

然而，白日是尘埃的另一面
只有我　这个永远的城市的迟到者
胸膛里久积贫困的人
以贫困刺痛朋友的眼睛
以一夜的安详换取响遍珠江的黎明

我不走，我必然站在广州一边
没有谁能令我回原地
没有谁能压制我对高楼的倾听
我一刻不停地打量这座在尘埃中上升的城市

大哥，我只能给你写——
“我存款虽少，我生活在幸福的中心
但不在夜里……”

纪少飞：

广场夜曲

疲惫，出汗的夏天。市区中
手持电筒的人，电光能照亮他们什么
低于六月，又大于十年的一日
黄昏来到广场的肩上，来到夜吧
吧女的叫卖声中。交响曲的拐弯处

没有什么可以浏览，值得被清楚看见
没有什么可以让我们永久记住
如今是大众的健身场所
往昔则为鸨母和小偷的聚散地
作为本地市民，
我天天路过这里，再平凡不过

一群晚夏的雨刚刚扫荡过这里
外围的栅栏上也能开出斑斑铁花
几棵仅存的木棉树在边上
它们在摇曳中能扶持住这个城池的夜吗
不说的　能说的
几位暧昧的情侣正在这上演
关于爱情的永恒的真义：物质和精神的纠缠
犹像无声电影中动人的一幕
夕阳渐渐染红了它的背景

从西到东或从北到南
八达的马路在这里失去了方向
采购的　观光的　混水摸鱼的
动人的仅仅在述说、吐吞之中
如今的广场显得多么实际
叫卖　求购　浏览
多种声音已允许在此滋生
诗歌的抒情仅是其中一种
深夜十二点，街灯照出了它的鬼影

路　也：

旧账，新账

你要算账吗？那好
现在我们算的可是一生一世的账目
要精精地加要细细地减
要一丝不苟地乘锱珠必较地除
要落实到小数点后面第二十位
然后用游标卡尺去量
用黄金分割去分
还要请来微积分，无限大与无限小

我的眼泪加上你的讥讽等于几？
我的迷惑减去你的心计等于几？
我的痴情乘以你的冷酷等于几？
我的欢乐除以你的专制等于几？
将永世不得翻身的苦恼开平方
把走投无路的欲望换算成三角函数
以心为底，求解爱的对数
最后除以海誓山盟
除以万丈光芒的梦想
除以妒忌，除以性
得出一个小小余数，一张契约
一片薄薄的纸

必须像老葛朗台那样充满敬业精神
像泼留希金宁愿贮藏飞灰也不放过一粒米
像严监生那样惦念着一根稻草
像地主刘文彩小斗放粮大斗收租
一笔笔旧账连着一笔笔新账，气喘吁吁
我们究竟谁欠了谁
情感的高利贷债台高筑
青春连本带息

把我与你、与这世界
精密无比地运算在一起
无论如何，所得结果都只能是弥天大谎
大谎弥天。去问问上帝
我们怎样才能彻彻底底地两讫

卢文丽：

凡高的房间

一

古老的地板
欲望的亚麻桌布，窗台上的酒瓶
日复一日，这是他的家，他的房间
在他寒冷的椅子里
最疯狂的思想达到极点

二

夜晚，蓝色的木门后
线条原始的精灵前来光顾
明月出笼，褪色的睡眠之上
一种超验的丰收，像怒放的鸢尾
凌驾于他粗犷的单人床

三

这简单的木质的完美
令每一个造访者心地纯粹
一面镜子飘来它的孤独
那个捏着烟斗穿着旧皮鞋的人

在1889年深秋的麦田中守望鸦群
他黄金草帽下的脸庞
是巨大的太阳的一部分

四

一个人怎能躲过那永远不变的东西?
一个人怎能让转瞬的美在手中荒芜?
“我神志健全，我就是圣灵”
永恒的视觉中，那个苍白而瘦削的人
那个用纯黄和紫罗兰治疗大地的人
在颤抖的空气里，点燃亲爱的火焰

雷平阳：

囚徒

要说出那些记忆中的飞鸟
我就必须先将它们的翅膀卸掉
要知道，这是午夜，任何东西丢失
黑夜都不会还我。所以我得警惕这些自由的
飞鸟：它们只能从我的记忆中走出来，而不是飞
我甚至会喜欢上它们的步态：它们并不熟练的
极限上的、小小的自由方式
记得那是在许多年前，我还没有生活在昆明
而是在滇东北的一个小镇上。我曾写过一首诗
里面有这样一句“我是大地的囚徒却在地上行走”
这不是此时与彼时，也不是少年与中年。
囚徒是其间的关键词。正如我现在
要说出的那些飞鸟，它们的翅膀
已经被卸掉。而它们，也终将
被我的记忆悄悄埋藏

1999 年 7 月

是怎样的一种幸福
令我们站在这里，朝远处看
我们的……，已经与我们格格不入

而带刀走过的时光，又总是
不让我们揭开昔日的帷布
逝去的……，已经不能温暖手脚
明天我们将走到卡博雪峰
那高贵的岩石之下?
今夜我们能够梦回普里旺山
那世俗的火焰旁边?
“纷纷扬扬的塑料雪
落满了圣徒们的圣诞塑料树。”
我们站在这里，穆蒂斯开口说话
不当世界之王，也能在晚上
挑选一个女人守在身旁
但是，我们，必须马上走开
因为有更多的人，今天晚上
将从卡博雪峰伤心地回来
他们弯曲的身体，裸露着
等待泥土最后的一击

老　刀：

避　雨

妻用手擦去我脸上的水滴
我看到她的背后一辆辆
的士　公共汽车　奔跑在雨里
那么多　一个乘客都没有
只有座位坐在座位后面

我突然想起
一件没人再穿的衣服
在那遥远的地方　就埋在我的柜子里
雨从榕树穿过停顿了片刻

一个人能吃多少用多少呢　要那么多钱干什么
我听到一个七十岁老妇人花白的声音浮在雨中
采访的时候　她坐在台阶上
一份报纸是她的脸　整版写着她两个儿子
因制贩冰毒被一审判处了死刑的消息
整个上午　太阳捂住的第一个字都有东西往下滴落

雨在加大　没有停的意思
妻望着我　我望着那盏近了又远的红灯

李　伟：

像一个工人

我把长头发剃了
剃得很短
马丽哲看见了
拍了我一下说
哎呀
你这头发可真难看
像工人似的
我很难过
不为我的头
是为工人
为领导过一切的工人
我像一个真正的工人似的
照了照镜子
镜子里的我处境很差
头发短而凌乱
脑门和脸又增加了几道皱纹
秋风又一次围绕我
让我裸露在时代面前的头皮
一阵阵发凉

文爱艺：

万物在黑夜里睡眠……

万物在黑夜里睡眠
不见的万种悲欢
却在它的里面上演
比时间流逝的更快的是黑暗
因为它没有眼

缓缓的月光爬上夜的脸
在淡淡的明亮里面复圆
风吹散它的语言
把它飘散在人间　然后消失

这就是它的命运
只有它的目的才能够使它改变
即便是没有踪迹
也没有遗言

江一郎：

癌症病患者：一个失声的人

不是我不想说话，害怕说话
是一把刀，让我有口难言
一把刀，刀锋来回闪动；刀锋
抵近我的喉咙，可怕的癌变部分
我浑身疼痛；手术台上
一把刀眼神冰冷
我知道，从现在开始，这世界
一个人交出了声音
成为旁听者

我认得这把刀！
样子精巧，类似玩具；却尖锐无比
生和死是它的两面
它在我身体内一刀下去，游移，挖掘
在血和肉的地方穿越

刀尖淌血！
现在刀全身而退。刀掉到盘子里去了
掉在盘子里刀一声脆响
我想，我最后一句话说完了

沉默是金。沉默更有力量

你相信吗?
一个癌症病患者不会相信
但如今这骗人的名言
做了我行走的拐杖
一把刀，带走了我的声音
一个时代的绝症
让我扮演沉默的人

有口难言，就和自己默默说话
这也好。起码我活着，我可以听
我甚至听到和看到过更多
好好活着的人，他们比我更惨
他们不是疾病患者，又被谁
扼住命运的咽喉
以往的岁月，我见过太多
丧失了声音的人
——与其这样，不如大病一场

渴望说话，但我说不出话来
我是一个喉部动过手术的
失声的病人

别人说话，我亲爱的儿子说话
你们说吧，我不说了
今生，我要做个旁听者
如果发言，我就用哑语
像一个真正的哑巴
和你们对话

马　莉：

一个哲学家在花园深处

从夜晚一直到清晨
这个花园哲学家站在花园的深处
滔滔不绝地自语
他此刻正对着一片叶子说
请不要碰我

我早已注意到了这个细节
可是　一滴硕大的树叶上的露珠
落在了他的眼睫毛上
婉尔动听
他打了一个寒噤
他的自语至此停止

我从他的眼前走过
我什么也没说
我看见花园深处有一只虫子

这仅仅是一个开端
他却朝花园的另一个方向走去

无疑　这个离群索居的哲学家

或许对什么都不感兴趣
或许很感兴趣
一场夏末的暴风雨由远而近
吹落了一片叶子

然而　我又注意到了另一个事实
这是怎么回事
我看见他看见了我
他说　只要我们存在一天
死亡就不会来临
我佯装没有听见
我又从他的眼前走过
他好像恍然大悟
此时　那虫子已爬过了洞穴

很长一段时间
他又向花园的另一个方向深入走去

从清晨直至夜晚
他滔滔不绝地自语
这个变化使我感到惊讶
我一开始就清楚地知道
什么事情也没有弄清
他说　而当死亡来临
我们也不再存在
他的眼角闪烁着喜悦的光芒

我想　这也许正是他

一个花园哲学家的最终目的
死亡　与我们
有什么关系

十 品：

冬天，我看见的灵光

不惜用我的身体，或者身体的一部分
在你面前呈现的光环一下子变得
很轻，很轻的风，拂过草地
拂过被冬天冷却的心，我的身体
平放在打过霜的菜叶上，肃穆的帘子
从天上垂下，从远方的情人眼睑上垂下
我多么渴望，我的呼吸是肺里的鱼，或者
游弋于你的海洋，你的血液和神经中

死亡是一朵花吗，一朵任何美丽都无法言说的
恶之花，开在我们共同的网上，密布的网
在我的身体中被分割成许多领地，诸侯和王
手把着长剑站在城头，大声地喊着对方的名字
大声地撕裂着我坚韧的纤维，天上的太阳
忽然暗了，天上的太阳绿着脸，讲着童年时
一个恐怖的故事，故事的开头是从我的鼻子
开始，我的鼻子原本是一孔原始的溶洞
后来的人类不甘寂寞，不甘在唯一的环境里生活

我的身体完美无缺，每一根毛发，每一片指甲
都可以发出灵光，就像高僧头上的天灵盖一般
与大地隔绝，一尘不染，我们想象得道

时刻都穿行在我身体的田野里
把我的田野肥沃成家园，没有栅栏的
家园，总是寄托着母亲的信念，只是
不可回避的冬天，不可逾越的冬天来临
这么晚，又走的那么早，我的父亲呀

冬天的云都走了，走得很远很远，只留下
我和我的身体在风中摇曳，风向南吹
吹得小河失去了方向，四肢软弱无力
四下里寻找那些种子，那些可以传宗接代的
“种子”总是隐藏在我的身体的最阴谋之处
轻松而自由地走过这个季节，我多么渴望
我离开以后，我还能在这个世上活着
活着真是那么快乐，那么乏味，那么永无止境

小　海：

哦，城市

雾气迷漫的城市
多么像我的心房
惊吓、窒息、苍凉
像郊外荒坡上的山羊
缓缓咀嚼着苦涩的草汁

我们出生的空中
终日开着不凋的花朵
一个管道工从楼顶上滚落
所有自认永恒的
都在无限中沉浸

一个儿童
从雨后的泥泞中爬起来
手持棍棒砸向我的脑袋
他的母亲
在剧场中哭泣

从街头的芸芸众生
永远苍白的脸上
我读出更深的悲哀是
这人世间的颠倒：

犹如太阳在上，我们在下

这城市，像值得信任的流水
我的心沿着空中颤动的灯光
回到寂静和惊恐之中
啊！此时此刻
温存的夜，优雅、冷酷
就像铁的后遗症

刘玉浦：

只有春天在遥遥地支撑

四月，雨雪泥泞的清明
懦夫怀抱草纸步入道路的十字
召集死去的人架起三堆纸火
谈谈阴阳的炎凉

四月，思路蜇伏的清明
死者人人旧日打扮回转尘世
懦夫把纸火顺利地安装在十字路口
火光之中他与死去的亲友
各自了却了重逢的夙愿

四月，懦夫成了清明的帮凶
他熟知万物，善于用修辞
解决当前问题，他是多么可怜的人啊
只有在与死者交谈时
才敢把思想的光彩闪露一下

四月，清明的时刻一过
可怜的懦夫即现出他的可恶之处
对尘世的烟火唯唯喏喏
卷起不满，攒起火气
畏惧眼底的世界胜似畏惧自己的思想

清明着的四月，懦夫偶露狰狞
眼见万物更迭
他要向自己新的一年布道
胸中圈禁着能惊扰尘世的思路
却对僵卧在雪域边缘的春天浮想联翩
他布起道来又像播种又像自慰

清明，懦夫发现了四月的秘密：
唉！大约也只有春天……
春天在遥遥地暗自支撑

五月的大风吹走我的情人

五月的大风吹走我的情人
草色花香
也被风强硬地吹打出来
我听见人工泉又重新呜咽
可我青梅竹马的情人
正上别人的婚床
五月的四平，风一下，雨一下
我们惶恐地在风雨中交替生病
我们在生病之时能相互倾心
倒在了一起
为什么我所赞美过的
最终都成为悲剧
为什么草色还要一再地

　溅入我的眼底
令她的绿色罗裙、花容月貌
成为一种永恒的残酷怀想

我再把她病榻前的空瓶
盛上活水插满鲜花
我再在她卧病的白床上躺倒
我听见窗外
御风狂奔的四平已慢下脚步
黄昏雨由远及近沙沙而来
我郁积在心的泪水不禁夺眶而出：
五月的大风吹走了我的情人

鲁若迪基：

雪地上的鸟

雪地上的鸟
没有家
没有东西吃
它们盲目地飞一阵后
落在雪地上
又扑棱棱飞起来
栖在树枝上
雪不停地下着
它们蜷缩成一小团
偶尔望望灰蒙蒙的天
它们眼里
世界是那么的小啊
小得没有它们躲藏的地方
雪还不停地下着
它们已听不到什么声音了
而拿着弹弓的孩子们
正悄悄地向它们靠近

雪地诗篇

雪地

——这种上苍赐与的白纸
不是谁都可以轻易落下黑字
在这种纸上
你很难抒写什么
我以一个普米人特有的方式
仰天而诵
让话语融进雪花
轻轻地落下来
——我的诗就这样
抒写在这张纸上了
雪融化的时候
人们才会看见
青绿的一片
那是很普通的一种
喂养着牛羊
常被人踩在脚下的
——草

第四卷

肖长春：

关于生命和大地的一首大诗（节选）

你就要出发了。
你就要把脑袋跟石头一起摆放在山顶上。
把眼睛刺入天空那蔚蓝的肉里。
把腿脚插在山坡上像一根旗杆。
你就要把一种心情融入一百多次辉煌的晚霞。
即使疯狂和死亡也不能有这样的热度。
你要用热切的眼光跟村女的眼光对个火。
打出火星，点燃你的香烟也点燃她脸上一边一疙瘩的红色，
吸着香烟你笔直地走上她的大道，
你要把你每一寸皮肤展开铺在你所走过的山河表面，
小爬虫肖长春一生爱恋的祖国，
祖国的夜色如同你的闭眼，
星星子弹般向受伤的心灵扫射你的眼皮布满光明的针孔。
你就要出发从内心的零公里处启程，
把亿万个路碑插在你漫长而丰富的生命里程中，
你是梗在硬风里的一首强劲的歌，不那么浪漫的歌，
你要用你的存在堵住风的喉咙把歌唱变为咳嗽。
变为大清早响彻村巷的清痰声。

把歌唱变为呜咽是让死人起立开步走的口令。
是拼贴在古老墙壁现代噪音的交响。
是男女交合中发出野兽般的呻吟是抽象思维的疯狂呐喊。
你要把你的毛发根植于大地红而发亮的伤疤上。
你要用你的黑毛或黑白参半的杂毛美化一方乡土。
使梦幻降落其中，被现代化轰走的鬼魂们返回。
让狼与熊回到相应附近的山林。
让老乡家木门上重新画上迷惑野狼的白圆圈儿，
让老乡为一头熊偷吃了庄稼而奋起直追，
你不能恢复一种古老而朴素的生活，
你要把你的声音安插在一场风里被风送上天空广为散布，
对于他们的诘问质疑你不用人的声音回答，
你的回答是一声难听的驴叫是牲口打响鼻的一串儿嘟噜，
是一句含义不明的六猴之后你转身离去，
你就要出发了。
你就要听到树群在黎明前的低诉。
你就要在迷途中撞上山坡的草香和花香。
或在寒冷的早晨踩灭一堆篝火磕碎一只煮鸡蛋然后上山。
小五台山顶十月的积雪使内心更暗。
山前一片开阔，犹如梦的疆场。
木制脱粒机旁那村女身披暮色身披稻谷的土。
还有金黄的向日葵从她周围一直蔓延到公路。
那个晚上你横穿葵花地好像横穿一种幸福。
一个人，一身疲惫在无数葵花的沉默中历经晚霞，
那个晚上的宁静落在你的脚步声后，
你烟一样的心情覆盖一片庄稼一两个朴素村庄，
一条小路，一眼井，一个放牛回来的老汉面带笑容，
如果灵魂有姿势你要放弃游荡。

在这样的路旁坐下，弯曲自己，为让宁静伸展。
这使你想起一两个分别已久的女人，
想起青藏高原的傍晚你缺氧中梦一样的行动，
不知你为什么把半瓶酒留在路上，
不知你为什么翻过一道土墙，那是渐凉的十月，
梦里有马群呼啸而去带走惊骇的表情，犹如面具。
你就要出发了，
你就要把你的诗句加入冲毁公路的泥石流，
泥沙俱下带着空气的宫殿倒塌的呼啸冲入深深的澜沧江底，
你要把你朦胧的目光高挂在哈巴雪山之岗，
云蒸霞蔚是你的生命之旅，遍地野花美不胜收，
你的心脏在四千米高山上狂跳之时你已一路下山。
与白色瀑布一道走马帮之路。
你要把你尖利的呼哨送给高山牧场那几个跨腿在木栏的
　小孩。
给他们松蘑般的小脑袋以声音的敲击。
你的声音一路奔去比马快，给牛羊以致意。
你的腿深陷在碧塔海的沼泽里而巨大的晒谷架插入蓝天。
一声发自灵魂的惊嚎把你拉起你还在路上。
你要把自己的血液纳入江河的大循环。
让江河的流淌更粘更稠使每一个傍晚里晚霞更浓更红流向遥
　远的海洋你是水。
飞向内陆深处的高原你是风送去的云。
落在雪山冰川上你是冰雹是雪片是一阵阵急雨夹着风。
返回江河的源头你是一路而下冲向大海的激情。
你就要出发了。
你就要顺着自己热乎乎的呼吸顺着弯曲的脊背往上爬。
爬向自己的生命之颠，你的生命不是一个词。

你不能让一个词驱赶着走。
你不能让一个词把自己的一生蒙蔽，
你不能让一个词逼着说言不由衷的话做你不想做的事情，
你为你生命的冲动驱赶像遍布山坡的一群羊谁是年老的牧羊人。
你小爬虫肖长春把自己无数个小爪伸向沙土。
你的表达是一声嚎叫。
你生命的圆珠笔已写遍女人的身体。
写遍洁白与不洁白的纸上是活着的书页呻吟般的字迹，
也写在死人身上但很快就被时光抹去，
每一次相遇都是准时到达，
每一个女人都是家园。
每一次出发都走在路上。
每一条路都通向女人子宫般的前方。
每一个子宫都透露天堂的消息，
深夜里的鼾声与江涛一起拍击你的梦。
上路时扎好绑腿布把背包垛在牲口背上与一条小路为伴。
走过古老水车歌唱的村寨进入高山森林。
在林中空地把沉重的垛子码成圆圈儿和衣而睡而把马放逐。
在山林在梦的沉静中似有野兽的声音接近，
你就要上路，
你将与鬼脸同行，
林中鸟的翅膀巨大的拍击声使你骤然感到了亡灵的力量。
亡灵在你走过的所有路上等你。
亡灵在石头中隐藏，石头，滚进你的梦里的石头。
石头喊渴，石头冒汗，石头上的青苔在爬行。
石头的梦，石头在梦中膨胀，到处都有石头。
到处都有石头滚动，发出嘎吱嘎吱的声响，石头歌唱。

石头遍布祖国，石头布满人生，石头中有故乡。
所有的风都落在石头上，所有的风和雨 都在石头上打磨成应有的形状。
所有的阳光都把石头晒得滚烫，所有的泪都落在石头上。
发出吱吱的声响，是泪在蒸发或是石头在说话。
石头中有歌，歌中有人失意地离去，怀揣一颗石头。
北方萨满的屋室里四处藏有石头，每个墙缝里每个凹处。
大大小小的石头形状不一的石头，每个石头里都有祖先的故事，
北方老萨满一生找寻石头，摆弄石头，唱出石头中的歌，
不知他的歌在石头里还在肚子里，有些石头他一生没碰过，
有些神歌儿他一生没有唱出，石头永在，有歌或没歌的石头，
你一定在路上就碰见石头，石头注视凄凉，石头她对面的眼光。
石头中有亡灵，石头散发出大地的味道，石头闹鬼，
石头热了石头凉了，石头爆裂，石头中伸出柔软的根须。
石头孕育了一切，石头包藏着祸心，宇宙般的石头。
旷世之风孕育的蛋，石头里有天火，石头经历过燃烧。
经历过碰撞，无边寂静中的碰撞，犹如山谷中的抵羊。
天体般的石头，石头飞行，石头冒出不可思议的火星。
石头相逢，石头震响，石头里有铁和钢。
石头是大地的骨头，泥土是肉，树木的根须是大地的筋。
石头中隐藏着草，语言和诗歌为你所见。
为踢落石头到虎跳峡的马帮所见，石头里隐藏着时光。
石头中隐藏的温暖为一整天蹲在山尖上守护羊群的孩子所见，
石头的秘密在敏感的心灵中隐藏，石头中有故乡，

你就要置身于一块石头你就要在石头中隐藏自己。
你就要把自己在一块石头上碰得头破血流。
你就要被一块石头搬起，挪动，移走到另一个地方。
石头的正面，背面，侧面，表面，内部，石头的方向。
你就要被一块石头坐住；坐稳，坐得热乎。
你就要作一块石头的祖宗，后裔和永远的继承人，
你就要和一块石头成亲，共枕，共同享有一个温柔的夜，
石头中有情感，石头是泪水凝固的，石头有灵，
你就要与一块石头说起，用另一种语言，石头的用语。
你就要和一块石头互相注视，相互懂得，相互依赖，
石头中有故乡，石头中有一条弯曲又悠远的路。
你摸一摸石头的脑袋，孩子一样光滑的秃瓢，石头的硬度。
你就要出发，在一块石头上走，踩着你的布鞋。
踩着你诗歌的节拍，你的诗歌跟路一样长一样忧伤，
你就是那个在诗歌中成长起来的孩子、诗歌的孩子。
你的诗歌就要和石头一样遍及祖国大地，
东方西方南方北方四面八方都有你的梦黑黑地升起。
梦的黑色旗帜高高飘扬，你自己就是旗杆，
你就要出发上路。
你就要加入一个恢弘的进程，在向灭亡挺进的路上，
小爬虫肖长春一生谦逊内心狂野，整个一精神的暴徒。
终将以一场恶梦毁灭一个世界一场文明。
你就要把绝望根植于人们的心脏。
把小黑手伸进人们的痒处，痛处，动情处，像把手伸进女人的
　被窝。
终将把诅咒念到人们的梦里。
把谣言造到人们心中使人们惊慌失措。

把阴险的面具挂在人们梦的墙壁上，
把死亡的黑蝙蝠放飞于人们坐谈于暮色的惬意中，
把泪水流在你们的鼻翼，嘴角和衣襟。
把预言涂抹于天空就像把坏水涂抹于女人光滑的臀部。
把疯狂的表情传染般部署在每一个人脸上。
把帕金森症状传导在每一个健康人的动作中。
把捡破烂儿的引进高雅的沙龙在讲坛前卸下一车垃圾。
小爬虫肖长春做过的一切将载入人类的忧伤史假如有这样一本大书的话，
他总是从忧伤出发寻找忧伤的人忧伤的归宿。
他的灵感源于被一闷棍击倒的马路上。
从此死亡就在他身上站起来说了话。
说话的就是他那个疯了的妈，永远的悲伤之源。
你就要上路。
你就要把路接通你们心中的恐惧之处。
你就要把一个世纪的悲伤与所有的微机用户联网。
你要传递来自死亡深处的消息。
用你的狂走把路引到布满石碑的山坡上。
你的诗歌将给死人以安慰因此你唱的绝对是挽歌。
也把路直接伸进女人的子宫，灵魂转世的温床。
路就是你的语言，你用路途对数百个伤感的傍晚说话。
你也是路对茫然的天空说出的一个声音，
你是路呕吐出的一滩秽物，路的舌头伸向远方，
路咬了你的脚趾，路把你的一生断送。
你朴素的祖国被路的大网粘住谁是坐在大网中心的蜘蛛谁吞吃被路抓住的人，
你是一直在路上走的人一串癫狂的脚步。
你把路强行按住，不让它被群山颠到空中，

不让它与长城共舞于一个阴霾的早晨。
路落在你头上，路把你一生捆住，
这是你走向自己的路，自言自语的路。
迷迷瞪瞪的路咒语般漫长的路死亡般美妙的路，
山上的路，山下的路，楼上的路，云的路，风行的目标。
弹道，电弧的痕迹，流星消逝的方向，行星轨道，沉默
涌来的那边，石头落入深井的过程以及咕咚一声，泡沫。
涨起和爆裂，坠落的人体，心脏，火冒出时人们的眼神，
上路的人抬眼看了看天色。
只要路上还有人走着就有诗歌在心里酝酿，
酒一样的诗歌倒进落日的鼎里在傍晚的祭坛上。
在路上你灵魂的动势被路设定，反物质是什么，
宇宙的黑洞吸入了什么，地平线上消失的是什么。
走离肉体的路，死亡途径肉体的香和腐臭，有人先走，
有人紧跟其后，有人在人生的平面上挣扎，弯曲了自己。
路上的眼睛，惶惑的目睹，大路上有一切，
人生的食粮和酒浆，姑娘的脸庞以及手一样掠过的阴影。
你妈也在路上，不是这条就是那条，你在路上接近了比
真理更真的幻象，
只有远离才是接近，故乡如此，亲情如此，死亡也如此。
在路上认识一个祖国，祖国的后背和丛林掩映的暗处。
路上有你梦一样的国土，梦的起势，承接，转折，合拢，
猛醒在一个久远的早晨，汗湿了衣服，坐在背包上。
瞪视红霞升起在庄稼之上，两眼飞满梦的翅膀，
瞪视山河在高高的山路之上，这是从小就走上的山路。
一生在路上歌唱，一路歌唱，知道死亡，
你的悲伤比自杀者大，比人生大，
大地的子孙，疯狂的继承人，故土的叛离者，

没有一片天空安顿你的梦，路在你肩上，路耕耘你荒芜的脑壳。
因此你最幸福的时刻永远是，上路，
小爬虫肖长春从不自虐，他只是蹂躏人们的美梦，
人们可怜的尊严、观念和努力守护的私处。
他的诗是伸进人们美梦里的一只臭烘烘的脚丫，
你就要出发，
走遍山河像把一张白纸用乱字涂满。
你要在高高的山岗把你的尿顺风撒下像一场急雨，
你要把你的野屎拉在田野在风中哼哼哈哈地使劲用一根
木棍或一块石子擦。
你要把臭烘烘的野屎拉在富人家的门口提上裤子就走，
你要用你本可以淹没世界的坏水灌溉每一个爱你的村女
那脸孔红红的妹妹。
你把脸贴向散发着麦香的土地和被太阳晒得发烫的石头像与亲娘热乎，
你要用你阴郁的歌为穷人申冤为一切被侮辱与被损害的人叫屈。
你要扶起倒在路上的老人你要追回失散在风里的孩子，
太广大啦你的梦因此你的诗歌很难结束。
太广大啦你的悲伤因此你的路途很难结束，
你生来就是要在风中歌唱的就是要在风中坚持的。
你在风中走着好像爱过谁，你在风中走着好像坐在风的手上，
好久没在梦里坐着了好久没在树上呆着了但你在风中。
自由的空气迎面扑来，不是你离去就是风离去你就要上路，
你就要梦见桃花，你就要与粉红的女英雄为伍。

遍山桃花冲出山谷紧急部署一片阳光阵地，
今日桃花的展开已不可抗拒今日春风使你腿软。
整天昏沉沉就欠挨一下子哪怕是桃花的撞击，
今日桃花有强劲的力度。
你已做好准备，交出武器，交出自己的头颅，
交出自己的黄昏自己的梦让位给今日桃花。
桃花的力度也就是梦的力度，色彩的力度，瞬间的力度。
正如你的诗歌将要深入人心，唤起血色，让所有的人挂不住。
面对桃花的滚滚洪流你只有选择倒下或歌唱。
你要再次倒下。倒在桃花的天空下，
你将跟新生的篙草稀稀拉拉倒成一片在一种醉人的香味里，
不仔细看不出哪儿是篙草哪儿是你的身体。
也不知道是你先躺下的还是那些草，那风，那天的阳光。
这时候你的肌肤比水还软包括你稀松的表情。
要不是被衣服挡着恨不得渗入桃花的梦里，
而今日桃花迅猛，粉红女英雄最英勇的进军。
将覆盖一条斜岗几座村庄几夜梦乡，
消失是次要的，你所有的出发和桃花一样。
你不想给你爱恋的山河留下一块圣地。
一个孩子狂走过大街急于找地方拉屎。
一辆汽车飞奔于高速公路急于跟死亡碰撞。
一群人挤上公共汽车撞倒老人看上去是忙着奔丧。
一个姑娘忙着去新加坡找她负心人把自己吊死在伤心之屋里。
你们都忙什么忙什么忙什么呀，
就像傍晚的风中一些面目模糊的可疑人渐渐站在你身边，

使你越来越不安，不知道是危险还是迷惘，
小爬虫肖长春徒步行走在绝望的路上哼哼唧唧磨磨蹭蹭，
九百六十万平方公里是他灵魂的回旋余地，
所有偏僻的村庄一切荒凉旷野是他被鬼魅穷追的逃亡之
　地。
他将跑到梦的深处或在昏厥中躲藏，
你就要出发了你用你的走消灭人们所说的价值或意义。
你背离一切，把脚步插在虚无的雾里，
把准则像一辆破车推下深渊，
把汗味儿和脚臭散布在你走进的每个屋里反而受到劳动
人民的欢迎，
小爬虫肖长春一生是个薄薄的身影，
虚幻地掠过一道古老墙壁一些人敌意的目光。
掠过壮丽的山河像浮云垂下大片的蓝色的阴影，
每一阵风都可能把他吹散但他总在，
他的在是大地所有悲伤故事中一个不可或缺的注脚。
是一切疯狂之书的一个跋，但他懒得跟你们废什么话。

第五卷

纪小样：

墙

墙。

最好　比风厚；比蛙鸣薄。
最好　比小偷高；比晨曦暮色矮。
最好　比自由宽；但一定要比总统府窄。
当然最好　比阳具长还有比爱情——短。
最好　死神没有钥匙可以开门进来。
最好，最好；最好就是
住在墙外。

黄灿然：

杜　甫

他多么渺小，相对于他的诗歌
他的生平捉襟见肘，像他的生活
只给我们留下一个褴褛的形象
叫无忧者发愁，痛苦者坚强

上天要他高尚，所以让他平凡
他的日子像白米，每粒都是艰难
汉语的灵魂要寻找恰当的载体
而这个流亡者正是它安稳的家

历史跟他相比，只是一段插曲
战争若知道他，定会停止干戈
痛苦，也要在他身上寻找深度

上天赋于他不起眼的躯壳
装着山川、风物、丧乱和爱
让他一个人活出一个时代

路过深圳

这里住着我的前诗人朋友们

我们曾有过称兄道弟的日子
他们都有了好家室，好职业
虽然有的离婚，有的又结婚
而我被称为“坚持写诗”
有时候还被加上“难得”
很多年了，我跟他们没见过面
每当我路过这里，在高楼群下
在茶餐厅里，或贴着移动的车窗
总会不期然朝他们居住的方向
望一望，不知道他们是否又搬家，
升职，或者换了手提电话号码

我想我们都已经过了，或者忘了
追问生活意义的年龄，甚至已经
过了那样的年代，我能理解他们
就像他们不会嘲笑我，但又不能
不面对一个事实：我们都在互相
回避，虽然不是有意，更非刻意

他们生活是否惬意，在别人面前
是否感到称心，我想我不必担心
也不必关心，我只是感到好奇
他们是否还有跟别人通宵达旦
促膝谈心的日子？我确实希望
这样的日子及其欢愉不会过去

张国治：

肉身铭文

——哀悼一九九九年九二一台湾大地震受难死者

他们就这样走了
卸下了生活股市的指数
拔去生涯规划的桩脚
不再为生命无常套牢
卸下天明征战的跋涉
卸下知识的累积
卸下资讯的焦虑
卸下世纪大选的口水议题
卸下土地开垦的肩负
卸下容身之隅的房贷
不必赶移民潮，不必如候鸟过境迁徙
不再苦苦于安身立命
他们将永远停栖这祖先的土地

他们就这样走了
留下了惊惶的眼，呐喊的嘴
留下喊不出的痛
留下纠绞的心
留下挨饿的肠胃

留下无尽心的恐惧
留下黑暗中无助的拥抱
留下一颗颗心的陷落，一滴滴心的流血
时间虚无，时间失去答案
他们先走了，等不及跨上千禧年
起跑点，再也不必和时间赛跑
不必在年轮的跑道绕圈
时间失去距离
他们也在世纪末庞大的影暗中
时间停顿，时间失去意义
他们在天地蠕动临盆下
留下一条二千二百万人
共同母体记忆的脐带
他们在天地无情震怒中
震落在黑暗的地层
在台湾最美丽的家园
为二千二百万的同胞献祭
他们是平凡隐微的活菩萨
安魂在世代垦拓的土地
睡在生命无常苦苦于人世的虚无
他们用肉身烙印的铭文
以　红的戳记
重重戳印在台湾世代血泪写就的历史版图
让时间铭记
让后世阅读

电子情人

——世纪末台湾打造的新世代爱情观

你无时无刻
精确阅读我情感的闪烁
你无地不在
追索我切片的心事
以及预告二十一世纪
我程式中心灵语汇的储藏
并规划私秘而安全的空间
让我居住
你不断的喂食我
以准点爱的程式、步骤
不断触诊我

作为你的情人
让人的爱潜伏，还原
定格成为你按图索骥的纹身
我是用爱的能量充量
少而省，超薄、浓缩、微型
爱的液晶体
我是你豢养，豢养的
一双电子宠物

颜艾琳：

客　人

以前，你向我的梦
投掷一朵朵的玫瑰
有一天
你忽然将自己
投了过来
扰乱了我后来的睡眠

你一直都没有说抱歉
而我太累了，
忘了把你赶走

你的嘴唇

你厚厚的嘴唇
是 PE 树脂做的
浓厚的塑料味
使亲吻的双唇
感觉出距离——
有光年稍纵即逝的滋味

“如果月球上种植玫瑰

那香味是否会吸引
地球上的蜂蝶?”
我的爱情在脊地生长,
所有言情小说的读者
都为这样的故事心疼
只有你,生命不凡
透过眼神来检视我的血源
用卫道标准意淫我的身躯
而你的嘴唇涂着黑色唇膏
向我靠近、宣读:
“和这个人间无关的浪漫,
在现实的镜子前幻灭吧!”
你烙下恶毒的黑唇
判我额头不准思想玫瑰的名字
那一刻,我所尊重的你
暴露了你肉身材质的秘密
你是隔离人情的绝缘体
你的言语、你的嘴唇
全是距离……

洛　夫：

白色的喧嚣

栖于最高点
而满身凉嗖嗖的一轮冷月
正是我
去年秋天收割的
唯一的一句诗

半夜
心中皎然
我沿着四壁游走
心惊悸
室外逐渐扩大的
白色的喧嚣

一列火车从雪原上迤逦远去

灰面鹫

我们的脸竟然如此重要
世界
因它而灰
更重要的是

这副脸有时被解读为
死亡的符号
一种蜥蜴裸尸的冷漠

我们从很远的家园飞来
在此栖息。骤然听到树丛中
猎枪擤鼻涕的声音
我们的颜面
便顿时灰了起来
而变黑，是在子弹穿过肌肤
将我们领到一个不知名的幽境之后
羽翼的孤寂
从此传染给每一次飞翔

故乡，只是秋风中
一声听不清楚的呼唤
过客。过客。过客。
被瞄准，被诱捕
被视为“非我族类”的过客
枪声乍响
便全身萎顿如泥
如一首没有骨头的诗

在城市中我们使自己日趋腐败
老去是其方式之一
期待明日的风景
将如何如何璀璨势必是另一种徒劳
对泥土的痴恋

则是我们由卑微中提升的信念
我们从不革他人之命
也不做自己的浮士德
我们不想颠覆高空的过雁与寒蝉
也不愿堕落
为一双在路旁破口骂人的弃鞋
寒风中
我们只用一双脚
便稳住了
地球的摇晃
剩下的力气就只能做完一件事：
以小小的死
陈述
小
小
的爱

余光中：

风　声

你问我什么音乐最耐听
当然是寂静，我说，无边的寂静
至上的耳福是听域透明
当聒噪都已淀定
其次是风声，远从世界的尽头
无端地吹来，尤其在日落时分
令整个海峡都为之振奋
那呼啸的高调再三强调
一个单调的快调，所向披靡
庞然沛然的大气扑来，磅礴无比
那是造化在吐纳，神在运息
鼓动我肺叶飘飘，若风筝要跃起
令人兴发，猜想那一股元气
卷地而来，要扫尽沉沉的暮气
必然隐带着天机，似乎要诉说
一个故事，比人类更苍老
当传说与宗教尚未开端
天地初分，阴阳蠢蠢
大野一任这飒飒单调
用强调的高调日夜呼啸
催一个阵痛的星球诞生
那原始的喉音，唇音，齿音

究竟预备怎样的命运
世纪将尽而先知不来
后知嘈嘈而天启不开
凡耳如我又岂能妄断?
但海浪翻白显然已听懂
不然何以都激昂而奋飞
却飞腾不去，只能轮番地鞭打
几乎淹没的灯塔与长堤
连我面海的高窗轧轧
也都不放过，若非
我及时推椅，关窗
这薄薄的诗稿早随飙飘去

魔　镜

落日的回光，梦的倒影
挂得最高的一面魔镜
高过全世界的塔尖和屋顶
高过所有的高窗和窗口的远愁
而淡金或是幻银的流光
却温柔地俯下身来
安慰一切的仰望
就连最低处的脸庞

高不可触，那一面魔镜
挂在最近神话的绝顶
害得所有的情人

都举起寂寞的眼睛
向着同一个空空的镜面
寻觅各自可望的容颜
不管是一夜或是一千年
空镜面上什么都不见

除了隐约的雀斑点点
和清辉转动淡金或幻银
却阻挡不了可怜的情人
依然向魔镜痴痴
寻找假面具后的容貌
从中秋找到元宵，就像我今晚
向似真似幻的月色
苦寻你镜中的绝色

唐　捐：

我的死活

死去的兽是一件大衣，高贵体面
穿在橱窗中塑料美女的胴体
每天下班，我总是专程去瞻仰
这件高贵体面且势必温暖舒适的
大衣。我想买，但买不起——
不准出价不准试穿不准退货。店员
说："不准抚摸，但我偷偷准你"
啊，多么柔美的貂皮
我想要进入其中，带着我的
脾肺肝胆污浊的心丑陋的血和肉
进入它。虽然这是炎炎溽暑
我想进入它，即使违背宪法。于是
我手拿巨斧，辟开玻璃，从坚冰
熔岩中救出它。且以最温柔的方式
进入它——啊，我融化了。如飞蛾
在极度亢奋中，捐出了全部的精气
养肥火的身躯。貂皮微微蠕动
恢复了久违的血色，喔，我感觉
血管与神经正逐步钻入其中
从此，死去的我穿着活着的兽皮

叶英杰：

问　路

你盼望从别人口中寻找失落的地图
为此　你让眼睛掠过四周的人
期待从中找到可能的选择
你这样相信自己的眼光
在短短一瞬间的对望
你相信他知道一切
凭他的眼神　你说给自己听
那些眼神是熟悉生活的
并且能够收放自如
他的外表说给你听他是一个体面的人
不会作不光彩的指点
可是　谁知道呢　谁知道
影子的真象？不接触
就永不知晓　接触
又怕一无所获
你不能想像　甚至拒绝再想像
你张开口
所有的言辞一股脑儿地冲出去——
你感到未来的风景在抖动

罗　门：

全人类都在流浪

人在火车里走
火车在地球里走
地球在太空里走
太空在茫茫里走
谁都下不了车
印在名片上的地址
全是错的

詹　澈：

时间轻轻拍了我们的肩膀

背靠背的两座山
用彼此不死的意志挤压向上
即知永世不能回头相望
只能用脊梁贴近的一线交换体温
例如白天和黑夜

但白天和黑夜刚从我们身边走过
轻轻拍了我们的肩膀
我们同时感到
时间的力道震颤过心房
我们背靠背而坐
白天和黑夜各自在我们前方消失

简政珍：

灾 后

入夜前，有些白日思绪的残渣
需要清除，留给夜晚走失的星星
乐音流过高低起伏的街道
这是中古的号角，从磨损的唱针
刻画出破裂的音符

灾后，东西还在寻找定位
马路饥饿地张开大口
一部挂在斜坡的轿车
没有人认养，据说
它呕吐出来的汽油
差点焚烧了那一片早秋的稻田
一栋歪斜的红瓦别墅
依靠一棵剥了皮的大树
落叶在路上翻滚，传递即来的台风消息

政策是浮动的符征
每个路口都暗藏迷宫
媒体正在募款拯救政府的人事
当萤光幕剪辑暮色晨曦
黑夜已夹着雨水
潜入广场上的帐棚

白　灵：

不如歌

平静的无，不如孤狂的有
坐等升温的露珠，不如卷热而逃的泪水
猛射乱放的箭矢，不如挺出红心的箭靶
养鸽子三千，不如拥老鹰一双
被吻，不如被啄

热闹的无，不如荒凉的有
甘霖泛滥的原野，不如仙人掌握的沙漠
快乐躺平的湖泊，不如伤心能飞的乌云
霸南极万里，不如据火山一座
被冰，不如被焚

光亮的无，不如暗黑的有
点燃不着的钻石，不如恍惚闪烁的萤火
坚贞恒定的星群，不如浪荡叫喊的流星
揽昨天三年，不如追明日一天
能笑，不如能哭

对　镜

昨夜无眠的脸

发现今晨的镜子
游动着银色摺痕
一摸
是细细皱纹

失神的刹那
镜面飞过一则神话
迅地伸掌
抓住
是一把不赖的梳子
不劳用力
就梳得开脑后纠结的
历史

所谓帝王
滚落肩上
不过头皮屑罢了

张　默：

永石狮十行

喧噪，也罢
清寂，也罢
冷眼看人气天气水气地气，也罢

俺，每天都是蹲在大门两侧
被老公公的水烟袋，敲过
被闷不吭声的月光，拧过
被隔邻羞答的小姑，亲过

俺，从早到晚，无所事事
或许偶而洋溢一股火辣辣的歹念
灿然仰起血盆大嘴，轻轻咽下蓝天

向　明：

太师椅

白须白发的老太师
早就歇进大明那片皱褶的江山了
鸡翅木的纹饰里
还飘着几丝陈年的
迷迭香

闲置得够久的
这张太师椅
还一直巴巴的等待
当年的正直和威望

园子里的鸡翅木
落过不知多少次叶
要酷的后现代儿孙们见了
总觉得
一辈子得这么端正的坐着
要多别扭就有多别扭
要多荒唐就有多荒唐

管 管：

叶 诗

故意

故意不关窗
让野樱的女儿花瓣
来吾书桌上写诗

推窗

推窗
鸟声骤止
一树当胸而立
要谈谈吗?

蛙鼓

夜里有蛙鼓敲门
请吾明早去池塘
听荷花说法

等夜

把灯熄掉
坐着待夜散步回来

什么也不做

辛　郁：

我很想安静的躺下

我很想安静的躺下
什么也不管
是一粒尘星也罢
最好　什么也不是

飞的欲望
当然我也曾有过
难就难在　我穿了
一双　铁铸的鞋

其实　我的平庸是显而易见的
就好像
一座桥在河上
一颗星在天际

秋日的独白

秋日临近
街景就抽象了

悲剧角色的面孔出现，总在独处时

在对街下午的咖啡座里，默然坐成一株枫
以贫血的思绪读着自己

忽而　游出本真为枫的一尾鱼　游出
以鳞以叶，顺游或逆游都好
何故游不出刺骨思念的疾苦

啊　寒伧在街口的我呵
已异化为一支透体的瓷瓶
把殷红的心颗裸在腔外
跪拜迟迟未归的你

隐　地：

人间游

醒着一个人
飞时一双鸟
蹲时一匹马
躺下一条虫

鹰派　攻击
鸽派　在教堂祷告

旅行中的人　走到
尽头　和蚯蚓
在地下为邻

尹　玲：

镜中之花

我的确是实实在在地
踏着二十年前的足印
一级一级登上法国
巴黎五楼的住所公寓
看着自己从现在的憔悴
逐渐醒回当日的青春

但当日的青春
是否早已进入
他的岁月他的呼吸
他的国土他的太阳
化为他不雨世界中
罕见的珍珠泪滴

清晨从窗户守着
铁塔自梦中醒转
夜晚守着铁塔
一身盛装赴宴
如同守着万里之外的
他在我目前深深凝眸
如同那年夏日
坠入不醒的渊薮

我的确实实在在地
看见自己一步一步
从一九九九走回一九七九
最美的季节
看见他正从一九七九
迈入一九九九夏季的黄昏

巴黎是最璀璨的镜
铁塔是镜中之花

黄　梁：

时间的赞美诗

峰顶的岩石

峰顶的岩石，正午
忍受自己的棱角

清　晨

清晨的心
缓慢的音乐
倏忽上升，停顿
突然不可思议有鸟声，在那里

夜

夜啮咬
一道月痕

睡眠

睡眠
皎洁的弓
诙谐的飞行弧线

文　仪：

懒　惰

所以　我们相互呼吸
忘了交给男子的一把钥匙
忘了在耳垂钉上我的名字
忘了定时散步
忘了多吃苹果、多喝水
忘了戒掉呕吐的恶习
忘了比较谁爱我多些
忘了锁上门窗
之后，冬天是寂寞的

难以释怀的总比街道漫长
我站在这端望不见
无声的尽头
如果坦白会崩溃，起风时
我是塔
兼职收容漆黑的眼泪

冬天的塔容易老去
而我们爬上楼顶，专心收集
鸟扑翅的回音

香　君：

黝暗天色下的欢愉烛光

默数了两个满月的你的背影
不断重复地　我练习
如何完美控制颜面肌肉
神妙的连续表演五种几无差别的微笑

腹里的曾没有一天不喧闹
那天在南瓜田跌进一个巨大脚印
我冷汗惊疑　以为就要生下什么东西
然后一群小孩头套着鬼脸南瓜向我走来
告诉我今天是愚人节

而今晚　空气奔腾着
黝暗天色下的欢愉烛光
在蚀锈的青铜烛台上喜极而泣
我戴着以你背影编织成的冠
春天走了　春天来了
此刻我正倾耳聆听
水田里今年第一批成蛙的鸣唱

须文蔚：

凌迟

每天收到一封你归还的情书
每个撕开过的信封封口都呕
吐出过期的爱意

你乐此不疲地寄来
每一吋我缱绻过你身躯的皮肤
一双我紧握过你的手掌
两张我吻过你的嘴唇
一颗陪你看遍木棉花的眼珠

每天收到一封没有附回邮址的信，想必
你拒绝听到遭凌迟者的哀嚎与回音

你乐此不疲地解剖我
我只好用拆信刀
凿破我居住小小星球上空的臭气层
倾泄所有的空气
窒息自己

杜家祁：

雌　鱼

雌鱼在她手掌里无助的躺着
柔滑润泽重现十七岁少女肌肤的回忆
凸起的腹部曲线又分明是成熟妇人体态
晶莹而空洞的眼神仍残留几分母性的温柔
他记起刚在菜市场水产摊位上
渔贩的利刃划开雌鱼白玉般的肚皮
刀锋过处滴下一串血水
破口流出一大团黄沙似的鱼卵

那天早上醒来床铺无端多了一滩血
尚未领略胭脂的清水脸那几天会特别的青白
更难忍受的是肚子里几把锥子似的刺痛
留着朴素的发型穿着校服坐在古旧的课室
听老师教诲苦尽甘来的人生意义
他却注意到老师三寸幼细鞋跟和唇上鲜艳口红

那夜潮涨，汐流带来造物者的指令
今夜，就是今夜，水中各类生物必须交配
乌贼触须急促颤动合跳一场动情双人舞
所有的雄鱼灼灼紧追在雌鱼身后
在间歇性的迎拒间等待最好的雄性机会
随呼吸急促她身体之内也有巨浪阵阵拍声

七彩的珊瑚集体喷出卵子景观壮丽像满天花雨
她是个女人，她是一条鱼，她从水中浮出
月光照在她白皙近于透明的胴体上
他把一寸一寸的月光，按进赤裸肌肤之内
凭雌性的直觉，她知道自己从此将性感而美丽
什么液体沿她大腿根部流下
黄沙之上伴随她脚印几滴红色露水

在日光下，她的脸也像沐浴在月光里
男人们无力抗拒那种超自然的潮浪引力
她总却是迷惘和疑惑
从不明白男人急于压在众人之上的欲望
她在每个月圆之夜翘首仰望天空
像一尾鱼浮出水面仰望故乡
月亮之中她见到一个忧郁女人的侧影
当女人的男人热衷于射下天空所有的太阳
她选择放逐自己到冰冷荒漠的月球上

总想起蓝色深海底下银白色鱼群优悠畅游
总想起奋力游过大半个地球回到出生地产卵然后
　　死去的那些鲑鱼
总想起尚未生产便在途中被渔船捕获被大熊吞食
　　的那些鲑鱼
生命的密码刻在掌心还是隐藏在基因里
而鰜鲽交尾的欢娱竟能遥远如前生记忆
富于女人味外表，她却从未做过某些富于雌性的
　事
像为家人做一顿晚饭，或让一个小生命在子宫中

孕育

只有从身体深处涌出的血液和小腹满胀的疼痛
仍追随月亮的圆缺，三十天一次，有规律地轮回

廖伟棠：

一个悲剧演员的挽歌
——献给他离场爱人

这是一首写给一位沉默者的挽歌
她在我的歌词里失踪，却在我的血液中活着
经过漫长的开幕谢幕，长出荆棘交缠的花朵

她声称自己已经死去，为了一个隐秘的目的——
她的死亡引领着我的表演越
戏剧，萎缩的光，在爱情中扭曲我命运的力

一个小丑在我们的情节与对白中高举着双手
像哈姆莱特，向命运女神献出悲哀的面谱
我们演过年华的冬夏，接着演出坠落的暮秋

我应该向谁痛哭，在一场戏中照亮我们的灯光
会怎样骤然熄减？我们的身体就是我们的戏幕
像花瓣闭合花蕊一样熄减了我们的心脏

如果爱一个人就意味着在她的坠落中死亡
那么死者应该是我，挽留的歌声
应该像冬天的风雪，裹着我们全部的辉煌

一座曾经为我们共同点亮的剧院也如此沦陷

爱情中上升的树液，迫使我们扭曲它的花瓣
一个小丑的双翼，也如此向灯光蜕变！

她燃烧着的彩衣，此刻代替了飘摇的火焰——
那么自焚者也应该是我，然而我却悲哀着
无法在葬礼的风琴上再奏出宏大的乐音

难道生命中的辉煌，悲剧中的高昂
都必须承受灯光的黯火，和管弦的哑暗
难道爱一个人就意味着绝望地倾听她的绝望

这是一首写给一位歌唱者的挽歌：
命运女神曾经迫使李尔王抬起他疯狂的头
如今也应该让我面对悲剧的观众，坚持我的沉默

第六卷（诗歌理论）

没落，还是新生？
——一份关于当代汉语诗歌命运的提纲

胡　彦

没落，构成了现时代汉语诗歌的基本生存境遇。尽管来自汉语诗人的声音是否定的。但这种声音是那样的微弱，以至于它并没有被人们认真地倾听。无疑地，即便是那些捍卫汉语诗歌、为汉语诗歌举起悲壮的旗帜的人们，也对没落的命运有一种本能的拒斥。没落所蕴涵的衰败、无能、瓦解，使得人们无法心甘情愿地接受这一荒凉的事实。

就现象的意义而言，说当代汉语诗歌已趋没落之势，这其实道出了一种历史的实情。由于人们总是习惯于视没落为遗弃之物，因而对汉语诗歌的没落所蕴涵的历史的实情，他们依旧是充耳不闻，熟视无睹的。缘此，宣告汉语诗歌的没落，并不意味着对汉语诗歌的历史性命运有了真切的体悟、把握。在汉语诗歌没落之际，我们仍旧需要停留在没落中，追问汉语诗歌的没落是缘何发生的？没落中的汉语诗歌具有一种怎样的命运？

一、没落之前的汉语诗歌的位置

要理解汉语诗歌的没落，就必须追溯在没落之前，汉语诗歌处在一个什么样的位置。只有这样，我们才能历史性地洞察汉语诗歌的没落之势，体悟汉语诗歌在没落之中向我们讲述了什么，同时又隐匿了什么。没落其原意是指人或物由高处向低处坠落；引申义则是指人、事、物的衰败、崩溃。今天，人们谈论某人、某事、某物的没落，基本都是在引喻的意义上使用的这个词。“没落”所具有位置、空间的本意反倒被人们遗忘了。为了对汉语诗歌的没落获得一种本真的领悟，而不是人云亦云地在引喻的意义上对此匆匆作出简单的评判，我们必须在“没落”所暗示的历史性踪迹的引导下，回到没落之前的汉语诗歌的位置上。

“没落”所具有的由高处向低处坠落的本意，暗示了当代汉语诗歌曾经占据着一个“高处”的位置。那么，是什么类型的汉语诗歌曾经拥有这样一种令人瞩目的辉煌呢？在当代汉语诗歌的写作史上，被人们称为“朦胧诗”、“第三代诗”的先锋诗歌就曾经占据着这样一个“高处”的位置。在“朦胧诗”、“第三代诗”阶段，汉语诗歌并不是诗人孤独自我的浅吟低唱，那时候，汉语诗人以其大胆、叛逆的勇气，以其惊世骇俗的言行，赢得了公众的注目，成为社会、文化关注、谈论的对象。

“卑鄙是卑鄙者的通行证，/高尚是高尚者的墓志铭”（北岛《回答》）；“仿佛永远分离，/却又终身相依。/这才是伟大的爱情”（舒婷《致橡树》）；“黑夜给了我黑色的眼睛/我却用它寻找光明”（顾城《一代人》）。今天，重读朦胧诗，北岛、舒婷、顾城、江河、杨炼、梁小斌等人的诗作给予人们的冲击，显而易见，是来自他们诗歌中的思想的力量。那些一度被视为“朦胧”、“古怪”的意象，诸如“古寺”、“红罂粟”、“裹尸布”、“独弦琴”等等，已不再晦涩、难懂。它们和诗人所要表达的思想的联系是那样的直接、紧密，以至于在朦胧诗中，思想的力量已远远胜过了诗性的魅力。而朦胧诗人也正是靠大胆发言、大声说话的方式，确立了他们在诗坛上的地位。

“思想”是一个使用极为频繁同时又享有至高声誉的语词。当我们谈到某人具有思想，或某部作品拥有思想的力度时，其言下之意即是指此人此作具有一种超凡拔俗的品质。但就思想自身而言，其存在形态却尚待区分。一般而言，思想的形态有完成的与未完成的之分。完成的思想指表现为某种观念形态的意识；未完成的思想则是指正在进行中的意识活动；它是“思”，同时也是“诗”。朦胧诗所表现的“思想”，就其存在形态来看，显然属于完成的思想。它是一种观念意识。北岛对社会存在本质的判定，舒婷对伟大爱情的看法，顾城的黑夜意识的流露，都具有十分明显的意识形态色彩。因而，朦胧诗所表现的思想的本质仍然在于其意识形态性，只不过这种意识形态是一种英雄主义、理想主义的意识形态，人性、人道主义的意识形态。

朦胧诗的崛起，从其社会、历史背景来看，显然在于它率先发出了一种时代的呼声，那就是反思、批判“文革”十年，冲破极左思想的影响，呼唤人样的生活。也正是因为这方面的原因，70年代末80年代初，朦胧诗的狂飙突进，不仅震动了文学界，而且在思想界、文化界以及社会上掀起了轩然大波。人们带着或兴奋或震愕的心情阅读着朦胧诗，谈论着朦胧诗。不只是文学变革的表征，而且更是思想解放的先兆，正是在这个意义上，朦胧诗因其表达了一个时代人们所期待的思想意识而迅速得到了来自社会各方面的回应与共鸣。

就文学方面的原因来看，朦胧诗的轰动效应，当然和它对郭小川、贺敬之等人开创的政治抒情诗模式的冲击分不开，人们普遍认为，朦胧诗的崛起，是对五六十年代政治抒情诗的表现模式的超越，它标志着现代主义文学思潮在当代中国的诞生。这样的看法，从80年代初一直延续至今，成为各种文学论著中的常识性观点。但认真地反思，我们会发现，从诗学逻辑的构成到思想意识的表现，甚至在必然引起社会反响这一点上，朦胧诗都和五六十年代的政治抒情诗有着一种化解不开的血缘关系。诚然，出现在朦胧诗中的一些意象，诸如“暮色的鼓”、“无解地代数”、“黑色的眼睛”等等，带给了人们一种新鲜的审美感受，但这种美感只是暂时的，表面的，因为对朦胧诗人来说，否定荒谬的现实，肯定永恒的人情、人性，追求未来理解的存在，这才是他们诗歌创作的根本目的。那些新奇、美丽的意象只不过是他们构筑、编织、证实未来乌托邦的必要艺术手段。一旦乌托邦的幻念被建立起来，这些意象也就失去了其存在的价值。朦胧诗人对意象的使用方式，显然和五六十年代的政治抒情诗人用“乌云”喻指黑暗、用“红日”象征光明、用“黎明的地平线”暗示新生活、新世界的即将到来的喻指方式同出一辙。只不过朦胧诗显得更艺术化一些。尤为关键的是，在同为意识形态化的写作这一点上，可以说朦胧诗发扬光大了政治抒情诗的写作传统。“三门闸工正年少，/幸福闸门为你开。/并肩挽手唱高歌呵，/

无限青春向未来/（贺敬之《三门峡——梳妆台》）；“新的转机和闪闪的星斗，/正在缀满没有遮拦的天空，/那是五千年的象形文字，/那是未来人们凝视的眼睛。”（北岛《回答》）面对这样的诗句，我们难道能看出它们有什么本质的不同吗？差异仅仅在于后者的诗化色彩更浓一些，意识形态的传达更为隐蔽一些。其实，朦胧诗人并不反对政治抒情诗人所确立的意识形态框架，他们反对的仅仅只是意识形态狭隘化，理解为单纯的政治性与阶级性。而朦胧诗在思想内涵方面与政治抒情诗的不同，也仅仅在于他们用一种人本主义的意识形态替代了政治化了的意识形态。从诗歌中抒情主体对自我形象的确认来看，朦胧诗和政治抒情诗也存在着惊人的一致，“我不是/一个人呵，我在唱/我们亿万人民/内心的激动！”（贺敬之《雷锋之歌》）“我想/我就是纪念碑/我的身体里垒满了石头/中华民族的历史有多么沉重/我就有多少重量/中华民族有多少伤口/我就流出过多少血液”（江河《纪念碑》）。两首诗中的“我”都不是“小我”的形象，而是“大我”的形象。他们抒发的都不是一己的思想感情，而是一个民族的思想感情。从政治抒情诗到朦胧诗，诗歌中的抒情主体都是某种意识形态的代言人。站在教化者的立场上来写作，而不是站在诗人的立场上来写作，决定了朦胧诗和政治抒情诗在本质上的相同。

由于朦胧诗与政治抒情诗所表现的意识形态都体现了各自时代的集体想象方式与思想、情感渴求，因而它们进入到公众视野中，成为社会关注的焦点，这也就不足为奇了。毕竟，它们扮演的角色，都是时代精神的传声筒。

朦胧诗在意象构造与思想表达方面的意识形态性既使它获得了巨大的声誉，也为它的瓦解准备了温床。后起的第三代诗正是以对朦胧诗所表现的意识形态的挑战作为自己的诗学日标的。第三代诗最显著的特征是“反文化”。这里，“文化”一词指的是主流的思想、主流的意识形态以及那些已经模式化、概念化的意象群。可以把第三代诗的写作看作反意识形态的写作。在朦胧诗那里，意识形态的内涵是和诗化的意象粘合在一起的。当朦胧诗人在营构“红帆船”、“钥匙”、“生中的湖”等意象的时候，他们决不是把这些意象作为独立的审美意象来看待，而是把它们视为未来、理想、美好的存在等意识形态幻念的喻指词。由于这些意象本身所具有的物化特征被意识形态“借用”，因而，借助意象存在的物质性，意识形态不仅找到了赖以安身立命的居所，而且找到了证实自身存在的实体形式。就像太阳每天的升起是无可置疑的一样，有谁会怀疑“晨曦”所暗示的一个光明世界的即将到来呢？对后起的第三代诗人来说，他们非常清楚朦胧诗的意识形态生产秘密。他们反意识形态的基本诗学策略就是“反意象”。他们想通过消解意象来消除附着在意象之上的意识形态幻念。应该说，第三代诗的这一写作策略收到了巨大的成效。朦胧诗人苦心经营的种种文化意象的帝国，在第三代诗人精心密谋、突然发难的写作暴动的冲击之下，一夜之间坍塌、瓦解了。“有关大雁塔/我们爬上去/看看四周的风景/然后再下来”（韩东《有关大雁落》）。在朦胧诗人笔下，充满悠久历史、负载厚重文化内涵的大雁塔经由韩东的重新叙述，变成了一座普普通通的观景台。在诗人冷漠、平淡的叙述中，大雁塔的文化幻念被有效地祛除了。“有些日子天气不好/我们就攻击费嘉的近作/称朱小羊为大师/后来这只羊摸摸钱包/支支吾吾闪烁其辞/八张嘴马上笑嘻嘻地站起”（于坚《尚义街六号》）。被视为“经国之大业，不朽之盛事”的文学，在于坚调侃、谐谑的叙述中，成为一群文学青年个人欲望的替代品。第三代诗人消解意象的诗歌运动，有力地颠覆了那些已经成为现实、已经成为自然、已经成为真理的文学虚构。他们从边缘处发出的声音，代表了一种来自民间的心声，那就是对一体化的意识形态存在的否定，对世俗生活的肯定。在这个意义上，第三代诗人确立了自身作为反主流的另类英雄形象。

恣意地嘲弄、贬低神性存在、拒绝崇高理想的反意识形态行为，使得第三代诗人的身姿显得格外的招摇。但他们也因此而付出了惨重的代价。反意识形态的诗歌写作并不意味着对意识形态的克服。而是恰好相反。意识形态的诗歌写作在逻辑上暗含了与之相对立的写作形式。如同一个正命题的确立取决于另一个反命题的存在一样，当第三代人诗人举起反意识形态的大旗的时候，他们没想到，正是他们自身——完成了意识形态的思想诉求——以一种颠倒的方式。第三代诗人强调的反意识形态性只不过是实现了传统的意识形态文学的逻辑可能。从意识形态化的写作立场到世俗化的写作立场的转变，从意象的精心营构到口语化的随意表白，这决不意味着诗歌本体的回归。在第三代诗人发动的写作暴动中，汉语诗歌又一次远离了自身。

二、没落中的汉语诗歌

上述分析，清楚地显示出了朦胧诗、第三代诗“高处”位置的由来。意识形态与反意识形态（颠倒意义上的意识形态）的思想内容既使朦胧诗、第三代诗获得了一时的荣誉，同时也使它们付出了丧失诗性价值的代价。当代汉语诗歌由“高处”向“低处”的坠落，是以80年代末为分界线的。从此，他们在毫无凭籍的前提下踏上了一条漫长而孤寂的词语之旅。没有了鲜花，没有了掌声，只有那些静默的词语伴随着他们。但诗人们是有福的。那些隐匿在虚无深渊中的母语——间或发出的微弱的蓝色光焰，不仅温暖了他们冷清的心灵，而且使他们获得了一种永恒的启示。尽管诗人们仍在跋涉，但在汉语之光的环绕之下，他们却拥有了一种前所未有的力量与自信。

并不是说从此汉语诗歌就彻底与意识形态无缘了。而是说在意识形态与诗学之间，诗人们选择了后者。这样，当诗人们再碰到意识形态的主题时，他们就不是像以往的诗人那样，用意识形态的思想框架来规范诗学，而是把意识形态纳入到诗学的范畴内来考虑。从诗学的角度去重新思考意识形态与从反意识形态的角度去对抗意识形态，其导致的结果是截然不同的。反意识形态的写作，只不过是从一种观念立场向另一种观念立场转换，它本身无法摆脱意识形态的思想框架。这样，写作行为最终是依附于某种观念意识的。在这种写作中，审美的本质被压抑，被遮蔽；诗的语言被改造、变形为意识形态的语言。写作因此成为政治乌托邦的同谋。而从诗学的角度去重新表达意识形态，一方面避免了意识形态无处不在的诡计，另一方面在揭示出意识形态生产的秘密的同时，也最大限度地解放了被意识形态压抑的审美空间。“……而那一切真的存在/我们向往着的永远逝去的美好的时光？或者/它们不过是一场幻梦，或我们在痛苦中进行的构想？/也许，我们只是些时间的见证，像这些旧照片/发黄、变脆，却包容着一些事件，人们/一度称之为历史，然而并不真实”（张曙光《岁月的遗照》）。那些曾经被视为历史、被视为真实的美好的存在，经由诗人的重新表达，成为“幻梦”、“构想”、“旧照片”。这些意象还原出了历史的书写虚构本质，从而使得基于其上的关于未来存在的预言与承诺的合法性遭到了有力的质疑。既然历史的本质在于书写，在于虚构，那么就不存在什么唯一的历史，当然更不存在什么确定的未来。一切关于历史的凿凿断言，一切关于未来的理想设计，只不过是书写的一种形式，只不过是书写者把某种虚构夸大、泛化的结果。

“每个广场都有一个用石头垒起来的脑袋，/使两手空空的人们感到生存的/份量。以巨大的石头脑袋去思考和仰望，/对任何人都不是一件轻松的事。/石头的重量/减轻了人们肩上的责任、爱情和牺牲。”（欧阳江河《傍晚穿过广场》）诗中的“广场”喻指狂热、荒诞的“文革”年代。这是一首以政治为主题的抒情诗。面对那个颠狂的岁月，欧阳江河拒绝了北岛式的道德批判的激情。他只是从一个诗人的立场出发去思考历史、思考过去。石头样的脑袋，石头样的信仰，这是欧阳江河对“文革”历史的诗意书写。正是这种令人惊愕的悖论式语言包含了历史所有的荒诞与沉痛。

进入到90年代以来，于坚的写作抛弃了那种世俗化立场的简单与片面。世俗生活的场景依然是于坚诗歌中的主要画面。但此时的于坚已不再扮演与意识形态、与崇高理想相对抗的世俗英雄的角色。因此他诗歌中的世俗生活场景不再是抵御主流文化的唯一手段。于坚对普遍存在于第三代诗人创作中的“诗到世俗为止”的写作行为进行了认真的清理与反思，其结果是发现了世俗生活的“不纯”。在所谓的民间生活与民间文化中同样布满了意识形态的蛛丝马迹。《0档案》是对人的成长史与生活史的重述。长诗描述了一个人的出生、成长、恋爱、日常生活与他填写的各种表格。可以看出，于坚企图在诗中建构一种普遍的“人类学”。但是随着于坚对“他”的社会生活与私人生活的披露，我们吃惊地发现，不仅在我们的社会生活中，我们被档案化的政治话语剥夺了主体性，而且在我们的私人生活中，商业话语也遍布了我们的躯体。传统理性意识所谓的大写的人实际上是由各种各样的意识形态话语编织而成的——从心灵到身体。这样，于坚就宣告了“人的死亡”。《0档案》的意义不仅在于“人的死亡”；于坚通过发现人的死亡，指出了这样一条真理：人必须死亡一次，他才可能获得拯救。

在朦胧诗中，现实的主题被处理为意识形态的主题；在第三代诗中，现实的主题则被处理为世俗化的主题。而在90年代的汉语诗歌中，现实的主题又呈现出五光十色的质地。对当代汉语诗人来说，现实的维度不是单向的，其意指也不是单一的。现实是一面蕴涵了多种向义、多重意指的分光镜，其存在意义永远是一与多的辨证关系。陈东东对现实的表象具有一种异乎寻常的敏感。在他的诗作中，表象既不是什么通往本质的桥梁，也不是什么凡俗生活的见证。陈东东的艺术敏感集中于表象的色彩、质地与位移。当这些因素和一双唯美的眼睛相遇时，那些在生活中可能是陈腐、暗淡的存在物转瞬间获得了一种散发着迷人灵晕的品质。“早上的家务。下楼领取牛奶时总能碰到夜半梦见的同一个少女，她松散的发辫里残留着纯真色情的诗行。”（《七个短章·取奶》）点石成金，化腐朽为神奇，使得陈东东的诗歌理所当然地成为了“汉语诗歌中的钻石”（臧棣语）。

臧棣的诗歌基本上都是以现实生活作为主题的。单纯从标题来看，人们会以为他的诗歌是很“写实”的——《室内脱衣舞》、《赴美签证》、《校园见闻》等等，给人们造成了一种作者要讲述生活中发生的故事的幻觉，但是阅读的结果却与人们预先的期待大相径庭。“衣服层层剥去，最终/却没有任何东西裸露出来。”（《室内脱衣舞》）在最终的一脱中，色情的欲望遭到了致命一击。臧棣拓展、加深了罗兰·巴特“脱衣舞的幻灭”一文的主题。罗兰·巴特认为，脱衣舞的魅力凝聚于整个“脱”的过程。在这个过程中，观看者的色情幻念被最大限度地激发、调动起来。色情既与性欲有关，又与性欲无关。在色情中，性欲处在一种延宕的位置上。当性欲到来之时，即是色情的瓦解之时，因而罗兰·巴特对色情无限倾情，他把写作比喻为“勾引”。色情是一门艺术，它激发起人们的想象；性欲则是对艺术的破坏，它把色情的艺术转化为世俗的欲望。臧棣对色情主题的表达，显露出来的则是一种东方式的智慧。在脱衣舞女的最后一脱中，并没有什么裸露出来，这样的诗句寄寓了臧棣对一切色相皆虚相的感悟。

从根本上来说，写作之所以存在，其理由在于人们对本源的依恋与回归。意识形态与反意识形态的诗歌写作将本源问题置换为本质化问题与世俗化问题，这其实杜绝了通往本源的可能。如何在诗的语言中带引出本源性的存在而又不伤害其存在的本真性，这成为90年代汉语诗人致力探讨的一个重大的诗学问题。而这首先面临的一个语言难题即是那种“我来了，我看见，我说出”的君临一切的表达方式是否依然有效？意识形态的文学写作的根本秘密即在于写作者把一己的“我”置换为普遍的“我”，把个人的“看见”、“说出”用一种本质化的独白语言提升为大家的“看见”、“说出”。因而意识形态问题的存在决不仅仅只是一种“观念”的存在。意识形态的存在首先是依赖于语言表达方式的存在。采用本质化的独白语言进行写作既是意识形态文学的基本表达方式，又是意识形态文学赖以证实自身观点的有效性的唯一手段。第三代诗人反意识形态的失败，根本原因在于他们采用的依然是意识形态的表达方式——本质化的独白语言。“你见过大海/你也想象过大海/你不情愿/让海水给淹死/就是这样/人人都这样”（韩东《你见过大海》)。这其中发生变异的仅仅只是“观点”；而“人人都这样”的绝对化表达方式，其功能只是为了证实中一种观点的普遍存在。意识形态的文学写作正是建立在本质化的独白语言的基础上，它把语言的空间压缩、抽象为概念的存在、观点的存在并通过对异己声音、相对观点的排斥来建立所谓的“普遍真理”。

可以看出，在意识形态的文学写作中，语言的存在首先是一种观点的存在。语言的功能只有一个——证实意识形态存在的真理性。这种证实是通过本质化与独白化的语言表达方式实现的。因而对90年代的汉语诗人来说，要摆脱意识形态无处不在的陷阱，要带引出本真性的本源存在，首先必须实现“语言的转向”。具体来说，就是要摆脱那种本质化、独白化的语言表达方式。在这方面，西川以其特有的充满张力的悖论性语言为我们提供了一条返归始源的可行之途。“说不出的快乐浮现在它们那/人类的面孔上。这些似鸟/而不是鸟的生物，浑身漆黑/与黑暗结合，似永不开花的种籽”（《夕光中的蝙蝠》)。花开必然花落。开花的种籽，其生命只有一次，终结也就意味着永劫不复。而不开花的种籽，它把生命的无限种可能性包蕴于其中。它通过凝聚的方式来敞开生命的存在。不像开花的种籽，它指示生命只有一种存在方式；不开花的种籽，在其生命的最初形态中，暗示了生命的所有秘密与可能。西川用“蝙蝠”、“黑暗”这样的隐喻意象来表达他对生命的本源的体悟。自然，用人类的语言是无法理解蝙蝠的存在意义的。在人类自大、僭妄的语言中，蝙蝠只是一种“不祥的征兆”。人类的理性之光同样也不能照亮黑暗。它只是驱逐黑暗。这样，在人类理性无所不能的张狂中，黑暗的秘密及其启示意义也就永远被悬置起来了。

在当代汉语诗歌的语言转向中，西川致力于恢复汉语的诗性品质（当然是一种现代性的重建)。隐喻空间的恢复，不仅再现了母语的光华，而且承接了汉语的本源之思。与此不同，最近展露锋芒、出手不凡的李森在其持续不断的对语言与存在关系的思考中，踏上了另一条叩问本源的诗思之路。“那些曾与大青树的枝条摩擦过的枝条/那些像果子一样坠着，荡秋千的猴子/那些躲在林中寂静的空处/色彩斑斓的阳光下交尾的孔雀/它们，现在又在什么地方/为神管理着的自然界/展示着谜语一样的技艺”（《撕开》）。在一种极为冷峻的目光中，李森追溯了诗人用语言道说存在的过程。不是面对事物、直接牵引出事物的存在来，而是在由想象到意指的表达过程中完成对事物的指涉，犹如“白色”意指“纯洁”一样。李森揭示出诗人正是靠想象、隐喻、意指的方式来表达他们对世界的发现的。但也正是在这个过程中，词与物之间出现了一种存在的悖论：“不能直接说出——石头/应该说，荒山上的石头像狮子/或各种栩栩如生的禽兽”（同上）。语言道说世界的过程，实际上是一个幻象世界被建立的过程。那么，随着这个幻象世界的建立，那个事物的世界不是被呈现了，而是被永远地遮蔽了。李森显然发现了词语的世界与事物的世界的存在性差异。并且事物的世界并非是没有语言的。大自然的花开花落、阴晴圆缺，无不在昭示着自身生命的存在。人类的语言能否表达出事物的存在意义？即便它表达出了，我们能否相信词语的世界即是事物的世界？语言与存在的这种悖反性关系，使李森深深地陷入了表达的困境。

并不像人们所认为的那样，当代汉语诗歌已陷入困境。没落仅仅意味着汉语诗歌已摆脱了意识形态的思想框架与表达方式。在不再为时代的主流思想、为公众的愿望而写作的意义上，当代汉语诗歌没落了。没落中的汉语诗歌回复到了自身的位置上。诗与思的重新敞开，使得当代汉语诗人踏上了一条回归母语——始源的本真之路。在一个欲望的旗帜高高飘扬的时代，作为一个诗人，一个在诗与思的敞开中仔细地聆听存在之音的召唤并作出应答的诗人，他发出的声音必定是寂寞的。然而，一个真正的诗人并不需要来自大众的抚慰。在词语中栖居——将是他唯一的命运。

在两大传统的阴影下

黄灿然

一

本世纪以来，整个汉语写作都处在两大传统，也即中国古典传统和西方现代传统的阴影下。写作者由于自身的焦虑，经常把阴影夸大成一种压力，进而把压力本身也夸大了，却没有正确对待真正的也是必要的压力，也即汉译的压力。

我仅想局限于透过现代汉语诗歌，来探讨在这两大传统阴影下的写作。这也意味着，我打算将中国古典传统和西方现代传统缩小成中国古典诗歌传统和西方现代诗歌传统。汉语写作的其他领域，大致可以在这个基础上加以理解，但不一定完全一样：仅小说写作而言，就已有细微差别，这点我将在稍后提及。

与现代汉语诗人可能的幻觉相反，压力的最大和最直接的承受者，是中国古典诗歌写作者和西方现代诗歌写作者。中国古典诗歌传统的压力已变得没有意义了，因为它已完全压扁了它的写作者，并催生了新诗。西方现代诗歌传统则压力过大，西方诗人都在顶住这种压力写作。现代汉语诗人的劣势，恰恰在于他们没有足够的压力，而这又恰恰是他们的优势，尤其是相对于古典汉语诗歌写作者和西方现代诗歌写作者而言。

诗歌传统是积累起来的。诗歌首先来自民间，来自无名氏。无名氏的民间诗歌，命名了世间万物。接着，有名字的诗人出现了。如果没有民间无名氏的诗歌，命名了世间万物，诗人就无从开口。在有了民间诗歌之后，诗人一开口，他就是在重新命名世间万物——以他的个人身份命名，打上诗人的印记。民间诗歌是诗人的传统，但那是没有压力的传统。诗人开始建立另一个传统——诗人传统，有压力的传统。这就是为什么，我们谈诗的时候，说《诗经》（民间诗歌）如何伟大；说杜甫（诗人）如何伟大。《诗经》的作品没有诗人的形象，杜甫的作品构成杜甫这个诗人的形象。压力的一个来源是诗人的修养，而在《诗经》中我们看不到作者的修养，因为我们根本看不到作者。但在杜甫身上，我们看到杜甫这个诗人的修养，后辈诗人无法达到的修养——“无法达到”便是压力。李白的魅力不一定是修养，更多的是天才，后辈无法与之比拟的天才——“无法比拟”便是压力，“天才”也是压力。

但是，更大的压力，是命名的压力。写作只有两种，一种是人们想不到的，这是命名；一种是人们感到或想到但还没有表达出来的，这也是命名。命名即是压力：你以为没被想到没被写到的，其实可能已被想到并写到了。命名的更大压力是，仅就任何一种语言来说，写作已有漫长的历史，没被写到的东西事实上已很少，更何况在文化交流频繁的近现代，漫长的历史（纵）变成广阔的历史（横），也即在考虑未被想到的东西时，除了要考虑自己写作的语言外，还要考虑别人写作的语言。

这就涉及最大的压力，也即再命名的压力。别人宣称拥有主权的事物，你要夺取过来，或要分享，是非常困难的。再命名的压力，在某一程度上，也即题材的压力。举“登高”的题材为例，陈子昂的《登幽州台歌》一出，诗歌的疆土便被他夺去一大片。这里，题材也是有传统的，也经过漫长的积累。陈子昂以强大的力量夺取以往的积累，建立牢固的形象，构成巨大的压力。王之涣带着《登鹳雀楼》来抢占地盘，构成另一个压力。陈子昂的主题被时间笼罩，并且是悲观的（独怆然而涕下）；王之涣的主题被空间笼罩，并且是乐观的（更上一层楼）。

杜甫挟着《登高》和《登岳阳楼》，以更强大的力量和恣态，使“登高”题材形成定局。他既包揽了陈子昂的时间和王之涣的空间，又注入个人身世和家国情怀。时与空，历史与现实互相交错和浸透。陈子昂和王之涣用的都是单镜头，一个静止的远景。杜甫则用上远景、近景、特写镜头，并且不断移动转换，使得两首诗都写得丰富而复杂。

形成定局之后，便意味着这个题材给写尽了，衰竭了。后来者任何同类题材的作品，其重要性便逐渐缩小，以至变得毫无意义和毫无必要。

命名的压力，是横的压力。还有一种纵的压力，也即一个个前辈诗人挟着他们各自的横的压力，对后辈诗人构成的层层叠叠的纵的压力。

仅就杜甫的前辈而言，屈原集他以前的传统于一身，成为第一位大诗人；陶潜集他之前的传统于一身，成为另一位大诗人。而陶潜之所以还有机会，是因为他与屈原完全不一样：一个入世，一个出世；一个强烈，一个淡定；王维是第三个大诗人，他之所以还有机会，是因为他发展了山水诗；李白是第四个大诗人，他之所以还有机会，是因为他跟屈、陶、王都不一样：他是天才。接着杜甫出现了，他的机会建立在他之前的诗人的机会上：他是集大成者。集大成者出现之后，诗人开始变小，他们开始做那位集大成者在某个方面做得不够，或已做够但他们仍可以做得更多的事情：白居易之所以还有机会，是因为他往“白”里写；李贺和李商隐之所以还有机会，是因为他们往晦涩里写。

当一切题材被写尽了，大诗人也出尽了，诗歌便开始枯竭，由词来接棒。苏东坡之所以还有机会，是因为他已不完全是大诗人：他是集诗、词、散文于一身的大作家。写作出现质的变化。这位大作家之后的作家，又开始变小。至元明清，诗衰竭，词也开始衰竭，诗人变成打杂。戏曲、散文尤其是小说大盛，更重要的是小说使用新的语言：白话文。白话文运动则正式宣告古典汉语写作终结，因为它已衰竭。这不是一厢情愿的运动，而是一种必然的结果。证据是：白话文不是临时发明出来的，而是孕育在古典汉语衰竭的母体中。

那么，集大成者的底线在哪里？也即，我们如何知道某个人是集大成者？难道他之后，例如杜甫之后，不会出现另一个更大的集大成者吗？答案是：如果这位诗人代表了整个民族精神，他就是集大成者。杜甫代表了中国民族精神。我们不能说屈原、陶潜、王维、李白、白居易、苏东坡等人代表中国民族精神，他们都只代表了中国民族精神的某一方面。集大成者的伟大，是要经过一段时间，甚至经过一段漫长时间才会被发现的，因为民族精神是一种很庞大的氛围，整个民族精神不一定可以在一个时代中全部被看到。生活在太平盛世的读者，不大可能完全理解杜甫，只有经过艰难时世，尤其是战争和丧乱，才会更充分地理解杜甫。杜甫的伟大，是通过历代的无数灾难来证明的。而李白的伟大，是任何时代的人一看就看得到的。从读者的角度也可证实这点。一个读者在十七岁读李白，跟在七十岁读李白，基本上不会有什么不同。但一个读者在十七岁读杜甫，跟在三十七岁读杜甫，可能就已有天壤之别。顺便一提，中国读者历来有“李杜之争”，也即到底李白更伟大还是杜甫更伟大。这种争论将永远持续下去：既然民族精神不一定可以在一个时代中全部被看到，那么一个民族诗人之伟大不能被一个时代中的某些读者以至大多数读者全部看到，又何足为怪——杜甫的时代，就看不到杜甫的伟大。或许我们可以把李白称为“伟”，把杜甫称为“大”：伟代表高，大代表宽。李白是塔，杜甫是平原，当我们在那座塔的一定距离内，例如十米至一公里，我们会被那座塔所吸引，而看不到这一范围内的平原或看到但不当一回事。当我们与那座塔的距离越来越远，例如五公里、十公里，则我们将越来越被平原的气势所吸引。

越是重要和伟大的诗人，其综合能力就越大，其覆盖面也就越广，但这并不意味着其魅力越大。因为，只有也具备同样综合鉴赏力和经验的读者，才有可能领略一位伟大诗人的全部魅力。在一般情况下，都是不同读者从不同角度看到一位伟大诗人的魅力，而某位优秀、杰出、重要的诗人，其综合能力虽然不及一位伟大诗人，但是他可能在某一方面成就特别突出，对读者来说别具魅力。综合能力越大的诗人，越是不断超越自己，其读者也必须不断超越自己。有的读者只局限于在某些诗人身上印证自己，他们可能一辈子珍爱李商隐或李贺、陶潜或王维，而不喜欢屈原或杜甫，但大部分读者可能都会喜欢李白并且不需要任何理由；有的读者可能从杜甫前前后后的诗人都喜欢过一遍，才发现杜甫伟大到何种程度；有的读者可能专爱那些次要诗人，但这并不意味着他们是次要读者，相反，他们有可能是极有品味的读者，或者说，他们通过发掘那些次要诗人的优点，来展示甚至炫耀自己的品味。

代表民族精神的集大成者诗人，不是其他不同精神风貌和风格的诗人之总和，而是比他们加起来还多。我们甚至可以说，杜甫比他前前后后的所有诗人加起来还多，就像莎士比亚比他前前后后的作家加起来还多。但可能也有几位诗人加起来才构成民族精神的例子。惠特曼仍不能代表美国民族精神，他是阳刚和开放的；还得加上狄金森，这位阴柔而内敛的女诗人；这还不够：还得加上美国精神的一个重要组成部分——新英格兰的代表诗人弗洛斯特，才算圆满。由于这种“三位一体”，美国就不一定还会出现一位集大成者。

概括地说，在出现一位重要诗人之前，总有很多次要诗人为其铺路；在出现一位大诗人之前，总有很多重要诗人为其铺路；在出现一位集大成诗人之前，总有几位大诗人为其铺路（李白之于杜甫，可能比李白以前所有诗人加起来还重要，他是杜甫的小前辈，也是杜甫最景仰的诗人，构成最大而又最恰到好处的压力）。集大成诗人出现之后，后来者开始从大诗人逐渐缩小至重要诗人，再缩小至次要诗人。他们都是有意义的诗人。次要诗人之后，诗歌和诗人的意义便开始递减。元明清诗歌便没有多大意义，近代至现在的所谓旧诗词便完全没有意义——唯一的意义是维持和深化对古典诗歌的研究和欣赏。

有意义的诗歌出现，压力也随之出现，于是便有了次要诗人。有较大压力，便有较重要的诗人。有大压力，便有大诗人。大诗人产生更大压力，便可能产生更强有力的大诗人，最后出现集大成诗人。集大成诗人出现后，便开始把后辈诗人缩小以至压扁——即是说不可能再出现强有力的大诗人，诗歌便告衰竭——但不是语言衰竭。语言要等到该语言的所有体裁都创下高峰，再也开拓不出新体裁之后才告衰竭。

如果古典汉语诗歌是一个果实，则集大成者就是果实的完全成形，而他之前的传统，则是果实的形成，他之后的传统，则是果实的逐渐熟透。然后果实落地，其种籽重新生长——这就是白话文，它来自那个果实之核。

二

现代汉语及其前身白话文为汉语的新生创造了一个机会。现代汉语诗人获得了用现代汉语诗歌重新命名世间事物的机会。

现代汉语不等于白话文，它是白话文与汉语译文（汉译）的混杂。汉译不等于汉语，也不等于原著，也不是两者的混杂。汉译就是汉译，一个独立体。

在重新命名的最初，或者说在汉语再生的最初，新诗（白话文诗）依然挣扎在旧诗的烂果实中。新诗刚冒头，西方现代诗歌就立即介入其写作过程。但西方现代诗歌的介入，也同样挣扎在那个烂果实中：最初的译诗用的是文言，然后是生涩的白话文，然后是较成熟的现代汉语。汉译的成长，与新诗的成长几乎同步，以致无法分清是汉译推动新诗，还是新诗和新文学推动汉译。较大的可能是相辅相成，相得益彰。较成熟的现代汉语诗歌，产生于二三十年代，汉译亦然。现代汉语在五十年代基本上规范化，这也正是汉译进入全面成熟的时候。可惜，进入五十年代，现代汉语诗歌因政治干扰而在大陆枯萎。在台湾和香港继续发展的现代诗歌，则发生复杂的变化，例如台湾现代诗和香港本土诗，它们也都是西方现代诗歌传统影响下的产物，但其结果却很不一样。尤其是香港本土诗，需要另一篇文章探讨。

由于生长在汉语古典诗歌的烂果实中，新诗必须长到一定的高度，才有可能摆脱原来的果壳的制约。这个时候，西方现代诗歌便成为催促新诗成长的营养。由于现代汉语的意义在于重新命名，故在新诗及后来的现代汉语诗歌发展过程中，诗人使用的语言越是靠近汉语古典诗歌的语言或文言，就越是无法获得重新命名的力量，成就也越低。所有著名的新诗或现代诗人，都是受西方现代诗歌影响。其中最杰出的穆旦，是最不受汉语古典诗歌影响的，又是最重要的西方诗歌汉译者。

这次重新命名，已不是题材的压力那么简单。这次重新命名是重新书写，也就是说，这次重新命名浸透每一个单词、每一个意象、每一个节奏、每一个句法。不仅如此，重新命名的机制要变得愈来愈严密，重新命名才会愈来愈有意义。譬如说，如果我们用现代汉语把上面列举的“登高”题材诗重写或翻译一次，它们将变得毫无意义。那几首古典的“登高”题材诗，是在一个严密的命名机制中产生的，其中包括古典汉语的修辞和格律。脱离那个命名机制或系统，它们就变成坏诗。当命名机制严密起来，题材才开始变得重要，题材的压力才开始加强。现代汉语的命名机制正处于形成中，仍未严密起来。用现代汉语重写或翻译“登高”题材诗，等于退回到陈子昂之前最早的“登高”题材诗的水准，甚至更低。

西方现代诗歌汉译对中国诗人的吸引力之所以这么大，原因在于现代汉语命名机制是借助汉译尤其是汉译中所移植的西方语法和西方感性建立起来的；西方现代诗歌的当代日常意象，更是生活在日益城市化的环境中之现代汉语诗人要借鉴的。这就是为什么，与古典汉语诗歌的现代汉语译文味同嚼蜡的情况相反，有一定水准的西方现代诗歌汉译，其质量往往比现代汉语诗人有一定水准的作品更好。值得注意的是，西方现代诗歌汉译有很多译得很不好，其中一个重要原因恰恰是译者把现代汉语当成白话文与古典汉语的混合体，而不明白现代汉语的本质乃是白话文与汉译的混合体。

由于命名机制的不同，古典汉语诗歌对现代汉语诗人实际上不构成压力，倒是西方现代诗歌汉译对现代汉语诗人构成一定的压力。古典汉语诗歌对现代汉语诗人构成的，实际上是阴影：一个真正的阴影。古典汉语诗歌是一个完整的诗歌宝库，一个严密的命名机制。它的所有妙处现代汉语诗人即使都能体会到，却仍然与他们要做的事情没有关系。他们的写作不承受它的压力，却无时无刻不活在它的阴影下。这个阴影是重要的，因为它构成一种“影子挑战”，不是挑战他们像它那么写，而是挑战他们写得像它那么好。它是一条长河，要求他们所写的东西也是一条长河，与它构成平行关系。这个阴影在某种程度上是具威胁性的，因为古典汉语诗歌抢去了绝大部分汉语诗歌读者。它不仅挑战现代汉语诗歌写得像它那么好，还挑战现代汉语诗歌平分它的读者。

至于西方现代诗歌，它也是一个阴影：一个虚构或想像的阴影。它也是一个完整的诗歌宝库，一个严密的命名机制。可是，它的妙处他们基本上不能体会得到。他们体会到的是西方现代诗歌汉译，并承受它相应的压力。这个阴影根据他们各自不同的虚构和想像而扭曲和变化。首先，他们要想像原文好到什么程度；其次，他们要想像某些他们所喜欢的西方诗人好到什么程度；第三，他们要想像整个西方诗歌的面貌圆满到什么程度。

关于第一点，就我所能直接阅读的英语诗歌而言，英语诗人做得最好的时候，就像汉语古典诗人那么好。这方面的例子，我已在一篇评论多多的文章中有所阐述。最好的西方诗歌之于现代汉语诗人，就像最好的古典汉语诗歌之于西方诗人。即是说，在遇到最好的作品时，译文跟原文相差可能好几倍。拿一个两端尖细、中间隆起的果核作比喻，上端尖细部分表示某一语言之独特性发挥到极致，下端代表一般，中间代表具有较大普遍性的优质。就某一语言的全部诗歌而言，翻译中可较好地发挥的部分，是中间隆起的部分（具有较大普遍性的，如白居易的作品），上端尖细部分丧失最多（把该语言独特性发挥到极致的，例如李白和杜甫的作品），下端尖细部分也许没必要翻译（例如元明清诗）；就某一诗人例如杜甫的全部作品而言，翻译中可较好地发挥的部分，也是中间隆起的部分（具有较大普遍性的，例如“三吏”和“三别”），上端尖细部分丧失最多（把汉语独特性发挥到极致的，例如那两首“登高”诗），下端尖细部分（也即一些次要作品）仍值得翻译，因为他是大诗人；就某一首诗而言，翻译中可较好地发挥的部分，也是中间隆起的部分，上端尖细部分丧失最多（把汉语独特性发挥到极致的，例如“吴楚东南拆，乾坤日夜浮”、“无边落木萧萧下，不尽长江滚滚来”），下端尖细部分却不能马虎翻译。由此可见，在译文中，那个果核已大大变形。

关于第二点，相信它已不是虚构或想像的阴影那么简单，而是很多现代汉语诗人焦虑的主要来源。且不说这虚构或想像的基础——也即汉译——的质量，仅就汉译数量而言，就已十分薄弱。就据说影响当代中国诗人颇深的英语诗人奥登而言，他的全部作品，被译成汉语的恐怕只有百分之一。汉译中的奥登，是一个擅写工业社会、思想激进、技巧现代的诗人，但从奥登全部作品看，他其实是一个擅写历史题材、有保守倾向的古典主义者。再如近年来，伊丽莎白·毕晓普成为不少当代中国诗人倾心的诗人，但是毕晓普的汉译加起来可能不足十首。大体上，除了九十年代以前获得诺贝尔文学奖的西方现代诗人都有那么一本半本的汉译外，绝大部分西方现代诗人的汉译都不超过他们全部作品的十分之一，更精确地说，其中很多仅有十五分之一至二十分之一的汉译。

关于第三点，与第二点有密切关系，也即众多西方现代诗歌汉译的极端不足，必造成想像中的西方现代诗歌面貌的大面积缺损。这只是就已有或多或少汉译的西方现代诗人而言。还有很多重要的西方现代诗人完全没有汉译。

西方现代诗歌对汉语现代诗人造成的虚构或想像的阴影之种种扭曲，会给他们带来两个后果：一是过分夸大它，二是过分缩小它——就像一面哈哈镜。夸大不一定是坏事，它最多造成焦虑，尽管焦虑实际上是一件坏事，尤其是如果焦虑变成一种写作氛围的话——不幸的是，汉语诗界目前恰恰陷入一个氛围性的焦虑；不必担忧的是，焦虑终有一天会消除减缓。我说夸大不是坏事，主要是指，如果你把一个大诗人再夸大，对你不会有什么损失。

缩小就麻烦了，因为它恰恰是使你把一个大诗人缩成小诗人，把一个大传统缩成小传统。话说回来，对于正处于成长最初阶段的现代汉语诗人来说，缩小又有其好处。举例说，现代汉语诗人知道奥登是大诗人，但是，由于奥登的汉译仅占他全部作品的百分之一，再扣除汉译中的损失（奥登在汉译中的损失是很大的），现代汉语诗人会说：我们可以写得比他好。这样，竞争的愿望立即强烈起来：竞争来自于某种旗鼓相当的状况，如果对手太大或太小，就谈不上竞争。但是，长远而言，缩小又是有害的。这主要表现在，奥登在英语中是一位大诗人，现代汉语诗人从各种资料也知道奥登是英语大诗人，但在汉译中奥登其实是小诗人而已，而现代汉语诗人通过这个小诗人来想像甚至认定他就是大诗人。推而广之，对整个西方现代诗歌也作如此想像和认定。这种害处现在已经开始明显起来了，尤其是表现在现代汉语诗歌从题材到形式的极端狭窄化。表现在心态上，便是自满。自满就会裹足不前，而这既关系到一位现代汉语诗人的成长，又关系到整个现代汉语诗歌的发展。

这种自满的害处，是把“什么是诗”和“什么是好诗”的概念缩小。尤其是眼下的现代汉语诗歌写作，已去到了最好的诗与最坏的诗之间界线模糊的地步。而这个趋势，与回到“诗自身”的语言化写作有密切关系，这种语言化写作已恶化至语言自我繁殖和自我复制的程度。表现在诗人与读者的关系上，就是晦涩的问题。这是一种不合理和没道理的晦涩，甚至恶化到诗人不仅把晦涩当成“诗”，而且把不合理和没道理的晦涩当成“好诗”的地步。而晦涩的问题，又与汉译丧失了西方现代诗歌中发挥语言极致的部分和音乐部分有关。想像力没有根据，语言没有制约，必然带来游戏没有规则的现象。事实上，眼下的汉语诗歌写作已经进入一个我们在中外文学史上屡见不鲜的雕饰、浮夸、堆砌、混乱、拉杂、腐败的阶段。还有一种反语言化的写作，只用简单的语言，来复制和抄写日常生活，变得罗嗦和琐碎。这种两股力量对立和争吵的局面，乃是“什么是诗”和“什么是好诗”的概念缩小到极致的结果。这个局面同样不必担忧：文学史告诉我们，一种准确、清晰、坚硬、实在、丰富、深刻的写作将应运而生，纠正一切偏移。这种纠正，将是多样化的。首先，是由语言化诗人和反语言化诗人自己演变和改进，前者可能会着重于准确、清楚和坚硬，后者可能会着重于实在、丰富和深刻；其次，是由新一代诗人来支持；第三，是由另一批不介入目前的对立、也不是采取中立或折衷，而是容纳比两股对立力量更多的要素的诗人来发展和推进。

三

如果现代汉语诗人从共时性的角度看待自己与西方现代诗人的关系，则他们将彻底绝望；但是，如果他们从历时性的角度看待自己与西方现代诗人的关系，则他们将怀着希望甚至充满希望。

这也是一个长期以来困扰现代汉语诗人的问题，也即面对西方现代诗歌所形成的强大障碍，现代汉语诗人有机会突破吗？答案是：机会很大。那个障碍事实上不是障碍，至少不是强大的。从历时性的角度看，现代汉语诗人根本不是“面对”西方现代诗歌，他们不仅是在与西方现代诗人不同的空间里生活，而且是在与西方现代诗人不同的时间里写作。现代汉语诗人与西方现代诗人正处于相反的进程中，也即现代汉语诗歌正处于果实的开始形成期，而西方现代诗歌则已过了果实的成形期，进入果实熟透期。但麻烦在于，现代汉语诗人是从同时性看问题的，他们把自己置于与西方现代诗人的同步发展中，并因此而焦虑。

如果从共时性的角度看待与西方现代诗歌的关系，则不要说西方现代诗歌大师辈出，仅仅是现代汉语诗人作为主要营养的汉译，与尤其是我所知道的英译相比，也立即相形见绌。随便举若干例子：本世纪有五十多个《神曲》英译本，而中译大概不超过五个；有十多个意大利诗人蒙塔莱的英译本，包括多个的单行本全译，而中译只有一个；有数十个德国诗人里尔克的英译本，包括多个的单行本全译，而中译不超过五个；有数十个聂鲁达的英译本，包括多个的单行本全译，而中译也不超过十个。当然，我们可以寄望，译本数量的问题将随着时间的推移而逐渐解决，尽管译本的质量未必相应提高。

西方每一个重要语系的诗歌，大致也都经历过或正在经过古典汉语诗歌从果实形成到成形到熟透的过程，尽管内部构造可能有很大不同。例如希腊语是先出现在荷马身上达到顶峰的史诗，然后是从阿尔基洛科斯（Archilochus）到巴克基利得斯（Bacchylides）的抒情诗，然后是戏剧和散文。由于西方各大语系诗歌的主要来源都是古希腊和古罗马诗歌，故从宏观角度看，尤其是从中国人的角度看，整个西方诗歌可视为一个大综合体，一个大传统——事实上西方人自己也如此看。

按理说，继但丁和莎士比亚之后，西方诗歌应该衰竭了，浪漫主义原应成为西方诗歌的最后挽歌。事实则是，浪漫主义并不是那个早已完全成形的果实的熟透，反而是果实某些部位的重新凸出。这些凸位，就诗人而言，是由歌德、华兹华斯、莱奥帕尔迪、普希金、密茨凯维支、惠特曼等大诗人形成的；就这些大诗人的诗歌作品而言，则是包含明显的现代性，为现代主义的蓬勃发展埋下伏笔——即是说，浪漫主义上承古典主义，下启现代主义。接着，现代主义高峰迭起，大师辈出，把果实各个凸位之间的凹位填补起来，直到当前的后现代主义才宣告果实的熟透，或看上去像熟透。

这些“额外”凸位的秘密，在于近代各语言之间包括翻译在内的文化交流的频繁，尤其是诗人掌握双语或多语。在歌德、普希金这些母语诗歌传统压力不大的诗人身上，掌握双语或多语主要作用于铸造大诗人，形成大压力；在其母语诗歌传统已形成巨大压力（也即果实已完全成形并开始熟透）的现代主义诗歌大师身上，掌握双语或多语（而他们几乎全都掌握双语或多语）主要作用于躲避母语诗歌传统的巨大压力，向其他语言的诗歌传统吸取能量。当翻译和双语或多语被炒了一遍之后，西方现代诗歌再难有发展，后现代主义连最后的挽歌都够不上。当代西方诗歌在现今几位上了年纪的重要诗人或大诗人之后，已不成气候。即使是现今几位重要诗人，也都是来自主流以外的，例如米沃什来自波兰，三年前逝世的布罗茨基来自俄罗斯，希尼来自爱尔兰，沃尔科特来自西印度群岛，莱斯·默雷（LesMurray）来自澳洲，他们又恰恰都是既有能力继承传统又有机会挣脱传统压力的诗人。五十岁以下的当代西方诗人基本上成为打杂，这已不是什么影响的焦虑。阿什伯利之后，也许只剩下焦虑的影响。

从历时性的角度看，现代汉语诗人的机遇，一方面在于西方现代诗歌处于无可挽回的衰竭期，另一方面在于现代汉语和现代汉语诗歌处于有着无可逆转的前景的最初形成期；西方现代诗人都在逃避压力，而汉语现代诗人都在寻找压力。再打个比方，西方诗歌是一个倒金字塔，西方现代诗歌已去到倒金字塔的尖端；而现代汉语诗歌是一个正金字塔，刚处于基础建设阶段。可是，现代汉语诗歌的各种问题和困境，恰恰发生在倒金字塔尖端与正金字塔基础构成的共时性尖锐冲突中——即是说，发生在现代汉语诗人把自己置于与西方现代诗人的同步发展中。推而广之，现代中西文化的各种冲突，也源于此。当前现代汉语诗歌的狭窄，源于它承接西方现代诗歌的主流——在倒金字塔的意义上说，也即末流，犹如一个少年的身躯，装着一个蹒跚的老人的灵魂。举一个明显的例子，冷漠是西方现代诗歌的基调，也是西方诗歌发展到极致的结果，这个基调也被现代汉语诗人继承过来，而现代汉语诗人应有的热情和活力——或更准确地说，热力——却没有在现代汉语诗歌中得到适当的表现。当前整个现代汉语的写作，也是如此。

解决这个冲突，有很多途径，包括从古典汉语诗歌也即我们自己真实的传统阴影借鉴，例如古典汉语诗歌中浓厚的人情味；也可以从西方古典诗歌借鉴，也即从那个倒金字塔的尖端回溯，至少从现代主义开始回溯，寻找西方诗歌的源头，至少要回溯到形成现代主义诗歌的源头——而大部分现代主义诗人的源头恰恰是古典诗歌，包括中国古典诗歌；又可以借鉴西方和中国古典诗歌传统的形式，形式可带来限制，可增加压力，防止现代汉语诗歌出现无序和混乱局面。

在解决了这个冲突，或者更准确地说，在看清了这个问题之后，现代汉语诗人的机遇将不劳而获了吗？答案是否定的。他们还要作出很多努力和迎接很多挑战。

前面说过，西方现代诗歌汉译才是现代汉语诗人的真正压力，西方现代诗歌和汉语古典诗歌这两大传统只分别代表着现代汉语诗人的虚构或想像的阴影和真正的阴影。但是，西方现代诗歌汉译由于种种缺陷和不足，其所构成的压力还不够大。这种压力不够，有其好处：如果西方现代诗歌汉译在质量和数量上都十分充足，则压力会太大，大得使现代汉语诗人抬不起头来，就像一株秧苗被下了太多的化肥，会被窒息而死；话说回来，如果这株秧苗长到一定的程度而没有得到适当的化肥，则它将营养不良以至枯萎，而现在已面临营养不良的局面——这牵涉到另一个不在本文讨论范围内的复杂问题，也即汉译的技术、美学和取向的问题。

虚构或想像的阴影之扭曲与变形，尤其是把西方现代诗歌的成就狭窄化，把西方现代诗人的成就狭窄化，必然反过来限制现代汉语诗歌和诗人的发展；西方现代诗歌汉译造成的压力范围太小太窄，则可能把现代汉语诗歌推入死胡同。这个时候，借鉴那个真正的阴影也即古典汉语诗歌就变得十分重要，也即立志写出一条与古典汉语诗歌长河平行的现代汉语诗歌长河。但这里可能有一个困难需要克服：古典汉语诗歌由于太庞大、太严密，其吸引力大得超过借鉴所能允许的，阴影变成黑洞，现代汉语诗人接触它，极有可能因为这种黑洞式的吸引力而丧失自身的创造力。读古典汉语诗歌，很容易失去创作的欲望，它很容易把一位作为诗人的读者变成一位不想写诗的欣赏者和研究者。鲁迅就说过，看外国的东西，就想做点事，看中国古书，就变得疏懒。另一方面，在借鉴古典汉语诗歌的时候，又必须避免陷入古典汉语的命名机制。

如果仅靠白话文的自然发展，则“新诗”的生长将十分缓慢，就像一个果实的自然形成那么缓慢；有了汉译与白话文综合体的现代汉语，现代汉语诗歌得以形成，把“新诗”推上更高层次；有了西方现代诗歌汉译的压力，现代汉语诗歌的发展得以加速，就像果实因催化剂的作用和各种现代除虫药的护理而加速生长；还有另一种催化剂，就是掌握双语或多语的现代汉语诗人，可以直接得益于西方现代诗歌传统的阴影的庇荫，即是说，那个阴影并非虚构或想像的阴影，而是真正的阴影，就像汉语古典诗歌传统的阴影。

掌握双语或多语的现代汉语诗人，在进入西方诗歌的阴影的同时，又可承受它一定的压力，而进入及承受的程度，则视乎他们掌握西方语言的深浅而定。为什么是阴影？因为他们不是用他们所掌握的一门或多门西方语言写作，而是用汉语写作；为什么有一定的压力？因为西方语言是现代汉语命名机制的原型，至少是原型的主体。这也意味着，掌握双语或多语的现代汉语诗人，与不掌握任何西方语言的现代汉语诗人相比，多了一重压力。对于不掌握西方语言的诗人来说，由于西方诗歌是用现代汉语翻译的，并且只能是用现代汉语翻译的（如用古典汉语翻译就跌入那个烂果中），因此，所有西方诗歌汉译，不论其原文是古典还是现代的，在某种意义上都变成西方现代诗歌汉译，至少是变成现代汉译西方诗歌；但是，对于掌握西方语言的诗人，他们却可以较清楚地分辨出西方诗歌从古典到现代的源流。同样地，相对于不掌握西方语言的诗人，掌握西方语言的诗人可更清楚地分辨西方诗歌的各语系及同一语系内各地区或民族的细微差别。不掌握西方语言的现代汉语诗人，则要随着汉译的逐渐完善（这是另一个自然形成的果实），才可进入一个比较完整的尽管仍然是虚构的阴影，但就一位目前已有一定成就的三四十岁的现代汉语诗人而言，他可能要等到七八十岁才见到那个比较完整的阴影。

这并不意味着，掌握双语或多语的现代汉语诗人，就优胜于不掌握双语或多语的现代汉语诗人，只能说多了优胜的机会而已。因为，在拥有条件之外，还得靠个人才能。一位掌握双语或多语的现代汉语诗人，对西方现代诗歌的消化能力，可能远远不及一位完全不掌握双语或多语的现代汉语诗人。所谓“多了优胜的机会”，是假设掌握双语或多语的现代汉语诗人的才能发挥到极致，尤其是假设他们充分利用他们可以利用的丰富营养源，例如充分地阅读和消化他们所倾心的某一语言的全部诗歌和某一诗人的全部作品。事实上，一些掌握双语的现代汉语诗人，由于才能不够或才能无法发挥到极致，连进入优秀现代汉语诗人行列的资格都尚未具备，根本就顾不上也不需要从外语诗歌获取营养。

也许，掌握双语或多语的现代汉语诗人最大的好处，是有机会逃离当代语境——西方现代诗人恰恰是通过掌握双语或多语，来避开传统的巨大压力和逃离当代语境。由于现代汉语写作以至现代汉译已形成一种氛围性的焦虑，逃离当代语境的氛围性焦虑，不但对个体的现代汉语诗人十分重要，也给整体的现代汉语诗歌带来纾缓作用以至活化作用。因此，这个好处实际上不局限于掌握双语或多语的个体诗人，而属于整体的现代汉语诗歌。换句话说，掌握双语或多语的现代汉语诗人越多，对催促现代汉语诗歌生长就越有利。

四

不管是掌握或不掌握外语的现代汉语诗人，都还要面临三个方面的竞争。第一个方面，是西方现代诗歌主流尽管已变成末流，但西方主流语言的殖民地和边缘分布区诗人，仍有可能拖长西方现代诗歌的熟透期，事实上目前的西方现代诗歌，主要靠这些诗人在维持，例如就英语而言，就有来自西印度群岛的沃尔科特、来自爱尔兰的希尼和来自澳洲的默雷，但谁也不能预测什么时候新西兰或印度或别的什么地方又跳出一位英语大诗人；第二个方面是非西方国家的诗人，例如巴勒斯坦或以色列或中亚某国突然跳出一位大诗人，事实上巴勒斯坦的达尔维什和以色列的阿米亥就是很杰出的诗人；第三个方面，是现代汉语小说家的竞争。首先，现代汉语小说语言与古典白话文小说之间的关系，要比现代汉语诗歌与古典汉语诗歌的关系密切得多，即是说，两者之间具有一种延续关系，而不是断裂关系，这是因为古典白语文小说是在古典汉语诗歌衰竭之际兴起的；其次，文学体裁重心转移，小说拥有更多读者；更重要的是，由于小说语言可译性高，西方小说在汉译中基本上保存原貌，加上每位西方小说大师的作品都翻译得比较充足，西方小说传统的阴影实际上也就接近于真正的阴影。话说回来，这种充足，也构成现代汉语小说家可能无法承受的压力，带来更大的氛围性焦虑。实际上，现代汉语小说的冷漠基调，比之现代汉语诗歌，有过之而无不及。

由于现代汉语诗歌仍处于开始形成阶段，故诗人都以独当一面的方式示人，并且这种独当一面，是以抢占风格而不是抢占题材的方式实现的。一百年来，包括新诗在内的整个现代汉语诗歌，都还没有出现一位大诗人，这完全符合现代汉语和现代汉语诗歌的发展脉络。如果在这么短的时间产生一位大诗人，那是不可想像的。甚至用“如果产生一位大诗人”这种假设，都显得太过分和夸张。现在所谓的“大诗人”和“重要诗人”，其实是“名诗人”。每一个发展阶段都有名诗人，每一种语言和每一个地方都有其名诗人，“名”不一定与质量有关。一百年来的汉语诗人，成就突出者，都只是优秀诗人，其中最突出者，可称为杰出诗人。不管是名诗人、“大诗人”或“重要诗人”，其“名”、其“大”、其“重要”，都会随着现代汉语诗歌的“质量诗人”的壮大而逐渐缩小。这也是个人才能左右传统（现代汉语诗歌传统）较激烈的时期：由于每个阶段或时代都有其名诗人、“大诗人”或“重要诗人”，故前一个阶段或时代的名诗人、“大诗人”或“重要诗人”，都将不可避免地被后一个阶段或时代的名诗人、“大诗人”或“重要诗人”缩小以至覆盖。个人才能左右传统最激烈的时候，是真正的大诗人和真正的重要诗人出现的时候：真正的大诗人和重要诗人一旦确立，整个诗歌传统的图谱就要重新排列，或者说重新洗牌。至于杰出诗人和优秀诗人，他们都是质量较高和产量较少的诗人，由于他们通常是天才型诗人，他们的作品通常是原创性的作品，故他们都经受得住时间的考验，他们的地位甚至会随着名诗人、“大诗人”或“重要诗人”的地位之缩小而逐渐凸显。诗歌传统主要是由这类“质量诗人”积累起来的。

杰出诗人和优秀诗人的地位不会缩小，反而会随着他们继续创作尤其是创作质量的保持和数量的增加而扩大。即是说，优秀诗人有可能升为杰出诗人，杰出诗人有可能升为大诗人。这里要补充一下，优秀诗人可分为两种，一种是单一风格的，如果他停止写作，他仍然是优秀诗人，如果他继续写作，他可能成为杰出诗人；一种是多线发展的，他可能就是大诗人、重要诗人的胚胎，如果他继续创作，他就可能成为大诗人或重要诗人。已停止创作的杰出诗人，尤其是停止创作的优秀诗人，其作品却可能会被遮蔽或被遗忘，同时又总会被一些有眼光的同辈或后辈诗人重新提起，其风格和成就也会被后辈诗人继承下去。

独当一面也意味着某种风格或语言技能的单一化。越是单一化，在诗歌传统形成初期，越是显得有个性，也就越是容易被分辨和被认同，也容易受注意。但是，过了一段时间，例如十年八年，他们便容易定型，而读者则开始去分辨和认同别的诗人，包括别的单一化的诗人。这就是为什么，隔那么十年八年，总会有些诗人逐渐淡出，另一些诗人逐渐冒起。如果一个诗人可以经受得起三个或三个以上的十年八年的考验，则意味着他的风格较不单一，他的语言技能较丰富，他也就较有希望成为杰出诗人、重要诗人和大诗人的候选人或潜在候选人。就目前而言，这位候选人可能就在杰出诗人、优秀诗人之中，更可能隐藏在这些杰出和优秀的诗人之中：他肯定也在优秀诗人行列，却可能还不是杰出诗人；他也可能已是杰出诗人，但其综合性成就仍不能全部被看到。另一种可能是，这位候选人根本还未出现。

如果按照但丁的说法，把人生视为一个拱门，一生定为七十岁，三十至四十岁处于拱门的拱形，而三十五岁处于顶点，则可以说，其成就主要建立三十五岁之前的作品之基础上的诗人，其“名”、其“重要”和其“大”，都不大可靠。但丁所谓的顶峰，并不是说一个诗人的创作达到顶峰，而是心智完全成熟，在这个顶峰上，一切都看清楚了，目标坚定了，接着就是去做，而做出的成果，总是大于甚至远远大于顶峰前的成果。由于每个诗人开始创作的年龄不一样，故不妨换一种更准确的说法：一位其成就主要建立在前十年至十五年的作品之基础上的诗人，无论他活得多久，其“名”、其“重要”和其“大”都不大可靠。

在某一语言的诗歌传统积累到一定程度之后，尤其是果实成形之后，名诗人、“大诗人”和“重要诗人”就有可能名符其实，即是说，名诗人也是真正的大诗人和重要诗人。到集大成者出现之后，再出现的名诗人、大诗人和重要诗人，就更加名符其实，这是因为命名机制已很严密，他们的成就“有目共睹”。但是，他们的意义却开始缩小和减弱。即是说，个人才能基本上无法左右传统，反而是受传统左右。在集大成者出现之前，次要诗人也是意义重大的，因为他们是在形成他们的诗歌传统；而在集大成者出现之后，尤其是在该语言的诗歌进入熟透期的时候，次要诗人的意义就不大，哪怕是重要诗人，其意义也可能不及集大成者出现之前的次要诗人，因为他们只是在维持他们的诗歌传统甚至是在催促他们的诗歌传统的果实落地。但是，他们对于另一个诗歌传统的诗人，例如某些重要的西方现代诗人对于现代汉语诗人，却意义重大，因为他们是从西方诗歌传统的巨大压力下站起来的，身上布满了西方诗歌传统命名机制的复杂线路，可以给现代汉语诗人种种指示或提示。

处于果实开始形成期的现代汉语诗歌，除了诗人以独当一面的方式示人之外，另一个特征是他们绝大部分不能在中年之后或创作十到十五年之后成功实现一次重大转变。而实现转变尤其是实现前后两期裂变，是大诗人的主要标志。杜甫的成就全部在三十岁之后；但丁原来就已是名诗人，但是他三十五岁开始创作的《神曲》，却把前期的但丁完全踩在脚下；叶芝中年以前已是一位杰出诗人，但是，由《责任》开始的后期叶芝同样把前期叶芝踩在脚下；奥登前后两期的转变主要表现在他的英国时期和美国时期，他甫抵达美国便写下《悼念叶芝》，跟着一变再变，以至于数十年来英美诗人还停留在只能消化他的前期作品和“中期”作品的阶段——也许可以把他在美国最初几年的创作称为“中期”；罗伯特·洛厄尔前期也是一流诗人，从《生活研究》开始，他也实现裂变，升为大诗人；沃尔科特中年以后写了诗集《星苹果王国》，其叙述才能在二十世纪无人可以匹敌。

杰出诗人和优秀诗人的作品及其质量是递进式的，到一定程度就上不去了。拉金是递进式的，没有前后两期的转变，他应是一位杰出诗人，但是，由于他在诗中把英语发挥到极致，故他也接近于大诗人。希尼也是递进式的，也没有明显的前后两期的转变，但他还是一个大诗人，主要是因为他的丰富性——大诗人的另一个标志。希尼的丰富性表现在形式和题材的不断变化，更重要的是，表现在他作为一位严格意义上的诗人批评家这个方面。他的评论集《舌头的管辖》使他成为完全意义上的诗人批评家，发展并在文体上拓宽了艾略特建立的诗人批评家传统。希尼的丰富性还表现在他的翻译上，最近又在翻译英语古诗《贝奥武夫》。阿什伯利也是递进式的，并且越写越多，又能保持质量，晚年还写长诗——大诗人的另一个标志。

现代汉语诗人不能实现前后两期转变，原因在于现代汉语诗歌传统积累小，薄弱得没有什么压力。而现代汉语诗歌迄今为止取得的成就，主要是借助现代汉语诗歌传统以外的压力，也即汉译的压力和掌握外语的诗人承受的西方诗歌的压力。新诗以来，包括大陆、台湾和香港的现代汉语诗人，都不断经历以至不断重复一种宿命：创作期短，或创造力不足。他们要么早夭、要么自杀、要么疯狂、要么放弃、要么停止、要么转行，表面上较不那么悲剧性但是实际上更具悲剧意味的是勉强拖延，尤其是复制自己的作品。前辈诗人形象不圆满，必然造成后辈诗人缺乏人格景仰对象和诗艺超越对象。事实上，当代大陆的现代汉语诗人，基本上是在“没有前辈”的情况下创作的。

也许我们要说，如果不是大陆发生各种政治运动，扼杀了像穆旦这样的杰出诗人，那么，我们现在可能已经有大诗人了；或者如果某些诗人不是早夭、自杀、疯狂、放弃、停止或转行，也许现代汉语诗歌的发展已经十分可观了。问题恰恰在于，这些中止或中断，是跟积累密切相关的。即使是政治运动，也是与更大范围的积累也即现代中国文化的积累密切相关的。大陆的政治运动，也是一种文化上的氛围性焦虑造成的。台湾不少很有成就的现代诗人，在没有政治运动的背景下创作，也仍然逃不脱中止和中断的宿命。值得注意的是，台湾若干诗人的创作没有中止或中断，并且还能够实现前后两期的转变，但是无论从西方现代诗歌传统的角度或从古典汉语诗歌传统的角度看，都还达不到严格意义上的大诗人，原因之一是台湾诗歌的语言，其本质乃是白语文与古典汉语的混合，而不是白话文与汉译的混合，即是说，台湾诗歌语言仍未（或没有，或不想）完全脱离古典汉语诗歌的命名机制。香港反而有较多诗人保持创作以至实现转变，他们建立另一种传统，发展一种本土诗——这是一个需要另外探讨的问题。

由于这些中止和中断，新诗以来一直没有出现一个圆满的诗人形象。所谓圆满的诗人形象，应包括：一，诗人写到生命最后一刻；二，作品越写越好；三、语言风格和题材多变；四，具备高度的人格修养；五，成为智者，或在一定程度上体现民族精神和时代精神。第五个元素一般来说已包含于前四个元素之中。

人格修养是建立圆满的诗人形象不可或缺的一环。新诗以来的诗人，大部分是人格修养与作品分离，即是说，处于创作最敏锐和旺盛时期，作品中没有体现人格力量，到停止写作、转行或进入拖延期创作之后，才开始意识到人格力量，而这已经是作为一个世俗的中国人的人格修养，而不是诗人的人格修养；还有一种是只有好作品，而没有人格修养；更糟的是，只有坏的人格修养，包括刻意抑制后辈诗人的成长和发展。

缺乏人格修养，可能与缺乏信仰有密切关系。沃尔科特在谈到当代美国诗歌时，指出诗人们缺乏更大的胸怀和理想，不敢用大写的“爱”和“同情”。这是一种全球化现象，也是西方诗歌的末流现象，同样也适合于形容现代汉语诗歌。值得注意的是，大陆、台湾、香港以至海外华人社会，都有很多诗人，在大陆尤其是有很多所谓的官方诗人，都具有较大的胸怀和理想，也敢大声说出“爱”与“同情”，他们都接受了西方现代主义以前的诗歌的营养，并拥抱真善美。但是，他们的作品却没有任何意义，原因何在？

也许可以用“工具—语言—工具”的模式来理解这个问题。这些“真善美”诗人的致命伤，在于他们未能掌握诗歌语言尤其是现代汉语诗歌语言的精妙，而把语言视为简单的工具。他们的目标也许是对的，但他们的手段却完全错了。举个简单的例子，一位从文革成长起来的诗人，其语言是毛语言，如果他仅仅靠这种语言来写诗，并抒发他的“真善美”，则他写出的作品，只能是毛语言的作品，这也是我们通常看到的浅薄的诗歌作品，它们根本不具备任何现代感受力，也没有任何现实意义。朦胧诗以降的现代汉语诗歌，主要是着重于恢复诗歌语言（在更大程度上说，也是现代汉语）的现代感受力，所谓的“朦胧”，事实上是源于毛语言与恢复现代感受力的现代汉语之间的巨大落差，也是毛语言阅读者和使用者对恢复现代感受力的现代汉语诗歌的看法和评价。注重语言自身和诗歌自身的写作，逐渐演变成目前的语言化写作，加上倒金字塔与正金字塔的尖锐冲突，导致当前的现代汉语诗歌陷入危机。眼下，现代汉语诗歌写作的唯一和必然的出路，是在语言化的基础上，重新把语言变成工具，使诗可以兴、可以观、可以群、可以怨，做到诗言志。由工具而语言而工具，完成一个圆，语言已不再是语言化的语言，工具已不再是工具化的工具。换句话说，语言化是一个必然和必要的过程，就像狭窄化最终会催生多样化。这个时候，诗人可以、应该、必须拥抱真善美；这个时候，诗人可以、应该、必须寻找中西诗歌的源头，继承、转化和开拓各种形式和题材；这个时候，诗人必须有勇气去面对和写尽世间万象、人间千姿、社会百态；这个时候，诗人将发现以往所掌握的语言技能，完全应付不了，破绽百出；也是这个时候，诗人需要重新铸造语言——准确的、清晰的、坚硬的、实在的、丰富的、深刻的语言，活生生的语言。

当现代汉语诗歌达到让古典汉语诗歌读者也感兴趣，或至少不敢轻视的时候，那么现代汉语诗歌的果实就差不多成形了，那个大诗人便也开始形成。即是说，一方面现代汉语诗人和现代汉语诗歌读者也会愿意阅读及吸纳古典汉语诗歌，把它当成血液的一部分；另一方面，古典汉语诗歌读者也会愿意阅读现代汉语诗歌，并把它当成他们血液的一部分。这并不是说，在两种读者之间取得这种平衡，就意味着现代汉语诗歌已经可以与古典汉语诗歌分庭抗礼了。——绝不。这种平衡的获得，主要有赖于现代汉语诗歌之现代感受力，与当代生活息息相关——这可从另一群读者得到印证，也即存在着一群不读辉煌的古典汉语诗歌而只读艰涩的现代汉语诗歌的读者，他们完全是被现代汉语诗歌的现代感受力和日常关注所吸引。

概言之，现代汉语诗人有两个阴影，一个压力。古典汉语诗歌传统阴影太浓，进入它，须同时提防它的黑洞式吸引力；西方现代诗歌传统阴影大面积缺损，要设法作适当填补；汉译是现代汉语诗人的主要压力，但这压力也还不够；此外，现代汉语诗歌传统积累的压力也同样不足。这些，都有赖于现代汉语诗人调动个人才能来解决。认清这些优势和局限，尤其是在这些优势和局限之间维持必要的张力，努力才不会白费、积累才会加强、竞争才有意义；还得认清现代汉语诗歌的主要活力，也即现代汉语诗歌命名机制的主体，在于白话文与现代汉译的混合，而不是白话文与古典汉语的混合；尤其要认清西方现代诗歌与现代汉语诗歌处于完全相反的进程中，现代汉语诗人毋须焦虑。

五

既然现代汉语诗人有着种种诱人的前景和艰难的挑战，那么他们的机会有多大，也即，就目前而言，他们有机会看到那个大诗人出现吗？他们自己是那个大诗人的潜在候选人吗？答案是：可能还要等二三十年，五六十年，以至一两百年。如果那个大诗人不能在近期出现，那么他们的努力是不是白费了？尤其是对一个现代汉语诗人来说，如果他注定要错过成为大诗人的机会，他是否应当觉得不甘心？

这需要通过回答为什么写作来理解这个问题。就现代汉语诗歌这个形成中的果实而言，或者用一个更有动感的说法，就现代汉语诗歌这条形成中的河流而言，它是客观的。大诗人小诗人对它来说，都只是它的流动的一部分。大诗人这个称号，只对诗人的肉体也即诗人的世俗身份有用，对它无用：它取走那诗歌，汇入并壮大那河流，遗弃那躯壳。那是现代汉语文明的河流，善的河流，没有它，就没有诗人，诗人通过它而确立自己的诗人身份。诗人取之于它，又用之于它；诗人的写作就是维持这条河的流动和壮大；诗人是诗歌这条河流赖以流动的媒介；诗人是由大大小小的其他诗人尤其是前辈诗人所创作的诗歌这条河流养大的，他只能通过延伸他们的写作，维持那条河流的继续流动来报答。在社会、历史和文化意义上，这条河流是整个民族的清洁者、灌溉者和航道，是一种善的力量，任何诗人贡献或大或小的个人力量，对它来说，意义都是一样重大的。没有小诗人就没有大诗人，没有次要诗人就没有重要诗人，两者互为条件，而集大成者则是汇合各种诗人的力量的部位。一个人从成为一个诗人那一刻起，他原来的灵魂就被诗神换掉，装上诗歌的灵魂，他的肉体可能发出抗议，于是诗神用“大诗人”之类的世俗名声来吸引和安抚他。很多诗人无法安份，不断索要原来的灵魂——表现在不断索要世俗名声，诗神不会太介意：它是客观的，它最终只抽取它要的那部分，也即诗歌，剩下的杂质会被毫不留情和毫不费力地淘汰掉。

当诗人意识到这条客观存在的河流，尤其是意识到无论他主观愿望是什么、抱负有多大，他都只是这条客观的河流的一部分的时候，他写作的理由可能会更清晰和更可靠。另一方面，鉴于大诗人尤其是集大成者的成就通常不能被他的时代全部看到，就世俗功名而言，大诗人这个称号尽管人人向往，大诗人的代价却未必是人人愿意付出的，大诗人的考验也未必是人人经受得起的。他很可能要死后甚至死后很久很久，才被发现是大诗人。如果让所有诗人集合在一起，然后让他们在一位其成就丰富得不能被其时代全部看到的大诗人，与一位其不大的成就完全可以被其时代全部看到的名诗人之间作出选择，我敢打赌，选择后者的诗人肯定不会少于选择前者的诗人。

现代汉语诗歌的种种机遇，使它极有可能在下一个世纪大盛，甚至成为世界诗歌的重镇。但是，如果实际上的发展并非如此，现代汉语诗人又如何自处？这又得从更高的层次来理解这个问题。

前面说到，任何文学体裁，都会经历盛衰，又在其衰竭之前孕育另一个胚胎。古典汉语诗歌发展至唐代而盛极，而正是在这个时候，散文已初具规模；宋代除了诗歌以词的形式继续其辉煌外，散文也大盛；而唐宋又孕育小说胚胎，至明清而大盛。当一切裁体都盛极炒尽了，作为其表现形式的语言便也衰竭。但在该语言衰竭之前，又孕育了新的语言，就汉语而言便是白话文。

由文学体裁的脱胎，而至语言的脱胎，而至一个文明的脱胎，是世界所有重要文明的规律。古希腊文学衰竭之后，被古罗马拉丁语文学承接下来，古希腊文学和古罗马文学又被欧洲各语系的文学承接下来——但丁

《神曲》中的领路人，恰恰是维吉尔，而《神曲》使用的又恰恰是意大利俗语。很多重要语言都有雅语与俗语、古语与现代语之分，犹如汉语的文言与白话。尤其值得中国诗人注意的是，翻新之后的现代希腊诗歌，仍然产生了像卡瓦菲斯、塞弗里斯、埃斯蒂斯和里索斯这些伟大或重要的现代诗人。

推而广之，不妨设想：地球上的所有文明，无非是上帝的一件杰作。在他看来，只有地球文明，而没有什么中华文明或印度文明、希腊文明或罗马文明、欧洲文明或美洲文明、西方文明或东方文明。上帝为了让文明之火不断燃烧，就会让它朝着森林资源丰富的方向推进。这便形成文明的走势。如果我们俯视地球，俯视人类，把文明视为走势图，用延续的角度来观察地球文明或人类文明的走势，就会发现：文明是此消彼长，此起彼伏的。文明的走势图也是善的力量的走势图，它不断在延伸。它不是某一个国家某一种族的文明，而是上帝传下的香火的文明。这柱火，往有“香”的地方走。烧尽时，就开始转移。这个千年，上帝的香火在西方烧得遮天蔽日；烧得差不多了，上帝又会找另外的香火之地。现代汉语诗歌是一块“应允之地”，当它发展到一定的程度，便会肩负起“传薪”的责任；当它茂密得把枝叶伸过防火线，谁也无法阻挡它把对面的火引过来。

当某一文明盛极，必有别的文明来取火，以便在该文明衰竭时在别处延续。此所以佛教从印度传入中国，中国佛教盛；中国四大发明，由西方承接香火，发挥光大；中国很多优良传统，被日本承接过去。西方文明传入中国，其中也许有上帝的深意，要让西方文明在中国延续和繁茂下去；西方现代诗歌传入中国，必有盛极的一天。

这也表明，文明也是客观的。中国固有文明的保护者，未必是中国人；西方文明固有的保护者，也未必是西方人；某一民族的诗歌传统的承继者和保护者，未必就是该民族的写作者和享用者。所以，最了解但丁的，不一定是意大利人，而是俄罗斯诗人曼德尔施塔姆；最能继承曼德尔施塔姆的，不一定是俄罗斯人，而是爱尔兰诗人希尼；最了解和最能继承奥登的，不一定是英国人和美国人，而是俄罗斯诗人布罗茨基和加勒比海诗人沃尔科特。所以在伦敦一次纪念曼德尔施塔姆的仪式上，希尼应邀诵读曼氏的作品；在纽约一次纪念奥登的仪式上，沃尔科特诵读他受命为该场合而写的《奥登颂》。而这两次活动都是布罗茨基发起的，他又是英语和俄语两大诗歌传统的承继人和兼蓄者。

这里不是在提倡世界主义，就像前面阐述现代汉语诗歌的优势和强调传统源流的重要性不等于提倡民族主义。现代汉语诗人既要有抱负，又要有胸怀。抱负就是要为个人争光和为汉语争光，因为他们毕竟是以个人的身份在创造汉语诗歌；胸怀就是把个人的努力视为汉语诗歌这一客观存在的善的力量的一部分，进而把汉语诗歌视为世界诗歌这一客观存在的善的力量的一部分。只有在个人与汉语诗歌、汉语诗歌与世界诗歌之间维持适当的张力和压力——也即一方面立志要成为一位大诗人，又在发现客观条件不允许的时候安于仅仅成为一位哪怕只有些许意义的诗人；另一方面立志要使现代汉语诗歌成为世界诗歌的重镇，又在发现条件不允许的时候守住本分，继续贡献哪怕只有些许的力量——才有可能把个人才能和汉语诗歌潜力发挥到极致。简言之，现代汉语诗人必须先使自己成为潜在候选人，再成为正式候选人，再成为“那个诗人”；要成为潜在候选人，就意味着要具备各种条件，打好一切基础，否则就会像没有森林资源而想引火一样不切实际。基础打好了，条件具备了，他们将气定神闲地看着世界走向他们，而不是像现在这样迫不及待地要走向世界。

一九九九年八月初稿

《0 档案》：词语集中营

张 柠

这是一个滋生经验的沼泽地

——本雅明

一

“朦胧诗”之后，许多诗人都走了。他们有的正在旅居，还没走远；有的去了遥远的地方，永远也不会回来。北岛正在地球上走来走去，护照是持照者的通行证。顾城走远了，带着黑夜给他的黑色的眼睛和黑色的心灵。最后，是年轻的海子，这位歌颂麦地、父亲和皇帝的诗人。剩下来的（此文不涉及更年轻一代诗人的情况），大多数都早早地进入了“词语沙龙”，在暖色的灯光下喝着咖啡，谈论着旅欧的见闻和国际笔会主席台上的座次（“某某没出席，但位子还留着”），还有英伦三岛的风光和拉斯维加斯夜生活的趣事，把玩着沙龙里温馨典雅的方块字，写一些纯诗，琢磨着几个关键词。与“词语沙龙”相对应的是“词语集中营”。在那个汉语词汇集中的营地里，充满了拥挤、碰撞、混乱、方言、粗口、格言、警句、争斗、检查、阴谋、告密、审讯、吵闹、暴力、酷刑，死亡的活力，杂乱的丰富，等等等等，一切不和谐的因素都在这里汇聚。这就是远在西南边陲的诗人于坚，在其长诗《0 档案》中所干的事。那真像是一个当代汉语词汇的清仓“订货会”。

《0档案》写于1992年，1994年刊于《大家》杂志的创刊号。开始，整个诗歌批评界有过一阵短暂的抽搐和骚动，旋即便沉默无语。此后，这首诗就像一份存放在布满尘埃的档案馆里的卷宗，一直没有“公布于世”的机会（到1999年2月才收入诗集《一枚穿过天空的钉子》，台湾唐山出版社），只有少数密探式的人物偶尔光顾它，对着它含混地嘀咕一两声，又悄悄地离开了。偶尔也看到一些关于这首诗的议论、对话，不是隔靴搔痒，就是站在诗歌的门外探头探脑地瞧热闹。

1996年，我请于坚把《0档案》寄给我，而他却寄来了一本奇怪的小册子：一摞跟明信片差不多的东西，十张硬纸板，外加一个硬纸封皮。海带绿颜色的封皮上印着四个繁体老宋字：戏剧车间。于坚在信中告诉我，“戏剧车间”是北京一位独立戏剧导演牟森的工作室名。原来，这本小册子是1994年北京演出由长诗《0档案》改编的小剧场实验剧时，发给观众的辅助读物，正面是彩色剧照（人、钢丝绞车、一根根竖着的钢筋上都穿插着一只苹果、鼓风机、电焊场面，等等），背面印着于坚的诗歌《0档案》的全文。

也就是说，于坚寄给我的不是诗歌《0档案》，而是小剧场实验剧《0档案》的一个部分、一个不算重要的细节：沉默的、静止的辅助读物。于坚好像要让我来将长诗《0档案》从那种带有超现实色彩的画面中剥离出来似的。可是，当时对于我来说，实验剧《0档案》的剧照非但不能拉近我与《0档案》诗歌文本的距离，反而增加了我与它之间的障碍。因为它既无法让我感受到实验剧演出现场那活的气氛、对话、动作这些至关重要的东西，又分散了我对词语本身的注意力。我试图找到94年第一次读长诗《0档案》时的那种尽管粗糙，却很直接的感觉。但由于这本绿色小册子的出现，我的“试图”事实上已经不可能了。小册子作为小剧场演出的一个有机部分，如今已离开了它的母体，像一块飞来的陨石突然来到了我的面前，它的元素中包含了各种词性的词汇、演员和动作。

当我们正视而不是回避障碍的时候，障碍就是道路。

为什么实验剧《0档案》会在我们与长诗《0档案》之间构成障碍呢？首先是因为我们先入为主地将实验剧看成是前卫的、探索的、先锋的。这种前卫性和探索性表现在它的“反戏剧”上。传统的戏剧所对应的是与故事和情节相关的“表演”（人们喜欢表演），实验剧所对应的是与词汇相关的“动作”（人们害怕动作）。故事情节可以是虚构的，词汇却是最根本的东西。当故事情节的“表演”走向升华的时候，它难免会变得越来越接近虚假化、意识形态化；而与词汇相关的“动作”，则是向最基本的“常识”靠近，向生命最真实的状态靠近。也就是说，由于人们遗忘了常识，接近常识的东西才成了前卫的、探索的，才成了“障碍”。迷恋“情节”而遗忘“动作”的人一时还难以适应。

与此相关的是构成障碍的第二个原因，即对“动词”的理解。动作对于实验剧来说是唯一的，或者说，实验剧就是对动词的呈现。动词不但要对付形容词，还要力图保护名词的纯洁性。名词与事物相对应，但它常常在命名的过程中成了占有欲、权力欲的工具，而形容词则通过修饰和限制来强化它。奇怪的是，人们一方面迷恋于动词，另一方面又那么害怕动词。人们迷恋的是在名词和形容词的掩护下的动词（为革命杀人，为祖国赚钱，为贫农说话），人们害怕的是那种纯粹的、赤裸裸的动词。纯粹的动作不是对权力的强化，而是将自己赤裸裸地交出去。第一次进舞厅的人为什么躲在角落里不敢乱动呢？坐在电视里讲话的领导为什么不敢乱动呢？因为一动，身份、风度、尊严、权威等一切文化面具全都都宣布作废，既得的体面就要受损了，弱点就要暴露出来了，抽象和玄思也无法展开了。于坚在一篇文章中写到他参与实验剧演出时对“动”的害怕心情：当导演牟森叫他动一动的时候，他“心惊肉跳……就像立即被剥光了似的。”经过 20 天的适应，他在舞台上才开始敢于动起来，才能像平常一样说话。动，既是一种自我批判，同时又成了真正的自由交流和身体解放的基本前提。所以，只有“动词”、“动作”才最具有颠覆性，也最具有创造性。于坚的独幕诗剧《关于〈彼岸〉的一次汉语词性讨论》，就是在对名词“彼岸”的质疑中强调动词。

诗歌界有人说长诗《0 档案》是“一个巨大的语言肿瘤”。如果真是一块“肿瘤”，那也不是于坚旅欧时带来的，而是我们自己的、本土的语言中旧有的痼疾。许多人对此却视而不见，只顾着说英语，偶尔还溜出一个法语或德语词汇（这叫“全球化”）。还有人说它是“一堆语言垃圾”，为什么说它是“垃圾”，而不说它是“垃圾处理站”呢？所有这些说法都十分不到位。相反，那些从事“实验剧”编导、演出的朋友们，却从于坚的诗歌中找到了对自己生存状态、对艺术、对汉语言的不谋而合的常识性理解。“戏剧就是教育”，“戏剧就是使人有能力”。通过动作的呈现乃至亲自参与这一“教育”过程的方式，通过动作和能力的展现让人“回到常识”，消除心与心的敌视和戒备，开始真正的自由的交流，这就是实验剧或者诗歌的一个共同目的。他们又一起被那些遗忘常识的人称作“前卫”、“先锋”，意思是说，这与日常生活无关，是艺术家和诗人玩的。

其实，所谓“回到常识”，首先就是要清除覆盖在词语层面上的文化和意识形态的尘垢，使人有能力回到事物和生命本身的最基本状态，有能力动作。但是，在一个人人都很有文化很有知识的今天，要将一个常识问题讲清楚，已经不容易，甚至是很困难的了。这就是于坚和当代诗歌写作所面临的最大尴尬。

令我吃惊的是，许多人在练气功的时候能表现出高度的机智和能耐。当气功师指导他们坐下、盘腿、静心、清除意念、进入一种“无意义”状态的时候，还不到一分钟，他们就说OK，三分钟之后他们就说有气感了。如此飞速地进入了一种非常识状态，能不令人吃惊？然而，我们却不能。我们只要一闭眼，各种声音、各种画面、各种狂暴的场景、各种语言或词汇都蜂拥而至，左右着我们的大脑、喉咙和舌头，占领了我们大脑的每一个角落。意念看来是无法清除的，除非你“动”起来，处于一种摇摆状态。

我们似乎在对“障碍”的凝视中，找到了一条通往诗歌的道路。对这条道路的真正理解，靠的不是“知识”，更重要的是诚实，不要滑头。当然，实验剧和诗歌是不能互相取代的，对实验剧的理解也代替不了对诗歌的理解。原因是实验剧可能、而诗歌却不可能是纯粹的动词、动作，诗歌还得面对上面说的那些蜂拥而至的东西，将它们呈现出来。好了，让我们开始回到长诗《0档案》上面来吧。

二

从整体上看，《0档案》具有一种叙事式的风格：

建筑物的五楼锁和锁的后面密室里他的那一份装在文件袋里它作为一个人的证据隔着他本人两层楼他在二楼上班那一袋距离他50米过道30级台阶与众不同的房间6面钢筋水泥灌注3道门没有窗子1盏日光灯4个红色消防瓶200平方米1000多把锁叙事式风格意味着什么呢？它意味着注视

和呈现，意味着将可见的和不可见的、过去的和现在的，都变成一种正在眼前呈现的图像和正在发生的事件和动作，意味着对麻木的记忆神经的刺激。实现叙事式风格的基本前提是眼睛，还有白天（或者说现实和历史）。于坚说他的眼睛极好，而耳朵却很差，“幼年时注射了过量的链霉素，耳朵坏了，只能听见这世界中音以上的部分。”因此，一旦不能看，一旦面对着黑夜，他就失去了根本。也就是说，他只能面对白天（现实和历史）。他与事物面对面地相遇，对峙，并使之成为语言图像呈现在我们面前。不单是《0 档案》，他的许多诗（如关于“事件”的一组诗，《尚义街六号》、《堕落的声音》、《啤酒瓶盖》等），都有叙事和呈现的特点。

我曾在《飞翔的蝙蝠》（《诗探索》99 年第 1 期）一文中讨论了另一位当代优秀诗人翟永明的写作方式。与于坚相反，翟永明背对着现实、历史和白天，沉到了黑夜的深层，闭上眼睛聆听来自生命深处的、嘈杂混乱的现实的、自然之中隐秘的各种声音，并在聆听中获得了一种能对付黑暗的属灵（抒情整体性）的语言。她的写作本质上是一种聆听的、音乐的、抒情式的。也就是说，她基本上不呈现外部（社会、历史、现实）的图像，因而就不表现破碎断裂的现实，而是让一种内在的声音与外部的声音产生回响，让一种最深层的声音与最遥远的声音产生呼应。

奇怪的是，于坚（他的叙事）在白天睁大眼睛凝视，却看到了现实图像背后的黑暗；翟永明（她的抒情）在黑暗中闭目聆听，却感到了黑暗深处的光亮。两种截然不同的写作，在特定的场合意外地相逢了。这就是真正的诗歌的意义所在。这两种写作方式尽管有各种各样的变体（我将另文讨论），但共同之处在于，他们忠实和珍惜上苍赋予他们的敏锐的感官，而不是刻意地去夸大智性和逻辑的力量。

此外，我们特别要警惕的一些写作是：面对白天抒情的虚假浪漫主义，这种写作者除了嘴巴之外，所有的感官都是闭塞的，他们会莫名其妙地激动起来，比如，对着一个伪节日的早晨抒情，对着一棵被污染的小草，看到水珠里映出了自己的面孔，便惊奇得思如泉涌：真是“一花一天国，一沙一世界”啊！并且极力培养一种迎风流泪的习惯，他们对白天的破碎图像不关注，而是固执地关心自己个人的虚假的抒情完整性。还有一种面对黑夜叙事的痴人说梦，这种写作者是黑暗中的失聪者，他们既无法观看，又不能倾听，因此是一些经常无奈地离开诗歌的狂暴的、可怜的人；当他们在瞬间清醒起来的时候发现自己丧失了感知，便学会了过渡地使用智力和逻辑，并固执地认为：这也是一种诗的方式，你们无权剥夺我写作的自由。上述问题，本文不拟展开详细讨论。

抒情是一种瞬间完整的，因而也是永恒的情感；叙事则逃不脱时间的对它的要求。为了满足叙事对时间的要求，《0档案》模仿了一种档案式的文体格式。全诗300多行，通过对一位活了30年的人的档案的展览，呈现了他的“出生史”、“成长史”、“恋爱史”和“日常生活”的过程。这无疑是一种戏仿。因为我们立即看出了这种编年史式的档案“时间”的虚假性：

他那30年1800个抽屉中的一袋被一把钥匙掌握着
并不算太厚此人正年轻只有50多页4万余字
外加十多个公章七八张照片一些手印净重1000克
…………
从一个部首到另一个部首都是关于他的名词定语和状语
他一生的三分之一他的时间地点事件人物和活动规律
没有动词的一堆可靠地呆在黑暗里不会移动不会曝光

“叙述时间”是情节的移动，而情节就是一个行为过程。但作为个体秘史的档案，恰恰就是为消除个人的行为而设的，用名词、形容词来涂抹动词的过程。档案，与其说是“时间”，还不如说是一种强权的现存“秩序”的镜像物，一群具有杀伤性的符号。符号对人的控制是隐形的，因而也是更可怕的。

在我们的一生中，每一个人都永远见不到自己的档案（只有人事科长和组织干事们例外），它是你生命中的一个可怕的幽灵。当人们眼不见为净、习以为常的时候，于坚突然将一份没有动词的档案呈现在你的面前。这种呈现同时就是一种对记忆的触发。患深度健忘症的人还依然在争辩：谁说我没动？

……每天八点来上班使用各种纸张墨水和涂改液
构思开篇布局修改校对使一切循着规范的语法
……从动词到名词从直白到暗喻……

一个墨水渐尽的过程一种好人的动作有人叫道“0”
肉体负载着他像0那样转身回应……

于坚善于发现虚假整体性中的缝隙，并及时地在缝隙中塞进一个楔子。他当即就揭穿了这种“假动”的秘密，是“从动词到名词”的一个不知不觉的过程。生命就是动作、动词，任何试图限制动作、消除动词的行为都是对生命的伤害和扼杀。因此，档案袋里那“没有动词的一堆”就是僵死的一堆，那种码放得整整齐齐的、很有先后秩序的、看似一个连续过程的东西，看似具有整体性的东西，其实是毫无时间感的，是破碎不堪的。

那黑暗的那混沌的那朦胧的那血肉模糊的一团
清晰起来明白起来懂得了进入一个个方格一页页稿纸
成为名词虚词音节过去时词组被动语态
词缀成为意思意义定义本义引义歧义
成为疑问句陈述句并列复合句语言修辞学语义标记
词的寄生者再也无法不听到词不看到词不碰到词……
……从幼稚到成熟从生涩到练达这个小人
一岁断奶二岁进托儿所四岁上幼儿园六岁成了文化人
…………
鉴定：尊敬老师关心同学反对个人主义不迟到
遵守纪律热爱劳动不早退不讲脏话不调戏妇女
不说谎灭四害讲卫生不拿群众一针一线积极肯干
…………
不足之处：不喜欢体育课有时上课讲小话不经常刷牙
小字条：报告老师他在路上捡到一分钱没交民警叔叔
评语：这个同学思想好只是不爱讲话不知道他想什么
希望家长检查他的日记随时向我们汇报配合培养
一份检查：1968年11月2日这一天做了一件坏事

名词（包括名词性词组），这些断裂的碎片肢解了人的一生，但却有了一个貌似完整的、连续不断的外表。事实上从内部看，“时间的整体性”破产了，词的断片蜂拥而至。因而，传统叙事的惯性（连续的、统一的、充满细节的情节模式）遇到了摩擦阻力，并且因此改变了方向。这也就是《0档案》的一个巨大的内在矛盾。一方面是叙事性对连续时间、对整体的要求，另一方面是诗人对感官的忠实和对图像的呈现。于是，档案编年史的时间就成了一个外壳，一个起围圈作用的栅栏，或者说一个“集中营”的围墙。就这样，词汇被囚禁在那围墙的内部，它们在那里列队、交谈、辩驳、争斗、相互撕咬。就这样，长诗《0档案》将一个极权主义的秩序外壳，与一个民主主义的混乱内核奇妙地交织在一起了。

三

诗在本质上是“民主”的，因而它往往缺少逻辑上的清晰而显得“混乱”。散文（叙事）在本质上则是“极权”的，因为它要求内在的统一性和完整性。《0档案》尽管有着“叙事”的外表，但它本质上是诗的。这是由诗歌内部的词语关系和词的排列方式决定的，而不是由某个人的理解力和感受力决定的。这首诗内部的词（词组）与词（词组）之间，有着许多裂隙。如果将这些裂隙充填起来，那么，它就成了一篇真正的叙事性作品——很有可能是一部批判现实主义的长篇小说。于坚没有充填，而是留下了这些裂隙（尽管他不反对读者自己去充填词——比如“报告会”、“左中右”、“砸烂”、“反戈一击”、“造反”、“花天酒地”、“搞”、“整”等等——之间的裂隙），并且让词与词面对面地对峙，形成一种类似音乐的“对位”关系。这种“对位”关系既产生了“混乱”的场面，又造成了“对话”的可能性。“对话”就是一种语言（词）与语言（词）的紧张关系，“混乱”则是一种躯体动作与外部世界秩序的关系。

让我暂时离开主旨来谈谈长篇小说问题。自从叙事长诗（比如史诗）背后的统一世界（神话世界、英雄事迹、黄金时代等等）瓦解之后，近代意义上的长篇小说就承担起了叙事的任务。长篇小说尽管找到了“个体成长史”（生命在世界中的展开、遭遇）这样一个方便的对象，但它始终没有解决时间与情节、结构的统一性与个体生命体验多样性之间的矛盾。综观世界文论史，没有谁给长篇小说下过定义，事实上也不可能。因为随着文明的进程，“整体”的虚假性越来越暴露无遗。当人们忍受不了破碎的图像时（他们根本没有面对虚无的能力和勇气），因此就假定各种各样的虚假整体性来作为叙事的结构中心。为了结构的完整而牺牲个人体验的丰富性，为了避免“混乱”而删除真正的对话（剩下独白）。同时，人们习以为常地认为，对现实中个体生命的整体关注只是长篇小说的事情，而与诗歌无关，诗歌只要捕捉一些意象（一种瞬间的、碎片式的东西）就行了。

《0档案》的意义之一在于，他重新在真正的诗的层面上关注了“个体成长史”（个体的遭遇），并且将问题置换成“词的争斗和演变史”这样一个更本质的诗的问题。生命在孕育之初，直到出生的时刻，就是一个动词，一系列动作：

> 他的起源和书写无关他来自一位妇女在28岁的阵痛
> …………
> 嚎叫挣扎输液注射传递呻吟涂抹
> 扭曲抓住拉扯割开撕裂奔跑松开滴淌流
> 这些动词全在现场现场全是动词浸在血泊中的动词
> …………
> 这来自无数动词的活动物被命名为一个实词0

此后，一个活动物的一生，就是一个被实词化的、便于记录的归档过程，但又是一个无法逃脱的绝望的过程。按照于坚的说法：“写作是对词的伤害和治疗。你不可能消灭一个词，但是你可以伤害它、治疗它。……如果不伤害，又怎么可以建立起真正的关系。伤害是由于彼此关系的形而下化、具体化、现场化。”（《棕皮手记》，上海东方出版中心，1997，P296－P297）“形而下化”与躯体语言（动作）相关，“具体化”和“现场化”，就是将一切都变成此时此地的“事件”，就是感性图像的具象化呈现。既然如此，《0档案》就不可能是标准化的档案文体了。于坚无疑采用了“掺沙子”的伎俩。他在“档案”中掺进了与躯体（生命的活跃状态）相关的动词，使之与名词发生了角逐。动词的意义在上文已经反复地讨论过了。我们现在要具体地来看看这些词语“集中营”内部的各种争斗和骚乱，事实上就是动词的遭遇。我将这些动词分成被档案彻底删除的、外力造成意识形态化的、向名词自然蜕化因而是难以觉察的等几种情况。

1. 在《0档案》全诗中，最充满活力的一个片段是“卷三恋爱史（青春期）”，你甚至可以隐约感到一种艾略特式的抒情（“四月是最残忍的一个月，荒地上/长着丁香，把回忆和欲望/参合在一起，又让春雨/催促那些迟钝的根芽……”——赵萝蕤译《荒原》，中国工人出版社，1995）：

在那悬浮于阳光中的一日世界的温度正适于一切活物
四月的正午一种骚动的温度一种乱伦的温度一种
盛开勃起的温度凡是活着的东西都想动动引诱着
那么多肌肉那么多关节那么多手那么多腿到处
都是无以命名的行为不能言说的动作没有呐喊没有
喧嚣没有宣言没有口号平庸的一日历史从未记载
只是动作的各种细节行为的各种局部只是和肉体有关
和皮肤有关和四肢有关和茎有关和根有关和圆的有关
和长的有关和弹性的有关和柔软的有关和坚硬的有关
…………
批复：把以上23行全部删去不得复印发表出版

于坚恰恰没有直接描写这些仅仅与躯体相关的动作，而是用名词等词语暗示出来，这却是一些真正的“动词”。但它们也没有逃脱被删除的命运。最令“档案”感到惊恐不安的、也是与生命密切相关因而是最有生命力的，就是这些还没有说出、但正在蠢蠢欲动的动词。因此，这些包含在名词背后的动作，尽管与生命紧密相关，但是，因为它们是一些没有意义（没有升华和彼岸，没有理想和崇高，没有历史责任感，而是“平庸的一日”）的，又没有找到借口（如呐喊、宣言、为了……）的动作，也是“少儿不宜”的，所以要被“档案”毫不犹豫地删除。布鲁克斯和华伦在《理解诗》一书中，论及艾略特的《荒原》时说：“这个世界是倦怠和怯懦的，无聊而不安，喜欢冬天的半死不活而规避春天生命力的激烈的复苏。这个世界害怕死亡，把它看成是最大的坏事，可是想到诞生又使它不安。（查良铮译《英国现代诗选》，湖南人民出版社，1985，71页）也就是说，一个在诞生和死亡面前同时感到惊恐不安的世界，是渴望安宁和平静的，是要将动词删除的。当然，有些动词则必须要保留。

2. 带有意识形态色彩的动词，档案不会删除它们：

(根据掌握底细的同志推测怀疑揭发整理)
他想喊反动口号他想违法乱纪他想丧心病狂他想堕落
他想强奸他想裸体他想杀掉一批人他想抢银行
…………
他想投降叛变他想自首他想变节他想反戈一击
他想暴乱频繁活动骚动造反推翻一个阶级

一组隐藏在阴暗思想中的动词
砸烂勃起插入收拾陷害诬告落井下石
干搞声嘶力竭冲啊上啊
批示：此人应内部控制使用注意观察动向抄送绝密
内参注意保存不得外传“你知道就行了不要告诉他”

这些动词不但不会删除，反而会“注意保存”，放在档案的隐秘之处。“档案”不但丝毫也不害怕它们，反而会因它们的出现而偷偷地感到高兴。“档案”在窃窃私语：对手来了！他想“暴乱”？“投降”？“喊反动口号”？我们就可以消灭他了。毫无疑问，这些动词已经不是一般意义上的动词了，而是成了政治的筹码，或者说成了一枚枚子弹，随时都可以射向某一个人而将他置于死地。

同时，在一个特定的时候，这些“子弹”又可以变成“勋章”，这是因为新的意识形态出现了，新的词语理论出现了，新的解释方法出现了。于是，原来动词的意义顷刻之间全都发生了两极化的转变：“投降”变成了“起义”，“造反”变成了“革命”，“暴乱”变成了“正义”，“阴暗思想”变成了“明亮思想”，“违法乱纪”成了“反抗权力”，“落井下石”成了“彻底革命”……

意识形态化了的动词，就是一条变色龙，可以在红色和黑色之间随意变动。它不可能无色透明，而是黑暗的渊薮。

如果我们换一个角度，即从写作角度来看这些动词，就会发现，这些动词恰恰是“档案”无可奈何的东西，也是“叙事的整体性”无法包容的东西。“一组隐藏在思想深处的动词”，如何载入档案呢？“他想杀人”、“他想强奸”、“勃起”、“插入”之类的话，就是一种故意的自我暴露。自我暴露的结果就是让“档案”难堪，让“整体性”难堪。于坚在这里采用了恶作剧式的戏仿手法，摹仿了一个领导“批示”的口气：内部控制使用！也就是说，要让那些头疼的动词成为秘密。他就这样来对档案进行瓦解，对动词进行肯定。我们也由此看到了动词的力量。

3. 动词向名词蜕化的过程，是一个隐蔽的、难以觉察的过程，事实上也就是日常生活的权力在起作用的过程。在这里，日常生活起到了一种意识形态的作用。实质上，就是将个人的动作，变成一个便于把握、归类、命名的公众动作，然后再经过这种公众动作而走向名词——天堂、彼岸、黄金世界。这些东西都很好，但有一个前提，就是不要折磨人，让人在此时此刻无法生存。

法定的年纪 18 岁可以谈论结婚谈恋爱再把证件领取
恋与爱个人问题这是一个谈的过程一个一群人递减为几个人
递减为三个人递减为两个人的过程一个舌背接触硬颚的过程
…………
言此意彼词近旨远敌进我退敌退我扰道高一尺魔高一丈
表态：（大会小会居委会登记的同志们亲人们
朋友们守门的负责的签字的盖章的）
安全要得随便没说的真棒放心般配
同意点头赞成举手鼓掌签字
可以不错好咧真棒行嘛一致通过

动词“爱”（目光交流、拥抱、抚摸、接吻等）在日常生活中蜕化成了一个公众的仪式。同样，动词“学习”（模仿的实践）通过所谓的教育，变成了一个公众名义之下的阴谋：

报告会故事会大会五千年半个世纪十年来
连续三年左中右初叶中叶最近红烧冰镇黄焖

…………

的耻辱的光荣的继续的必然的胜利的伟大的信心

言谈和带目的性的公众动作占据了生活的舞台，将没有升华的、与个人躯体相关的、形而下的、没有人文精神的动词赶到了幕后。在这个舞台上，看似喧哗，实则是沉默无语的大寂静。人像影子一样整齐划一地动着：革命、批判、练气功、传销、炒股、集体神经质……人就这样在日常生活中被名词化、形容词化、档案化，成了各种名词性词组上的饰物：好（坏）孩子、好（坏）学生、先进（后进）的同志、模范（落后）爱人等等。当然，躯体的动词并不会因此而沉默、而消失，它会永远在解放的路上奔跑，并成为一条永远的、潜在的生活激流。它所依赖的母体就是民间。

四

《0 档案》第五卷列举了“档案人”的各种表格和生活物品的清单。表格是对人在日常生活中被名词化过程的奖励的记录。物品是日常生活给名词化过程的实物奖赏。如果物品能成为一位充满虚无主义激情的人眼中之物，那就另当别论了。就像瓦尔特·本雅明那样，他充满了收藏的欲望，并始终有着对物品的忠诚（把物品仅作为物品看待），通过对物的把握和交流来同时证明自己的存在和物的存在，而不是通过对物的占有、对人的控制来证明权力的威严。

相反，在“档案人”这里，物品不但成了生命的唯一证据、成了权力的象征，更重要的是，他自己已经不知不觉地在日常生活中物化了。比如，一块手表作为一件物品的独立性已经不存在了。人们在日常生活中被物化，并将自己的物性强行附着到手表上去，久而久之他就不自觉地成了手表上的一个零件了，成了手表的装饰物了。手表一到 9 点他就睡觉，手表一到 6 点他就起床。这样一个物化的过程，就是一个生命的动作、动词向名词蜕化的过程。由于它具有难以觉察的性质，所以它的力量就更加强大。也就是说，动词与名词的争斗，实际上也包括了自身与自身的激烈争斗。正因为存在这种不知不觉的物化过程，所以人们对物化、异化、公众化就习以为常，反而认为真正的个人动作是奇怪的不可理解的。

可是，生活就是“日常”的，他的目的并不是要为别人提供“诗意”的。生活的物化、不完满状况，也决不是我们拒绝生活、逃避生活的理由。事实情况是，生活越是具体，就越成问题、越复杂、越零碎得无法把握，因此也就越具有活力。正像巴赫金所说的：肉体是不完满光滑的球体，它有许多孔洞和突出的肉芽。将这些孔洞填平，将突出部位削平，它就完满了，但也死了。文学、诗歌不是哲学和伦理学，它恰恰要求的是具体、复杂、零星、不可言说的。当为了整体性而牺牲丰富性的时候，诗歌就不存在了；当诗人不尊重生活的混乱、无目的、无意义、无升华，而成了生活的审判者、概括者、提升者的时候，诗歌就不存在了。那些急于想把人们带进天堂的人，总是试图阉割生活的日常性，而变成了一台“神圣机器”。于坚也说：“中国文化对日常人生采取的是一种回避的态度。这种文化总认为人生是诗意的，而以为它的日常性毫无诗意。诗意的人生观导致了中国人的猎奇癖……”（《棕皮手记》，P290）。

当读着《0档案》的“物品清单”，并将这份清单放进档案文体的大背景中去的时候，我们就可以发现，那些“物品”、蜂拥而至的物品，琐屑的、无法计量的物品，恰恰是最散发着人性气息的东西，（本雅明对此最有体会）同时，它们又是使档案感到棘手的、无法对付的，无法收编的成分（就像个体动词一样）。如果说“档案”就像传说中恐怖的城堡，那么，这些词语就像一群小精灵；于坚吹响了魔笛，领着它们，一路跳着舞，离开城堡，朝着生活的村庄走去，以免遭受城堡里面的人的折磨和欺凌：

日记本粮票饭菜票洗澡票购物票
工作证身份证病历本圆珠笔钢笔
…………
去痛粉20包感冒清1瓶利眼灵半瓶甘油1瓶肤轻松
零散的药丸针剂粉膏糖衣片若干
方格纸3本黑墨水1瓶蓝墨水1瓶红墨水1瓶
…………
黑白电视机1台军用水壶1个汽车轮内胎1个痰盂缸1个
空瓶13个手电筒1个拖鞋8只（5只已不能使用）
旅游鞋1只（另一只去向不明幸存的九成新）

你可以批判：世俗、庸俗、没有理想、没有灵魂、没有苦难感、苦难之后还写诗就是野蛮等等。但是，你有什么权力批判物品呢？有什么权力批判已经不成对的“旅游鞋”呢？有什么权力批判一只“痰盂缸”呢？于坚的诗歌思维就在这种“日常性”中、物品清单中悄然而至（误解也因此而来），而那种简化的、偷工减料的档案思维（或者叫做统一的神话思维）也就破产了。正像戏剧家安东尼·阿尔托（1894——1948）所说的：“在简化和秩序统治的地方，既无戏剧也无戏剧性，真正的戏剧，也像诗一样——尽管是通过其他方式——是在一种组织化的无政府之外诞生的。”（转引自德里达《文学行动》，中国社会科学出版社，1998，P361）

五

《0 档案》就像一个词语的“集中营”，一切不和谐的、异质性的因素都在这里聚集。这个聚集的地方，是词与词之间争斗和较量的舞台，一个有着外部“完整性”的舞台。但是，这里上演的是一出残酷的戏剧。它的内部是一个“无政府主义”的状态：充满了喧哗与骚动、斗争和肉搏。在于坚的诗歌呈现给我们的画面中，或者说在带着权威面具的“档案”里，名词毅然地删除、缓慢地吞噬着动词，而动词则利用自身的力量搅乱了“档案”虚假的完整性和合法性，从而将自身的意义突现出来了。

更重要的是，这出残酷的戏剧并不是对生活的表演，而是生活本身，它的奴役和解放。表演是需要导演和剧本的。导演是意义的解说者，剧本（作者）是统一的情节的设置者和矛盾的解决者。他们用高度抽象的意义（彼岸）和形而上学的整体性（情节的统一性）来指挥着表演。所有这一切，都是《0 档案》所要反对的。因此，表演的戏剧仅仅是表演，而不是生活本身。表演的戏剧不需要观众的参与，它只是需要安然就座的秩序和优雅的掌声，它为窥视癖者提供服务（心灵按摩）。返回生活本身就意味着：离开表演、导演、抒情、隐喻、修辞（包括与这些东西合谋的日常生活），回到动作、动词和真正的生活本身。正像于坚所反复声明的那样：这不是先锋，而恰恰是“后退”（“我实际上更愿意读者把我看成一个后退的诗人”，《棕皮手记》P285），退回或者说坚守到与生命的基本常识上来。

我要再一次回到我在第一部分中谈到的话题。为什么《0档案》在引起读者共鸣的时候，首先不是在诗歌界、文学界，而是在戏剧界（小剧场实验剧。牟森。）呢？这是因为实验剧所追求的“动作”和“身体解放”，与《0档案》所追求的词语解放的不谋而合。他们共同抵制了传统的表演、导演、升华、抒情、整体性、生命的不在场等等形而上的怪物。戏剧现场所呈现的一切都是戏剧本身；诗歌中所呈现的所有的词，也都是诗歌本身。所有的用现在的观念来削足适履的做法，在这里都是注定不合时宜的。当然，《0档案》这个残酷的剧场中的争斗，比实验剧要更残酷、更复杂，有时候甚至更隐蔽。小剧场实验剧所涉及的观众很少，而《0档案》已经变成了铅字进入了传媒的流通领域。

《0档案》在诗学的意义上对当代汉语词汇所进行的清理工作，其意义是巨大的。这种清理工作的意义，首先就在于为更年轻的诗人提供了选择、辨别词汇的方法论依据。不管你愿意与否，也不管你是否读过《0档案》，一种真正的新的诗歌创作，都必须在一种经过清理、甄别之后的词语层面上重新起步。（顺便提到当代另一位具有代表性的诗人韩东。他在诗歌创作中无疑是进行了大量的这种清理和甄别工作的，只不过他没有对这种工作本身进行诗学表达而已，他的写作是直奔核心部位的，因而，他的诗歌表面上很平静、甚至很节制，实际上却隐藏着一种戏剧式的，不是叙事式的紧张）。

一位老诗评家在充分肯定了《0档案》的意义之后，担忧地说：“我最终想知道的是，作为《0档案》这样‘自杀性’的创作事件，对诗人于坚的创作生涯意味着什么？于坚和他所代表的这批诗人，下一步写什么？怎么写？”（《当代作家评论》1999年第2期P44页）我觉得这种担忧既很有道理，又似乎没有什么意思。在谈到《0档案》的时候，于坚说“我是一个为人们指出他们视而不见的地狱的诗人”（《棕皮手记》P285）如果真是这样的话，那么就继续将人们视而不见的地狱指出来就是了。难道这还不够吗？我很难相信看不见地狱的人（一些盲视者）能看见天堂。我认为，对一位诗人来说，无论是将地狱，或者是将天堂指示给人们看，都是十分了不起的，换句话说，这两种诗人所做的是同一件事情。写“地狱”式的诗的波德莱尔，与写“天堂”般的诗的马拉美，都是伟大的诗人。

中国人，尤其是中国的知识分子，不知什么时候能够具备正视生活、面对虚无、面对断裂、面对“地狱”的力量。我要奉劝正在写作的人：不要急于奔向“天堂”，要有足够的耐心，面对“地狱”的耐心，用对待日常生活的家常便饭一样的心态。更何况最可怕的并不是所谓的“地狱”，而是人。对此，民间故事中讲得最生动具体：

勇敢的小约翰什么也不怕。他连魔鬼巨人也不怕，敢独自一人住进有魔鬼巨人出没的老房子，还在黑暗中吹着口哨、翘着腿跟魔鬼巨人聊天。村里人都很崇拜他。后来有一天，他偶尔回头一看，看见自己的影子，就吓得魂不附体，死了。

1999．6．12．

为现代诗一辩

崔卫平　奚　密

奚密，英文名 MichelleYeh，美国加州大学（戴维斯校区）东亚语文系及比较文学系教授。崔卫平，北京电影学院副教授。

崔：在诗歌批评和研究的领域里，您一直坚持“细读”（close reading）的方法，从具体的文本出发，不依赖任何可以无视文本存在的“理论革命”，就像您在文章中写到的，“如果这些新名词，成了对文本——包括诗和诗史的文本——毋需‘细读’的堂而皇之的理由，那么，新的理论并不能带来更开阔的视野。”能否谈谈您是从什么样的角度去进入一首诗，如何选定一个文本作为细读的对象？实践上，这包含了如何去判断一首诗好坏的标准。

奚：我认为理想的解读应涵括四个层面：第一是诗文本，第二是文类史，第三是文学史，第四是文化史。这四个层面就像四个同心圆，处于中心的是诗文本；没有文本这个基础，任何理论和批评就如同沙上城堡，是经不起检验的。从文本出发，然后涉及文类研究。每一种文类都有它自身发展的历史与内在变化的逻辑，不可忽略。尤其是对于中国这样悠久的诗歌传统来说，诗人往往有浓厚的文类意识。诗人之于传统，不论是承袭、修正，还是反抗的关系，都有相当高的自觉。其次，诸如文类之间（如诗和小说，诗和散文）的差别与互动，作者生平与作品之间的辩证，以至文学流派的消长等等，这些都可算是文学史方面的考量。最后是文化史的层面，即把作品放在大的历史语境中来讨论，例如诗和思想史之间的关系，诗在社会政治体制中的地位和角色等。能对这四个同心圆都给予细腻的关注，我认为是比较周延的诗歌研究，并进而从它的积累中归纳出有系统的、坚实的理论。如果仅仅用诗去套一些预设的理论架构，难免不以偏概全，见树不见林。

至于说到诗的好坏，当然没有绝对的审美标准。我个人读诗的心得是，越丰富的文本往往越是好诗。仅仅具有单一层面的内涵，只能允许单一切入点的作品，很可能不是一首好诗，因为它太狭隘、太平面化。一首好诗给人的阅读经验应是立体的、多向度的，它和主题的轻重无关，而是取决于表现。也就是说，“what”（whattosay）并不重要，重要的是“how”（howtomyit）。

崔：好吧，让我们以此作为一首诗好坏的下限，即不能单方面地用它来印证一种理论。接着我们能不能再往上走一点，进一步给出一首好诗的规定？

奚：去年夏天我在北大作了几次“细读”，也有人提出过这样的问题。我还是只能说，一首好诗里没有一个字是多余的，没有一个字是浪费的。仅仅不起负面作用还不够，应该是每个字都发挥正面作用。一首好诗呈现一个饱满的情感结构，一个完整统一的艺术效果。它的个个元素（包括：语义、形式、语气、意象、声音、节奏等等）相辅相成，缺一不可。相对于一般读者甚至某些诗评家的看法，我以为一首好诗给我们的感悟并非来自它的题旨或内容，而是来自这样的一种心领神会：惟有透过那样的表现方式才能显现那样的生命力；两者之间不是简单的主题和修辞、因和果的主从先后的关系。

崔：您所讲的“文类”即我们所讲的“文体”。在中国，诗是具有最悠久传统的文体。虽然也因此使得所谓的新诗面临着最严重的挑战。在这个曾经是诗的泱泱大国里，几乎每个识字的人都拥有某种对诗的看法，他们也据此来衡量现在所读到的东西叫不叫诗或是否称得上是好诗。文类研究或文体研究在这方面能提供什么样更好的说明吗？

奚：这与文类肯定有关。中国的诗传统和读者的文化素养有密切关系。古典诗基本上是精英分子写给彼此看的。他们享有相当高而整齐的文化素养，也就是说，古典诗的作者群和读者群在很大程度上是重叠的。但是，进入现代汉待的时代，这个整齐的读者群基本上不存在了。虽然理论上现代诗是用白话文写的，而白话文是一般人使用的语言，但诗要达到语言的艺术，就不可能只停留在这个层面上。这就使得读者产生了一个困惑：既然它是用白话文写的，我应该看得懂，为什么反而看不懂呢？其次，现代诗的主要传播管道是大众传媒（如报章杂志），它的读者也同时是消费者。作为消费者，当他们读不懂现代诗时，很容易产生反感。第三个主因是，“文以载道”在中国文化中是根深蒂固的，虽然“道”在不同的时代可以有不同的解释。诗以“言志”也好，“抒情”也好，都离不开这个传统的框架。当读者（不自觉地）以古典诗的标准来衡量现代诗时，可能会觉得格格不入，甚至大失所望。因此，现代汉诗面对的最大挑战不仅仅是内在的美学问题，还有如何建立新的读者群的问题，使其能够接受以白话文为媒介、迥异于古典诗的新语言艺术。现代汉诗只有八十多年的历史，仍在从不成熟趋于成熟的阶段。但是它之所以受到那么多的质疑和指责，实在和上面指出的结构性因素有密切的关系。

崔：这个问题非常有意思。现代汉诗作为一门较年轻的语言艺术，还没有建立起相适应的自己的读者群。读者指责现代诗读不懂，实际上是他们可能没有仔细读。他们不仅不读现代汉诗，其实可能也不读现代英语诗、现代法语诗、现代西班牙语诗……他们认为那不是自己心目中的诗。这不仅和时间短有关，也和人们也许还没有建立起某种对现代诗的概念有关。

奚：你看，在我们的语言中或是我们的教育里，接触古典诗词的机会远大于现代诗，尤其是艺术性高而非八股教条式的现代作品。于是，人们习惯用古典诗的那一套成规——最明显的，如押韵、对仗、适于朗诵、易于背诵等特色——来要求现代诗，不太能接受现代诗本身的发展。我去年夏天在《诗探索》的座谈会上也谈到，作为一个诗歌的专业读者，当我拿到一首诗觉得读不懂时，绝不会去怪诗人，而是将它当作一个挑战，激发我扩展阅读的地平线。我认为，责怪诗人难懂是读者群还不成熟的表现。以台湾作个例子，五十年代初纪弦（原来笔名“路易士”）创办《现代诗》季刊，成为当时不愿跟随诗歌主流的青年诗人最欢迎的园地。纪弦此举的一大贡献是，他强调诗的本体性意义和诗专业化的新理念。就是说，白天你作教员也好，军人也好，售货员也好，那是你的职业。写诗却是你的志业，是严肃的精神事业。纪弦本人是高中国文老师，生活拮据，他把能省的钱都拿来办诗刊，而绝大部分的同事和学生都不知道他是诗人。

诗的专业化代表诗人的投入与对诗的认同，同时它也意味着读者也应该有专业化的水平。总不能说诗人在专业地认真地写，而读者都是业余的。在《现代诗》的社论里纪弦也谈到，不管你是大学教授还是专栏作家，并不表示你就读懂了现代诗，有权来批评；你得好好钻研才有发言权。这并不是说，读者不可以表达他们对现代诗的看法，但是如果总是固执地用过去古典诗或现代八股的框架强加于它，就永远无法理解和欣赏现代汉诗作为一种新的审美范式的意义及成就。近年来国内诗评家对现代汉诗（主要是当代诗）的攻击非常猛烈，除了读不懂的老问题再一次浮上台面以外，还流露出一种扭曲的民族自卑感和狭隘的民族主义情绪，一味地强调“国粹”，将现代汉诗片面地等同于西化，甚至崇洋媚外。这种心态对现代汉诗的研究是有害无益的。

崔：您这里说的“专业写作”和我们平时说的“专业作家”的写作还不一样。它并不在于是白天还是夜晚写作这种时间的分配，而是一种独立的、在自身的领域里可以取得长足进展的写作。

奚：是的。再回到纪弦的例子，他另一篇社论的题目是《诗是诗，歌是歌，我们不说诗歌》。在当时的历史语境里，所谓“诗歌”主要指的是“反共诗歌”、“战斗文艺”。纪弦提出这个概念就是为了和它所代表的诗坛主流分开。反共诗歌在电台里播放，在军队和学校里教唱，纪弦必须要有所区分，才能发展独立的艺术性的现代诗。在《现代诗》的影响下，台湾一直延用“现代诗”而不用“现代诗歌”一词。我通常也喜欢用“现代汉诗”来涵括“五四”以来的白话诗，因为它超越了地区和政治体系的分野，凡是用中文（汉语）写的诗都应该是我们阅读和研究的对象。我觉得“诗”和“歌”的概念是得分开。一谈到“歌”时，就与“大众化”脱离不了关系，这并不是说现代诗不应该或不能大众化，也不否认少数的现代诗是可歌的。但是现代诗远远超出了歌的范畴。称它为“诗歌”容易造成一种错觉或误解，包括对狭义的、通俗意义上的音乐性的要求。

崔：我们正在进入一个重要的话题。一般常听见的认为现代诗“读不懂”之类的反应，反映我们教育制度中存在的问题：缺少有关现代诗的教育。诗人们在自己的专业中已经走得很远，而读者却不具备相应的阅读能力或必要的修养。这两者之间的脱节在很大程度上造成了对现代诗的误解。

奚：是的，我们从中也可以看出现代小说和现代诗两种文类之间的差异，所以我前面说文类史的把握是很重要的。纪弦曾用过一个很好的比喻：他说现代诗和“诗歌”的分别就像小说和故事的分别一样。严格来说，小说是文学，但故事未必是文学。而现代小说碰到的障碍远不如现代诗那么大，那是因为一般人看不懂小说，至少看到了故事。他们顶多说这个故事“太平淡”或“太枯燥”，但不会说“这不是小说”。诗呢，其中极少有故事的成分（当然长叙事诗例外），甚至没有叙述结构。读者如果从中读不到他们熟悉的意象、辞藻、韵脚……，就会开始批评。现代汉诗如何建立自身的合法性与合理性，仍是一个根本问题。从一九一七年到现在，不断地有诗人在从事这种筚路蓝缕的工作，但是他们所承受的社会压力相当大。中国九十年代某些诗人提出“个人写作”的理念，实际上仍是跨出第一步的某种努力。如何让读者和诗评家们不再用过去的标准来衡量现代诗，尊重诗人个人在美学和艺术上的种种实验，纵使这些实验不见得总是成熟或成功的，从比较文学的角度来看，现代汉诗所需要作出的自我辩解远远超出其它的文类与文学传统。这既是文学史也是文化史的问题。

崔：但这里有一个问题。如果说在我们的教育中缺少现代诗教育这一环，那么，这不仅对大众来说是如此，对作者来说也是同样。他们本身也没有受过关于现代诗的应有的训练，实际上他们自己也在摸索。从理论上说，写作都是专业的，可是对每个具体诗人来说，他们都有一个成熟的过程。那么，我们怎么来区分一首习作和一首好诗？

奚：这个问题就像是“先有鸡还是先有蛋？”几年前我曾在台湾提出：如果现代诗在教育体制里没有建立起充分的合法性，就很难培养出好的作家和好的读者。作家和读者是一体之两面。当时我翻阅了台湾小学和初中的国文课本，发现初中课本六册里一共只有六首现代诗，古典诗有十九首。书中的“语文常识”分为三个部分，分别是“韵文”、“散文”和“应用文”。现代诗不属于其中任何之一，成了一个不存在的文类。毫无疑问的，在教育体制里古典诗的份量要重得多。我并不质疑这点。我关心的是课本中选入的现代诗仍然脱不了主题先行的窠臼，在思想上无法激发青少年的想象力和创造力，更谈不上对语言艺术的体会了。要改变教育体制当然是很困难的，但是没有好的人文教育环境，就不能培养出高水平的读者；没有好读者，当然不可能顺利建立起一个新的现代诗传统。古典诗固然对现代诗有很大的启发，但是我仍强调我们不应该用古典诗的标准来要求现代诗。它们走的是不同的路，无所谓好坏高下，而是本质上的不同。

崔：缺乏良好的现代诗教育使得我们的作者和读者之间没有形成关于现代诗的起码的共识。诗人们写下的东西看起来更像是自言自语，面临自生自灭的危险。但那个问题依然存在，即刚才说的到底如何区别一首习作和一首好诗？我有一位从事过英美现代诗翻译的朋友这样说过："读外国人写的外文诗都能读懂，而读周围朋友写的中文诗反而看不明白。"

奚：我想其中一个原因是，翻译的外文诗通常——虽然不见得一定——是国际公认的好诗，已经经过了许多筛选，的确不同凡响。当代汉诗看上去好像好的作品不多，其实这是很正常的。平凡的作品多是正常现象，好诗是例外。前者是沙滩上的沙子，后者是埋藏在沙中的金子，是极稀罕的。所以研究当代诗（或当代文学）的难度比较大的原因是，当代作品浩如烟海，大多数可能都属一般水平，能够看到一首好诗会带来很大的喜悦。读者和诗评家必须有相当大的耐心。除了还没有来得及经过时间的筛选以外，阅读当代作品的另一个挑战是人事问题。当代诗人和其他人一样，都活在一个复杂的人际关系网中。说的更直率一点，他们也有种种世俗的欲求和人性的弱点。作为诗的专业读者，我努力做到把诗人和作品、诗和"诗坛"区分开来。诗好就是好，坏就是坏，不要受到当代名声或文化政治的影响。虽然当代西方理论对文化政治提出了许多真知灼见，但是它们也有其片面之处；我不认为一部文学史只是权力运作的结果而已。（糟糕的是，它们可能为权力运作者提供了一个挡箭牌。）尤其在这种新版的"政治正确"仍相当普遍的当代学术界，我更强调文学批评应该有它自己的视角和洞见。这点也和我们刚才提到的诗专业化——包括诗评专业化——的话题有关。

崔：这个问题也比较有意思。我们一般认为经典的中国古典诗和外国诗都是在漫长的岁月中经过淘汰、筛选，并且和纷纭复杂的社会人际背景完全脱离之后呈现出来的一些顶峰。将这些东西省略之后，再拿一些"顶峰"所达到的高度来要求当代的每一首诗，这是不实际的。

奚：一首好诗的出现足以改变我们对整个语言和世界的感受，即使是极其微妙而不自觉的，它使我们不得不修改原有的经验语言和世界的方法。我认为一首好诗也常常是一首“以诗论诗”（ars poetica）的作品：它透过自身来演绎与示范究竟什么是“诗”。这样的作品是十分难得的。你看，光是《全唐诗》里真正传世的不朽之作有几首？更别说数量更庞大的宋诗、明诗、清诗了——但这并不意味着我们就不去读它们，古典诗谁不喜欢，不觉得它好呢？古典诗和现代诗本来就不是二元对立的关系。不需要以否定这个来肯定那个。有八十多年历史的现代汉诗，的确出了一些优秀的诗人，他们和古典诗传统的关系复杂而密切，虽然表面上他们被认为是绝对“现代”的。举个明显的例子，诗评家一再谈到夏宇的“后现代”性，但她作品的意义仍必须放在古典诗传统的语境里才得凸现。这不是因为她引用了《诗经》和《上邪》等典故；远比这个重要的是，中国古典诗及文化传统的整套语码和夏宇的美学企图及创作过程是分不开的。

崔：那么说来，今天写了八年十年的诗人有两三首传世之作就很了不起了。但我们往往不说“好诗”，却要求“大师之作”。其实大师本人也未必每首都是“大师之作”吧？

奚：大师也有一个成熟的过程，通常经历几个阶段，而且不见得是直线型前进的。成熟之后有时也会走下坡路，也不是每首诗都好。对于“大师”的迷信是不必要的。有时候，次要的诗人也有好作品，也应该得到肯定。不要认为这个诗人不是大师，其作品就不用看了。这种心态不太健康。

崔：能否谈谈刚才您提到的诗评专业化？有时我觉得有人活了一辈子却没有（或很少）生活经验，也许有人从事了大半辈子的诗评却还是业余水平。在现代诗容易遭到误解的种种不利条件下，对诗评者专业化的要求就显得更加重要了。

奚：这个问题不容易回答（笑），我只能谈谈个人的自我期许。对目前为止已发表的东西，我并不十分满意，觉得还有很长的路要走。比较抽象地说，去年五月在哥伦比亚大学举办的台湾文学研讨会上有一场诗人座谈会。诗人们不约而同地都用了“感动”一词来说明他们继续写诗的原因。并不是说其它东西就不能带来感动，但诗给人的感动不是任何其它东西可以替代的。我想，作诗评的人也一样，起点都是在特定的时空交点上读到某首诗，它给你很深的触动，让你想抓住这份触动，重温这份触动，就这样一首又一首的读下去了。这么说可能太没有“学术深度”了，但是我不认为经验和学术是两码子事，是主观和客观的对立。能够把个人兴趣和工作相结合，是非常幸运的。我乐于把自己读诗的经验与读者分享，乐于不断地开阔和丰富自己的读诗经验。作为研究者，我们应该永远保持开放的心态，不要把阅读框架定得那么小，它最好是没有界限或不断扩展的界限。我可能不特别喜欢某类诗，但这不妨碍我肯定它的艺术性和独创性。

崔：您是外文系出身的，又从事那么多年的现代汉诗研究。如果从“语言的高度”的角度来看，现代汉诗将它的语言所带到的高度，能否和现代英语诗或现代法语诗相比？在一次关于九十年代诗歌的北苑宾馆会议上，欧阳江河语出惊人地说：“不是我们写得不好，而是读者读不懂”，还说：“如果有恰当的翻译，那么与当代国外同行相比也不差”。当时引起了许多人尤其是某些记者的反感。我的问题是：第一，是否有可比性？第二，如果相比的话，是否能达到一个差不多的高度？

奚：这牵涉到本国语言和翻译两个层面。就前者来说，我们如何衡量现代汉诗对汉语的贡献和英诗对英语的贡献孰高孰低？我想这是无法衡量的。我只能说，英语和现代汉诗中最好的作品给我的感动程度是相当的。汉语绝不低于、但也不高于其它语言。有些诗人和诗评家老爱说汉语比西方语言更丰富、更富于“诗意”，动不动就搬出美国的庞德和意象派来证明汉语的优越性。这种论述缺乏学术根据，把语言的差异扭曲为一种等级的排列，把一个相对的问题变成一个绝对的问题。同时它也忽略了现代英语诗的历史，包括它和自身传统的辩证关系。这类言说只是反映了中国人在面对西方时缺乏自信、非卑即亢的心态而已。

其次是翻译问题。译诗势必和原诗有些差异，这并不是说译诗一定没有原诗好，但是它们好的地方不会完全一样，相比之下，有得也必有失。多年来通过翻译许多西方读者对现代汉诗已建立了某种程度的接受和喜爱。举例来说，我为耶鲁大学编译的《现代汉诗选》出版后，收到不少的读者来信，其中包括一位加拿大作曲家，他为诗选里的一些作品谱曲后公开演奏，还寄了一卷磁带给我。

回到欧阳江河会上的发言，我想它的背后是对专业化研究之不足的感慨。我们仍有太多印象式、抒发性，或主题中心的批评，太多针对诗人和“诗坛”而非认真看待作品的批评。这和我们前面谈的是连贯的。

崔：也许还有大文化范围之内的因素。有人觉得中国在经济科技方面落后，想当然的以为我们的诗歌状况也是如此。实际上，诗这种东西只有拿本民族的语言作为参照，艺术上并无所谓“进步”可言。

奚：“现代化”一词在当代中国的语境里被过分实用化、工具化了。艺术中不存在“现代化”的问题。诗史上只有“现代主义”和“现代派”，却没有“现代化”的诗。当我们评价现代汉诗时，不妨把视野放宽些，不要只着眼于国内，也多参照台湾及其它华人地区。有了较全面的认识再批评，是基本的专业态度。

论民间

韩　东

一．民间是否是虚构？

民间并非出自任何人的虚构，更非出自某些人有目的的炒作或自我安慰的需要，它始终是一个基本的事实。长期以来，由于来自权力和主流话语的否认、歪曲和混淆视听，民间始终处于模糊的未明状态。90年代的新情况是：那些竭力否认民间存在的人是一些民间出身的诗人，这是否意味着对民间的否认变得更有说服力？抑或是由于个人身份的改变，这些诗人不再需要民间了？有人曾将对西方话语权力的批判斥之为“数典忘祖”，那么，对民间的否认是否亦然？问题仅仅在于：当代中国文学真正有价值意义的部分到底缘自何处？它的独立精神和处理现实的创造能力到底缘自何处？

二．何为民间？

民间的存在是一个基本的事实，有其确切的物质形态和精神核心。1976年以后至今，当代民间已有自己简短然而不无重要的历史。一方面是大量的民间社团、地下刊物和个人写作者的出现，一方面是独立意识和创造精神的确立和强调。物质形态完备、变化的同时，其精神核心也逐渐发育成熟。这是两个相互关联又意义不同的层面，尤其是后者，它的存在、孕育和成长确立了民间的根本意义，规定了它的本质，提高了它的质量。否认民间存在的人士常就其物质形态的演变发言，他们有意或无意地忽略了问题的首要方面，这就是民间精神和民间立场。

三．何为民间立场？

民间立场就是坚持独立精神和自由创造的品质，它甚至不是以民间社团、地下刊物和民间诗歌运动为其标志的。情形倒是相反，社团流派、油印刊物和文学活动因为它才有了根本的价值，呈现出真正的活力。在特定的历史环境中，结社、自办刊物和民间串联是与体制对抗的有效形式，它要求的是独立、自由和创造的可能，抵制的是权力、奴役和“庞然大物”（于坚语）。在新的时代和历史条件下，这奴役精神和窒息创造的庞然大物不仅是由体制派生出来的权力话语，更有人们津津乐道的西方话语优势。独立精神的要旨并不是在两个或两个以上的庞然大物间进行非此即彼的选择（“弃暗投明”）。所谓的独立精神就是拒绝一切庞然大物，只要它对文学的创造本质构成威胁并试图将其降低到附属地位。按此标准，90年代以西方文学继承者和守护者自居的主流诗人便是毫无独立性可言的，他们业已脱离了民间或真正的民间精神。民间立场的丧失是与他们自甘奴役的状况相一致的。难怪为其辩护的理论家们声称：不可能有什么原创！简言之有的只是在强大传统前提下的改写、复制、综合和变异。换句话说，有的只是西方文学成果的中国翻版，需要考虑的仅仅是使其中国化或汉语化问题。如果否认这一点，便是数典忘祖。在文学艺术活动中否认原创、创造的价值和可能性可谓是利令智昏，其卑屈的姿态很是令人难以置信。

四．民间简短的历史

70年代末80年代初，一本叫做《今天》的油印刊物在中国悄悄流传，这便是当代民间的开端。这是一个物质性的标记，在这本十分简陋印数极为有限的刊物周围团结着一批当时最有理想和才能的诗人。回顾当代文学时我们必须不断回到这个微不足道且十分模糊（由于种种人为因素）的起点。从确切的意义上说，当代文学与当代民间的发轫是相互重叠的，它们重合于一个明确的点上，这就是《今天》。换句话说，《今天》不仅是当代民间，同时也是当代文学的开端。关于这一点，常常遭到来自主流话语的否认和蓄意混淆。这是一个必须重申、肯定的事实，必须在严肃的场合下不断地尽其可能地以正视听。如果没有《今天》以及团结在它周围的诗人，没有他们不懈的努力和创作实绩，当时的中国文学只能是一片空白或毫无意义的混乱。尽管当时的中国有众多的官方文学期刊、出版物以及职业和半职业性的诗人、作家，但所有的这些都是无足轻重和不能算数的。

《今天》共出过九期，后来以“今天文学研究会文学资料”的方式又出过三期。80年代末《今天》在海外复刊，印刷质量自然不可同日而语，但民间的性质因复杂的历史和人为因素已大大削弱。“今天”的大部分诗人“流亡”国外，另一些诗人在国内安顿下来，或消声匿迹，或功成名就。官方和主流话语对“今天”的接受从一开始就是“代表制”的，而不是按其本来面貌接受其中最有价值意义的部分。接受的同时是歪曲和改写历史，后一种情况甚至构成了接受的目的所在。被谈论最多的“今天”诗人是舒婷和顾城，前者后来担任了中国作协省级分会的副主席，后者则因其惨烈血腥的死亡方式获得了空前的商业价值。但“今天”诗人群中最优秀的诗人始终被避免提及，其作品也从未被系统完整地介绍过，对他们的评论至今仍是闪烁其词的。这些优秀的对中国当代文学的开端起过决定性作用的诗人包括：食指、北岛、多多、芒克、江河、杨炼、严力、田晓青等等。

80年代中后期，“第三代诗歌运动”在中国兴起，当时民间社团遍及全国，流派众多，旗帜林立，其普及程度是前所未有的。比较重要的社团或流派有“非非”、“他们”、“整体主义”、“莽汉主义”、“汉诗”、“海上诗群”、“大学生诗派”以及稍后集合在《南方诗志》和《倾向》周围的所谓“知识分子诗人”。其中最为重要的民间文学刊物是《非非》和《他们》。论及80年代的诗歌和文学，如果没有上述的民间文学运动，没有与这一运动相伴而生的民间文学刊物、流派以及为此写作的诗人作家，我们只会堕入一片虚妄。尽管当时的官方文学体制（出版、杂志、会议、活动、组织）系统庞大，占绝对优势，但如果不涉及《非非》、《他们》、《南方诗志》以及众多的民间诗人（杨黎、于坚、翟永明、丁当、于小韦、王寅、陆忆敏、小君、吕德安、柏桦、张枣、万夏、何小竹、吉木狼格、小安、周伦佑、蓝马、石光华、廖亦武、李亚伟、胡冬、马松、宋琳、小海、宋渠、宋炜、欧阳江河、陈东东、西川、海子、普珉、钟鸣……）所谓80年代的诗歌和文学又从何谈起？

80年代中后期是当代民间物质形态的扩展和完备阶段，自办刊物、诗歌串联和活动以及个人写作已蔚然成风。与70年代末80年代初相比，民间依然面临着来自主流话语的巨大压力和故意歪曲。从被接受和评论的情况看，依然是以歪曲和改写民间历史为其目的和最终效果的。仅举海子一例便可看出这种歪曲和改写所带来的效应。诗人以其夸张的死亡方式成为“诗歌烈士”，成为这一时期的民间代表和唯一有意义的诗人，从而跻身于主流话语。而事实上海子绝非 80 年代后期民间出现的最优秀和成熟的诗人，一如顾城不是“今天”诗人群中最优秀的诗人。问题在于有人利用这种主流话语对民间历史的歪曲改写，试图从中获益，使得原本未明的民间写作变得更加扑朔迷离了。

回顾简短的民间历史以及个别诗人的命运，其目的在于：一，说明当代文学与当代民间的紧密或一体的关系，或者就是当代民间对于当代文学而言的重大乃至根本和决定性的意义。二，从被接纳的情况看，主流话语怎样以自身的利益为取舍歪曲和改写民间历史的。对于这种改写和否定是否可以被动蒙昧或心怀叵测地接受，冠之以“历史的选择”便万事大吉？关键在于：这是一部怎样的历史？民间的？或官方主流话语的？事实清明的？或人云亦云的？是弱势者（并非指文学成就）的历史？抑或是强权附庸的历史？关键在于：在所谓的历史选择面前该如何选择？这是每一个有责任心的文学评论家、文学史家，每一个有辨别能力的作家、诗人，热忱而不附庸风雅的读者、文学爱好者以及所有了解真相坚持独立思考的人都将面临的问题。

与民间物质形态的发展、完备同时，民间的精神核心也在逐步地孕育、壮大。这精神核心便是独立的意识和坚持创造的自由。后者对于民间的意义甚至是更为首要的。独立的精神就在于拒绝一切附庸地位，摆脱各种面貌各异的庞然大物的胁迫、利诱和无意识的控制，就是将独立思考和自由创造奉为第一要义，从而进入“现实存在——艺术创作”的真实之境。独立精神甚至也是独立于民间的，它对于物质形态的民间而言是主动和本质的，是无条件的。民间由于它而真实饱满、富于生命力。对于民间的虚妄贫血和堕落的危险它则永远是一个警诫，是批判和更新的有力依据。在此有必要提及下列几位民间人物，他们是：食指、胡宽、王小波，正是他们独立不羁的存在和自由创造的实例构成了民间坚实的灵魂。

五．民间人物

食指，中国当代诗歌的先行者和真正的源头，他的写作激励和直接启发了北岛为首的“今天”诗人群。当“今天”诗人们纷纷成名或“流亡”国外，食指的归宿却是北京第三福利医院。在相对隔绝的环境中他的写作一如既往，风格平稳，真挚动人。食指的写作始终独立于各种流派、纷争，独立于世俗功利以及种种阐释系统。天真的心灵和个人不幸的现实是食指赖以写作的全部依据。

胡宽，他的写作与“今天”诗人群同时，但未曾加入过任何一个有形的文学团体。在全然孤立的情况下胡宽创作了大量的诗歌，其特异的禀赋和狂野的风格使他成为名符其实的天才。与他那个时代的天才性的诗人（如多多）相比，胡宽可谓毫不逊色。并由于早逝，胡宽避免了维持创造力和诗人荣誉带来的种种尴尬。

王小波，独立于体制外的唯一的小说家，其独立意识和批判精神始终如一，并且是自觉的，具有强烈的理性色彩。他是知行合一的作家、思考者，后一点尤其难能可贵。作品（小说、随笔）质量不同凡响，具有开创性与先知先觉的意义。王小波是另一个独立而丰沛的源头。他的逝世提供了一个窥视其艺术和生活道路的机会，但他并非是一个早夭的天才。王小波是成熟而完备的作家，死亡不过是他个人命运的一个记号。

当代文学发育至今，所谓的民间人物当然不限于以上三位。由于他们隐蔽的存在和特立独行的方式，对他们的了解往往是滞后的，并且开始是在一个极其窄小的范围内为人所知的。他们不是弄潮儿，不是明星，不处于时代喧嚣的表面。他们是先行者、启示者，先知先觉，正是由于他们隐而不现和顽固不化的存在使一个时代在艺术创造方面才不至是一片空白。然而，应该提请注意的是：被埋没并不是民间人物的特征，早逝和死亡亦然。在所谓的被埋没者和死亡者的名单上平庸者和苟且者比比皆是。所谓的民间人物仅在于：他一贯的独立意识和始终的创造精神。民间人物由于所持的立场面临的压力（外在与内心的，文学与生存的）通常是超常的，因此一致性与坚持就尤其重要。离开这个指标，无以度量民间人物灵魂般的意义。那些与民间有关，或出身于民间或受益于民间的人因缺乏必要的连贯性并不能归结为民间人物，或者说他们与上述的民间人物是有根本区别的，其强度与质量并不构成民间的灵魂。那些半途而废、弃暗投明者或涣散沦落的人虽曾因民间而荣耀而受损，但并不能成为民间真正的榜样。

六．民间是否已经完成使命？

进入90年代，当代文学的形势有了多方面的变化。民间业已完成使命的说法成为许多人追求功利放弃文学理想的一个合理借口。仿佛世界真的已经大同，大家不分彼此。在多元化的格局中旧有的障碍、阻力、痼疾已经革除或是弱化，写作环境自由，秩序井然，人人机会均等，所需的只是才智与个人奋斗。且不论我国的文学体制（杂志、出版、组织与活动）和七八十年代一样仍由官方直接操纵，意识形态方面的控制也从未停止过，西方话语作为一种权力因素和市场利益带来的影响同时也与日俱增。文学受到来自多方面的挤压。这真是一个“鱼有鱼路，虾有虾道”的时代，如果将成功或所谓个人实现作为标志，三者的意义便可统一起来。有人在官方的文学体制中获益，有人市场看好，发了大财，有人受到西方汉学界的重视、好评。所谓的多元也许仅仅只是三元。这三元间的对峙、竞争和交换几乎构成了当代文学的全部的外在现实和走向。时代的诗人和作家们面临刻不容缓的选择，这选择无非是按其自身条件怎样最有利地投靠。当然谁都试图将三者的好处集于一身，明智的人则了解一点突破及于其它的道理，因此必要时他们加强而非减弱三元之间的对峙，并赋予行动以自我辩护的道德色彩。假戏真做或进入角色，或经由毫不自知的本能控制，在周旋经营之际振振有词也心安理得。比如据西方话语为已有的人便以为他们的选择才是对官方体制的正宗抗议，而从官方体制获益的人则认为，在西方话语霸权时代是他们维护了民族和传统的尊严。那些占有市场的人则崇尚读者、人民、大多数，强调商业机制的公平客观性，以为对文学的狭隘、保守、柔弱、孤芳自赏和小圈子性质做出了校正。

关键在于：当代文学能否在这三足鼎立的局面中找到出路？情形并不容乐观。三元之间的竞争说到底不过是力量的对比或权力间的抗衡，是意识形态的新格局，本质上是一种政治关系，而与文学的创造性本质无关。这多元（三大元）的局面中并不包括文学一元。作为非物质性的精神活动文学仍没有它的立足之地。它既不能在物质性的对抗中获胜，亦不能在夹缝中生存，唯一的出路便是从这喧嚣的表面隐退，退回被遮蔽，退回未明，退回民间，或者，在其隐身之处“不思进取”。但这并不意味着它不存在。

实际上它一直存在，血脉流传至今。自然，民间的传承伴随着物质形态的抗争、发展，伴随着在新的历史环境下方式的演变，但所有的抗争、变化都不是为了加入其间或一统天下。所有的抗争、变化都仅仅是为了生存。

民间作为当代文学的基本生存环境，在90年代到底发生了哪些变化？这是一个极为现实的问题。对这一问题的回答使“民间是否已经完成使命？”的问题成为多余。民间的使命即是保存文学，使其在日趋物质化和力量对比为唯一标志的时代里获得生存和发展的可能性，维护艺术的自由精神和创造能力。从此着眼，它便有永恒的必要性。进入90年代，文学作为人类精神生活的最后或最重要的据点面临着多方面和日趋严重的压力。这压力与利益诱惑的双重作用一直深入到作家诗人们的灵魂，并极大地伤害了他们。个人坚守变得更加困难，加上它表面上未明、不存在似乎已成定局。是否鉴于此，就意味着民间业已完成使命或认为它根本就是一个虚构？在得出这样的结论之后我们是否怀有一丝“被迫”堕落的窃喜，以便为自己的苟且和放任做堂皇的自我辩护？

民间的使命和它在90年代所面临的压力这一切都无可回避，甚至在新的历史环境中它的变化、隐匿都是事实。问题仅仅在于：在此恶劣的形势下它是否依然存在？如果存在，它的表现如何？其强度和核心是否已经减弱或是异化？

七．九十年代的民间

从物质形态方面着眼，与80年代相比，大规模的诗歌运动已不复存在。社团、流派、自办刊物的方式也许已经过时，但诗人们“隐蔽”的写作并未停止，只不过从集体作业转变为各自为政。私人交流、自印诗集和自费出版取代了串联、结社和合作。部分出身于80年代民间的诗人跻身于主流诗坛，正式出版诗集，得到公开评论，频繁出现于各类媒体，热衷于参加国际汉学会议，他们自觉地脱离民间的方式并不意味着民间的消失或“已经完成使命”。恰恰相反，进入90年代以后，民间写作的主导力量并不是那些曾混迹于80年代民间的诗人，更年轻的一代以其变化了的方式维护了必要的民间立场，成为90年代民间写作的中坚。他们中包括杨键、朱文、鲁羊、阿坚、伊沙、刘立杆、朱朱、侯马、徐江、杜马兰、唐丹鸿、蓝蓝。另一些80年代民间运动中出现的优秀诗人也拒绝以文学的自由创造为代价踏上现实的名利之途，在寂寞怀疑中写作至今。这中坚包括杨黎、小安、吉木狼格、吕德安、何小竹、普珉、柏桦、王寅、陆忆敏等人。当然，以上的名单是就我个人有限的阅读和了解开列的。由于其写作方式的个人化和格外隐蔽的状态，90年代民间写作的脉络和实况需要更为细致的勘探和跟踪。但有一点可以肯定，90年代民间写作依然存在，它的物质形态虽有变化但依然有效。在未明之处人才辈出，交流频繁，作品优异，话题常新。与居主流地位以成功为目标的诗人的写作相比，民间写作的活力与成就都是更胜一筹的，它构成了90年代诗歌写作真正的制高点和意义所在。

物质形态的另一变化是：民间的领域从诗歌扩展到小说、散文界。80年代的民间写作的主体是诗人及其写作，虽然在自办刊物上零星出现过一些小说、散文作品，但由于质量相对贫弱并不构成真正意义上的先锋。进入90年代，一些民间出身的诗人转向小说写作，将某种前提性的立场和上乘的质量带入其间。一批抱有文学理想的写作者辞去公职，远离体制，在名利面前实行自我放逐。特别值得一提的是1998年5月由朱文发起的题为“断裂”的行为，尽管参加者立场不同，甚至各怀目的，但就其行为本身而言却是真正革命性的。它的民间性质，在新的历史条件下对非文学的压力的反抗以及明确必要的身份立场都是至关紧要的。一年以后，居住在南京的十位青年艺术家再次发起“我仍这样说”的行为，从参加者的主体到精神实质都可看做是“断裂”行为的继续。参与行为的不仅有诗人、小说家，也有部分画家，从对压力的整体反抗中演化出对具体事件的反应能力，其有效性和现实感都大大地增强了。行为的方式是90年代民间物质形态最有意义的变数，它多方面地复合式地同时也是最有力地表达了前提性的民间立场。它不同于宣言、社团活动和流派之争，其开放性甚至包括了对行为本身的反诘、诋毁和歪曲。每个人都从各自的立场和目的出发对行为做出反应。行为就像某种敏感源、测试剂，文坛诸辈老老少少在其面前不得不显出他们形状各异的嘴脸。

当然，以上所述只是90年代民间物质形态的变构和发展，其精神核心（独立意识和创造可能）的孕育和强化仍是最为重要的，否则所谓的民间只能是一些无意义的动作、无目的的流变。幸亏有了胡宽、王小波这样的死者，以其生存实践和作品的绝对质量成为民间坚不可摧的灵魂。更有朱文、鲁羊、李小山、杨黎、杨键这样的生者，或奋起反抗或拒绝合作，将独立思考和自由创造视为写作的必要前提，自觉而有机地将二者结合为一。他们活着并写作比死去以警世更有意义。这意义是对民间写作而言的，更是对当代中国文学而言的。

八．民间是否取消个人?

如果将民间的精神实质视为独立意识和自由创造，它就不是取消个人的。正相反，民间是真正的个人性得以存在和展开的场所。那些依附于体制、西方话语优势和市场的个人化是很值得怀疑的，它们从以上的庞然大物那里获得阐释、意义和存在的根据，本质上是以取消个人独立作为代价的。民间并非三者之外的另一个庞然大物，它今天是将来永远是权力的丧失之所，沉默与暗哑之地。民间的本质由个人的独立和自由创造所规定，独立和天才的个人是民间不可或缺的灵魂。而在作为权力体现的庞然大物那里个人的灵魂已被典当，最好的情况下受制于权力的个人只拥有一半灵魂。个人与民间的关系和个人与权力体现者的关系其情形截然不同，甚至正好相反。在前者中个人居于绝对的主动位置，在后者中个人不仅完全被动而且有必要借权力的灵魂（非灵魂）而自我确立。

那些将民间视为权力场所的人是绝对错误的。他们将民间作为一种手段、工具，借以实现个人的成功，最终获取更大的权力。民间并非如他们所言，是起义暴动的场所，是“在野”或“杀人放火受招安”之路的必要起点。它不是以一种权力抗衡另一种权力，或者说为民间而做的斗争并不能降低到权力争夺的水平之上。从根本上说，民间的斗争不是为了获取权力，而是放弃权力，不是以权力为目标，而是以守护、延续、创造文学艺术为目的，从而必须解除权力的干扰和压迫。它争取的不是权力而是权利，这权利仅仅是为了生存、表达和无拘无束地创造。从物质形态上看，它的最低目标恰好也是它的最高目标，

那些将民间污蔑为“黑社会”的人是存心不良的。他们俨然以合法的文学政府自居，这完全是来自权力一方对民间的蓄意陷害。考虑到说话的人亦是民间出身，因此他对文学的理解想必始终是从权力处着眼的。当年

对体制的抗争不过是为了获取相同的权力，一旦跻身于主流话语便转而诅咒民间不过说明了其权力受到威胁。场景置换，他从弱势一方变为强势一方，表达不同但用心一样，这就是唯有权力的得失是当务之急。的确有人将民间理解为一种权力手段。的确有人实践了利用这种手段获取更大权力的道路。但这只是某些个人的选择，并不能以此概括论说民间。个人对民间的利用、背叛、反咬一口并无损于民间的形象、转移它的意义以致（如其所愿地）取消和葬送民间。

九．民间与边缘、非主流

边缘相对于中心而言，非主流相对于主流而言，它们皆不构成描绘事物自足性的或本质的概念。边缘与中心的一体性、互动性，非主流与主流的一体与互动性往往使边缘和非主流的概念所指失效。在边缘与中心之间、非主流与主流之间不仅存在着对抗、差异，更主要的则是交流、制约。因此不得不承认，边缘在某些情况下只是前中心状态，非主流只是前主流状态。在运用中这几乎是唯一被认可的解释。

而民间的概念则是自足和本质的，是绝对的，它并不相对于官方或体制而言。相对于官方或体制的民间只是民间的躯壳，没有任何实际意义。当然，真正的民间与官方、体制上存在着的对抗、差异，甚至还不止于此，它同时也是对抗区别于西方话语优势和市场的。在这里对抗、差异是确定的，而交流、制约却无根据。民间与边缘、非主流的认同是有其明确限制的，它在对抗、差异的意义上认同边缘、非主流，在交流、制约的意义上拒绝认同。如果说边缘是中心的前状态，民间则绝对不是这样的边缘。或者，非主流是主流的前状态，民间则绝对不是这样的非主流。

将民间不做区别地等同于边缘、非主流是出于某种马虎的臆断或是别有用心的歪曲。在这种等同中几乎无一例外地强调民间与其对抗差异对象之间的一体性与互动性，从而取消了民间独立存在的根本意义。似乎民间脱离了体制、西方话语优势和市场就不能自处，似乎民间的意义就是为了取得与体制、西方话语优势和市场同等的权力，或者就是为了争夺体制、西方话语优势和市场本身。这种曲解既是来自权力一方的恶语中伤，又被出身于民间的具体写作者的个人奋斗所证明，因此似乎已成定局，难以驳倒。但考虑到食指、胡宽、王小波这样的民间人物的存在，被歪曲的民间概念无法解释他们的生活与写作实践，因此它只能归于无效。如前所述，正是这些民间人物的存在构成了民间坚韧的灵魂，他们体现了民间写作的精神本质，同时也应是所谓民间性的最可靠的标准。换句话说：他们（民间人物）坚持的是永恒有效的民间立场。

十．民间与“民间文学”

民间不同于“民间文学”，二者之间的区别异常清晰。这本无须解释，但由于一些人故意混淆视听，以图将民间降低到“民间文学”的水准，因此有必要对有关概念进行澄清。

“民间文学”是当代文学研究中的一个特指概念，按我手头的这本《现代汉语词典》中“民间文学”词条，它是：“劳动人民直接创造的、在劳动人民中广泛流传的文学，主要是口头文学，包括神话、传说、民间故事、民间戏曲、民间曲艺、歌谣等。”在运用中，“民间文学”主要指一种风格化的倾向，一种特定的审美趣味，它的作者往往是无名的集体，是佚名者，另外它与传统文化和民族心理的关系是根本和决定性的，其来源主要是以土地为背景的广大农村。

民间的概念与此截然不同。首先，它的作者是完全的个人，是个人对他的创造完全彻底地负责。同时它不被传统和民族大众的审美倾向所束缚，在时间上不指向过去，不指向具有数千年文明史血脉流传和肉体繁衍的大地。它不投靠传统、民族和人民混合构成的庞然大物。在此比照中民间再次证明了它至关重要的独立性。它与民俗风情无关，与喜闻乐见无关，与口口相传无关，立足于现实存在，面向未知与未来。它的任务不是传承、挖掘和在时间中的自然变异，而是艺术为本的自由创造。

恰恰是“民间文学”在与体制、西方话语优势和市场的关系中存在着一体性和互动性，因此有时它以边缘、非主流的形式出现。而民间则是脱离这一暧昧关系的，它与“民间文学”没有重合交换部分，因此它的艺术标准和审美要求不容于以上的事物。将民间混同于“民间文学”乃是为了取消前者的独立性、自足性和永恒有效性，以实现庸人乐天浑水摸鱼的世界大同。

十一．民间与大众趣味、地摊读物

大众趣味、地摊读物皆与市场相关，与市场的权力和诱惑相关。如果认为民间不仅是与体制相对立的概念，那么它相对于体制的抗争、互不相容并不必然导致市场。在体制与市场之间并没有非此即彼的选择。在新的历史环境中作为权力因素的市场成为体制强有力的竞争对手，这是不可否认的事实（就像西方话语优势成为体制与市场的对手一样），但并不能就此认为民间与体制的冲突已转化为市场与体制的冲突。如前所述，在三元对峙的局面中民间既不能成为具有竞争力的一元，亦不能投靠三者之一，从而找到自身的出路。因为，所谓的对峙抗衡一概发生在力量对比和权力争夺的层面，而与文学的艺术目的无关。

将民间等同于市场（大众趣味和地摊读物）即是取消它的艺术目的。既然取消了艺术的目的，在此谈论市场和体制对文学而言的优劣便是毫无意义的。我们看到大量的对市场的批评、论说、描绘和主张都是离开文学理想这一根本前提的，因此尽管观点新颖，言说精辟，文章也不乏华彩，但一样是无的放矢的空谈，除了证明学者们个人的学养与趣味便一无所用。如果在这样的谈论中无一例外地宣告了文学的死期、它的寂灭和在未来商业技术社会里的万劫不复，论说文学与市场的关系以及文学的危机又有何必要呢？在此历史研究的框架中并不能找到文学的出路，它的精神本质、与人心灵的深切关系也得不到丝毫的理解，关键是对文学的现实与未来毫无帮助。我认为，有责任感的专业人士应具有的恰恰是对文学的敏感，真实的而不是假装的热情。应该大声疾呼，超越历史研究地阐明文学的价值、意义以及跟踪具体历史环境中具体的写作、具体的个人以及具体的不合时宜的作品。还是那句话：在历史的选择面前个人（写作者包括学者评论家）该如何选择？是加强和认同所谓的历史必然性合理性，以求随顺？或是奋起反抗，为文学和艺术的保存、延续和自由创造在现实和未来中争取更大的空间和余地？认定历史之恶是容易的，认定它的强大和必然是容易的，认定文学在一个权力抗衡的世界里几无存身之地也是容易的，困难是相反，是为人类的精神价值和人心的需要所做的也许是无望的斗争。民间并非出自幻觉虚构，它由具体写作者的创作实践和无畏的斗争所构成，它不仅需要食指、胡宽这样的诗人，王小波这样的小说家，也需要具有真正独立精神和艺术热忱的批评家、评论家和文学研究的专业人士。在谈论市场与西方文化奇观为时尚的今天，是否有人愿意将他的目光转向民间？转向那未明与喑哑之处？

十二．多元化格局中民间的意义？

所谓文学的多元化是在历史研究的框架中谈论文学，它确认的是文学的相对价值、相对意义。在这样的谈论中多元化本身成为绝对之物，这恰是从事文学的专业人士和真实的读者应该反对的。一个有理想的作家、诗人岂能不相信文学的绝对价值？岂能不相信它的绝对标准？不相信文学的真伪之别、优劣高下之分？一位出自心灵需要的阅读者岂能只以识别文学作品的风格差异为最终的满足？关于文学的相对性和绝对性的认识出自完全不同层面的理解，这一点永远不应混淆。

在历史研究的层面，文学的相对性是前定的，一如在创造和审美的层面绝对性是前定的一样。在历史研究的层面，文学的价值意义出自它的社会功能、在文化格局中所占的份额，出自它与权力之间的互动关系以及在意识形态方面的力量对比。多元化在此是大势所趋，是自由开明社会的必要保证。在这样的层面上，我们赞成文学的多元，赞成竞争、交流、共同发展和相互制约，赞成百花齐放百家争鸣。但即便如此，即便是在此历史研究的层面，即便是在这以文学的相对性为总体前提的多元化局面中，也应该承认以文学的绝对性为其前提的其中的一元。总体的相对性从原则上说理应允许其局部的绝对性，否则这相对性就是虚妄的，是以相对性窃取绝对性的地位。在理论界的言说中，我们看到的正是这种相对性对绝对性的僭越，将多元置于不可动摇的绝对位置，以取消坚持文学的绝对性之一元。对民间的责难与不宽容正是来自于此，而不是相反——像人们乐于谈论的那样：承认文学的绝对价值、绝对标准，承认文学的真伪优劣之别就是对多元化局面的否定。到底是谁在否定谁？是谁在试图剿灭打倒谁？问题并不像看上去的那么简单。

赞成历史研究中的多元化角度，并不意味着在艺术创造活动中，在文学欣赏和阅读中放弃追求绝对价值、绝对标准，放弃作品真伪优劣之别的判断。从多元化的局面中并不能得出文学的绝对价值、绝对意义，情形恰好相反，以多元化作为绝对根据的人得到的只能是文学相对化的结论，在此前提下产生的所谓文学只能是妥协、暧昧、投机和虚弱的产物。一个好的作家、诗人，一个好的真实的读者并不是一个世故的富于精良技术手段的社会历史学家，他必须相信绝对，相信文学的真伪优劣之别。尽管他的信念得不到有效的支持，表达往往词不达意，但他必须这样相信，必须这样体会，个人的成败和作品之于社会历史的意义只能是相对的、不重要的和非根本的。由此他才能进入一个本质性的与心灵相关的创造领域。这一领域拒绝一切历史研究方法的约束，或者历史研究的有效性到此止步，有所窥见也只是皮毛，难以深入其精神核心。

总之，在多元化已成定局的今天，民间坚持的正是这文学相对化整体情势下绝对化的一元。它不反对其它的数元，甚至表示理解，但在艺术创造和文学审美的层面则坚决反对相对化和本质上虚无市侩的倾向。反抗出于迫不得已，维护文学的绝对价值意义及其尊严才是目的。

十三. 伪民间

伪民间即是将民间作为一种利益场所，作为获取和维护权力的一种手段、方式、工具和过渡。它丢弃的是民间的本质，即独立精神和创造性的目标，徒有其表，是标识性的表面化的躯壳。在多元化的格局中充当相对性的一元，与其它数元勾连一体，强调其间的互动性和相互制约。伪民间即是将民间理解为个人奋斗和成功的某种起点，所实现的是成者为王的道路。90年代跻身于主流话语的部分诗人所理解和实践的正是这样的一种民间，并不能因为他们煽动性的现身说法，这样的民间就成为唯一真正的民间。

民间并不以个人的得失成败为转移，它不以对具体写作者而言的安身立命和发展的有效性而存在，并不能在某些人需要它时便成立，不需要时便不复存在。真正的民间是永恒而持久的。但这不意味着它就是平庸无能者的聚集地，相互取暖的慰藉性场所。不得志的平庸者所依附的民间不是真正的民间，它自生自灭的状况出于迫不得已。出于病态心理的自我感动者所标榜的民间也同样可疑，它关心的仅仅是个人的荣辱、身价和尊严，虽然采取的是拒绝者的姿态，但其清高、道德感和自命不凡的所谓贵族化倾向是很成问题的。

综上所述，伪民间即是：一，将民间作为一种权力手段的运用。二，将民间作为不得志者苦大仇深的慰藉。三，将民间作为自我感动者纯洁高尚的姿态。以上三种理解，既是来自民间内部的也是来自其外部的对民间的歪曲、误解和避重就轻，以致最终取消了它不可或缺的重大意义。与其对照，真正的民间即是：一，放弃权力的场所，未明与喑哑之地。二，独立精神的子宫和自由创造的漩涡，崇尚的是天才、坚定的人格和敏感的心灵。三，为维护文学和艺术的生存，为其表达和写作的权利（非权力）所做的必要的不屈的斗争。

十四．民间的未来

只要文学一息尚存，只要人们的心灵还需要艺术的慰藉，只要人类对美的感动和自由创造的热情不至枯竭，只要妨碍以上要求的压力与日俱增(在一个商业技术知识和传统权力为主导的社会里这是可以想见的)，民间作为维护、保存、延续和酝酿文学创造活动的必要和基本的场所、防线就永远不会消失。尽管其具体形态、表达方式在未来社会里会更新变异，尽管它的精神核心会更柔韧或更坚固或更隐晦，但它的存在是不可动摇的，也不容偷换。让我们这样相信，这样努力，这样斗争。必须提请民间内外人士注意的是：民间并非是一个内囿性的自耗场所，虽然它坚持的是文学的绝对标准、绝对价值和绝对意义（在此并无妥协商量的余地），但它的视野应该是开阔的，并不内敛，它的方式是多样的，并不单一，它的活动是广大的，并不狭隘，它的气氛是欢乐的，并不阴郁，它追求的是绝对永恒，并非片刻之欢。

1999．10．25—1999．11．12

后口语写作在当下的可能性

沈浩波

“口语写作在当下还有可能吗?”“口语写作还能像80年代那样具备勃勃生机吗?”进入90年代，这样的疑问几乎遍存于每一个对中国诗歌心存关怀的人们心里。

对于80年代口语写作的批判，西川的“厌倦说”（“从1986年下半年开始，我对用市井口语描写平民生活产生了深深的厌倦”）和欧阳江河的“失效说”（“与相对的城市平民口语诗的写作，以及可以统称为反诗歌的种种花样翻新的波普写作……所有这些写作大多失效了”）最具代表性。当然，后者的“失效说”在今天看来已是一个别有用心的、强词夺理式的谎言，真正值得认真对待的只有西川的“厌倦说”。

在今天回顾那一段诗歌历史，西川的“厌倦”不无道理，任何一种写作方式一旦成为鱼龙混杂的群体运动，其面目就会变得模糊不清，甚至可疑起来。当年的口语写作也是如此，除了一些具备良好诗学品格的第三代代表诗人在进行真正原创意义的口语诗探索外，一大批“诗人”仅仅是在徒劳地进行“表面口语”的诗歌复制，这样一来，无疑使口语诗变得面目可憎。不是吗?语言的粗糙、结构的松散、内容的支离破碎以及不时的无聊充斥于其间——这样的“诗歌”谁不会写呢?难怪西川会对此深感厌恶。

值得与西川商榷的是，西川所厌倦的其实恰恰是遮蔽了真正优秀的口语诗歌光辉的“伪口语”或者说“口水化”诗歌，是“混珠”的“鱼目”。我们怎么能因为这些而对于坚、韩东、何小竹、杨黎、于小韦、李亚伟、丁当、吕德安等人诗歌中体现出来的具正强大的口语品质，活跃的、生机勃勃的口语精神视而不见呢？我们怎么不对某一时段真正具备代表性和前进意义的诗人和作品加以审慎地对待，便追不及待地以“厌倦”和“失效”这样强制性词汇蔽之呢？

但现实恰恰如此，在80年代后期群体性的口语写作刚刚泛滥之际，时代便和诗歌开了一个不大不小的玩笑，进入90年代，更多的诗人开始像西川和欧阳江河那样重复着不负责任的“厌倦说”和“失效说”，更多的没有进行过真正诗歌探索的诗评家们开始像程光炜那样“一夕之间”改变了他们“80年代的诗学趣味”。与此同时，技术主义、词语、炼金术、乌托邦、形式主义、修辞学、知识分子身份、中年写作等一下子大行其道，而代表了一代人精神的“口语写作”倒反而成了可疑的令人羞于提及的东西。

我们必须承认，一个时期过去了。口语写作大行其道的80年代已经成为历史，如果将那一段时期命名为“前口语”时期的话，我更愿意说，它作为一种占统治地位的写作方式结束了，但真正伟大的80年代口语精神依然没有消亡，在90年代这个晦暗的诗歌时空下，这种精神和品质虽然暂时被遮蔽，退居到“外省”和边缘，但它依然强大，依然如潜流涌动般发挥着作用。

这种精神和品质主要是由两股力量构成，其一是如巨石般沉积于时代之中的部分第三代口语写作的代表诗人，比如于坚，进入90年代以来，他分别以两首长诗《0档案》和《飞行》，完成了一个时段而又开启了一个时段；另一股力量是指一批涌现于九十年代的青年诗人，他们散落于民间各处，但非常惊人的是，他们各自都在时代的晦暗之中坚持着严肃意义上的口语写作，几乎同时对口语写作本身进行了审视、批判、再认识、发展、创新，并最终在90年代行将结束之时形成了一股混音合成的力量。在这篇文章中，我试图探讨的“后口语写作“正是对这股力量的指称，所谓“后口语”即是相对于前文所提及的“前口语”这一概念而言。

90年代以来，“后口语”写作的青年诗人们一直居于时代的背面，没有与这个血气流失的卑鄙年代同流合污，但依然形成大致相近的诗学立场，共同完成了“后口语写作”的深刻内涵，并为在80年代末期显得后继乏力的口语写作提供了更广大的空间和更多的可能性。

首先，后口语诗歌在90年代维护了诗歌写作所必须的原创立场，并更加具备不可混淆的独立精神。

必须指出，诗歌的“原创立场”本来不应该被如此强调，而应该作为一种常识深存于每一个诗人内心。我在此处之所以强调“原创性”，即是针对当代诗坛的三种现象。其一是，部分诗人（比如王家新）和诗评家（比如唐晓渡）纷纷在文章或会议上否定诗歌原创性之必要，王家新不是在其《回答四十个问题》中大言不惭地宣称，“从来不认为自己的写作是一种‘创新’吗?”其二是，90年代占主流的“知识分子写作“（泛学院写作）普遍陷入形式主义、技术主义、修辞学的窠臼，虽然打磨得十分精巧光滑，但终究掩饰不住可复制的（其中大多数甚至就是复制而来的赝品）的空虚，这正是其对原创性的忽略、否定（或者干脆就是因缺乏创造力而不敢面对）所致；其三是，由于前口语写作阶段许多作品过于平面化、口水化，时至今日，仍有不少诗人和诗评家对口语诗歌存在着“可复制”的误会，这正是没有真切理解口语诗歌天生具备的原创性。

由于以上三种现象的存在，后口语诗歌所体现出来的“原创立场”便显得弥足珍贵，对于这两种现象而言，“后口语”的原创性意味着一种姿态，意味着对严肃诗歌精神的维护，而对于后一种现象来说则意味着澄清、纠偏。

正如伊沙诘问西川时所说，“为什么是思考而不是感受?”这是一个重要的问题，在诗人与世界的关系上，“后口语”的代表诗人伊沙与严格意义上的“知识分子写作”诗人西川在出发点上便发生了重要分歧。“后口语”诗人与世界的关系是相互感知的，是感性的、灵感的、冲动的而不是思考的、理性的、征服的、穷尽的。而这种感性，这种灵感突发，不正是后口语诗歌原创性的前提和保障吗？现在想来，几乎是一种必然，感受的方式带来冲动，带来原创的体验，而思考的方式则带来理性的推进，一旦无法推进或深入下去便会自然地陷入技术主义的魔障。

除此而外，口语写作这一语言方式本身也是能够保证其“原创立场”的原因之一，所谓口语，即每个诗人的自身本质，天然的语言状态和感觉，这本来就是原生质的，我们不妨以诗人南人的这首《对秋天的威胁》为例：

忸忸怩怩的秋天
你知道灵感拔出诗歌是什么结果
你知道种子拔出泥土是什么结果
你知道乳头拔出嘴唇是什么结果

你知道芦花拔出芦苇是什么结果
你知道钥匙拔出锁孔是什么结果
你知道烟头拔出香烟是什么结果

你知道麦克风拔出卡拉 OK 是什么结果
你知道男人拔出女人是什么结果

听见没有
你再在那里叫个不停
我就马上把我自己从你身上拔出
让你一下子变回春天

在这首诗中，南人对于“忸忸怩怩的秋天”的感受是极度的厌恶、痛恨，或者说这样的厌恶给了南人创作的冲动和灵感，而这种灵感经由其强烈、泼辣、频率快疾的口语方式呈现后，那种骨子里的厌恶与痛恨使一下子在这首诗中完成了。这样的感受、情绪、语言、表达效果都只能属于诗人南人，完全不能被复制、被摹拟，原创的力量使诗人南人具备了独立的可能性。

事实上，真正的口语诗人从来都是独立的，不可复制的，因为他们是感受着的，他们是在用口语，用完全属于自己的嘴唇说出完全属于自己的感受，他们的诗几乎就是他们的性情和生命状态在纸页上的再现。所以他们的诗作必然大相径庭，各自闪耀着自己强烈的性情光泽，伊沙的尖锐、大胆；阿坚的散淡、幽默；侯马的温和、柔韧；贾薇的神秘、自足；徐江的率意与忧伤；宋晓贤的肆无忌惮与悖逆；张海峰的沉痛与专注；朵渔的沉稳与内敛；盛兴的本质与天才……他们哪里是在展示他们的诗作，他们分明是将作为诗人的自身燃烧着摊开，独立的精神使他们自信、强大，使他们用不着理想主义，用不着升华，用不着遮蔽，他们的天才和性情足以成就他们的诗歌。

其次，与前口语诗歌相比，“后口语”的诗人们更为讲究诗歌的内在技艺，具备深刻的语言自律。

在这里必需指明的一个问题是，技艺与技术不是一个概念。时下很多技术主义的诗人也言必谈诗歌中的技艺问题，但究其实，他们所一一探讨并教条般加以学习落实的那些东西，只不过是包含在技艺中的最浅的一个层面——技术而已。真正的技艺存在于每一诗人的苦心孤诣中，为了完成一首杰出的诗篇，为了达到某种震撼人心的表达效果，诗人必须尝试语言的节奏，体验词句的铿锵，安排篇章的结构，控制情感的流淌，而所有这些，又都是不可言说的，每个杰出的诗人都有一套完美的技艺系统，但这些都是以某种感性的力量发生着作用，怎么可能逐一地说出呢？技术主义者们热衷于探讨和炫耀有关技艺的问题，孰不知，这些陈腐的条目式的东西离真正的技艺相去甚远！甚至干脆就是背道而驰。

技术主义者过于注重表面的技艺，而80年代后期的很多口语写作者则完全忽视了技术对于每一首具体的诗篇的巨大作用，这两者都走极端。尤其是后者，正是由于这一点的偏颇，才使得前口语写作到了后期越发泥沙俱下、良莠不齐、玉石不分，乃至走向式微，这里面存在着一个普遍的误区，即认为口语写作操作起来十分简单，不就是说大白话吗？不就是“我手写我口”吗？不就是情感的宣泄与流淌吗？……这样的想法非常错误，正是这种错误的指导思想，导致本来生机勃勃的80年代口语诗歌误入歧途，丧失了它应有的声誉。持这种想法的诗人将口语写作想得过于简单，其实口语写作是难度最大的一种写作方式，因为选用的语言是没有任何遮蔽和装饰的口语，所以只要有一点毛病都如同秃子头上的虱子，无法蒙混过关，对于一首好的口语诗歌的基本要求应当是：从心态上看轻松自如，从效果上看浑然一体。而这一点起码的要求就已经具备相当的难度，绝不是所谓“我手写我口”就能解决问题的，道理很简单，口语写作是用“自己的嘴唇”“说出”诗人与世界的相互感受，既然是“说出”，为什么不说得更好呢？删削去那些家长里短，祛除去那些顾影自怜，打发掉那些油嘴滑舌，该闪光的语句让它闪光，该晦暗的区域让它晦暗……深刻的技艺会使你对世界的感性认识真正得到富有质感的表达。

所幸的是，后口语写作者们几乎从一开始便注意到这一点，比如下面这两首诗；

在一辆出租汽车上/司机跟我讲起/他与交通警察的关系/就是鱼和水的/那种/鱼儿离不开水哟/他还唱了那么/一句//这番道理/我不是头回听说/但此次感受颇为不同/此次是由鱼儿/自己说出//坐在后排/我看见司机的脸/只在后视镜中/看见一条鱼//鼓着鳃/冒出一串水泡

——伊沙《司机的道理》

从我家门前经过时/他已经糟得要命了/他如同一个垃圾场的父亲/戴着一顶警察的帽子/是因为感到了威武/穿着女人的花鞋子/是因为感到了漂亮/噢！该死，他糟透了/我不知道他将继续糟下去/还是已经完美无缺/而警察突然就想把他拍死/如同一只苍蝇/而我却想喊一声爷爷/带我去你熟知的地方/我还想看看你口袋里有没有黄金

——盛兴《糟老头》

这两首诗从表面看，都十分率意、自然、朴素、几乎看不出一点技术的痕迹，但仔细阅读，我相信不难看出，深刻的技艺其实就隐藏在貌似平易的诗句之下。伊沙在结构上的匠心，盛兴在语言运用和转换上的老辣，都已达到令人拍案叫绝的程度。在《司机的道理》一诗中，伊沙一开始便进入一个令读者猝不及防的话题当中，随后是平缓的叙述，波澜不惊，却又仿佛在跟读者打哑谜，当伊沙安排司机“还那么唱了一句”，“鱼儿离不开水呀”时，相信阅读者仍然没有搞清楚他想说什么，但这一切在突然之间得到了解决，“但此次感受颇为不同/此次是由鱼儿/自己说出”，空间一下子变得广阔起来，阅读者几乎获得了一个全新的视界，他们洞悉了这首诗，但又不完全，“鱼儿自己说出”又怎样？不好说，但滋味全有了，竟能让人觉着卡夫卡的无奈……而这时伊沙并未停滞，他已经在后视镜中“看见一条鱼/鼓着鳃/冒出一串水泡”，原来的平缓与突兀中又揉入一股灵活的叙述，这首诗陡然轻灵起来。

再看《糟老头》，盛兴以童年视角对一个经过垃圾场的糟老头进行描述，这本身就有很大的技艺含量。他形容糟老头——“已经糟得要命了”，“像一个垃圾场的父亲”，但这没说完，“他戴着警察的帽子，是因为感到了威武，穿着女人的花鞋子，是因为感到了漂亮”。看看这几个动词，尤其是“感到”，多么绝妙的表述，多么灵活的承接，这里似乎没有任何可供炫耀的比喻或其他什么修辞，却似乎天生就在比喻着，天生就在修辞当中，紧接着“噢，糟老头，他糟透了”，到此，似乎已“糟”到极致，但天才的盛兴笔锋一落：“我不知他将继续糟下去，还是完美无缺……”这一下陡起风云，而“糟”的感觉又更进一层，“糟”得很快“完美”了，怎样一种极致！而盛兴在技艺上又是怎样一种极致！

我以为，“后口语诗歌”中的这种惊人的潜隐着的技艺是真正对诗歌本

身发生作用的技艺。

再次，“后口语”写作在深度上开掘得更为充分，“深度叙述”在后口语写作中成为可能。

“平面化”、“缺乏深度”一度是人们用来攻击口语写作的口实，在前口语写作时期，这一指责貌似切中时弊，但其实仍然是片面的，未加甄别的判断。80年代的平面化写作，在很多杰出的诗人那里其实仅仅是一个手段，比如韩东的《大雁塔》、《我看见大海》，还有于坚、杨黎等人的作品，他们是在以“平面化”的方式进行消解、反讽，他们的这种“平面化”口语表述蕴藏着巨大的时代力量，在深度上早已掘进到时代的最前沿，对这一类诗人的作品如何仍以“平面化”三字加以指责，就显得有些言不由衷了。当然在“前口语”时期，由于投机者甚众，并普遍误以为这种“平面化”的口语表述易于摹仿，一下子出现了口语泛滥的景观，这时，才大规模地出现了负面意义的“平面化”和“口水化”，越来越多的东西成了无源之水、无本之木，成了“生活的简单提货单”。

进入90年代以来，在默默中从事口语创作的诗人们在保持了口语的原创性，发展了口语诗的技术的同时，也自然而然地注意到在深度上掘进的必要性，并使“深度叙述”成为后口语创作中的一个趋势（或可能）。

当然，我在这里所指称的深度与部分“知识分子写作”者所言的思考的深度并不一样，我更倾向于谈论某种感受的深度，在我看来，感受是人类与世界相互体验的唯一方式，感受本身有层次之分，有浅薄和深刻之分，同一桩事情，有人可能无动于衷，或者流于表面的笑料般的假象，有人却能感受到悲悯、关切、疼痛、颤栗或者幸福。比如下面两首诗的选章；

有一种声响像宿命一样来临/那是邻居的作爱声惊扰于我/长久的，断续的，噪动的呻吟/——为什么别人的幸福总会破坏我的幸福//那是再婚的作家和年轻的妻子/他们长久以来的第一次作爱/他性格温和，作品沉着优美/他身上有些疾病/作一次爱不容易//我的听觉陪着他们/就像陪着作家温良的秉性/他们在某个时刻收场/而我的眼睛睁到天亮

——师江《黑夜》(节选)

呀，目睹这现代的一幕的变迁/有人顾不得顾影自怜/一个男人要走多少路/才能被称作男子汉/一个婊子要生多少娃/才会有人喊她一声妈/李红的旗袍裹着她的躯体/李红的智力含着她的美德/只有在酒吧旋转着挂在天

空时/才能看到逃离的李红呶呶嘴好像一个吻

——侯马《李红的吻》(节选)

这两首诗在我看来是“深度感受”的典范之作，比如在师江《黑夜》中，“长久的，断续的，噪动的呻吟”惊扰了他，他叹息，“为什么别人的幸福总会破坏我的幸福”。如果他的感受仅止这一层，或者接下去烦躁不安，辗转反侧，所有这些，都将是浅薄的，停留于事物表象的。好在师江并未罢手，他的感受进一步深入下去，他理解了“再婚的作家和年轻的妻子”“长久以来的第一次作爱”，师江仿佛不经意地说，“他身上有些疾病，作一次爱不客易”时，师江完成了更深层次的感受。侯马的《李红的吻》与之有异曲同工之妙，对一个妓女，侯马的表述满含悲悯，“一个男人要走多少路/才能被称作男子汉/一个婊子要生多少娃/才能有人喊她一声妈”，这样的时候，侯马的体验不仅仅停留在所描述的对象本身，而是进入更为开阔的空间，正如摇滚人张楚对此所指出的，“一个女人路过他的生活，不相干的生活，但是他没有无动于衷，侯马对人有一份真关切，生命找寻着真诚。”

由于后口语诗人各自独立的个性存在，他们对于世界的深度感受的楔入方式、姿态、感受的向度、力度、体现出来的情感特征也各不相同，而这么多迥异的体验和感动、颤栗、美和幸福融汇到一处，便呈现出后口语诗歌整体上的复杂、深入的美学体验。

我们曾一道喝酒/一起听流浪者为我们唱他写的新歌/我们写诗，眼红肿着/谈我们肝肠寸断的祖国……//然后我们各奔东西/然后每早八点准时上班，经受蹂躏/然后各自娶亲/各自盘算本地楼价/每月花销的最低可能/多年之后/我读到了他寄来的早年诗作和信/说现在，已很少再写//我当时真愤怒呵/这就是/他妈的人们所说的“大好年华”

——青春、人生、昔日、当下、故友、消沉、愤怒、感叹，这就是徐江的《大好年华》

……我顺着月亮眺望/情人正怀揣苞米/走出静静的村庄/我肯定首先是苞米开花的形状/打动了情人/让他掰开苞米/如同解开我的口味……/情人上楼了/他怀揣五只青春的苞米/选择一只递到我的手上/我看看这周身裸体的苞米/看看敏感的月亮/呀，我轻呼一声/在情人面前/把掰开的苞米/丢到

地上

——神秘、宁静、柔和、夜晚、苞米、爱情、性，这就是贾薇的《掰开苞米》

我把笤帚伸到油光可鉴的地板上时/楞了一下，上面，落着暗色的烟灰/大粒的尘土，让我动心的/这秋季将近结束的清晨/冰凉的地板上落了两、三只蚊蛾的躯体/纤弱，微小，还能依稀辨出/残存的透明羽翼/菊花水一样的香气随风/送入窗内，又从微启的屋门飘过/那破裂的羽翅无法察觉的动了动/多像垂死的天使啊……

——秋季将近结束，几只垂死的蚊蛾，引发了诗人对生命的同情、悲悯和追问，这就是张海峰的《诗 49》

从旧社会过来的人/大都缺胳膊少腿/有的没了头/有的去了势//只有从子宫里来的人/完好无损/这就说明了/在万恶的旧社会//起码还有子宫是干净的/因此至今无人敢骂/万恶的旧子宫/这是公道的//问题是，从子宫里来的人/后来都受了害/后来，我们也只好/一代代骂下去/在万恶的旧社会/……

——活跃的语感，俏皮，想象力，藏于其中的愤懑，嬉笑怒骂中的关怀与批判，这就是宋晓贤的《万恶的旧社会》

我引用以上四篇迥然不同的杰出诗章，谛听着这么多深入的声音，清晰的呼吸……，他们构成了众声混杂而又十分和谐的后口语写作深度叙述的乐章。

保持和维护 90 年代汉语诗歌的原创立场，坚持精神独立，对于内在技艺的追求和探索，形成自身对诗歌的高度自律，并进而深入到生活中去，体现出感受的强大力量，在谛听、颤栗、追问中完成对诗歌理想的追求……这些，是我想指出的 90 年代末期形成的后口语诗人群们得以生存和强大的可能！

当然，后口语诗歌仅仅是这个众声喧哗时代较为清晰的一脉，还有那么多不在此列的优秀诗人，比如任洪渊、比如食指、比如昌耀、比如多多、比如海上、比如西川、比如余怒、比如莫非、比如树才、比如翟永明、比如孟浪、比如柏桦、比如王寅、比如张小波、比如陆忆敏、比如叶辉……当然还有那些 80 年代以来始终坚持口语写作与探求的诗人们：于坚、韩东、何小竹、杨黎、吕德安、小海、杨克、小安、邵春光、柯平……所有这些，构成了我们色彩缤纷的诗歌版图，虽然他们共同窒息于90年代晦暗的阴郁的时代气息中，但他们所共同形成的巨大诗歌可能却必然会在新世纪到来之际闪耀光泽。

1999年10月30日凌晨

实现的与期待的

谢 冕

从1949年到现在，是中国新诗发展的新的历史时期。新诗在这个特殊阶段里，已经有了长达半个世纪的发展。中国新诗从此经历了充满痛苦的、极其曲折而又极富戏剧性的进程。作为一个完整的阶段，中国新诗历史的后50年，既是五四新诗传统的继续和延伸，又是具有巨大变异性的独特的阶段。正是由于它有过对于新诗传统的大面积的改写，因此，随之而来的匡正，却也为新诗历史打开了新的篇章。异变造成了贫乏，而挫折却酝酿着丰富。从50年代末到90年代末，中国新诗这长达半个世纪的艰难行进，谱写了这一阶段诗歌的既贫乏又丰富的历史。

诞生于五四新文学运动的中国新诗，感染了那个时代充满个性和激情的、自由奔放的气氛，从开始之日起，就进行着广泛而又多样的试验，当时就有基于艺术目的的诗歌流派的集结和运行。当时的创作环境和创作心态是轻松的和宽容的，人们可以在各不相同的气氛中实践着自以为是的艺术主张。

最初出现的诗人是个体的，即使也有邀集同道作同向的诗的实验，也不具有明确的集团的倾向。及至文学研究会和创造社相继成立，两个社团分别拥有了自己的诗人群，这些诗人于是开始表现出各不相同的审美和艺术风格的追求。随后也就产生了艺术主张迥异的诗歌流派：有偏重于写实的，有偏重于表情的，有偏重于象征的。于是，在新诗史的最初几页的描写中，尽管朱自清以他敏锐的艺术感受力捕捉了各路诗人繁复而又细致的异趣，却依然是繁花满眼、扑朔迷离，最后对此也只能作简括性的描述：

"若要强立名目，这十年来的诗坛就不妨分为三派：自由诗派，格律诗派，象征诗派。"(《中国新文学大系—诗集导言》)

这是新诗草创期的让人迷恋的胜景。后来的情况就有了变化。由于左翼文学思潮的引入，这种思潮因与中国社会的实际处境，以及中国诗人有感于时代召唤而产生出强烈的趋同倾向。新诗从此表现了从诗人内心向着外界叙述和描写的热情。而在诗的内涵上，由于受到左翼文艺思想的支持，而表现出明显的外倾姿态。哲学上的唯物论和阶级论的文学观的结合，导致诗歌创作上主流意识的形成，并随之迅速产生排它性。诗歌于是悄悄地准备着和酝酿着它的统一化的历史行进。

以左翼诗歌为发端的中国诗歌"纯化"运动，由于倡导此项诗歌的理论的逐步体系化，加上有力的创作实践的支持，在40年代初期的解放区就已得到普及和贯彻。新中国的建立，当时除了局部地区以外，战烟基本平息，全国政局大定。行政力量的强大，胜利者的信心，以及长期形成而今更为成熟的文学理念，使主事者有可能发起并推行文学大一统的战略。这种大一统的构想与建立一个新型的社会的理想相联结——一个空前统一的社会，期望着一个空前统一的文学。在新的文学理念中，作为意识形态的文学，原是决定于社会的经济基础，并通过政治的中介体现政治的利益。经济决定意识形态，政治决定文学，这原是顺理成章的事。

"治平之世，百度守成，文章典则，步趋甚严。虽不羁之才，罔敢逾越。及有非常之变，则纪律荡然，一时才俊，失所依据，门斧自操。聪明所结，足使风云变色，河岳异彩，新陈递嬗。洪蒙再开，渐渐浸淫，以成习俗，所为文章，亦相准焉。故虽不及于古，然新体萌芽，必于是时。"(姚华：《曲海一勺》)这段话把天下治乱与文章嬗变之间的关系，作了相当精彩的论述。治世讲究规矩，"乱世"利于创新，大体的规律如此。40年代结束，50年代开始，一个新的社会形态诞生了，正是所谓升平之世（就当时胜利形势而言，随后发生的一切，那时不可预料)。于是要求文章法度趋于一律整饬，这从社会要求于文学的关系来看，是合乎常理的，虽然从文学自身的规律来看未必合理。

20世纪后半叶，中国文学和诗歌的一律化趋向，对于五四新文学传统而言，无疑是一个大变异。这种一律化的来势甚猛。从社会行政的角度看，是当时文艺指导思想的推行和贯彻，这种贯彻多半借助于那时层出不穷的政治运动和“文学运动”。从作家的角度看，当时多数的作家、诗人和理论家都真诚地服膺时代的要求，自觉地投身于思想改造的热潮。这种改造的切入点和基本点，则是对于旧的“个人主义”的创作观念和审美趣味的批判和否定。所有的作家，不论是自觉的还是不自觉的，都必须对“错误”的文艺思想进行清算，而按照当时倡导的创作理念“重新开始”。

这是中国诗歌大转折的时代。原先形形色色的诗，在明确的方向和有力的范式的启示下，并由于强大的行政力量的推进，得到了重大的改造。以往那种显得庞杂而繁复的诗，在一体化的改造中变得“单纯”了。“单纯”的时代要求“单纯”的诗，“单纯”的诗也反过来反映它所从属的时代。中国诗歌的这个一体化的进程是漫长的，经历了50年代、60年代、以及70年代的几个重要的历史性时期，在改造社会的同时，也有效地改造了诗歌。这个进程大体终止于文革结束。

那么，中国当代的诗，是在甚么方面进行了由繁复向着单一的改造呢？首先是诗的内容：它必须表现工农兵的生活和情感，特别是必须用歌颂的态度对这种生活作肯定性的描写和再现。诗歌杜绝表现个人，特别是个人那些不合乎时代潮流的“不健康”的思想情感；诗歌是整个社会大机器的一个部分，它必须为这个社会的进步唱颂歌。在诗歌的形式方面，也有极为明确的要求，民歌和古典诗歌的方式被确定为“基础”。革命的理想，可以预期的未来，充满信心的实践，决定了这个时代的诗是健康的和乐观的诗，它必须用明朗而昂扬的调子，用雄壮的旋律来再现这个时代。

经过这番改造的诗歌，在传达这个时代的革命性情感以及描写新生活的具体场景和人物方面，取得了和特定时代相契合的实效。如今我们反顾那些年月，通过这些诗，既可看到那些年代里人们的真诚和天真，从他们的执着中，也可窥及如今已变得稀罕的“单纯”。同时，那些诗也保留了那些年代世事人心的畸斜和歧变，其中包括“大跃进”的癫狂，以及“文革”的极端。

“单纯”的诗歌，以排斥和取消诗歌的多种功能，以及诗歌表达人们的情绪和感受的无限可能性，特别是它在表达幻觉、想象，和那些“不存在”的“虚幻世界”方面，它以诸多的牺牲为代价，摒弃了诗在传达当代人复杂而隐秘的内心世界的丰富性，而换来了美感的单调和诗意的匮乏，从而留下了久远的遗憾。

世界本身是复杂而绝非单一的，人类的情感世界尤其如此。诗总是在表现人的内在情感的丰富性方面，特别是在表达人的非写实的直觉和幻觉方面具有超凡的能力。把诗的表现范围和表现方式予以只能如此的限定，是有悖于诗的规律、也有悖于文艺的规律的。然而，充分自信的胜利者却为此进行了义无返顾的推进。这种推进造成了一个时代诗歌的特殊风景，也造成了一个时代诗歌的贫瘠。

单一的诗歌是单一的体制的产物，它在说明时代的单纯性的同时，也说明那个时代的失常。它与社会的刻板，思想的禁锢，以及舆论的一律相联系。当原本是飞扬而灵动的诗歌变成了千篇一律的枯燥的言说的时候，人们不难从中看到了严重的时代病。

从单一的诗走到多样的诗，我们用了数十年漫长而痛苦的时间。以新的秩序和新的生态来冲破单一的诗的格局，是思想解放时代的恩惠。当思想从禁锢中走出，人们惊异于空气的流通、阳光的明亮，从而产生出不满现状和变革现实的热情。“幸存者”的归来和“朦胧诗”的出现，改变了诗歌大一统的格局。异向的呈现和不同诗观的冲撞是如此的强烈，由此而爆发出的持久的论战，是中国新时期文学的一段震撼人心的华采的乐章。

现在回想80年代初期围绕新诗潮出现所展开的那场旷日持久、而且显得严重激烈的批判和论战，尽管其中有欣赏习惯和诗歌观念等方面的原因，却不难看出，作为主流形态的单一的诗，面对着“异端”的侵入正在进行着一场捍卫自身正确性和纯粹性的斗争。单一的诗是一种与社会理想相联结的信念的产物。假如说它的存在是一种证实，那么，它的消失也是一种证实。这样看来，它面对“异类”而进行维护自身的唯一合法性的抗争，便是不容置疑的了。

但毕竟人们已经觉醒。他们已不能容忍诗的贫乏和呆板，而期待着一场打破一体化的变革。新诗潮勇敢地在原先板结而变得坚硬的单一体上打上了一根楔子，裂缝于是产生。随之而来的，则是单一的诗的解体。开始是在传统的诗歌形态之外产生若干异质，自由的闸门一旦打开，那潮水便无拘束地，后来则是无节制地奔泻而下。

80年代是不平静的年代，继“朦胧诗”之后，诗的试验和变革几无间断。80年代中后期，由于后新诗潮对新诗潮的挑战和反拨，从而开始了诗的多元时代。究其原因，一方面是由于社会继续开放，人的心灵更为自由，观念也更为解放。就诗而言，多数诗人已不再愿意听从他人的指导，而宁愿听取自身的召唤。在这个时候，所有的诗的模式，几乎都受到了漠视。诗人们不再听从他人的指导，而做自己愿做的事。他们从不同的启示和仿效中，按照自己认定的方式写作。他们耻于承认曾受到他人的影响。

从此时开始，曾经是相当坚固的诗歌统一体宣告解体。中国诗歌呈现出从未有过的杂陈状态。举目所见，尽是一个一个独立的“个体”的演出，偶而也有类似集团的倾向，但多半是松散的、非长期的，也不具约束力。总之，以往盛行的诗的“群体”已经削弱，甚至已经消失。

早在80年代中期，新诗潮就已受到质疑。然而，新诗潮的影响依然强大而深远——它并不因为受到质疑而失去魅力。更往前推，当年作为主流形态的诗，也并不因时间的更迭而成为过去。多数的诗人依然按照那种传统的写法继续他们的创作。不同的是，当年那些单一的诗，如今变成了只是众多的全体中的一种。而且即使是这样的诗，也有了新的时代给予的新形式和新内容。这是一个众声喧哗的时代。所有的诗人都在用自有的方式存活着。他们做着各自的诗。交流于是变得困难，当然彼此认同也变得更加困难了。这就是90年代中国诗界的基本状况。

新诗潮曾经以它的旧时代的质疑者和挑战者的身份，以它的作为一代人的代言者的身份，而赢得重大的声誉和影响力。他们的诗的确也因为代表了动乱结束之后的中国的反思，以及尖锐的批判性，而引起了全社会的关注和共鸣。但随后继起的诗人中，却有相当多的人羞言为时代和群体代言性质，他们声称他们只是凡人而非英雄，他们只是作为个体在说话，而且在更多的时候只是在说他们自己感兴趣的话——多半只属于诗人的个人体验的那些他人难以进入的“个人世界”。在这一部分诗中，诗的社会属性和公众关怀被消解。商品社会的诗歌，无疑也感染了这个社会的价值观。这依然是特定时代打在诗上的印记和刻痕。

对于长期封闭和控制的社会而言，如今无疑是一个相对宽松的时代。在保持和社会的相对和谐的前提下，诗已获得了相当的自由。所有的人都可以按照自己的追求和方式进行创作而无须得到他人的批准。于是，在传统的诗歌观念受到挑战的同时，不断涌现出更多的诗歌形态——这些形态当然是受到来自多方的文化和诗歌资源的启示，但多半是驳杂的、含混的，甚至是讳莫如深的——当今的中国诗界，很像是海中章鱼的吸盘，那些吸盘伸向各不相同的方向，吮吸来自各方的营养。这是一个杂呈和并存的时代，几乎所有的诗歌体式都不愿退出竞技。这又是一个相对宽容的时代，以往那种非此即彼的对抗和选择已不存在。各人都在各人的世界里，做各人的事。这还是一个相对清寂的时代，诗歌的传统审美性被冷淡，诗歌和社会的紧密联系被疏离。

社会生活和人的情感空间是多层次的、立体的，而绝非是平面和单一的。世界从来不“纯粹”，混沌和杂糅才是它本来的样子。诗在表达对世界的感受和把握方面，接近于科学，甚至甚于科学。诗在连接人的内心和外界社会的方式，比科学还要奇幻，还要富于想象力。这种方式是飘浮、朦胧，是更为曲折隐晦的。直白不是诗的常态。所以，从根本上讲，诗拒绝“纯粹”。在不“纯粹”的世界里要营造一种统一的、纯粹的诗，这本身就是悖谬。如若真的出现了这样的意图和出现了这样的诗，那便是失常和反常的。不幸的是，我们竟然拥有了和经历了这样的年代。

我们用了长达半个世纪的时间，进行了对于单一的诗的拒绝，和对于多样的诗的呼唤和争取。许多诗人为此经受了苦难。以本世纪 80 年代为契机，我们终于在新的历史时期获得了新的开始。我们终于能以多种多样的方式面对多种多样的生活。

从单一的诗到多样的诗，是一个伟大的进步。现在是多样的诗的时代。单一的诗使我们感到窒息，它使我们的思想情感贫困化，单一的诗使我们疏远了丰富的世界。即使是在历史发生大变动、社会生活极不正常的年代，这世界依然是丰富的。生活的表象是一回事，生活的内蕴又是另一回事。例如表象上的狂热，并不能取消狂热背后的悲哀、惊恐，以及人的被掩盖的、难泯的本性。

当今的中国新诗正在以多种多样的方式和多种多样的声音，传达着这个时期中国生活的生动和喧哗。诗歌已从被规定的状态中走出它已拥有属于自己的自由空间。诗从被锁定的“群体”中走出，诗重新成为“个人”，诗歌在表达个人人性的体验和状态方面，从来也没有像如今这样的自在、舒展、无拘束。

随着个人化的推进，以获得充分的个人写作空间换来的，是诗与社会生活的进一步剥离。大面积弥散的平面化和无深度，极大地消解了诗的价值和意义。不仅是崇高的命题受到冷遇，甚至连传统的优美和抒情性也变得遥远了。由于众多的缺失，众多的诗都因而失去了分量。

在这样的情态下，人们由于发觉上述的缺失，进而对一个时代的诗歌提出了新的呼唤。重要的诗的概念，就是在这样的背景下提出来的。有的诗对于创作者个人来说可能是重要的，而对于整体来说则可能并不意味着重要。而任何时代若是只有众多的多样的诗，而没有重要的诗，这无论是对于哪个时代都意味着缺失。即使是对于作为诗歌的黄金时代的唐代也是如此。那里的诗歌可谓是群星灿烂，满眼光华。然而，唐代要是没有对这个诗歌王国来说是重要的诗，要是没有李白的《蜀道难》、《梦游天姥吟留别》，没有杜甫的“三吏三别”、《北征》，没有白居易的《长恨歌》和《琵琶行》这样一批重要的诗，那么，连唐代也会因而感到寂寞的。

重要的诗使我们不仅看到个人，而且通过个人忧患和悲欢的情感经历看到了时代，看到了那时代的全部和整体。从这些诗中我们可以明确地把握到那个时代的总体气氛和情调，从中感受到那个时代的特有的精神。重要的诗人是概括性的，重要的诗人总是从个人的体验出发，到达时代的中心，并准确地把握那个时代的灵魂。

凡是称得上是重要的诗人的，大都和时代保持着最密切的联系。他们是时代忠实的儿子，时代是他们的母亲。母亲的笑容和乳汁，母亲的白发和皱纹，母亲的光荣和灾难，都会在重要的诗人的重要的诗中得到体现。重要的诗人还能够通过自己的诗作，实现并概括那个时代的审美风尚。因为郭沫若突现了五四时代的狂飙突进的精神，因为艾青喊出了中华民族血泪抗争的声音，他们因为写出了重要的诗而成为重要的诗人。他们代表了一个时代。

诗性、诗形与非诗

沈　奇

诗性与诗形

诗与其他文体的区别，自是在于其独具的文体特性。

在古典诗词中，这种特性比较明确：固定的体式，讲究平仄押韵，言志、抒情、寓意、情景交融等等，在规范中较量才具的高低与见识的深浅，且有较稳定的、可通约的文化大背景作凭藉，写什么，怎样写的，写得到位不到位，大家一看都清楚——我将此种写作称之为“在家中”的写作。

在现代诗中，这种特性似乎越来越成为一种可意会而不可言传的东西。可意会的是种种说不清道不明的“诗意”、“诗情”、“诗味”、“诗感”等等，且众说不一；可言传的则只剩下一点，即“分行排列”，且只在“分行”，如何“排列”，也无定规。写作者无“范式”可依，无“公约”可求，便完全返回自身，返回个在的对诗的认识，加之文化前景的变动不居和多元差异，写作遂成了一种失范的、同样变动不居的状态——我将此种写作称之为“在路上”的写作。

于是，只要是用分行排列形式写出来的文字，便都称之为“新诗”，有关“诗性”的界定好像总无从落实。对于依然“在路上”的现代诗而言，规定什么是诗的，显然是错误的，但指认什么不是诗的，还是可行之举。实则无论是台湾诗坛，还是大陆诗坛，经由半个多世纪的步程，尘埃落定，已逐渐开始分流归位、朗现格局。粗略去看，至少，就诗的品位而言，可见出“纯正的诗”与“庸常的诗”的分野；就诗的品质而言，可见出“原创的诗”与“派生/仿生的诗”的分野；就诗的精神立场而言，可见出“生命性写作”与“社会性写作”的分野；就诗的艺术造诣而言，可见出“专业性写作”与“非专业性写作”的分野。由此便分出两大类诗，即“具有诗性的诗”与“徒具诗形的诗”；也便分出两大类“诗人”，即“真正的诗人/诗人艺术家”与“一般写诗的人”。

这一分野是历史性的。后者尽可向前者过渡，但不再如过去那样混杂在一起，影响现代诗从诗体建设到诗学建设的良性发展。

同时，这一分野也使我们对现代诗的本质亦即其诗性特征，有了如下比较而言的认知：

一、作为“具有诗性的诗”的写作——

A. 具有独立的、自由的鲜活人格。作为超越社会层面的私人宗教，以本真的生命体验，深入时间内部、生存内部，开启新的精神光源，拓展新的精神空间；

“诗是出自灵魂又归向灵魂的返照，是生命运动淋漓尽致的写意。是人生复杂经验的凝聚。是个我人格的最高塑造。”（陈仲义）

“洗心饰视，发挥幽郁。”（陈子昂：《与东方左史虬修竹篇序》）

B. 具有独特的审美体验。作为人类“最敏感的艺术器官”，这种体验必须是原创性的、不同于任何他在的，最终必须要求富于新奇感、惊异感、意外感，成为一次原发性的“灵魂事件”，于瞬间开启对生命与存在之奥秘的特殊体悟；

“诗的艺术特点是它的直接如闪电式的穿透，和它的无边际的暗涵。”（郑敏）

“赏好异情，意制相诡。”（刘勰：《文心雕龙》）

C. 具有独在的语言质素。作为诗性文体的最本质凭恃，这种语言质素的要义在于：

1. 是恢复了语言命名功能的；

2. 是超语义的；

3. 是与精神同构而非仅作为载体的；

4. 是造型性的而非通讯性的；

5. 经由出人意料的组合而脱离语言习惯与语言制度，成为有意味的语言事件；

“诗是改变语言的语言。”（任洪渊）

“具有最大限度含意的语言就是诗，具有最小限度含意的语言就是散文。”(洛夫)

“诗赋欲丽。”(曹丕:《典论·论文》)

二、作为“徒具诗形的诗”——

A. 主体人格模糊。或“代圣立言”，成为声明主张之事；或解说时代，成为主流意识的“诗形说教”；或戏仿他者，成为附庸风雅式的交流。从未超出与社会/时尚共谋的角色出演之局限；

“节之以礼，制之以义，归之以道”。(董仲舒:《春秋繁露》)

B. 审美趣味趋众流俗。作为创作主体，从未超出社会人的层面而进入审美人的层面；滞留于初步的观念，用持之不变的兴趣和同样不变的声音，去抒唱大家都熟知的东西，只有表面的内容，没有隐蔽的暗涵；

“辑事比类，非对不发；博物可嘉，职成拘制。”（萧子显：《文学传论》)

C. 语感陈旧庸常。作为语言制度的奴仆，使用的是流俗而无改变的、被过于肯定了的、社会性的、常规化和总体化构成的语言，虽经表面的分行处理，终因其工具性、通讯性、互文性、雷同泛化、无歧义、无新意，而致诗质稀薄，徒具诗形。

“诗绝非是把语言当做在手边的原始材料来运用，毋宁说，正是诗首先使语言成为可能。”(海德格尔)

诗是什么？虽然有一千位诗人，就可能有一千种定义，但通过上述的比较，我们总可以有一些较为集中的、大体的界定。这一界定的意义不是为了划分什么阵营，而在于力求廓清理论认知，以图不再将不同质的东西作同一的比较（这似乎是一种最基本的理论常识)。从社会学的角度而言，“徒具诗形的诗”也有其存在的价值，但从诗学的角度而言，必须指出它的非诗性的属性，不能混为一谈。当然，还应指出另一种非诗性的存在，即在“专业性写作”的范畴里，某些因过于超前，或推向极端的实验作品，所造成的阅读困难，包括连专业性阅读也难以企及的困难，成为不具备任何现实阅读效应的东西，或可为未来的阅读所识别，但在当下的时空，人们有权利也将它划入“非诗”之列。只是这依然不能同前一种非诗（实则是“伪诗”）混为一谈，至少就其创作立场来看，后者还是由纯正的、原创的、生命性的源头出发的，即使是“非诗”的，也属于可谅解的“自杀”

行为，而非先天性的“他杀”。

诗与道

世纪末的中国，日益商业化的社会与日趋幽闭的诗歌，形成一种尴尬的疏离局面。书商与出版人视诗为“票房毒药”，一般大众读者视读诗为“犯酸”，总之是处处不讨好，于是有关“诗歌危机”的呼喊此伏彼起。

其实诗由大众层面回归小众层面，或者说由社会学层面回归美学层面，本是今日时代情理之中的事，几乎全世界都是这样，不值得大惊小怪。或许对诗这门艺术而言，反是好事，经剥离而重识本根，经淘洗而再现本味，甩掉不该干的活，不该扮演的角色，在新的时代语境下，重新定位诗何以而为诗。

这是就诗的外部境遇而言。

话说回来，当代诗歌，尤其是90年代中国诗歌本身，也并非没有自身的责任，而一味将“危机”的原因推给时代的变迁。至少从诗的创作与生存现实的关系来说，当代诗人们确实有些重犯“不食人间烟火”的旧毛病，如一位青年诗人所指斥的：“只学鸟语，不说人话。”按诗评家谢冕教授的话说：“我们拥有了无数的私语者而独独缺少了能够勇敢而智慧地面对历史和当代发言的诗人。”并指认90年代的诗歌是“既丰富而又贫乏的”。

实际上，生存的问题在这个时代是越发尖锐了，也就是说，我们依然处于一个充满危机的时代，而我们的诗人们却大都重新钻进了象牙塔，只管自地高蹈着、自恋着、空心喧哗着。不可否认，在“技术至上”风潮的推动下，诗的样貌与技艺是空前发展和成熟了，诗的灵魂却有些走神，语言的狂欢下面，是精神的缺失，是生命的缺失、乃至人格的缺失——新手依然层出不穷、出手不凡，成名者更是盯着“席位”、奔向“国际”……失重的时代，游戏的时代，妄自狂欢的时代，诗神和历史一起，在新世纪的门槛前跳起了“狐步舞”。

有狂欢就有守夜人——这是时代惟一没有缺失的规律，也是真正有现实责任感和历史使命感的诗人，无法抛掷的立场定位。在这样的诗人的写作中，“积累的不是专业知识而是疑问”（布罗茨基语），他们从来不屑于做搔首弄姿的票友或一己之得的新贵，而自甘远离功利，沉潜岁月，深入生命中的每个时空，以良知、救赎、历史情怀与现实关切为精神根柢，以诗的方式对时代的文化状态和生命状态作深层次的、不断的介入与指涉，以此赋予时代以精神的方向、目的和意义。

这样说来，似乎要惹重弹“载道”的嫌疑。其实古往今来，无论中外，诗以及一切文学，何时能完全脱得了“载道”的干系？一般而言，诗的产生，多源自对抒发个人情感的需求，不苛求承担为时代代言的重任。但一方面，个人情感尽管可疏离于时代，却又无不与时代语境发生千丝万缕的联系，“诗是在陆地生活，想要飞上天去的海洋动物的日记”（桑德堡）。飞是愿望，根还是在陆地生活中，在时代的海洋中；另一方面，诗毕竟是提高了的语言，这“提高”，既指比一般的语言（言说）要多一份陶冶情性的审美快感，也指其含有思想教益的意义价值，“诗歌是被交流的一种深刻的真理”（阿莱桑德雷）。按中国人的说法，这“真理”就是“道”之所在，亦即个人情感的内核所在。没有这个核，个人情感就变成了一己私语，可作小女儿家自我抚慰的呢喃，却难免失去了交流的意义。

诚然，“道”若载得太重，必然伤诗之风姿诗之筋骨，这方面的教训我们已有太多的认识，但一味话语缠绕，不着承载，也难免成无骨之皮相、无根之浮萍，自哄哄人而已。看来“道”不在于可不可载，而是载什么样的“道”和如何载的问题；有载无载，定品位，定风骨，如何去载，定风格，定流派。我们依然乐意在诗歌中领略天堂的圣乐、家园的呼唤、玫瑰与夜莺的抚慰，但日益尖锐的生存迫抑与生命痛感，使我们更愿意接受那种“说人话”的诗，有“含金量”的诗——一句话，在经由诗人们富于诗意的言说中，我们不仅要感受到诗美的阅读快感，也要获得诗性的力量。

如此便分出了重的诗与轻的诗。强调诗的“含金量”并不排除轻的诗存在的价值，但轻的诗应该轻得如一只飞鸟而不是一根羽毛，同理，重的诗也要重得有骨头有肉有风韵，而非一块道学家用来唬人的惊堂木。负重而不失灵动，耽美而不失心魂，其间分寸的把握，得失的忖度，到位的诗人，成熟的诗人，自有其无言的领会。

诗写的个人化与相对主义

陈仲义

一

世纪之交，嬗变中的中国现代诗在向纵深腹地节节挺进时，谁也没有料到，会把自己推到——夸张一点说——近乎“背水一战”的险峻境地。所谓真理和谬误有时近在咫尺：跨前一步，可能堕入悬崖；后退半跬，或许是更为称心的开阔地。采用二元对立和进化论思维考量此类前沿问题，显然不合时宜，但日益尖锐的诗学难题则逼迫眉睫——有关个人化诗写和相对主义诗评，业已成为世纪末诗学两大焦点，同时也是诗学理论纠缠不清的“哥德巴赫”，谁也无法绕开它。很难有统一的定规结论，但通过梳理、争辩，总可以有一点启发吧。

曾经充当祭司、上帝信使、世界立法者，以及时代代言人的诗歌，经过近百年迁演，终于蜕变成颇具“个人物品”性质的书写，这种个人化无疑是世界性现代文明对个体生命的充分尊重，个体生命在进化中得以获得精神大开放，“个人主义”继续在艺术上引领潮流，再次得到的确证。

回到中国语境，80年代彼一时的“自我表现”，是出自对非人性箍制的挣脱，对意识群体系统的突围及对个性自由的追求。而此一时的个人化，则是在“自我表现”基础上推进一步，全面展示书写者的精神、立场、操守，及操作手段，它是针对80年代意识形态、群集化语境而提出的，具有鲜明的针对性，从而排除了“伪”问题和所谓“从来就不成问题”的嫌疑，体现更广阔的现代文化视野。它彻底弃置“宏大叙事”和“普遍性话语”，彰显与主流、中心离异的边缘姿态，拒绝同大众传媒、商业文化合谋，尤其是把“差异性”高扬在自己的旗帜上。

个人化写作意味着个体全方位打开。应当说被确证的个体不是孤立的、割断与外部的关联。它与社会、历史、现实，哪怕当下瞬间未必不能构成统一的有机体。个体天然潜伏着无数非个体因子，个体一丝“表情”都可能通连着外部众多脉络，个体微不足道的碎片都可能折射出整体的光影。在这个意义上，不起眼的个人点滴创伤、些微痛楚、小小叹息，一旦获得高度尊重后，在非真空的时代背景中，则具备了非个人化色彩。换个说法，经由个体出示的信息，由于“全息”缘故，即便再淡化隐匿，都多少带有时代的印迹和察痕，只是数量和程度的不同罢了。

肯定个人化为写作的起点，大抵是没有错的，那么终极归宿呢？当个人话语还留恋于自己作为听众的自述中，恐怕只剩“圈内”认同，“小众”也难首肯；而当个人化染指较多“类”的东西，其终端必获致较多共同经验的输出。相比之下，后一种情况的言说意义肯定优于前一种。尽管当下书写的终端意义与价值界限，比从前大大模糊了，但模糊并不等于完全取消、抹去界线。书写一次假定的纯生理举动，与此举植入某一社会实践、某一人生遭际，共同构成的有机整体语境，差别还是存在的。前者最后归属于个人，而后者则超越个人。个人殊相能够引发类的共相，其终极意义与价值就高出一筹了。尽管个人写作是个人存在方式，但通过自身的辐射力造成某种精神之源来影响他人，在最终意义上又是非个人的。

个人化强调诗写自足的独立和自在的封闭。自足的独立难免沾沾自喜，以为找到一种神丹妙药，能彻底医治书写问题；自在的封闭不胜困惑，安于闭锁又想往突破，常常呈现这样一种心态：满足又不满足，自信而又“心虚”。亏心的理由大概是，历史上任何伟大作品，最后呈现于公众面前，那条个人尾巴总是被“藏”起来不见了。个人产品最后成了公众“贡品”。谁能准确把握这种“转换”的秘密和契机，谁就成为出色的书写者。

即使戴上厚厚的铠甲，个人化依然遭到四面八方的箭矢滚石，最大的诟病是与历史现实断裂。表面上看，个人化确与时代疏离，加上个人心灵难以通约，故公众非议此种写作离时代越来越远。对此需要调整一下视阈：不能要求个人文本一定要与时代现实产生严格对称对应和直接功能，尤其是诗的属性，它的心灵化特征使个人文本与时代关系往往是曲折投影式、隐匿渗透式、缝隙散发式、互文互涉式……而不是单相位反映式。这好比虽难以看清时代主动脉的鲜明运转，却也能从每根毛细血管细微颤动，感受到心泵的搏动。

个人化反复用伤痕累累的血迹来书写新的诗歌观念：历史就是任一在场的“事件”，王家新曾说过，你挤上公共汽车或到托儿所接小孩，你就是在历史中了。故大量日常细节被植入诗歌呈现历史。西渡进一步说：历史现实并不是先于写作而存在的实现，而是在写作中被发明出来的。这与欧阳江河的表述完全一致：历史现实是一个可供虚构的东西，完全由写作中被书写。当然重要的还有，文本的历史现实踪迹与文本外的现实历史，所构成的相互指涉，往往要由读者来完成。故原先由传统的外在的历史现实所左右的书写，现在则由更主动的个人，以及个人与历史现实的相关“互文”性来支配了，所谓的断裂由斯得以弥合。而在沟通传达方式上，更多瞬间的、接近本真、体验的渠道，取代传统的积淀、经验方式。

在当下特定语境中，个人化实际上已被先锋们视为是“历史的个人化”，它不仅仅表现个人一己悲欢，做自我抚摸，更多是楔入历史文化背景里，透过与之“潜在对话”“隐性交流”的互文性，来尝试超越个人。这，或许才是诗写抵达的圭臬。

个人化很快鼓捣起日常主义诗风。个人的许多东西总是和琐屑、细小、凡俗联系起来，故世纪末，此路诗风大举入侵庸常日子，排除与“宏大”有关的东西，热衷具体、个别、或然、小不丁点、繁琐、破碎的“记事”。这是自80年代以后，生命意识觉醒的延伸。其最大表征是重新唤回“物”，在大量凡庸事物的缝隙与褶皱里，寻求诗性挖掘诗意。反过来，迷恋琐屑、沉缅“及物”，大大加剧了个人化诗写趋势。

仿佛一提到个人化就必须倾心投身“当下”，舍此不是正途，这就引发对当下形而下过度倚重。事实上，个人化不应淡化对“彼在”的注目，因为“彼在”总有一些属于更高境界的东西。面对茫茫宇宙大千世界，个人实在太渺小了。设若有更高境界的“彼在”作牵引，多一份襟怀和视域，有什么不好呢？

先前那些流派、运动、诗潮、社团逐渐冷场了，许多边缘诗写者正以突出个案，游离于从前收编而显示自己的独异。差距越拉越大，异点越来越多。在众声喧哗的话语场上，绝无证券交易厅那种清一色指令、统一手势、共同哑语下的“争夺”，而是内外表里都充满差异的多声部“争辩”。

差异性无疑给个人化注入强大兴奋剂。强化唯此一家，别无它店的"这一个"，强化从独特的言说、体验到语汇的专利，甚至包括个人独自消受、无法与他人共享的内心秘密；强化自己独来独往的传达方式，不仅仅体现在语感语势语调，甚至创造出大概圈内人才读得懂的"方言"。差异性标志着个人写作的彻底到位。

差异性不甘于庸常寂寞，想往变幻尖新花招。主题、题材的特殊追求、能指的偏激实验、重新唤回"及物"、张扬"知识谱系"、制造不同"型构"、掀起大规模的语词运动……随之而来是一系列"新"的反讽、戏剧性、叙事、消解、文类兼容、综合并举，造成新一轮混沌诗风，冲击着诗学规范和命题，且以重建的美感经验，改变以往的阅读效应。

差异性暗含着对高视阔步的个人化的修补，它的神色显得温和多了。它突出个人言说的特立独行，突出个别与个别之间，哪怕微妙的锱铢区别，从而引入一个重要模式——"细读"式写作与"细读"式批评。差异这只母鸡派生出一窝又一窝"细读"的蛋，人们要重新学会咀嚼。一个外科医生，如果连"细读"的手术刀都拿不稳，那他最好还是改行算了。

然而，差异的极端强调，个我的放肆膨胀，最后难免落人"私密"陷阱。个人化与私密化毕竟还是有区别的。渲染放大一口唾沫或一声响屁，津津于个人阴私全盘托出，无穷无尽打捞下意识碎片，沉浸于呓语谵语的嬉戏……诸如此类，都表明私人强大占有欲、表现欲。不恰当霸占全部书写空间，迹近偏执和僭妄。个人化与私我化相距仅一步之遥，稍不检点，一个闪身，就落人"单人牢房"。

自囿于"单人牢房"的私我化，愈加规避社会实践，就愈退回内心，甚至让内心世界取代一切，从而导致从内心到内心书写的封闭循环。至少在狭窄性方面暴露了自己有一个缺损的胃，那么，这个胃如何接待美国诗人辛普森所倡导的消化"煤、鞋子和铀"呢？

私我化无疑会放大自己的能量——个人居于万物之上，甚而放纵到把一切经过个人染指的，都提升到无以复加的高度。凡被个人目光、心情、触摸的事物都被赋予神圣、永恒的意味，实在也是个不大不小的幻觉。在这种幻觉作用下，无限拔高个人，将导致个体与群体真正割裂。无奈诗写者，十有八九，都耽于幻觉这一迷魂药。

沉溺在幻觉私我化的专利中，带着个人隐私色彩的语境，少不了挟携未经筛滤的分泌物。一味的自恋。随心所欲的实验。无节制的即兴。写只有自己进得去，最多小圈子啃得动的“天书”，此种自说自话的“方言”，本质上，难道不是另一种“哑语”“失语”吗？

难怪连新诗潮最坚定的倡导者也忍不住呼吁：必须寻找诗与社会联结的更多可能性与连接点，过分私人性吟咏，充其量只是个人小小悲欢的玩味，会使诗最后丧失大胸襟和大抱负。诗，在个人心灵与社会时代的关系上，如何找到最佳契合呢？

因私密化的泛滥，晦涩再次被押上审判台。公众对晦涩特别感到愤怒和不可原谅，这是因为不止是他们的欣赏习惯，而且是自尊心受到严重戏弄损害。晦涩向我们提出两个问题：一个是诗写者自身的节制检点，另一个是阅读者的接受转型，在新的历史语境下，何以重新掌握新的阅读“型构”和方法。其实这两点都关涉到诗写的有效性问题。过于私密，因阅读一方的盲区与拒绝，往往变成失效，而一个想以自己的东西影响他人、世界的诗人，在加入个人化潮流时，是不能不慎重考虑有效性：就接受视野沟通上，自己能做到哪些最低限度的“妥协”？

本世纪最后一个十年，中国先锋诗歌由个人化与相对主义的共同引领，开始了新一轮诗风的转型。两者相互依存、相互激发。个人化本身暗含着相对主义生长“基因”，相对主义大大怂恿个人化扩张。两者携手同盟，在世纪末把中国新诗的尖端部分，推到了一个前所未有的地段，形成文化意义与美学价值互为错杂，又若干抵消的混生状态。估计这一轮的诗歌生态还将持续一段较长时期。

二

大概没有哪一种土壤比现代诗更适于播撒相对主义种子了。从版块与版块边缘，颗粒与颗粒的细小间隙，从争先恐后的挤压里，不时冒出令人疑惑、眩目迷乱的“一年生草本”。与其说这是诗的幽深艺苑，毋宁说是门户大开的实验田。表面上百花齐放的多元景观，实质上充满了相对主义躁动。

建立在个体相位上的相对主义，否定绝对、唯一的尺度标准，否定简单的二值逻辑，否定批评的专制、单元，大大推进批评的民主、平权与自由，它带着解构色彩，同时又不乏个体文化的建构能力。

70年代末以来，我们大概花了10年时间，扫除意识形态和主流话语联营把持的“田间管理”，好不容易把板结的模块瓦解为多元纵横的阡陌。然而没有几年工夫，闯进来的相对主义让不平静的诗坛再度陷入不平静。

相对主义怂恿一种执拗对抗、排他的精神。你提倡贵族，我偏推出平民“莽汉”，你立足平民，我偏放飞“撒娇”，你投靠“黄昏”，我拧响“八点钟”，你神往“太空星云”，我迷恋“超低飞行”，你“三只猫”我“四方盒子”，你“西川体”我“无体”，你“锋刃”我“飞碟”，你“前主观”我“后客观”，你“特种兵”我“自行车”，你“咖啡夜”我“空房子”……一时间，形形色色对峙、挤压，耸起各自的山头，和山头上步步为营的寨门。

相对主义公然扮演内讧阴谋家，在诗族内部不断制造对话冲突——相互质疑、相互否定。“生命是一切诗歌的基石”，“否，文化才是基石的基石”；“神性理当诗歌的君王和立法者”，“否，解构才是当下诗歌的主流”；“象征作为诗人把握世界的基本方式”，“只有隐喻后退才能回到事物的真实”；“潜意识充当最大的写作资源”，“智性乃是书写的绝对主宰”。——多种内部声音的自我争辩、互否、悖逆，一方面大大扩容诗歌生存空间，另一方面也带来秩序混乱。像嘈杂的农贸市场，每个人都竭力推销自己的产品，并视自己的产品为“天下第一”。

相对主义容易迎合诗人极端心理。它所推崇的“极端”恰好同时凸显诗人心理优势和心理缺陷。正是这种“嗜好”为诗人偏执心理结构“垫底”，从而导致诗写上层出不穷的标新立异。比如妄想型的，奉“超现实”为圭臬，简直抬到上帝的高度；迷狂型的，终日浸淫于语词狂欢，唯“自动”是从；智性型的，巴不得时时把哲学烤成诗化“三明治”……的确，偏执的气质、情绪，经由极端的发酵，极易把某种东西推向绝对，并以此排斥他者。而当某种东西在极点上“逗留”(哪怕时间不长)则可能预演一次推陈出新。相对主义为创新注入你追我赶的兴奋剂。

相对主义十分吻合现代诗变动不居的本性和胃口：一种我称之为现代“顽童”——的无拘无束、不规则、越轨、变幻、跳跃的本性；和一种古怪的“偏食”——或专食草、或专食肉、或专食果蔬、甚至不食（辟谷）的胃口。由此多变本性和偏食胃口“合成”的艺术，总是与传统审美规范——比如整一、和谐、优雅相颉颃。因而它在追求陌生化“惊讶”效果时，也暴露某种缺陷。那么，乘着相对主义这对偏激与变幻的轮子，已经是加速度的现代诗和后现代诗，还要加速成什么样子呢？

像中国许多优良传统，相对主义有自己的资源，庄子的《齐物论》堪称其源远流长。“是亦彼也”，彼亦是也。“彼亦一是非，此亦一是非。”相对的绝对化抹杀了事物差异，导致无是非、无善恶。后来禅宗的思维、公案多延续此脉。而世纪之交，相对主义诗写/诗评，不说遍插香火，也有滥觞苗头。当下确乎已经很难找到现代诗标准件了，公认的范本早成稀有熊猫。审美规范常常陷入这样的尴尬：甲支持打满分的，乙嗤之以鼻；乙认为耳目一新的，甲不屑一顾。“仁者见仁，智者见智”——既成为公众心中权威，又同时成为没有分量的砝码。传统“好”与“坏”的价值判断，早已退出诗的评分榜，改换成“喜欢”和“不喜欢”，此种评价方式的转变说明什么呢？倒退，抑或前进？

许多人将多元与相对混淆——彼此半斤八两吧。其实多元并不简单等同相对，多元的最大功能是兼容和互补，在这一根本点上，恰恰有违相对。多元已为我们所熟悉共识，且发展为当下普遍语境和秩序，无须多加饶舌。相对主义则以更多“异端”“对峙”“忤逆”，区别于多元的热情兼容和宽厚辅助。在某种意义上，应当说相对主义比多元“前进”一步。它不仅大大包容多元，本质上又敞开多元之悖反。极端中之居高傲视，对抗中之私立排他，互否中之背谬消解，远比丰富的多元复杂。它或许更符合事物构成——多种维度中的多种互逆，而不仅仅是简单、线性的同维相位结构。

这个放肆的“杀手”，比温情脉脉的多元狡诈多了。什么“真理性”，他不是痛快的当胸一掌，而是抽筋剥骨似的层层瓦解。什么“道德评判”，他干脆收敛飞腿，东晃西荡的醉拳让你找不到反击点。他忽儿吹涨一口长气撒一道雾幛，让你堕入“非诗”的迷宫。他忽儿念念有词，扶乩占卦，祭祀般叫你信奉“崇高的粗鄙”。他左手高举文化盾牌，右手挥舞“反文化”大刀——有时竟互相撕杀起来。偏执、私设、势不两立、我行我素，连同互否构成“多面神”角色。

这个时代的价值多元与价值分裂，共同为相对主义提供滋生温床，而“个人化”则灌入催生素。换个说法，相对主义得以“复出”，首先是建立在个人独特理解和阐释基础上，完全出自个体价值判断，是纯粹个人与个人对话。狄尔泰不是早就确证过吗——个人是最终的意义单位。不难理解，坚持个人言说和个人标准，是构成相对主义诗写/诗评的前提。个人何以被突出、拔高到如此极端位置？在我看来，一个重要的却被掩盖的原因是：个人对世界的特殊感悟、传达、阐释成为个人内在精神与当下的“科学”关系，而当下种种景况却开出种种巨大的“不科学”的玩笑，这就是存在的荒谬；在个人确证某种对象的同时，对象在事实上常常滑向反面及其他各种维度。对象陷于自我背谬，自我偏离。相对主义为“纠错”和“抵御”荒谬，以它出色的互逆手段，摆脱困境，暂时找到可能性“出路”？回应到诗写/诗评/诗学上，“绝对”退位了，“唯一”消解了，恒定的普泛性准则复没了，不确定和游移伴随在相对主义两侧。这样，前后、左右、周围，展现了前所未有的视界。

私心极重却又极易宽宥的相对主义，还给实验艺术提供最好的借口和庇护所，为诗人们无条件签发通往自由王国的护照——甚至享有豁免权——比如越轨和小小犯罪：他肆无忌惮发表一系列“反美学”宣言，施行“丑”的操演而不必遭“警察”干预。他干一些“非理性”勾当，散布潜意识、呓语、白日梦为写作最好状态，无须受到起诉。他抛弃传统优雅姿态，一路嚎叫、骂骂咧咧，扰乱正常秩序，也免受制裁。难怪许多人视之为实验艺术保护神。

总之，乐此不疲的相对主义带给我们一场永无穷尽的角逐。它的出发点和归宿都应了那一句妇幼皆知的老话：公说公有理，婆说婆有理。没有协商的余地，拒绝仲裁，谁也不对谁让步。相对主义颇为满意地维护这种“各说各话”的僵持局面，无力结论也无须结论。“有无数双眼睛就有无数个真理”，尼采这句话，一直被当作最高境界。

这样，相对主义便与“度”构成深刻抵牾。相对主义的天性是摆脱公有“度”监督，信马由缰，我行我素。而积淀成规的“度”得遵循稳定的审美习性，哪怕把宽恕降到最低水准线，也时刻睁大警戒之眼，毫不松怠。最后的结局往往是：要么相对主义凭借某一强势扩张，悄悄融化“度”的界阈，且化入其中，有幸成为“度”；要么坚定有序的“度”，继续打击相对主义的即兴发作随机嚣张，重新把它赶回到笼子里去。

代价当然是昂贵的。相对的比值增之近于绝对，成为绝对化的相对，肯定要掉入自我抵消，标准全面丧失的陷阱。公平地说，当诗写/诗评还处于相对稳定的“度”中，即保有相对性张力空间，它是诗界的幸事。毋容置疑，二者的相互发动，提供书写的多种可能；而一旦导入绝对的相对化、无限的相对化，则最终会造成无标准的混乱，可是诗界的灾难?！我相信，那种在貌似无序混乱困境中，能够把握好相对性诗写“度”的人，心中肯定内隐着一把经典尺度，凭着它可谓方寸不乱；而把相对主义推向极端、绝对化的人，一定还处在比较幼稚的实验阶段。

三

由此再引出一个有关经典的话题。

显然，大量相对主义诗写/诗评造成对经典的漠视拒绝，不过经典也非一成不变。一个历史时期有一个历史时期的经典。当我们对经典不那么苛求——以为经典必须超越任何时空，或至少要超越许多年代，那么相对诗写中的某文本，有可能成为隐匿着尚未问世，或已问世了尚未被觉察——当代人无法认可的另一时期的经典。此时的非经典隐性地充当经典的一个环节。艺术史的流变往往遵守这么一条规则：绝对高度经典与相对低度经典交互冲击的循环，构成螺旋式扬弃的艺术衍变动力。我们在倡导高度经典意识的同时，没有必要过早斥责那些所谓“混乱的非经典写作”，因为在低度和混乱里，说不清究竟有没有潜藏着当下尚未清晰，却很可能产生未来经典的因素。不过对于那些更乐于以非经典意识叛逆的人，适当参照某些经典“指数”，比起目空一切则能加重创新砝码。

传统经典正在远去，其表征之一是，重铸经典与坚持非经典，双方都大有人在。双方“冷战”的合理性在于，商业时代的竞争还将持续相当长的时期，并形成我们生存文化的正常格局。非经典写作（即相对“无标准”写作）一般来讲，只具备诗歌史的认识意义；而经典写作则保有长久的美学价值。必须正视的一个事实是，传统经典正不断被现代主义“短期”经典所“误读”、“改写”。那么，非经典写作、相对写作，该是由无数短期操演，最终还得在本质上朝向经典的寻找？至于少数人极力坚持碎片时代无须经典，“每个人都是经典”的绝对姿态，我想在“共享生态圈”里，不妨也留有一席之地？

然而，不管你采取何种姿态——放纵个人化也罢，激励相对主义也罢，每个诗写者心目中，都无法抹掉经典，都内隐着一把经典尺度。其实所有的个人化和相对主义，最终都会有意或无意指涉到经典。

90 年代，先锋诗歌与 80 年代及至此前诗歌主要区别之一是，诗歌提供了处理事物的复杂综合能力。若以此作为标准，容易筛选出 90 年代诗歌范本，但 90 年代范本并无法保证，它就是 10 年之后的经典；同样若不以此为标准，当下许多被看好的诗作，肯定纷纷落选。由时代、审美习性、口味、价值观念、本体属性诸多因素合力下的经典，实际上处于一种多样性的动态选择中。比如抒情品质，长期来是诗歌成为经典的有力因素，90 年代抒情趋淡为叙述的强盛，由此带来这一时期经典的他种取舍。故风头正健的相对主义，大大促进经典的多样性寻觅与归宿（两部《百年文学经典》尤其诗歌部分的强烈争论便是一个明证）；潜在的经典多样性，则暗中成了相对主义的幕后“提线人”。

固然经典具有长久生命力，人类文明依靠经典营养一代又一代人。不过死守经典不求通变，同样会窒息日益增长的精神需求。经典固有的惰性总是漠视那些求新求变的东西，那些缺乏强大艺术史支撑的“新芽”，而相对主义则拼尽全力支援后者，这使得经典对相对主义充满天生的敌意。相对主义总是通过不断求新求变来打破经典的垄断；经典总是通过漫长时间的等待才吝啬地给自己添加一点什么。在长期的拉锯战中，经典永远凭借自身的厚重占据上风，而在短兵相接时，相对主义的持续追新则对经典构成暂时的“重创”。

世纪之交，相对主义把先锋诗的各种可能性推到“尽头”，各种极端实验、交混、正反经验累集和自身调整，日益使新诗走向开放和夯实。眼下被众口评论突前的诗人和先锋流行色，似有主宰现代诗前景走向，其实他们仅仅是多样化中的一元，诗歌衍变中的一个链条，对经典无数可能的试探，很难说就一定代表未来。(客观的说，有些当属误导，有些是新生成的质素，有些是未知变量需待时间检验)。有眼光的诗人和批评家，不会被当下——某些相对主义的“迷魂汤”灌得烂醉而失去足够清醒。他们的骨子里，依然留驻诗歌某些恒久性因素，籍此在坚守与变异中重铸经典。

个体承担的诗歌

王光明

谈论后新诗潮诗歌，有许多的立场和角度，可以说“不懂”，说“诗歌激怒了读者”，也可以说好诗并不比任何一个时代贫乏，只是一些人有眼无珠。观看问题的立场、角度不同，得出的结论自然不同：这是诗歌文本进入交叉见解的公共语境后的正常现象。但现在不太正常的是，非难后新诗潮几成一种时髦，无形中变成了一种压迫自由的力量，在巩固某种意识形态，排斥诗歌多元的发展。

这种以“读者”的代言人身份出现对诗的非难，实际上反映了抗衡式的道德主义批评在90年代的危机：当诗歌的写作与阅读变得多样而丰富，而读者则在财经挂帅和大众传媒的引导下移情别恋的时候，强调诗歌接受的普遍性，反而容易落人主流意识形态的陈套，排斥严肃的思想和美学探索。因为后新诗潮的基本背景是社会的现代化追求。现代化的特点是都市化和世俗化，它通过科学技术和经济神话的制造，许诺一种进步、肥满的生活，而大众传播媒介又迅速把这种神话和生活模式普及化与日常化了。它给文化带来的消极后果是，一方面是作家迁就浮浅低俗的世俗文化；相反的方面是，诗歌作为一种比较高雅、比较精深、比较讲究语言效果的艺术形式，越来越陷入孤立无援的边缘处境，不被普遍大众所关注。

显然，在这种文化处境中，诗的评价不能简单以大众的趣味为标准，而只能坚持诗歌本身的标准。而从诗的立场看，后新诗潮巩固了“朦胧诗”所开创的实验风气，并使诗歌写作的探索更加多样化。后朦胧诗以来，主流诗歌仍然存在，主旋律仍然在提倡，但另外一种更讲究诗歌本身的追求的作品、更重视语言效果的作品已经大量出现。朦胧诗从国家化的诗歌中浮现出了一代人的声音，而后新诗潮又从一代人的声音中凸现了个人的声音。后新诗潮以后，思潮性的现象消失了。不是真正热爱诗歌的人，很难对诗歌有一个整体的印象。但潮流性的现象消逝之后，真正的诗歌探索恰恰在这个时候得到了相当程度的展开：有于坚、伊沙那样涮洗性的诗，以调侃、游戏甚至堆砌的方法，把生活的平面化、生命的分裂感以及心灵的破碎呈现出来，这些诗不追求深度的语言效果，但仍然企图对应破碎的现代生存境遇。譬如于坚的长诗《0档案》就以戏仿和反讽的形式，深入呈现了历史话语和公共书写中的个人状况。标题《0档案》，在档案中人是什么？人是“0”，是空白、不存在。人在历史归类和社会书写中被滤去了一切属于具体生命形态的东西，不过是一种封闭的循环，一个生命的“荒原”。《0档案》让人想到福柯的《癫狂与文明》，福柯通过古典时期癫狂史的描述，展示了西方资本主义文明体制禁锢、压制和拒斥癫狂与非理性来确立理性时代的观念与秩序的过程。而《0档案》则揭示了语言的书写暴力，不是人书写语言，而是语言在书写人，它是种种体制对人的编排、规约、压制、扭曲。正如奚密所言的，“在档案所代表的世界里，不经过监视、审核、控制的个人生命与经验是病态的、危险的、具颠覆性的，它必须被否定，被‘删去’”[①]。

当然，更值得注意的，是80年代中期以来就疏离潮流，在边缘写作的诗人，像西川、欧阳江河、王家新、翟永明、陈东东、肖开愚、孙文波等，他们并不像小说散文家那样，对自己所处的历史、时代、社会和文化作直接反应，而是试图从灵魂的视野去阐述和想象当代的生存处境，以严肃的思想和语言探索回应浮浅低俗的时代潮流。譬如西川这样一个思潮无法整合的诗人，当“第二代”诗人们开始清算今天派诗歌语言中沉重的历史感，把诗写得满不在乎、随随便便、恣意杂陈的时候，他倡导的是“新古典主义”写作，“一方面是希望对于当时业已泛滥成灾的平民诗歌进行校正，另一方面也是希望表明自己对于服务于意识形态的正统文学和以反抗的姿态依附于意识形态的朦胧诗的态度。”同时，“在感情表达方面有所节制，在修辞方面达到一种透明、纯粹的高贵的质地，在面对生活时采取一种既投入又远离的独立姿态。”[2]这种既投入又远离的独立姿态，其实就是疏离主流文学的边缘姿态，具体在西川的早期写作中是以“向后看”（与海子眺望源头的方式相似）或以非现场的方式拒斥当代生活和艺术的时尚，以内省的崇高和语言的诗意为自足。因此，在《母亲时代的洪水）中，诗人复活了一个为时间所淹没的苦难事件；而在《激情》中，诗的说话者则隐身于“中世纪”的幽暗背景，假托“伪书作者”、“伪先知”、“游侠骑士”、“僧侣.”、“占星术士”、“炼金术士”省思个人、真理、善行、希望和命运。诗人感悟到，在一切大于个人的事物对个人的剥夺中，“唯有怀疑能使时代进步/而那闪光的名字纯属虚构/唯有这只言片语的智慧之光，经验之光/犹如珍贵的火焰”，而诗人或许就是紧抱这珍贵火焰的炼金术士，让千奇百怪的物质回归元素，让拒绝宿命的心回归精神。因此，在这组诗的最后，诗人以“炼金术士”为自己定位，并以“静止”去回应流动的时光与变动的世界：“遍地矿石皆备于我，我的劳动/挽救上帝习以为常的人心的堕落/黄金不是疯狂也不是赞美/黄金是静止，是同归于尽。”

在这里，黄金毋宁是诗的象喻，而“让时间崩溃，没以腐朽”的“静止”则是完美和永恒的象征。在某种意义上，这群边缘诗人在80年代中后期是以追求诗歌黄金般的纯粹去回应“朦胧诗”的抗衡激情和“新生代”的非诗化倾向的。相对于“朦胧诗”的抗衡激情，他们更注重个人体验的想象与内省；相对于“他们”和“非非”对破碎个人心灵碎片的恣意杂陈，他们更重视诗歌语言想象对经验的发展与重构。这本质上是诗歌本体论的追求，向语言的活力和想象力敞开的诗歌，或者像臧棣一篇文章中所说的“作为一种写作的诗歌”，更看重诗歌的感受力和语言本身的繁殖力，迷恋写作过程的解放和欢悦感。[3]它在一些诗人那里固然也出现了对语言的过度消费和自我狂欢，产生了“写作远远大于诗歌”的弊端。但在西川的诗歌中，由于坚持诗歌必不可少的精神质素，坚持以诗歌本体约束主体的“新古典主义”精神，因而即使处理的是中世纪的题材，也具有中世纪的当代性或当代的中世纪性的特色。尤其重要的是，这群边缘求索的诗人不仅体现了向“青春期”情感发散性写作的告别，同时也能以强烈的自省精神让诗歌保持接纳现实的活力。还以西川为例，当社会和历史强行进行视野，他越来越感到“我以前的写作可能有不道德的成分，……我的象征主义的、古典主义的文化立场面临着修正。”[4]“诗歌语言的大门必须打开，而这打开了语言大门的诗歌是人道的诗歌、容留的诗歌、不洁的诗歌，是偏离诗歌的诗歌。应该有一种内在的活力促使语言向着未知生长，呈现在读者和我自己面前的诗歌语言，应该像玉一样坚硬、倔强，像宣纸一样柔软、无光。”[5]

在我看来，这种打开语言大门的“容留的诗歌”，实际上包含着对80年代后期“纯诗”倾向中形式物化的反省。而作为这种反省的践行性写作实践，是以诗歌的叙事性接纳经验、矛盾和悖论，呈现生存的戏剧事件，发现思维与世界的错位。西川90年代的诗，特别是《致敬》、《厄运》、《芳名》、《近景和远景》等长诗，充满着“异质事物互破或互相进入”所产生的戏剧性张力，诗歌语言表面的优雅、流畅和完整暗含着内存质地的悖论与破碎。

这样的诗歌反映了80年代中期以来，特别是90年代以来诗歌写作心态和回应现实方式的调整。换句话说，后新诗潮的作品是不能以朦胧诗的标准来衡量的，更不能以当代政治抒情诗的标准来阅读。因为朦胧诗主要是一种抗衡性的诗歌，而当代政治抒情诗是国家意识形态的诗歌，尽管性质和价值不同，但诗的写作与阅读都呈现出相当广泛的公共性。而80年代中期以来，时代语境变了，诗人对语言与现实关系的理解也与过去不大一样了，诗正在更深地进入灵魂与本体的探索，同时这种探索也更具体地落实在个体的承担者身上。诗歌品格和才华的考验是具体的，诗的阅读也是具体的。面对这样的诗歌，最好是具体的探讨和对话，而不是笼统的批评。

注释：

①奚密：《诗与戏剧的互动》，《诗探索》1998年第3期。

②⑤西川：《答鲍夏兰、鲁索四问》，《让蒙面人说话》，东方出版中心，1997年7月出版。

③臧棣：《后朦胧诗：作为一种写作的诗歌》，《文艺争鸣》1996年第1期。

④西川：《自序》、《大意如此》，湖南文艺出版社，1997年8月出版。

附录一　诗歌争论备忘录

世纪末：诗人为何要打仗

伊　沙

关于“导火索”的问题

现在我手边放着两本书：一本叫《1998中国新诗年鉴》（以下简称《年鉴》），杨克主编，广州花城出版社出版；一本叫《岁月的遗照》（系洪子诚、李庆西主编“90年代文学书系”之诗歌卷），程光炜编选，北京社会科学文献出版社出版。

在刚刚过去的“盘峰会议”上，正是这两本书被论争双方反复提及、相互攻击，构成此次会议的两个刺目焦点。会后，《中国青年报》在一篇题为《十几年没“打仗”诗人憋不住了》的引人关注的报道中，称其中的一本（即《1998中国新诗年鉴》）为此次“盘峰论剑”（陈超语）的“导火索”。采写这篇报道的该报记者田涌并未到会，他的根据大概是对某些（大概主要是在京的）与会者的采访吧？那么，事实的真相究竟如何？

先说《岁月的遗照》。在这本厚达513页的诗选中，共选入张曙光等55位诗人的诗作，入选诗作最多者依次为张曙光、王家新、翟永明、西川、臧棣5人，均为10首（含长诗、组诗）。引人注目的是于坚、韩东作为“另类”

的代表，作为一种明显的点缀只入选区区两首小诗（而且根本不是这二人的代表作），而在 90 年代仍保持创作活力的北岛、严力、多多、舒婷、王小妮、小安、杨黎、莫非、默默、梁晓明、何小竹等均未入选，而真正崛起并活跃于 90 年代的伊沙、阿坚、侯马、徐江、余怒、贾薇、秦巴子、杨键等均告落选。编选者程光炜在该书导言《不知所终的旅行》中，对自己的取舍标准和诗学趣味未加丝毫掩饰："但我'非非'式的、或者说准 80 年代式的诗学趣味，一夕之间完全变了。1991 年夏，诗人陈东东从上海寄来《倾向》第 3 期……""《倾向》的'编者前记'暗示的，正是 90 年代诗歌所怀抱的两个伟大诗学抱负：秩序与责任。在 80 年代的朦胧诗、第三代诗那里，对此要么做了错误的理解，要么给弄颠倒了。""《倾向》以及后来更名的《南方诗志》对《今天》《他们》《非非》艺术权威的取代，不是一般意义的一个诗歌思潮对另一诗歌思潮的顶替，它们之间不是连续性的时间和历史的关系，而是福柯所言那种'非连续性的历史关系'，它们是两种不同文化背景下的'知识型构'。""在我看来，这个同仁杂志成了'秩序与责任'的象征，正像彼得堡之于俄罗斯文化精神，海德格尔、雅斯贝尔斯之于二战后德国知识界普遍的沮丧、混乱一样，它无疑成了一盏照亮泥泞的中国诗歌的明灯。"既然《倾向》的"明灯"照耀，那么黑暗的《今天》诗人北岛、严力、多多们的不选便成为理由，黑暗的《非非》诗人杨黎、何小竹、小安们的不选也便成为理由，那么，同样黑暗的《他们》诗人于坚、韩东、朱文们干吗要选呢？干脆"赶尽杀绝"岂不更光明吗？

再论《1998 中国新诗年鉴》，在这本同样厚达 520 页的诗选中，共选入鲁羊等 97 位诗人的诗作和沈奇等 14 位评论家的 13 篇评论，入选诗作最多者为北岛，11 首（不含长诗、组诗）。自称为"知识分子写作""中年写作"的《倾向》诗人的主要代表西川、王家新、欧阳江河、肖开愚、臧棣、西渡等人均告入选，并在六卷诗作中专占一卷（第 3 卷），也被"知识分子写作"认作其代表人物的柏桦、翟永明、张枣、桑克等也在其他卷中出现。总结该书，如果谈到缺憾的话，那么最大的缺憾当属严力（并非《倾向》诗人）的遗漏（杨克来信告诉我是非艺术原因），其次便是余怒（也非《倾向》诗人）的落选，但据我所知，是在北京时余怒当面告诉我的，说《年鉴》主编杨克已写信向他致歉并约了下一年的稿子。在《不知所终的旅行》中，程光炜写道："我选择张曙光作为第一个批评对象的理由很简单，我能与他进行直接和开诚布公的对话。”其实他是在为把张曙光列为头条寻找借口（一个多么拙劣的借口！既贬低了张曙光也贬低了他本人的质量）。而在《年鉴》中，鲁羊被列为头条，被编在第一卷中的诗人依次为鲁羊、伊沙、朱文、阿坚、黎明鹏、北村、徐江、张执浩、唐丹鸿、朱朱、侯马、桑克、纪少飞、鲁西西、江城、非亚、杨键等，主编杨克在《<中国新诗年鉴>98工作手记》中写道：“第一卷所呈现的是90年代‘进入’诗坛的实力诗人方阵。”据杨克介绍说，作为编委之一的韩东坚持一定要这么做，态度十分决绝，他说宁肯自己的诗不发也要推这批新人。韩东的做法令我等小辈为之动容。什么叫大将风度和人格魅力？这令我想起《倾向》诗人竭力推崇的庞德，这些“知识分子”懂什么庞德！杨克写道：“我们首先想到要为这个急剧变化的时代留存下有价值的文本，它们是中国新诗80年来有历史延续意义的部分，是中国当代诗歌的真正精髓。”“我一直相信真正的艺术必须具有原创性，生存之外无诗。汉语诗歌的资源，最根本的还是‘中国经验’，是当下日常具体的生活。”“这是一部不同于官方机构编纂的年鉴，不是谁有名就选谁的，方方面面都照顾到的那种四平八稳的选本。它更多是代表民间的，体现的是我们看诗的方法。诗歌写作不能成为知识的附庸，并非能够纳入西方价值体系的就是好诗。诗应是可以独立呈现的，直指人的内心的，也是诉诸于每个读者艺术直觉的。韩东概括说：‘诗歌在民间，真正的诗人在民间，真正的诗歌变革在民间……’大家一致认定：艺术是诗歌的生命，也是这部年鉴唯一的编选标准。当然，作为‘年鉴’，它也要‘多元化’地适度表现这一年度不同的诗人在写什么。但最关键的，是必须关注诗歌新的生长点，不能编来选去都非常无聊地总是那么三几个人。今后的年鉴都应给新涌现的诗人以应有的位置。”

两部关于中国当代诗歌的选集在不同的时间出版了，等待它们的命运也不尽相同。前者的版权页上虽标明印数10000，但在各地书店中都极难见到。而后者却在近年诗集发售的颓势中创造了一个不小的奇迹，主渠道、二渠道齐发，出版数月约20000册书已全部批发到位，出版人杨茂东已决定加印，投资迅速回收已为来年《年鉴》的出版创造了一个良性循环。《年鉴》是第一本成功打入二渠道发售的当代诗歌选集，出版人陈子寒推出的伊沙诗集《野种之歌》是个人诗集的第一本，诗集在今春的图书市场上有了回春的迹象。前者出版后在第一时间即受到各方抨击，《北京青年报》在其“一句话书评”中是这么写的：“没有选入伊沙的诗成为这部诗选的遗憾。”接着，沈浩波《谁在拿90年代开涮》、徐江《乌烟瘴气诗坛子》、沈奇《秋后算账》、于坚《穿越汉语的诗歌之光》等文章对该书进行了激烈批评。后者的出版，则引起《南方周末》《羊城晚报》《中国图书商报》等众多媒体的热烈反响……

还是那个问题：谁是“导火索”？程光炜在会上说：我有编选的自由。我当面回答他说：读者和诗人都有评说你编选好坏的自由。其实根本就不是这个问题，真正的问题是：一本《倾向》诗选——准确点说是《倾向》扩大诗选，编成什么样子也许压根儿就无人关心，但你不要“盗用‘90年代诗歌’的名义”(于坚语)！与此同时，《他们》在走完它十年的历程时，由小海、杨克编了一部诗选——名字就叫《<他们>十年诗选》(漓江出版社，初版售光，已再版)。在会上程光炜等“知识分子”口口声声“科学精神”，那么谁才是它真正的体现者？

在会上程光炜为自己辩护时说：诗集编得很随意。令人感到大不以为然，我在会上有一个问题想问但没有来得及问他：为什么要在《遗照》中选入曹禺？显然，作为剧作家的曹禺既不属于《倾向》，也不属于“知识分子写作”和“中年写作”，更不属于“90年代诗歌”，是不是有点“随意”得太离谱了呢？

也许还需补充的一点是：《年鉴》的出版时间是1999年2月，《遗照》的出版时间是1998年2月——请大家参见两书的版权页。

还是那个问题：究竟谁是“导火索”？

关于“谁先发难”的问题

还是那篇《中国青年报》的报道称：“在会上，民间写作诗人首先发难。”

“民间写作诗人”是“盘峰会议”的一位主持人根据《年鉴》宗旨“艺术上我们秉承：真正的永恒的民间立场”而得出的与自称“知识分子”者立场相对的一批诗人的指称。

那么，这些“民间写作诗人”究竟是如何“首先发难”的？这是不是事实？令人痛惜的是，负责录音的某报记者由于技术上的原因而使这次会议的原声没有得以保存下来，否则的话，民刊《诗参考》主编中岛将会把它一字不落地整理出来并一字不落地公之于众——这一定是让许多与会者感到心惊肉跳的举动，可惜已无法实施。而文字记录滤掉的东西实在是太多了！拍案而起看不到了，摔门而去看不到了，恼羞成怒看不到了，气急败坏看不到了，怒目相向看不到了，舌战群儒看不到了，群起攻之看不到了，文字记录只会留下几条干巴巴的观点，而我在会上就已说过："诗人开会，不是比拼观点的；而是展览性情的。"性情的真伪让人见出诗人的真伪……

作为与会者，我感到自己有责任为大家描摹出本次论争的基本脉络，我以诗人的人格担保它的客观性和公正性，同时我也深知我无法提供伪证，因为历史的见证者不只我一个。

4月16日下午两点，会议开始。

主持人吴思敬作了一个简短的开场白。

杨克发言。大谈《年鉴》的销售业绩，在郑州书市上的良好走势。谈得过于具体（像个商人?)，态度也不够谦虚，有得意洋洋之嫌，引起了"知识分子"们的不满情绪。

程光炜发言。老实讲，这次会议将开成什么样子，能否吵得起来或吵到什么程度，程光炜的态度将会起到举足轻重的作用，原因不言而喻。程的态度并没有想像中的激烈，只是红着脸为自己辩护，为《岁月的遗照》辩护。

伊沙插话。就程光炜攻击沈浩波《谁在拿90年代开涮》(原文刊于《文友》1999年1月号)"骂人"、"人身攻击"之词，我以责编身份谈了不同看法。

西川发言。谈笑风生，很超然。从表面上看，西川在此次会议上是中立者，至少他想让"民间写作诗人"觉得他中立。

陈超发言。讲了一则老生常谈的寓言：一个林子里不能种一样的树，不然就会得病，老虎如何、羚羊如何，不要相互指责。后来又掏出小本，就"乌托邦写作""寄生性写作""集体写作""运动性写作"等几个概念有针对性地谈了自己的看法。其针对性所指明眼人一望便知。

徐江发言。全场第一次有了笑声。说其妻怕其好逞口舌之利而遭打，他说不会的，因为对方都是"知识分子"。徐江说这次开会他带来了三句口号："向知识分子学习！向中年写作致敬！"全场爆笑。徐江进而指责"知识分子写作”是“当街手淫”，是“买办主义诗人”写的“国内流亡诗”。他的后一句话激起了下一位发言者。

王家新发言。口口声声“本来不想发言，不想开这个会”的王家新是开着私车来的，并运来了一万多字的发言稿。他发言的题目叫《知识分子写作何罪之有》。文章的主要线索是围绕于坚为《年鉴》所撰的序言《穿越汉语的诗歌之光》进行反击。令全场瞠目结舌而哭笑不得的不是王家新的观点而是他的语言，在其诗和随笔中满纸唯美意象、文化掌故和大师引言的王家新，在他的批判（不是批评）文章及现场中竟然使用了恍若隔世的“文革”话语：诸如“何罪之有”“你们这是在搞运动”“谁也没有搞住谁”，间或，还令人啼笑皆非地甩出“知识分子”原本十分不屑的市井帮会语言：“20年后，咱们走着瞧！”王家新还对在《南方周末》上发表《内在的诗歌真相》一文的青年评论家谢有顺“缺席审判”，他竟然非常低级地把“谢有顺，一个从来没有听说过的人”作了谢有顺的“罪证”。王家新开始发言时，于坚愤而退场以示抗议，中间回来发现王的发言仍在继续便再度告退。所以，王家新对于坚实施的也是“缺席审判”。王家新，本次会议上情绪最为激动的人把论争双方完全带入了“打仗”的氛围。

4月17日上午，会议继续进行。

谢冕主持并首先发言。想起了20年前的南宁会议，现在的争论是在诗歌内部的争论，这是历史性的进步。交流就是目的，理解高于一切，依然不试图得出结论。

于坚发言。这是真正的诗人的发言，语言的魅力发挥到了极致。如果我们不把这一切看作“打仗”，而仅仅如我所愿视其为展览性情、挥洒语言的话，那么于坚就该获得本次会议的“最佳表现奖”。有鉴于唐晓渡在他发言时攻击于坚的发言为“表演”，我和徐江在饭桌上决定授予于坚“人民艺术家”的光荣称号。真的，他给全场（那几个“知识分子”除外）带来了莫大的快乐，你能想像一个诗人在一次研讨会上的发言所博得的让人前仰后合的艺术效果吗？于坚的发言并未把对王家新的反击作为线索，显得大气磅礴，他即兴随笔式地谈着自己的状况、遭遇和对诗的看法：“在云南，我悲天悯人啊！替你们着急啊！”“在鹿特丹，一个美国诗人问我为什么不学英语，我脸都气肿了！”“上帝说有光，于是就有光。太初有道，然后庄子乘鹤西去。”现场发言的于坚和文本的于坚完全是一致的：幽默、智慧、挥洒自如。于坚的霸气由于天然地与他的性情结合在一起（他懂得自嘲），所以表现得煞是可爱。所以，我更加不懂为什么在于坚发言时，唐晓渡会始终阴沉着脸。

臧棣发言。臧棣在这次会议上始终绕不过去的问题是：他不明白为什么徐江会骂他傻（在《乌烟瘴气诗坛子》一文中）。他两度非常纳闷地说："我又没得罪你！"他的逻辑是：我选了你的诗，你为什么还要骂我。总是在细枝末节上打转严重影响了臧棣总体上的发挥，本来如我等都很想一睹这位北大博士舌战的风采。

伊沙发言。我谈了这次来开会的感受："我喜欢的人没有辜负我的喜欢，我不喜欢的人也没有辜负我的不喜欢。"我谈了自己十年来的写作经历："广泛地受争议成了我个人成就感的一部分。""相对而言，我是较有读者，但我也是被误读最深的一个人。""我尊重阅读，哪怕是误读。"也许是因为有关怀我的前辈谢冕、吴思敬在场，有我的老师任洪渊在场，有推助我的兄长沈奇、陈仲义、于坚、小海在场，有我兄弟般的朋友徐江、侯马在场，在内心深处我还是不愿意把这次会议完全视作"打仗"，我谈得很真诚、很实在。沈奇在会下评论说："一个最不讲学理的人讲起了学理。"

孙文波发言。该兄口拙，发言内容几乎听不清楚。

车前子发言。他主要是对"知识分子写作"这一提法提出异议。其实车前子在饭桌上面对一条鱼时的感叹更形象地说明了他的立场和观点，这位苏州诗人（现居北京）说一条鱼怎么能做得这么没有味道呢？像"知识分子写作"。

西渡发言。主要针对徐江在头一天的发言和徐江在《文友》上所列"诗集推荐榜"。我知道他们是朋友，所以这叫朝朋友"两肋插刀"。徐江、西渡、戈麦、桑克四人曾在90年代初共组《斜线》，有过一段同甘苦共患难的经历。"盘峰会议"后，远在哈尔滨的桑克以一个实际行动表明了自己的立场，在会外站好了队。这叫什么呢？"生命诚可贵/友情价更高/若为打仗故/二者皆可抛"。

沈奇发言。他意味深长地说："有必要提醒大家：人群之外还有一个人群，房子之外还有一所房子。"但沉浸于"打仗"氛围中的诗人们未必能理解他的真意。

侯马发言。真诚地回顾了自己十年来的写作历程，力主诗歌要争取各行业优秀心灵的共鸣。对王家新发言中涉及到的诸如谢有顺的资格等诸问题提出了批评。

王家新插话。承认自己头天的发言情绪激动，在某些提法上有不妥之处。

4 月 17 日下午，会议继续进行。

《北京文学》副主编兴安主持。

唐晓渡发言。唐晓渡的发言与他 90 年代以来为数不多的几篇文章中的观点一致，但与想像中他本来应该扮演的角色则大为不同，而且相当激动。唐说："谢有顺扮演一种揭穿真相的角色，这个玩笑开得比较大了。谢的文章显然是被操纵的，人人心里都有一口恶气……权力社会下，人人心里都有一口恶气，也就人人心里都有一种皇帝，我们自己是否也存在着意识形态批评呢？打着民间立场的道统，诗歌的目的是消解权力，对自己过分的张扬，对其他的排斥，当龙头老大……"他从对"民间立场"的批评开始，就"诗人和批评家的关系"（针对于坚上午发言）问题，就"知识分子写作"问题谈了他的看法。因在发言中说出了他与于坚交往中的隐私性事件而使会场的气氛陷入了空前的尴尬之中。

伊沙发言。我之所以要再度发言，是因为在听唐晓渡的发言时有一种不得不说的冲动，因为这位"老江湖"说出的东西并不真实。我的反驳分以下几个方面展开：①操作——"在今天，各行各业的操作都属光明正大的行为，操作不等于阴谋。相反，以隐喻为最大特征的'知识分子写作'倒是天然地与阴谋结缘，修辞的阴谋，可以四面讨好，文字表面的清洁，很容易在某些主流刊物上流通。"②谁压制谁——"90 年代以来，'知识分子写作'对其异己的压制从来都是戴着学术面具进行的，到《岁月的遗照》开始变得明目张胆。"③知识分子写作——"所谓'知识分子写作'让我想起了'女性文学'的提出，我对'女性文学'的感受同样适用于'知识分子写作'：作为男人，我平时很少想起也根本不用强调自己裤裆里究竟长了什么东西。"④中年写作——"为自己可能出现的生命力阳痿提前做好的命名。金斯堡从来不说什么'中年写作''晚年写作'，只要能操得动诗就能写得出来。"⑤隐私——"这超过了《绝对隐私》，你犯规了！"

4 月 18 日上午。

吴思敬主持。

持中立观点和彻底回避了交锋话题的与会者发言：任洪渊、小海、张清华、刘福春、陈仲义、林莽等。

杨克发言。想替屡遭“缺席审判”的谢有顺作个辩护，遭到臧棣、王家新、程光炜围攻。其间，西渡、臧棣、程光炜还向沈奇发难。因为他们“人人心里都有一口恶气”(唐晓渡语)。

吴思敬作总结发言。让人觉得在座的都还是人，这种游戏也还是有意义的。

会议在午饭后结束。“知识分子写作”一行7人（西川于16日晚早退）分乘王家新、孙文波的两辆私车回京，“民间立场写作”诗人则和来时一样与其他与会者、组织者一道乘会议专用的大巴返回……

当天晚上，“民间立场”和阿坚、莫非、王一川、殷龙龙、江熙等在京诗人、评论家应邀到北师大参加了一个大型的诗歌朗诵会，据传“知识分子”则去了其中一位的家……

“盘峰论剑”的大背景

被陈超称做“盘峰论剑”的这次由北京作家协会、《北京文学》编辑部、《诗探索》编辑部、当代文学研究会、中国社会科学院文学研究所等单位联合举办的“世纪之交中国诗歌创作态势与理论建设研讨会”在20世纪最后一年的春天于北京平谷县盘蜂宾馆举行。

这次会议的召开绝不是偶然的。据林莽介绍：此会在会前已被传闻成“北伐”和“鸿门宴”，何谓“北伐”？何谓“鸿门宴”？“民间立场”大都居于外省，而“知识分子”大都住在北京，故有如此两说。

《中国青年报》的那篇报道评论说：“此次争论的激烈和白热化程度近十几年诗坛罕见，可称自朦胧诗创作讨论以来，中国诗坛关于诗歌发展方向的一次最大的争论。”

仅仅是一本书（《岁月的遗照》）引出了另一本书（《1998中国新诗年鉴》）和几篇批评（《谁在拿90年代开涮》等）就引出了这么大的一次争论吗？弄得十几号人在会上唾沫横飞，情绪激动，连揭隐私的不道德事都干出来了？都是成年人干的，事情哪有那么简单？这里有一个相当复杂的背景。

以北岛为首的朦胧诗和以于坚、韩东为首的“第三代诗”横贯了中国现代诗的80年代——程光炜称之为“胡闹的”，而我称之为“伟大的”80年代。需要说明的是：美学上“第三代诗”的鲜明标志是《他们》（于坚、韩东、丁当等）、《非非》（杨黎、小安、何小竹等）、《海上》（王小龙、蓝色、默默等）、《莽汉》（李亚伟、胡冬等）。社会学意义的“第三代”才包括后来组成《倾向》的那批人。也就是说，《倾向》在80年代是无所作为的，因为缺少艺术上的革命性。所以，他们才要抓住90年代不放。

那一年海子的死和“历史强行侵入”（西川语）为他们提供了千载难逢的契机，海子形式滞后的诗歌借海子之死的舆论打通了他们的美学之路；文字表面的清洁，混沌的“诗言志”所传递出的仿杜甫式的道德感、责任感和使命感，又轻易讨得“庞然大物”（于坚语）的放行甚至庇护；而隐喻设置的修辞的阴谋，使糊涂的西方汉学界真的以为他们敢于面对中国的现实。以接受“朦胧诗学”为习惯的汉学家们很容易接受《倾向》的诗学，因为尽管中间相隔了十多年，其实并无变化，从创作的实践结果来检验，后者明显地等而下之。另一方面，我们也必须承认，80年代后半段独领风骚的“第三代”诗已经风流云散，美学上的准备不够、流派（集体）写作中养成的性喜喧哗的习惯、比书斋诗人更旺盛的生命力滋生出的对其他行业其他领域的扩张欲，使得他们中的大部分人在90年代到来的时候选择了“下岗再就业”。幸存者的东西又很难“浮出海面”。在这种情况下，《倾向》这支“逆流”以“知识分子写作”、“中年写作”为旗一跃而为诗坛“主流”。

以我来说，真正的写作开始于90年代，我尊重诗坛现存的格局划分，承认他们作为“主流”的存在，尽管我非常蔑视“它们之间不是连续性的时间和历史的关系”（程光炜语）这样的肉麻说法，这叫讨了便宜还卖乖。我当然清楚我完全自觉的写作，“这种以颠覆和拆卸为主旨的写作，只能是以具备拆卸对象为前提的写作。对于一个时代而言，它也只能是一个支脉，而无法成为主流”（燎原语）。其实早在燎原说这番话的七年前，我已在文章中写过：“在‘主流’之外写作。”我不是“后现代”吗？“后现代”怎么可能成为中国诗坛的“主流”？在一个追风赶浪、日新月异的时代结束之后，在一个艺术上充满伟大变革的时代结束之后，传统居于“主流”的现象是正常的，尤其是在这个太古老的国家。但事情根本没那么简单，我不断听到有人说：“他们想灭你！”“×××对你似有忌惮！”然后我便不断看到“人欲灭我”的事实，真是我欲图安静而不由己啊！多年以来咱甘居一条

“支流”犯着谁了？那些自认为能够“指点方向“和“引导诗人”、“提供秩序或尺度”、举着“明灯”的“当家人”，中国诗歌多我这么一条“支流”难道不是好事吗？不管怎么说也丰富了你们家的“水系“吧？

可见小鬼难当家。当我在“盘峰会议”上见着这帮人的时候，真是感觉好极了：那么多心中有愧或者有鬼的中年男人在向我解释什么、说明什么、暗示什么、争取什么。王家新在发言中说我的诗也是“知识分子写作”，真令我哭笑不得！我当然不会觉得唐晓渡、陈超这些“权威”欠了我个人什么，他们在90年代的迟钝与倦怠是有目共睹的，我听说唐晓渡下成都，“第三代”竟然奔走相告，那也算种瓜得瓜。90年代，在与“知识分子”的同行中，你们又种了几粒豆子？程光炜、臧棣，俺跟你俩有话：俺也在学院教书，身为讲师和学士，俺从来都很尊重教授和博士，尤其是名牌学校的，以往之事俺不深究，以后干事（只要是冲俺来的），请你们干在当面，文章可以明着写、话可以公开讲，事不要背地里做。俺实在是不喜欢你们那种“知识分子”的小猥琐。

他们是逼着我非得说出中国诗歌在90年代的真相——唐晓渡怕“真相”一词，我在会上告诉他说“所谓真相就是真正的创作态势”。

《今天》的两位最大的幸存者严力和多多，像青年诗人那样勤奋写作，二十年如一日，诗艺上的“杰出匠人”。

“第三代诗歌”的集大成者于坚、“后朦胧诗”的集大成者（也是惟一的真正的个人的知识分子写作者）西川，已在文化的意义上略现“大师”的征候。

表现优异的女诗人王小妮，“知识分子”力捧的翟永明与她的境遇形成反差，而她的作品与翟永明形成了另一种反差。

韩东、杨黎、孟浪、吕德安、小安、默默、邵春光、何小竹、柏桦、杨克、车前子、莫非、梁晓明、柯平、小海等80年代的诗人于无声处继续前进。

而真正崛起于90年代的诗人的杰出表现才是真正的诗在90年代的“新的生长点”：以伊沙、阿坚、侯马、徐江、贾薇、岩鹰、朱文、肖沉、杨键、杜马兰、宋晓贤、唐欣、刘亚丽、张志、欧宁等为代表的“后口语诗”是真正的“时代的诗歌”，他们生动而有力的作品使中国的诗人无愧于20世纪的最后10年，他们中的杰出诗人已提前进入了21世纪，代表了新人类的声音。而以余怒、秦巴子、李岩、叶舟、南嫫等为代表的“后意象诗”则以直面现实与人生的姿态，使意象的营建更趋于复杂而又透明的中国质感。“70年代以后出生的诗人”：马非（1971）、宋烈毅（1973）、沈浩波（1976）、盛兴（1978）……他们与“知识分子写作”中的小孩相比，都没有天生一张书生的老脸……以上三支力量是中国诗歌在21世纪最初10年的生力军！这毫无疑问。

我们在这一年里回首即将逝去的90年代，发现“知识分子”连做主流都是伪（萎）的，是一种声势上的假象（太可笑了！“知识分子”自吹自擂或相互吹捧的文论与随笔比他们的作品要多！）。他们自称的“知识分子写作”，实质上不过是一种“泛学院化写作”。如果一个国家遍地都是“学院化写作”，你就可以推想这个国家的诗歌已经“面”到什么程度。“盘峰会议”真有意义，那么它真正的意义是：以“知识分子”为镜，照出了真正的诗歌一族；以“中年写作”为镜，照出了新人类的写作一族！唉！回想起来那多少透着无聊的两日也算“峥嵘岁月”，在“知识分子”的包围中，我们恣意玩耍着亲近的语言，在这方面我们都是高手和专家——因为我们是真的诗人！

内在的诗歌真相

谢有顺

“奥斯维辛”之后写诗是野蛮的，说这话的是哲学家阿多诺，当他目睹了集中营的恐怖图景之后，内心进一步证实了布莱希特满怀沉痛得出的结论的真理性，即，文化大厦是建筑在狗粪堆上的。显然，这样的描述，旨在唤醒我们对悲剧的警觉，进而质询我们的生存中到底还残存着多少诗性。可同样的一句话，在当下的中国，却被改写成，物质主义时代写诗是滑稽的。其中的灵魂轻化，使我们再次认识到了商业逻辑的强大。已经有太多的事实证明，诗歌正在被无情地逐出我们的生活空间，一些有关诗人的笑话也在民间广泛流传，没有多少人觉得，我们日益苍白、粗糙而乏味的生活，需要诗歌精神的守护。诗歌的境遇会在生产过唐诗宋词的国度里沦落到这种地步，的确是让人惊讶的，然而，诗歌真正的希望不在诗歌之外，而是在其内部的变革中，如海德格尔所言，一种失败从哪里开始，其希望也要在哪里准备出来。

《1998 中国新诗年鉴》的出版，就是这种努力的卓越成果之一。该书的编者，面对诗歌处境的低迷，没有像一些自恋的诗人那样，简单地把责任推给远离诗歌的公众，他们首先表现出的是对现存诗歌秩序的反省：公众之所以背叛诗歌，一方面，是因为许多诗人把诗歌变成了知识和玄学，变成了字词的迷津，无法卒读；另一方面，是因为诗歌被其内部腐朽的秩序所窒息。这一点，我们可以从最近两件事中见出。一是所谓的诗坛“权威”《诗刊》社抛出了一份《中国新诗调查》，“按所得票数排列顺序”列出 50 名中国新诗诗人排行榜，“快餐诗歌”的代表人物汪国真赫然与徐志摩、艾青、舒婷等人排在一起，位居第 14 名，而作为此次调查“主持人”的《诗刊》社的编辑诗人（包括编委、顾问）竟多达 15 人，占总人数的近三分之一，如果再加上曾经做过《诗刊》编辑或编委者，人数几已近半。更让人震惊的是，成就极为卓著的北岛却未入选。二是诗评家程光炜于 1998 年主编出版的“90 年代文学书系·诗歌卷”《岁月的遗照》一书，成了某些诗歌小集团的偏狭心理的集中反映，而将北岛、多多、韩东、于坚、王小妮这些对诗歌的发展作出过重要贡献的诗人当作点缀，或者根本将他们排除在 90 年代的诗歌行列之外。这些都是当下诗歌秩序中重要的一环，其荒唐性是不言而喻的，可它却依旧被许多报刊及一些既得利益者所传颂，由此误导着大量的诗歌爱好者。

为了反击这种腐朽而闭抑的诗歌秩序，《1998 中国新诗年鉴》明确提出，好诗在民间，真正的诗歌变革在民间。“民间的意思就是一种独立的品质。民间诗歌的精神在于，它从不依附于任何庞然大物，它仅仅为诗歌本身的目的而存在。”（于坚语）这样一束来自诗歌艺术内部的眼光，使“年鉴”的编选突破了论资排辈、过于关注主流诗歌的局限，它在“第一卷”重点推出的是 90 年代进入诗坛、却因长期活在其他诗人的阴影下而未受关注的青年诗人，如鲁羊、朱文、北村、阿坚、侯马等人，他们所写下的优秀诗歌，有力地改变了诗坛固有的陈旧信念，从而让我们看到了这些年的诗歌沉潜于民间之后的生长姿态；“第六卷”收的是胡宽与灰娃两个人的诗。胡宽这位闪烁着奇异才华的诗人，写了近二十年的诗，可直到病逝，诗歌界居然对他一无所知；灰娃，则是到了古稀之年才被注意。这两个人在“年鉴”中的存在，强烈地说明，当下的诗歌秩序是极不可靠的，它所淹没的，很可能是诗歌领域最真实而有价值的部分。国内有那么多民间的诗歌社团和诗歌刊物存在，也从另一个侧面说出了许多诗人对公开的、体制化的诗歌秩序的绝望。

所以，好诗在民间，并非一句空话。只是，广阔的民间也是鱼龙混杂、泥沙俱下的，这样就要求有更多的人对诗歌的现状进行清场，使读者明白什么是真正的诗歌精神。基于此，秉承“真正的永恒的民间立场”的《1998中国新诗年鉴》与其说它奉行的是“好诗主义“（它的确辑选了1998年度的绝大部分好诗），还不如说它完成了一次对诗歌现状的清场，使得那些长期存在于诗歌内部的矛盾开始浮出水面。特别突出的是，关于两种最有代表性的诗歌写作——一种是以于坚、韩东、吕德安等人为代表的表达中国当下日常生活经验的民间写作，一种是以西川、王家新、欧阳江河、臧棣等人为代表的所谓“首先是一个……知识分子，其次才是一个诗人”，明显渴望与西方诗歌接轨的知识分子写作——之间的冲突，在《1998中国新诗年鉴》中成了尖锐的话题。双方都用篇幅相当的诗作说明了自己的立场。到底哪一种立场更接近诗歌的本真呢？作为一本在南方编选出版、贯彻着南方的诗歌眼光的“年鉴”所持的观点是，诗歌应该直面生存，它的资源应该是“中国经验”，并保持对当下日常生活的敏感，而非信仰“生活在别处”，“诗歌写作不能成为知识的附庸，并非能够纳入西方价值体系的就是好诗，诗应是可以独立呈现的，直指人的内心的，也是诉诸于每个读者艺术直觉的。”（杨克语）

确实，在民间立场写作的对面，是另一个“庞然大物”（于坚语）——知识分子写作。它所代表的将诗歌写作不断知识化、玄学化的倾向，是当下诗歌处境日益恶化的主要原因之一。这种写作的资源是西方的知识体系，体验方式是整体主义、集体记忆式的，里面充斥着神话原型、文化符码、操作智慧，却以抽空此时此地的生活细节为代价，从中，我们看不到那些人性的事物在过去的时代是怎样走过来的，又将怎样走过去，诗歌完全成了知识的炫耀和字词的迷津。诗评家沈奇一针见血地指出了这种趣味的本质："'知识分子写作'是纯正诗歌阵营中开倒车的一路走向，他们既丢掉了朦胧诗的精神立场，又复陷入语言贵族化、技术化的旧辙，且在精神资源和语言资源均告贫乏的危机中，唯西方诗歌为是，制造出一批又一批向西方大师们致敬的文本。"

《1998中国新诗年鉴》的努力方向显然是逆反着这种趣味而行的。它的编辑主旨是，要使诗歌重获活力，就要把诗歌从知识话语的霸权中解放出来，回到坚实的大地，回到具体的生活及具体的精神情境中，"生存之外无诗"，"诗应该是能吟诵的/能上口入心/能在饥饿时被大地吸入/并且感到甘甜/诗应该念着念着/就唱起来了/唱着唱着就飞起来了……/诗使白天明亮/夜晚变黑……"（北村：《一首诗》）诗歌为什么要害怕生活而遁入知识的迷宫呢？难道为未来开创道路、为历史正名的不正是伟大的生活本身，尤其是许多无名者的生活吗？真实的诗歌，是为了让我们更好地到达生活的边界与核心，而不是远离它，因为只有存在中的生活才是诗歌力量的源泉。在诗人对生活的理解普遍被扭曲（哈维尔说，"仅仅在有生活的地方才压抑生活"，确实如此）的情形下，重提生活之于写作的意义是必要的，它体现出无处不在的生活正坚定地反抗着压抑它的秩序与障碍，以求得更大的自由。《1998中国新诗年鉴》在这点上为我们提供了许多参证文本。它所选的一百多位诗人的新作中，大部分都涌动着难以阻止的表达生活和存在现场的渴望，相反，凌空蹈虚、贩卖知识或迷信文体的诗歌被缩小到了最少的篇幅（这实际上是对一种谎言的拒斥）。这一倾向最重要的意义是，它恢复了那些微小、琐碎、无意义之事物在我们的生活与写作中的存在权利，一如卡夫卡、普鲁斯特面对十九世纪只关注重大事件的文学所作的革命一样，其特点是不再从整体主义、社会公论的立场上去体验生存，而是把生存的真义化解到每一个具体的生活细节之中，使我们在世纪末重温了诗人们对生活中的疼痛、寒冷与希望的目击，尤其是在这种柔软的表达中，让我们看到，真正的、像大地般坚实的诗性不再缺席，它遍及我们生活中的每一个细节，关键是我们有没有那颗敏锐的心灵去发现。

诗性守护的不是知识或技术，而是为了使诗性在我们的生活中坚强地生长，为了使我们每一个人的生活免遭粗暴的伤害。这样说，不等于诗歌应屈服于生活中的物质和欲望逻辑，恰恰相反，那些抽空了生活的意义与价值，只剩下表面那种虚假繁荣的所谓“自然生活”是需要警惕的，它并非生活应该有的面貌，用哈维尔的话说是，只有油盐酱醋或任何一种投机的生活都是“伪生活”。哈维尔所理解的生活是一种有尊严的生活，是有自尊的和有整体内容的，他将它称之为“有机体”，有了这种对尊严的吁求，我们才有可能不屈服于对自己生活整体质量和道德水平的放弃。

与王小波所说的沉默也是一种生活力量相对，诗歌所体现的是美的力量，是欲言又止的力量，它们共同指向生活的内部，不屈从于某种权力话语或知识体系，而是努力使自己成为生活的挚爱者和参与者。还诗于民众，也许可以从这里开始，无论是生存的希望，还是诗歌的希望，都是从生活的隙缝中生长出来的，而不会从天降下。照我想，正是编者有这样的坚信，《1998 中国新诗年鉴》才在诗集普遍滞销的今天，首版就敢起印两万册，并销售一空，受到诗歌界众多读者的热烈欢迎。好诗在民间，好诗也必将成为民间精神运动的重要组成部分。

《1998 中国新诗年鉴》当然不仅是给我们提供了好诗，它更主要的是第一次如此显著地实现了两种不同写作道路的分野——诗歌是守护自尊的生活，还是守护知识和技术；汉语诗歌是为了重获汉语的尊严，还是为了与西方接轨，我相信，每一个敏感的人都会在他的内心迅速地作出抉择。

致谢有顺君的公开信

唐晓渡

谢有顺君：

读了您发表在 4 月 2 日《南方周末》上的《内在的诗歌真相》一文(以下简称《真相》)，深感诧异莫名。此前曾听杨克兄说到，您年轻有为，才华出众，于文学批评一道，已有相当阅历和实绩，却不知为何竟写出如此糊涂的文章？事关公义，不敢止于腹诽，故不揣冒昧，以公开信的方式谈谈个人的有关看法，以就正于您及业内有识之士。或有言重不妥之处，欢迎反批评。

您为您的文章设计了一个多少有点耸人听闻的标题。您试图扮演一个诗坛“揭秘者”的角色。您将予披露、揭示的，不但是“真相”，还是“内部”的，换句话说，人所未知，甚至是被刻意隐瞒的。这样一个大智大勇者的形象，真是风光得紧！当然，事关《1998中国新诗年鉴》的销路，使一点小小的炒作手段本也可以理解，但问题显然远远超出了“炒作”的范围。

作为编者之一，您在《真相》中竭力标举《1998中国新诗年鉴》“对现存诗歌秩序的反省”。这种反省包括两个方面：“一方面，是许多诗人把诗歌变成了知识和玄学，无法卒读；另一方面，诗歌被其内部的腐朽秩序所窒息。”后一方面这里就不去说它了——早已腐朽的，就让它继续腐朽吧——我想着重讨论的是前一方面，相信这也是您真正的属意所在。

这里的上下文是“广阔的民间”；而您之所以提出这方面的问题，也正是要“清理”“鱼龙混杂、泥沙俱下”的“民间”，“使读者明白什么是真正的诗歌精神”。如此宏愿可谓善矣，尽矣，蔑以加矣；然而，您又是怎么“清理”的呢？

您是从区分两种不同的诗歌写作开始展示您（当然不止是您）的清理成果的。您写道：“《1998中国新诗年鉴》使得那些长期存在于诗歌内部的矛盾开始浮出水面。特别突出的是，关于两种最有代表性的诗歌写作——一种是以于坚、韩东、吕德安等人为代表的表达中国当下日常生活经验的民间写作，一种是以西川、王家新、欧阳江河等人为代表的提倡‘首先是一个……知识分子，其次才是一个诗人’，明显渴望与西方诗歌接轨的知识分子写作——之间的冲突”；然后您把您所指认的这种“冲突”进一步归结为两种不同的诗歌立场，并循循善诱地问道：“到底哪一种立场更接近诗歌的本真呢？”接下来您为“知识分子写作”做了如下定义：“它所代表的将诗歌写作不断知识化、玄学化的倾向，是当下诗歌处境日益恶化的主要原因之一。这种写作的资源是西方的知识体系，体验方式是整体主义、集体记忆式的，里面充斥着神话原型、文化符码、操作智慧，却以抽空此时此地的生活细节为代价，从中，我们看不到那些人性的事物在过去的时代是怎样走过来的，又将怎样走过去，诗歌完全成了知识的炫耀和字词的迷津。”在文章的末尾，您再次强调《1998 中国新诗年鉴》“更主要的是第一次如此显著地实现了两种不同写作道路的分野——诗歌写作是守护自尊的生活，还是守护知识和技术；汉语诗歌是为了重获汉语的尊严，还是为了与西方接轨，”并表示相信，“每一个敏感的人都会在他的内心里迅速地作出抉择。”

我不得不非常遗憾地认为，您是一个非常糟糕的清理者；我甚至不得不说，您在很大程度上尚不具备“清理”的资格！这不是因为您不懂诗或读诗太少，而是因为您没有做到任何清理者应该做到的、起码的诚实，是因为您对诗歌写作作为一种复杂的精神劳动缺乏最低限度的尊重，是因为您的着眼点根本就不是什么“真正的诗歌精神”，而是“诗歌门户”，或者不如说，有关诗歌的话语权力！

凡此种种，仅从几处不起眼的细节便足以看得清楚：所谓“首先是一个……知识分子，其次才是一个诗人，”明明只是批评家程光炜在阐述“知识分子写作”这一命题时的个人看法，却被您隐去出处，指认为“以西川、王家新、欧阳江河为代表的”一批诗人所“提倡”的观点；程光炜的这句话明明与坚持“个人的而非集体的认知态度”的上下文密不可分，且原文是“它要求写作者首先是一个具有独立见解和立场的知识分子，其次才是一个诗人”，您却将其从上下文中孤立地拎出来，并处心积虑地省略掉了关键词“具有独立见解和立场的”；以便把“知识分子写作”和“知识写作”这两个内涵截然不同的概念混为一谈。您不妨批评任何人的观点，却不必玩这类或移花接木、强加于人，或断章取义、作伪使奸的把戏；如此上下其手，翻云覆雨，视他人头脑耳目为无物，岂是一个够格的清理者所为？

诸如“民间写作”、“知识分子写作”等问题当然可以也应该提出来讨论，关键是怎样讨论？在“民间诗歌”的上下文中将“民间写作”和“知识分子写作”对举，从形式逻辑上就说不通；将不同的诗人在个体诗学和创作风格上的差异归结为，或夸大为两种诗歌立场、两条诗歌道路、两个诗歌阵营的“冲突”和对峙，更是荒唐得可笑。托福诗神，当代诗歌历经艰难曲折，用了 20 余年的时间，才从重重困境中基本建构起目前的个人写作或曰多元共生的局面，凭什么只您一句话，就又到了从前的集体战斗岁月？一定要把童年的战争游戏经验或被强制灌输的政治斗争记忆套用于诗歌写作，是不是一种强迫症？这样做又把几代诗人、批评家、翻译家和广大读者的共同心血和劳作置于何地？

另一方面，您其实根本就无意于讨论任何问题，您的所有观点及其陈述——包括您假意的设问——差不多都是自明的。所谓“自明”，是说从接受的角度无需思考，无需质疑，是非高下立判，如同遭遇公理、常识或“文革”中的“定性材料”。《真相》在这方面确实称得上煞费苦心：民间写作＝中国当下日常经验、知识分子写作＝渴望与西方接轨，这一事先罗织好的结论是如此巧妙地被编织进中/西二元对立的现成思路，据此形成的语境是如此有效地兼具强制性和催眠性，“是……还是……”的选择句式是如此咄咄逼人而又不容回避，以致读者假如不能乘上爱国主义的直通车迳赴艺术良知的彼岸，就摆脱不了“文化汉奸”的嫌疑。这不禁令我想到乔治·奥威尔《动物农庄》中的一个经典情节：一心称霸的波普为了取得舆论上的压倒优势，专门成立了一支山羊“啦啦队”，其职责是：一旦在公共场合出现或可能出现怀疑、歧见和争执的情形，就齐声高呼：“两条腿，坏！四条腿，好！”尽管二者看上去有文野、藏露之分，骨子里却是异曲同工，难分轩轾。唯一的区别或许在于：您充当了您自己的山羊。

以上所析诸点，无不具有一眼可辨的蒙昧主义性质，但看来并没有给您造成任何心理障碍。这表明您非但不在乎蒙昧读者，同时也不吝于蒙昧自己。您有关“知识分子写作”的定义肯定算得上这方面的一个杰出范例。这里且不说定义本身的诸多相矛盾和夹缠不清（一批操母语、生于斯、长于斯的中国诗人，怎么可能以“西方的知识体系”为“写作的资源”？“整体主义、集体记忆”如何成为一种“体验方式”？既说“体验”，为什么作品又“完全成了知识的炫耀和字词的迷律”？如此等等）；关键在于，任何有效的定义都必须以对所定义对象的有效把握为依据，有关“知识分子写作”的定义也只能建立在与之相应的文本基础上。然而，读者到哪里去找对应于您的定义，足以说明问题的文本呢？按照您的说法和提供的线索，《1998中国新诗年鉴》中西川、王家新、欧阳江河三人的作品，应该能代表那些“被缩小到最少的篇幅”（据说这样做“实际上是对一种谎言的拒绝”——多么奇怪的逻辑！），以“凌空蹈虚、贩卖知识和迷信文化”为能事的诗歌了吧？可是，一个再“敏感”的读者即便读破了头，恐怕也破译不出在您的定义中言之凿凿的诗歌罪行；而这样一来，所谓“凌空蹈虚”（现实之空、虚）、“贩卖知识”（蒙昧的知识）、“迷信文化”（霸道的文化）、岂不反过来成了有关您定义的定义？——以愚弄读者始，以愚弄自己终；俗云“搬起石头砸自己的脚”，斯之谓也。

这样悲惨的结局在您几乎是不可避免的。一个“清理”者可以偏激，可以无知，但就是不能搞蒙昧主义；否则势必破绽百出、捉襟见肘，以致跌入自己掘好的陷阱。君或不信，请容再析一例。

您在文章中煞有介事地告诫说：诗的“资源应该是中国经验”；这种告诫本身就足够荒诞了（从什么时候起，诗歌写作的资源也和自然资源一样，被划分并标出了国界？今天在什么地方，可以找到纯粹自足、金瓯无缺，类似绝缘体的“中国经验”？一种新的“题材决定论”？），但其理论预设更荒诞。按照这种预设，一个中国诗人居然可以外在于“中国经验”！而这意味着，除了他像在空气中呼吸一样生活其中，并像一棵树同时向大地和天空汲取一样自然、有机获致的“中国经验”之外，还存在某种需要跨过一道认识的鸿沟才能抵达的、彼岸的“中国经验”！或者说，除了和他的全部生存及其思考想象本为一体，可以无差别地用作写作资源的“中国经验”外（即如您所强加给“知识分子写作”的“渴望与西方接轨”，难道不也是一种现代化、全球化历史语境中的“中国经验”，不也可以作为“写作资源”吗？），还存在某种形同道德律令，必须在应该/不应该之间作出选择的“中国经验”！请问这样的中国诗人在哪里？这种被抽象化、神秘化、道德化的“中国经验”是什么意思？和现实的诗歌写作又有什么关系？在文章的前半部分您曾引用于坚的话说，“民间诗歌的精神在于，它从不依附于任何庞然大物，它仅仅为诗歌自身的目的而存在”；接着又攻击“知识分子写作”站在“日常化写作的对面”，是“另一个庞然大物”，然而，看看您塞给我们的所谓“中国经验”吧，它除了是某种徒然以话语体积和事先注入的价值优势压迫、排斥异己，其自身却空空洞洞的“庞然大物”外，还能是什么呢？

一方面是要清理“广阔的民间”，“使读者明白什么是真正的诗歌精神”，另一方面却大行蒙昧之道，愚弄和误导读者，这种以南辕北辙方式自我揭示出来的“内在真相”，听上去简直像是个开坏了的玩笑！问题还不在于这可怕的悖谬本身，而在于何以会出现这种可怕的悖谬？我在信的开头说“事关公义”，更多地也是指向这方面的思考。

我相信，业内每一个尚未丧失历史记忆的人，都不难从《真相》的行文“语法”中，辨认出曾长期占据统治地位，而现今早已被弃如敝屣的所谓“意识形态批评”的身影。您虽属晚生的一代，但既置身当代中国语境，又读过阿多诺，对意识形态批评的物质自也毫不陌生：为一种极其简单粗陋而又暴虐专横的哲学所派生、依附于权力并因此成为权力的体现、自诩终极真理在握并遵循一分为二、势不两存的斗争逻辑，如此等等。您想必同样清楚它的语言操作程序，其原型模式是：先把无限丰富和复杂的历史（就“历史”一词所能指称的全部领域而言，也包括当下的精神文化现象）简约成僵硬对立的两大阵营（有时多一点，但归根结底是两个）；再从诸如两个阶级，两条道路，两种路线的斗争“高度”指明其“要害”所在，使问题变得自明；最后要求（更准确地说，是胁迫）人们在无可调和的前提下（不是东风压倒西风，就是西风压倒东风），进行非此即彼、“二者必居其一”的站队式选择。如果换一个场合，您必定会对这一套做法痛加斥责或表示不屑一顾；可是，为什么在《真相》一文中，却会在很大程度上为其暗中操控，自觉不自觉地重新拣起并穿上这双“敝屣”呢？

原因肯定是多方面的，但最致命的恐怕还是强烈的权力意识。因为蒙昧主义总是与对权力的追逐联袂而行的。因为只有在难以遏制的权力欲的支配下，人才会把他人的存在视为一种威胁，以至为“假想敌”；才会自我恶性膨胀，情不自禁地诉诸暴力（这里指的是语言暴力）攻击；才会神昏智迷，置基本的事实和必要的界限于不顾，孜孜于营造自我神话的愚行；才会像囚徒听命于狱卒一样，听命于内心“毁容的激情”！

您完全可以直斥我这是在胡说八道，而我又是多么希望自己是在胡说八道，可惜我的眼睛不答应。这里于坚为《1998中国新诗年鉴》所写的代序或许更有说服力（我注意到，《真相》中的主要观点在这篇代序中几乎是应有尽有，以至令人忍不住要怀疑您怎么一不小心成了于坚的思想经纪人或副产品？）。在这篇代序中最为打眼的“出彩”处之一，正是有关“民间诗歌”的某种权力游戏，其奥妙在于：先以《他们》为坐标，对始自《今天》的“民间诗歌”进行“分封”式的肯定，然后择其影响卓著者，进行“削藩”的排除：《今天》吗？“《今天》和《他们》都是中国最杰出的诗人的阵地，但前者成了流亡者，后者在相同的处境下，则仅仅是一群诗人。”

《非非》吗?“80年代的《非非》和《他们》具有同样的‘民间立场’,但在90年代,这个刊物转向所谓‘八九后的写作’,(和四九后的写作有何不同?)关于‘红色写作’和‘白色写作’的划分,使后期的《非非》丧失了民间身份”。至于“90年代的知识分子写作”就更不用说了,那是“对诗歌精神的彻底背叛”,是“与专制时代弄臣的厚颜无耻歌功颂德一脉相承”的“可耻的殖民化”写作,早已丧失了,或者说从一开始就配不上“民间立场”和“民间身份”(为什么不顺便通过一项“永远开除其诗籍的决议”?)。如此只手将“同路人”一一点倒,只手指明“新的革命对象”,谁是诗歌“大统”的在位者或“民间诗歌”的“法人代表”,自然也就“水落而石出”了——这岂止是有关诗歌的权力游戏,谓之“诗歌南面术”,不亦可乎?

《他们》当然是当代诗歌的一个重要组成部分,其中也确实多有我心目中的优秀诗人(包括作为诗人的于坚在内);正因为如此,看到它这样眼睁睁地被当作权力游戏和个人野心的道具糟踏,才格外令人觉得悲哀而无趣。愚钝如我者是搞不懂“民间立场”和“民间身份”在于坚辈手中的妙用了,好在明白一点也就足够:当代诗歌曾经饱受强权蹂躏;一部当代诗歌史,在某种意义上也是一部诗歌的受难史,是自由、开放、创造、充满可能性的诗歌精神不断被强权篡改、阉割、戕害,同时又不断与之抗争,并在抗争中顽强地阐明自身的历史,舍此便无从谈论“民间诗歌”。所谓“民间立场”、“民间身份”云云,不应是对诗歌的一种限制,而应是一种解放;不应意味着一道符咒,而应意味着广泛的对话;不应被视为一件克制或扫荡异己的法器,而应被视为一根维系所有孤独的探索者的纽带。由此而自然生发的一个推论是:那种“原教旨主义”意义上的“民间立场”和“民间身份”必定是可疑的,汲汲于这种“立场”和“身份”的“民间诗歌”必定和您所抨击的“腐朽的诗歌秩序”相去不远;它早晚必定要成为一座臭气熏天的“奥吉亚斯牛圈”。到那时再“清理”,只怕已经晚了。

这封不得不写的信就此打住。很遗憾这样一封和诗有关的信却通篇无法言诗。我希望这样的通信在我们之间是第一次,也是最后一次,正如我希望《真相》这样的文章在您仅仅是一次“事故”,一次“短路”一样,最后我想说的是:在一个普遍崇尚权力和善于滥用权力恶性循环的历史——现实环境中,鲜有单方面的受害者。就此而言,这封信也是写给更多的朋友，首先是我自己的。米兰·昆德拉笔下的一个人物曾经说过一句很精彩的话：“人对权力的斗争就是记忆和遗忘的斗争”，然而在大多数情况下，我们却总是将那些该记住的归于遗忘，而把遗忘的牢牢记住！

此致

敬礼！

唐晓渡

1999年5月4日

思考比谩骂更重要

西 川

比起争吵和谩骂，有一些更重要的事值得我们去思考。（于坚对我说：“你的问题就是把什么事都想得太清楚。”伊沙针对我的诗歌说他不明白为什么一个人与世界的关系非得是“思考”而不能是“感受”。）因此我从未着意收集过别人对我的责备，批评，乃至谩骂。聂鲁达在他的回忆录《我承认我历尽沧桑》中教导我说：“你要想出名，你就得准备好挨骂。”可惜在今天的中国我从事的是一种出不了什么大名的工作。我本来以为自己可以躲过聂鲁达的谶语，但自从1996年以来，一些针对我的冷言冷语就不时传进我的耳朵，到1997年，冷言冷语被加温成了热言热语。对此，我听多了也就习惯了。我练就了一副铁石心肠以便想我自己的问题，干我自己的工作。据伊沙说，他曾给臧棣写过一封信，言及诗歌界存在着“两条路线的斗争”。据谢有顺发表在《南方周末》上的文章，这两条路线指的是以于坚、韩东为代表的持“民间立场”的使用口语的书写日常生活的诗歌写作和以我、王家新、欧阳江河、陈东东为代表的持“知识分子立场”的诗歌写作。谢有顺显然支持前者，据说谢有顺本对诗歌一无所知，谢所说的两条路线对我来说过于简单，由此也能看出他们实际上不敏于事。事实上，在我面前，不是两条路线的斗争，而是五六条路线的斗争，仅就针对我本人的来自不同的小团体的批评而言，它们常常是针锋相对的。有时会出现这种情况，某某人指责我诗歌中所缺乏的东西，恰恰是另一位某某指责我诗歌中所含过多的东西。这样的指责使我产生某种智力上的优越感。我心想让他们在我身上把精力耗尽，而我的精力可不是用来对付他们的。我的指责者们的问题是，他们往往说不到点子上，说不到我的痛处，他们不知道我写作中的难处究竟何在。也就是说他们的指责在我这个要把什么问题都想个明白的人看来，根本抬不到理论的层面上来，不错，知识分子问题是我所关心的问题之一，但知识分子一词的含义在80年代和90年代已经有了较大的不同。在80年代，知识分子一词的道德含义、行动含义更加突出，而在90年代，做一个知识分子，就必须容纳更多的专业精神和反省精神。知识分子自觉地反省自身以及反省自身与社会、历史的关系，怎么说也不会妨碍得到于坚、伊沙、谢有顺的“日常生活”。况且，知识分子也有知识分子的日常生活，难道我们应该在不同人的日常生活中划出等级，并标出哪一种日常生活是真正的日常生活吗？这种想法未免太不“后现代”了。因此，于、伊、谢等人在谩骂知识分子之前应该首先弄清他们说的知识分子指的是什么，在这个问题上最好别说“能指和所指”的游戏。于坚将他所谓的“民间立场”定义为独立写作立场，但这在我是早已解决了的问题（见我的论文《写作处境与批评处境》），只是我不愿意使用“民间立场”这个词，因为“民间”并不那么可靠，因为“民间”那么容易被引诱，被鼓动，被利用，“民间”是最没有独立性的场所，民间心理就是从众心理，看热闹心理，有钱的帮个钱场没钱的帮个人场的心理，向上爬的心理。各级“主任”都知道怎样利用这种民间心理，而“民间”和“主任”往往暗自相通。那些自诩为来自“民间”的诗人、作家，他们在“主任”面前撒娇的事我们知道得还少吗？所以尼采说：“天底下最大的谎言，莫过于我，即国家，即种族，即人民。”于坚，伊沙，谢有顺等人在他们对知识分子大加讨伐的文字中恨不能多丢点儿丑。他们把知识（Knowledge）与知识分子（intelIectuaI）莫明其妙地捆在一起，好像工人、农民就不需要知识似的。这是对于工人、农民的污蔑。我承认，知识使我受益，但我总不至于笨到以为有了知识就能写诗。我在《与弗莱德·华交谈一下午》那篇对话中明确表达过，我的诗歌书写未知而不是已知。于坚在他的《穿越汉语的诗歌之光》(“诗歌之光”是一个隐喻，于坚反对隐喻) 一文中表达了与我的观点完全一致的观点。我要声明的是，我的表达比他的表达早好几年，所以这种说法是我的发明而不是他的发明。我承认，我曾受益于中外许多诗人、作家。同样，于坚也不能否认他曾受益于弗罗斯特和垮掉派。而据我所知，伊沙早期受益于舒婷和傅天琳 (我有他早年的书信为证)，后来又受益于他误解了的后现代主义。这都是知识。这有什么了不起？这就像普鲁斯特受益于罗斯金，博尔赫斯受益于史蒂文森，金斯伯格受益于惠特曼，何必自己要掖着藏着抢占一个创造力的制高点来挖苦别人。我要说的是，大家互相知根知底，否则我们也白读了那些书，白当了回“知识分子”。我曾在《北京文学》和《今天》上读到过四十几个诗人、作家否认他们曾受过别人影响，那是在撒谎。撒谎的人把声势造得再大也是在撒谎。我自诩理解人性，因此对于任何写作策略和出名策略我都不会认真计较。但如果某些人，比如于坚——我从未否定过他的诗歌，但他自己努力与这个接轨与那个接轨却不允许别人接个轨，比如伊沙——骂了许多人却在自己的《伊沙这个鬼》一书中收了大半本别人吹捧自己的文章，比如徐江——我曾对他说你骂我十年我不还嘴，十年以后我骂你你也别还嘴怎么样，所以在此我将他一笔算过，比如谢有顺，又比如说沈浩波，如果这些人认死了自己的策略，被自己的策略捆住了手脚，那我要说他们真够笨的！我真不愿意点到他们的名字，因为我这是帮他们出名。如果他们对我不心存感激，我会在将来把这篇小文章收入我某本小册子时删掉他们的名字，让他们少一个出名的机会。诗歌界抢占地盘的事发生过多次，从70年代末朦胧诗人们出道以来，宋代农民王小波、李顺的“吾疾贫富不均，今为汝辈均之”的造反精神就成了不少人心中的鬼胎。到80年代，在诗歌江湖上闯荡的人多了起来，各地都有一群人，各地都有自己的小头领。大家互相联络，互相呼应，奉行行侠仗义，四海之内皆兄弟也的原则。到90年代，这英雄豪杰的诗歌江湖的性质被市场经济中的炒作之风搞变了质，于是更年轻的一代开始骂街，英雄豪杰变成了瘪三混混，诗歌江湖变成了诗歌黑社会，鼓捣来鼓捣去，自己不搭台，只拆别人的台 (解构主义?)，自己不考虑自己的问题，只考虑别人的问题。我写诗的时间已久，我所经所闻之事日多。我想谁还没点儿让自己想起来就哆嗆的见不得人的经历呢？我是不是该写一本书，把所有我知道的所谓来自民间的诗人、作家的老底儿全抖一遍呢？说到底“民间”立场并不存在。与其说有个什么“民间立场”，还不如说有个“黑社会立场”，而诗歌黑社会立场中的头一条原则就是利益均沾，所以眼下的争论表面上看是诗歌方向的斗争，其实背后是利益在驱使。该出国的出国，该接轨的接轨，该出书的出书，该开讨论会的开讨论会，该上电视、报纸、杂志的上电视、报纸、杂志。这一切都抬不到理论的层面上来。所以我想还有另一些比为了抢地盘而争吵谩骂更重要的事值得我们去思考。

谁在拿“90年代”开涮

沈浩波

“历史是个任人打扮的小姑娘”，而现在，我发现自身所处的“90年代”正面临着这样一个“任人打扮”、“被人开涮”的尴尬境地。在这里我主要想说的是诗歌。我主要想提到的几个人名是我一贯就很讨厌的所谓“著名”诗评家程光炜，是我曾经一度敬重过而现在对他的所作所为产生怀疑的北大教授洪子诚，是整天以“知识分子”自诩的高中毕业生欧阳江河，是满嘴“帕斯捷尔纳克”、“布罗茨基”等洋名洋姓，满嘴“流放”、“沉痛”的王家新，是写了一百首长着同样面孔的坏诗却正在试图建立他在90年代诗歌地位的孙文波，是满纸优美词语却始终无法堆砌成一首好诗的陈东东，是从任何方面来看都不值一提现在却装模作样暴得大名的肖开愚，以及等而下之的张曙光、臧棣、西渡之流。

我之所以将在这篇文章中尽情表达我对他们的鄙弃，绝不仅仅是因为糟糕的诗歌洞察力本身，问题在于，他们不仅仅在写着糟糕的、装神弄鬼的、糊涂虫般的诗句，不仅仅披着所谓“叙事功能”、“具体”、“准确”、“诗学抱负”之类大帽子式的东西，做着故弄玄虚、装酷玩深沉的所谓“诗学评论”，他们还正试图用他们这些新“宫体诗”式的东西，毫无生命力的东西去占领整个当下诗歌语境，去涂改90年代中国诗歌的成就，他们就这么一哄而上的用这些缝缝补补的投机话儿来糊弄大众。

我主要所指的是目前搁置在我案头的三套大书，一套是门马主编的所谓《中国当代诗人精品大系·坚守现在诗系》，共五册，作者分别是欧阳江河、肖开愚、孙文波、西川、翟永明、陈东东；另一套是洪子诚教授主编的所谓《90年代文学书系》，我手头的这本是其中由程光炜主编的诗歌卷《岁月的遗照》，其中的主打诗人依次是张曙光、欧阳江河、王家新、翟永明、西川、肖开愚、陈东东、孙文波、臧棣、柏桦、王艾、黄灿然、张枣。此外，我还能联想起此前湖南文艺出版社出版的一套“当代诗人自选集”，所选作者分别是欧阳江河、王家新、陈东东、西川等人。而在我所提及的前三种诗歌丛书中，无不充斥着程光炜先生和洪子诚先生“辛劳”的身影。

在这种强大的出版势头和新闻炒作中，在这种动辄以“90年代”和“当代诗歌”之类的总体性称谓冠名的丛书影响之下，对90年代中国诗歌本来就不甚了了的中国公众似乎只能认同这样一种事实，即90年代中国诗人中的中坚分子就是欧阳江河、王家新、孙文波、肖开愚乃至张曙光、臧棣他们，而90年代最牛逼的诗歌批评家也就理所当然的是程光炜、洪子诚、唐晓渡诸先生了！

多么好啊！中国的诗歌秩序建立起来了！多么好啊，中国诗歌终于有了核心了！多么好啊，中国诗歌爱好者们终于又可以继汪国真之后找到新的技术主义的崇拜偶像了！

但问题是，他们以及他们所标榜的立场，在我们这个年代真有那么重要吗？真的拥有如他们自己所言的深刻意味吗？真的就是我们这个众生喧哗的语境中最中坚的话语力量吗？

对此，也许我不该急于作出断然的否定，那么好吧，让我们打开《岁月的遗照》中程光炜先生所作的导言，让我们来看这一段极为“精妙”的文字——“在我看来，这个同仁杂志（《倾向》，笔者注）成了‘秩序与责任’的象征，正像彼得堡之于俄罗斯文化精神，海德格尔、雅斯贝尔斯之于二战后德国知识界普遍的沮丧、混乱一样，它无疑成了一盏照亮泥泞中的中国诗歌的明灯。团结在这个杂志周围的，有欧阳江河、张曙光、王家新、陈东东、柏桦、西川、崔永明、肖开愚、孙文波、张枣、黄灿然、钟鸣、吕德安、臧棣和王艾等。

那么好吧，我们姑且不去理会什么秩序什么责任什么象征，姑且不去理会彼得堡的知识分子群体和海德格尔、雅斯贝尔斯这样的旷世学者与我们这些诗人们是否具有可比性，他们之间是否具有判若云泥的区别。我们起码可以从程光炜的这段文字中看出，这帮被定格为90年代中坚力量的诗人们原来是一伙的！多么有意思的事情啊，一个《倾向》杂志的同仁们便构成了90年代诗歌的全部，更绝妙的是，这些人还都是程光炜先生的朋友！我真不知道这是奇迹还是一出滑稽剧！

容易轻信的人们啊，难道你们从中还不能看出点什么来吗？难道中国的诗歌真的就是由他们所构成的吗？让我们撩开他们那些玄奥莫测的言语和故作从容的口吻，直接楔入他们的文本中去看看这些时代的“佼佼者”们——

“他观察月亮直到双目失明。/他告诉她他想哭，痛哭。/她搀扶着他走下图书馆的台阶，/‘但是，’他说，‘那违背了初衷。’（肖开愚《嘀咕》）——真是莫名其妙的嘀咕，故作姿态的深沉，对于这个世界，肖开愚除了玩弄玄机，还能知道点什么呢？他知道如何去真诚地面对生活和写作吗？

“泥泞的夜。在一个女人身体里进行的/知识考古学。黑色的皮包/以及里面准备好的论文……（王家新《挽歌》）——看到这样的诗，你能猜想我们的王大诗人在表达些什么呢，知识考古学在女人的身体里进行着，这是什么话呢？我承认王家新的《帕斯捷尔纳克》写得最好的永远是那些带着引号的句子（引用的是他人的诗句）！他永远在伦敦，在俄罗斯，他永远倾诉着他的布罗茨基、帕斯捷尔纳克、卡夫卡，他就是不在中国的土地上生长！他整天重复着“流放、流放、流放，”问题在于，谁流放你王家新啊！你不是北岛，不是杨炼，不是布罗茨基，你永远是谨小慎微的王家新，学着俄罗斯人戴大围巾的王家新！

“这想法令人尴尬，或者相反/只是让你感到——譬如不安，或一些莫名其妙的感觉/你无法用语言捕捉。三十年来/我一直在做这件事，但总是徒劳……（张曙光《边缘的人》）——看到这样的诗了吗？唧唧歪歪，纠缠不清，哎呀我的张曙光呀，你能不能干脆一点，能不能把事情讲得清晰一点，你以为含糊不清就是所谓的“叙事功能”吗？你以为吞吞吐吐就是诗人的典雅矜持吗？

“前额的历险/触及背向空气的手指/点点滴滴，甜蜜的火焰/夜的盲目拱顶/水漫天空/少女赤裸而多腰……（欧阳江河《聆听》）——我绝不想否定欧阳江河的才华，但就怕“聪明反被聪明误”呀，如果一首短诗需要用一种鸿篇巨制来解释的话，那干脆就是一则拙劣的谜语了！当然，欧阳江河是“中年知识分子”，我既非中年，也非什么知识分子，当然难以理解欧阳先生的苦心了！

说回来，翟永明还是个不错的诗人，西川、吕德安、张枣也可算是真诚而实在的了。但这批人中的多数，却沉迷于故作玄奥、故弄玄虚、装神弄鬼、废话连篇的下作状态之中，而程光炜之流的所谓诗评家们，却兴高采烈地为自己的一帮铁杆哥们儿进行着逐一的阐释，什么经验利用呀！角度调离呀！语感处理呀！文本间离呀！意图误解呀！反正什么词不像人话什么词就从他嘴里蹦出来，什么词扯蛋就用什么词。程光炜呀，你们老大不小的人了，能不能坐下来好好读上几本书，说些实实在在的、动机纯良的话呢？干嘛非要像现在这样，用“陌生化”的言词来掩饰自己的无知和缺乏底气呢！您不觉得这样丢份儿吗？您当然不会觉得丢份，您正在这场没有硝烟的战斗中玩得得心应手、游刃有余、乐此不疲呢！不是吗？您在诗歌界、学术界中的地位正在一步步确立呀！您快成我们这个时代诗歌的代言人了，多幸福啊，您呐！

可是，在您和您的同党们成功地在某些方面压制住了90年代那些真正优秀的诗人，比如长诗的于坚和短诗的伊沙，比如轻松的阿坚和沉实的莫非，比如灵气四溢的侯马和率性而为的徐江，比如始终保持着诗歌清醒的韩东和历久弥坚的王小妮时，难道你就真的没有感觉到面对这些直截了当的拥有旺盛生命力的诗人，你自身的苍白正在不容置疑地凸现出来吗？作为一本诗丛的主编，你有理由选入甚至只选入你所喜爱的诗人，但是，既然你动辄“90年代”、“当代诗歌”，你就没有任何理由企图以出版物的强制性来排斥异己抬高自己的身价！90年代最重要最优秀的诗人们如于坚、王小妮、莫非、伊沙、侯马、阿坚几乎无一例外地在你们这里受到了刻意的蔑视和忽视，是你们对他们的创作成就真的视而不见或者你们缺乏起码的审美趣味去界定他们呢，还是想通过出版这种强制性宣传和阅读手段达到某种硬性规范和排斥的目的呢？我想提醒的是，掌握了某些出版机器，接近了主流话语，未必就是进入了历史的视野，看看中国历史上那些“宫体诗”吧！

伊沙有句话深得我心——“永远不要在知道你底细的人面前要牛逼。”程光炜，你那么点起家史、发迹史谁不知道？你说 1991 年你和王家新在湖北武当山有过一次历史性的会面，但我可记得你当时正在为汪国真之流的东西鼓而呼之著书立说呀！你当时叫得多么热烈呀！你现在怎么不提汪国真了?!

也谈“真相”

王家新

四月中旬在平谷盘峰宾馆举行的诗会之后（俗称“盘峰论剑”），人们纷纷传言于坚“疯了”。近日读到他一篇号称《真相大白》的文章，方觉众口有风。在此短文中，于坚公然编造出“知识分子写作”是如何“穷凶极恶”、“破口大骂”、“激烈之时，四个批评家围攻一个诗人”（即于坚自己）的谎言。真的，读了之后连我自己也顿生怜悯之心：一个大老爷们，何以可怜到如此程度?!

但，这不过是于坚之辈盘峰落马后使出的又一招：大造假舆论，在极力丑化“知识分子写作”诗人和批评家的同时，自己又扮着一个被压制被迫害的弱者，以骗取舆论同情。可惜，纸是包不住火的——有那么多人参加了盘峰诗会，何况还有会议录音！重要的是，还有在这之前一年多来于坚等人或诋毁性或“搅混水”的文章摆在那里。那么，一些诗人和批评家被迫在会上“为‘知识分子写作’一辩”并进行一些理论澄清，这又有什么不正当的？谁也没有拍桌子摔杯子或“咆哮”，谁也没有“破口大骂”或说一个脏字。难道只准你们在会前和会上公开撒谎、诋毁，就不准别人做一点正当的辩驳或澄清？难道准你于坚在会上公开表演、撒谎，就不准别人说出事实真相吗？一旦谎言被揭穿，又何以这样恼羞成怒、气极败坏呢？人们听说“围攻”的谎言后纷纷引为笑谈，有人说：像于坚那样谬误百出的“理论”，还用得着四个批评家去围攻？半个就足够了！

这真如西川所说“撒谎的人把声势造得再大也是在撒谎！”

不过，这帮人就是有一种说谎不脸红的本事，你说怎么办？近读沈奇一奇文，说他不明白人们何以要对于坚、杨克编的《1998诗歌年鉴》“上纲上线”，因为它一发行就是“两万”，“挽救”了中国诗歌，真是“天大的好事、地大的善举”！沈奇真不明白吗？他不过又是在装孙子，装无辜罢了。谁也不会反对你编一本同仁诗选或哥们诗选，但可惜，这本“年鉴”却在新诗史上创造了“三最”：痛骂诗歌的不同意见者之最；自我包装与宣传之最；制造假舆论之最（见《中国图书商报》6月15日程光炜文）。醉翁之意不在酒，他们哪里在乎什么“民间”、“新人”、“挽救诗坛颓势”，那些都不过是幌子！

我曾根据在盘峰诗会上的发言整理出一长文，为“知识分子写作”一辩（发于《大家》第4期），现在看来是过于书生气了。这些人果真有什么“立场”、“理论”或“原则”吗？没有。有的只是权力欲、巨星欲、靠骂娘或当主编来出名欲，灭他人以抬自己之欲，由“文学青年”一变而为诗坛“揭秘人”之欲，或像有人说的，不择手段以跻身于文学史之欲……等等。我想还是西川说得透：“与其说有什么民间立场，不如说有个‘黑社会立场’！”（《北京文学》第7期）。

那么，还有什么招？请看看这些人已使用的招术，无非是：其一：重新扯起“民间写作”甚至“第三代人诗歌运动”大旗，以同90年代“知识分子写作”抗衡，如果不能把对方灭掉，起码可以把水搅混。然而，在当今还有没有一个类似于80年代的“民间写作”，或于坚、杨克这些人什么时候“民间”过呢，许多人已有文章揭底，这里不再多言。至于“第三代诗歌运动”，在90年代还没有这样一个“巨星云集”的运动，或，发生在80年代中期的这场早已烟消云散的运动能否涵盖90年代诗歌？明眼人一看即穿，于坚至多只能蒙骗一些对八90年代中国诗歌的发展一无所知的人。

重要的是，于坚能否“代表”第三代诗歌运动？一个事实是，就在于坚参与策划《年鉴》的前几个月，他还在指斥“80 年代沉滓泛起的文学社团”，并像躲避瘟疫似的宣称：“《他们》从来就不是‘第三代诗歌运动’的一部分”，怎么到了今天却又转而大谈“第三代诗歌运动”，给它加上种种最高级的赞美辞，并以它的代言人或“捍卫者”自居呢？说穿了，目的不过是拉来又一个“庞然大物”，并利用它进行一种权力相争罢了。甚至《他们》也不过是于坚手中一张想玩就玩，没什么利用就抛开的牌而已。

其二：抢占高地。什么“高地”？“天才”的高地，“原创力”的高地。谈论自己，比比皆是“天才”、“巨星”、“杰出”、“精神光团”、“继艾青之后”、“可怕的原创力”这类吓人的字眼，贬斥别人，则一定要丑到“平庸”、“垃圾”、“赝品”、“伪诗人”、“读者扮演创造者”的程度。说实在，新诗史上我还从来没有见过如此无耻的行径。不仅如此，他们中的某“巨星”还化名“湘子”，先把自己在文章中猛吹一通（“一销而光”、“销路看好”云云），接着就把所谓“知识分子写作”丑化一番，最后，“湘子”还要来一句“人们呵，要警惕呵”！不错，人们是需要警惕，因为那些在历史中自吹为天才的人十有八九都不过是骗子！

其三：以骗取、笼络、胁迫等政客手段，试图建立“统一战线”，以实现“一旦起事，当能统一山河”之大梦；或是以“新的诗歌的生长点”发现者和保护神自诩，来向所谓“话语霸权”挑战，为自己意外地捞一笔。早在编辑《年鉴》时，他们就使出一招：这次要把受“知识分子写作”压制的抬出来，而你，就是被压制的一个！结果，有些收到“特殊约稿信”的诗人感到莫名其妙：我什么时候被压制过？谁压制谁了？一时引为笑谈。而在盘峰诗会上，于坚一定要某诗人在会上“表明立场”，别人不愿意，结果被骂成“甫志高”！可见他们哪里关心的是诗、是诗人，不过是“权力”，不过是“顺我者昌，逆我者亡”罢了！至于到处廉价奉送“天才”或“你就是中国批评家第一人”之类，也不过是为了利用人家，为自己做陪衬或壮个胆而已。最大的谎言是于坚、韩东、杨克、沈奇、谢有顺诸人，在今天忽然以“诗歌新的生长点”或“新生力量”的发现者和保护神的面目出现。是这样吗？90 年代中、后期出现了如此多的值得注意、且有发展前景的年轻诗人，《年鉴》中选了几个呢？他们什么时候用他们那倾听权力或哥们的耳朵来倾听过来自民间的声音呢？韩东、于坚、杨克，不是一个个比他们攻击的“知识分子写作”中的许多诗人都要“老”吗?怎么突然间觉得自己比别人小了二十岁?“老”并不可怕,怕就怕在老了还要装时髦,还要扮演出种种姿态去诱骗那些天真烂漫的青年。说到底,谨防上当。因为在那个所谓“新的诗歌的生长点”的招牌背后,我们看到的,却是几个不甘寂寞的“老诗人”及气喘吁吁的“野路子评论家”在那里密谋!

事实必须澄清

孙文波

四月份“平谷诗会”,与会诗人、批评家分成两派激烈争论。而争论的起因是于坚、沈奇、徐江、谢有顺等人前段时间发表文章对众多诗人无端攻击。会议之后,不少报刊发表了参会诗人、批评家的文章。我本来以为通过这次会议,像于坚、沈奇、徐江、伊沙等人会收敛自己,重新审视此前不负责任的态度,说话、写文亦会平和一些。但是,读了他们的一些文章后,却发现事情并非如此,这些人不但没有收敛,反而是变本加厉,把攻击别人当成了职业似的,其离谱的程度让人看了不禁心颤。

如今,事情已经与诗歌创作的歧见无关,而是这些人打着诗歌的旗帜为自己捞名利了。像于坚在成都一家报纸上虚构的几位评论家围攻一位诗人,以及徐江、伊沙文章中虚构的“拍桌子、摔杯子、咆哮”等情节,完全到了不顾事实,肆意虚构,颠倒黑白的程度,这哪里还是诗人的行为,真如有人所说,完全就是黑社会行径。而作为会议的参加者,我虽然也写了几篇短文,做的仍然是对我不同意的关于诗歌的看法的反驳,结果现在才发现他们哪里是想听你的意见,只是恨不得一棒子将人打死,好让诗坛上只有自己风光。

90年代诗歌发展到今天,一批诗人赢得读者或评论界的认肯,是因为他们努力写出了好作品。于坚、徐江之流以江湖泼皮面目出现,用地摊小报笔法一会儿说这个一会儿骂那个，如果再不斥责便真像是在姑息养奸。对那些昨天还在西方文学的典籍里偷招儿，今天却大骂别人是与“西方接轨”的人，昨天还巴不得将书中的知识当成自己的发现，引经据典，今天却给别人扣上“贩卖知识”的帽子的人，昨天还在当面吹捧，今天又破口大骂的人，再原谅他们就是对自己羞辱。人可以忍让，但人不能面对邪恶任其疯狂。

所以，是到澄清事实真相的时候了。于坚、沈奇、徐江等人那么起劲地诋毁其他诗人，不过是对自己的诗歌不自信，却又野心勃勃想攫取声名罢了。但诗歌是要靠文本说话的。你说你已经成为“整合”了汉语的“巨匠”，但不过是写了只“啤酒瓶盖儿”、“命名了一只乌鸦”，不过是在“黄河上撒了一泡尿”、“摸了发廊女的屁股”。这就能叫人信服？那不是太低看这个时代我们民族的智力？愚众者只能自愚。作为道理它总是会彰显的。中国历来就有靠骂人显名的传统。但这一次，他们应该不能得逞。

如此作法怎么可能得逞？不知道别人如何看，我反正觉得对于坚等人攻击的诗人是一件好事。我相信，他们说得越多，想得到的就会越少。谢有顺不是振振有辞地说什么“诗歌的真相”吗？沈奇不是拼命吹捧自己已是“大师”了吗？攻击别人是不是真相？标榜自己是不是真相？前几年流行着说法：“实践是检验真理的标准”。当被于坚等人攻击的诗人把注意力放在诗歌写作本身，而于坚等人干着一骂再骂的事情，谁会相信他们能够得到想要的一切。倒是他们的行为肯定会促使想要了解诗歌发展的人去了解真相。

究竟谁疯了？

伊 沙

作为“盘峰诗会”的参加者，我清楚地记得在那个会上有一位非常超脱的人。这个人在会上的发言中谈笑风生还颇懂幽默，在会下曾来我和侯马的房间与我、徐江、侯马、于坚做过一个中午的交流。此人在“盘峰诗会”第一天的晚上神秘地消失，据我所知是赶另一场“学术会议”去了。当天的会议休止于王家新红卫兵式的咆哮（孙文波在文章中说他不记得有人咆哮）：知识分子写作何罪之有?！那个当晚消失的人没有机会看到第二天于坚的发言、我的发言以及我对唐晓渡的反诘。于是他想当然地以为就那样儿啦，“知识分子”们已经搞定了一切，尽管自称有“五条路线斗争”加身，他也照样，可以玩把超脱。开会回来跟友人秦巴子说起此人的表现，善良的诗人称之为“大师风度”。

直到有一天我们读到了今年7月号的《北京文学》，上面有一篇“西川”的署名文章《思考比谩骂更重要》。读罢我不敢相信该文的作者就是我在会上遇到的那个超脱的人，就是我认识已久的诗人西川。王家新在他的一篇文章说：“于坚疯了!”我想他是脑子发热说错了人，请看这一个——在“盘峰诗会”至今双方的论争文章中我还从未读到过如此严重的疯言疯语：

——“说到底‘民间’立场并不存在。与其说有个‘民间立场’，还不如说有个‘黑社会立场’，而诗歌黑社会立场中的头一条原则就是利益均沾……”

——“我真不愿意点到他们的名字，因为我这是帮他们出名。如果他们对我不心存感激，我会在将来把这篇小文章收入我某本小册子时删掉他们的名字，让他们少一个出名的机会。”

西川两口咬住了自个儿的舌头，在上引两段文字中他确如自己指责别人的那样“恨不能多丢点丑”。西川把我等认定为“诗歌黑社会”，那他把他自己——把他们那帮“知识分子”当成什么了？诗歌政权吗？呜呼！西川还教会我关于“出名策略”的新知识，就是说借他也可以使我出名，就是说在今天还可以借一个诗人出名，本来我以为只有借刘欢这样的歌星才能出点名呢！但既然他这么说了，说得又是那么真诚（一点都不幽默调侃），我想这一定来自他宝贵的人生经验。唉！一个借亡灵出名的人如今已有了多么好的成全别人出名的名人感觉啊！

正像在“盘峰诗会”上陈超抖露了于坚早年致他的一封信，唐晓渡抖露了张家港诗会前他和于坚的一次通话（电话），西川虽然“超脱”亦不能免俗，他拿出我早年给他的书信，是为了证明我曾“受益于舒婷和傅天琳”，从而进一步说明我也曾受过他人影响——真是此地无银三百两，西川有无搞错，我可从来不否认他人对我的影响——这在公开的文字中已经谈得很多，比任何一位“知识分子”都谈得多。但我知道不能在道理上和他们较真儿，因为我太知道这些“知识分子”的下流趣味和自以为是的阴损，可你们忘了我不是你们的同类，此类阴招对我全然无效，我实话告诉你吧，西川！在你面前我就是觉得我的诗牛 B，别的装点我可以一概不要。再说了，我受益于舒婷、傅天琳写成现在的样子，而你受益于李白、聂鲁达、博尔赫斯、庞德写成了你的样子，恕我直言，用你说别人的话说你自己——你可实实在在“真够笨的”！

《思考比谩骂更重要》——西川的意思是不是：你们老实思考，我来谩骂？在此处我只是把他的满嘴疯话还给他。他的疯态和他们的窘像真令我满心欢喜，这一回大伙可以看明白了：当面具摘除，风度失去之后，他们的心态、嘴脸何以恶劣至此？王家新断定在盘峰有人“落马”，因为陈超在会上已做了“盘峰论剑”的命名，究竟谁“落马”了？请王家新在夜深人静的时刻回到他梦魇般的那三天。在“盘峰诗会”上经常处于张口结舌语不成句状态的孙文波如此描述他的感受：“我本来以为通过这次会议，像于坚、沈奇、徐江、伊沙等人会收敛自己，重新审视此前不负责任的态度，说话、写文亦会平和一些。但是，读了他们的一些文章后，却发现事情并非如此……”读了这番话，我感到孙文波不是在装善良就是在装幼稚，以他把于坚、徐江诬为“江湖泼皮”来看，他不准备装善良，那就是在装幼稚或真幼稚！我们的文章始终如一，倒是孙文波突然失态，哪壶不开提哪壶地提到了文本，他如此攻击于坚和我的诗：“你说你已经成为‘整合’了汉语的‘巨匠’，但不过是写了只‘啤酒瓶盖儿’、‘命名了一只乌鸦’，不过是在‘黄河上撒了一泡尿’，‘摸了发廊女的屁股’。这就能叫人信服？那不是太低看这个时代的智力？愚众者只能自愚。”我想问问孙文波（这位在 90 年代以来“知识分子写作”的学术炒作中受益最大的平庸诗人）：给老婆写上一本“俪歌”，然后“在地图上旅行”，这算不算“愚众”或“自愚”的行为并且“太低看这个时代的智力”?!

诗歌：作为一种特殊的知识

臧　棣

“知识分子写作”从它的自我命名之日起，就面临着被丑化和庸俗化的双重危险。庸俗化的危险主要来自其内部，或者说，来自它的参与者的自我神话的潜在倾向。但是，在这里，既然被论战所吸引，我更想谈论的是它目前所身陷的被丑化的处境。

80年代以来，在诗歌领域，丑化作为一种文学行动，一直就没有中断过它的表演。在某种意义上，它也可以被读成一种文学现象。第三代诗人的写作包含了值得激赏的文学觉悟，但它最主要的美学动力，却是从丑化朦胧诗转化而来的；而朦胧诗人在80年代后期的沉默，特别是当它作为一种文学态度，涉及到后朦胧诗人和第三代诗人的崛起时，也含带有一种丑化因素，只是更为隐秘。

现在，以“知识分子写作”为对象的新一轮的丑化行动出现了，虽然它听上去像一架东拼西凑的诗歌战车，在发动它的独断论引擎。就此而言，谢有顺的《内在的诗歌真相》(《南方周末》，1999，4，2）起到的是气喘吁吁的活塞作用，而沈奇的《秋后算帐》(载《1998中国新诗年鉴》，花城版）则像是油垢斑斑的气缸。所设定的目标也显露出机械的笨拙：企图通过制造某种文学丑闻，来诋毁当代诗歌中的“知识分子写作”。

谢有顺在他的文章中，把“知识分子写作”与“民众”/“公众”相对立起来，并认为“知识分子写作”应对一个所谓“公众之所以背叛诗歌”的文学事实负主要责任。在20世纪新诗史上，几乎每一次重大的论战，都会涉及“民众”/“公众”。“民众”/“公众”可以被指认为一种读者理论吗？如果不是，那么在批评的意义上，使用这样的称谓便显得十分荒谬。如果答案是肯定的，那么问题则相当复杂。很少能有一种诗歌批评，在将

"民众"/"公众"作为一种潜在的读者理论去鉴别诗歌的价值时，会像20世纪中国新诗批评这样犯下大量幼稚而武断的错误。在30年代，人们指责卞之琳、戴望舒这样的诗人脱离"民众"/"公众"；在40年代，人们则指责穆旦、袁可嘉这样的诗人脱离"民众"/"公众"。差不多每一次，在将诗歌与"民众"/"公众"对立起来时，新诗批评都在其中设置了一个个体与集体二元对立的意识形态结构，并相应地预设了一个少数服从多数的历史价值取向。但是，"民众"、"公众"，作为一种读者反应理论，它真的能衡量出诗歌的艺术价值吗？如果追问"民众"/"公众"的客观性的来源和身份构成，以及它是经由怎样的批评指认出来的，那么我们就会明白，它的实质不过是一种轻佻的论战武器。即使诗歌批评能有效地将它指陈为一种读者反应理论（截至目前，这样的批评仍踪迹渺然），那么，"民众"/"公众"也不适合用来判别诗歌。因为作为一种批评尺度或术语，它太含混，太不稳定，也过于随意。所以，谢有顺所谓的"还诗于民众"，或者像沈奇所宣称的诗歌应具有的"化大众"的功能，不过是诗歌幻觉。从艺术道德上讲，作为一种现代诗歌，新诗的道德就在于它比其他任何文类更有能力创造出它的读者。严格地说，新诗的读者从来就不是一个被指定的、既存的文化实体或社会群体；这就像毕加索的绘画创造出了观看绘画的新的主体一样。

硬将"知识分子写作"说成是"渴望与西方接轨"，其目的是为一种文学反感推波助澜，以便用一种粗糙的本土化立场来裁决新诗与西方诗歌的错综复杂的关系。目前流行的本土化立场，由于它指涉着对西方现代性的反思、对现代化的批判和对文化差异的强调，因而颇能触动各种文化势力的认同感。在这个问题上，谢有顺显然企图借助这种认同感，投机取巧般地获得一种论据上的分量；而实际上，是在重弹"诗歌的民族性"的老调，并且天真地以为在新诗的写作中存在着一种绝对的独创性，可以不受新诗和西方诗歌关系的制约。此外，还存在着一种简单化的理论倾向，即将新诗和西方诗歌之间的复杂关系偷换成中西文化之间的价值冲突，以便促成一种非理性的本土化立场，瓦解新诗在它的传统中通过艰苦努力建构起来的现代性视野。而据我所知，"知识分子写作"虽然充分地利用了新诗和西方诗歌的关系，把这种关系看成是一个有益的诗歌资源，但并不迷信；事实上，归属于“知识分子写作”的诗人最早表示了对80年代“走向世界”的文学目标的警惕。

另一种抹黑则带有独断论的专横：就是蓄意将“知识分子写作”和诗歌的日常性对立起来。沈奇把“知识分子写作”的诗人说成是“脱离中国人生存现场的‘暗房工作者”，谢有顺则认为“知识分子写作”是“凌空蹈虚”、“缺少对当下日常生活的敏感”。而我们知道，在朦胧诗和后朦胧诗的分歧衍变成一种诗歌分野之后，对日常经验的重视和对日常事物的探索，在很大程度上成为后朦胧诗人共通的艺术经历。80年代后期，韩东和张曙光都在挖掘诗歌的日常性上显示了卓尔不群的造诣。而如果按谢有顺的分类法，前者属于“民间立场写作”，后者属于“知识分子写作”，这两者之间应该毫无共同之处。被强行归人“知识分子写作”的其他诗人，如萧开愚、孙文波、西渡，包括我本人在内，也都对诗歌的日常性深感兴趣。可以说，80年代后期以来的中国先锋诗人，已普遍将诗歌的日常性视为一个非常重要的诗歌资源，一个有待于大力拓展的经验领域。另一方面也必须指出，这种共通性，只是在标识当代诗歌的发展脉络时才显得有效；它本身并不指涉一种真理话语，不能将它绝对化。它只是为当代诗歌的可能性提供了一种实践动力。就此而言，我不能同意谢沈二君把诗歌的日常性引申成一种关于诗歌的价值判断，并以此作为惟一的价值尺度来取缔当代中国诗歌的多样性，似乎诗歌的日常性是当下中国诗歌惟一的人间正道。谢沈二君表现出的另一个可疑之处，是把诗歌的日常性和诗歌的本质混同起来。而从批评的角度看，两者之间的关系是阐释性的，而不是命题性的。

在某种意义上，我赞同加强对诗歌日常性的探索，但是不赞同像谢沈二君那样把诗歌的日常性看成是诗歌神话。以往的中国新诗写作确实存在着严重忽视日常经验的问题，特别是在美学意识方面。但即使如此，对诗歌的日常性的挖掘并不能从根本上解决中国新诗面临的艺术问题，甚至不能解决诗人个人所面临的创作问题。诗歌的日常性，严格地说，是一个风格问题。它吸引诗人的地方就在于，它能催生风格意识的不断变化。就写作的实践形态而言，诗歌的日常性可以有多种方式来表现：它可以是描绘性的，也可以是讲述式的；它可以是一个故事或一个事件，也可以是一个场景。从诗歌史的角度看，它可以被作为一种共通的群体特征或创作倾向来指认；但如果用它来辨认诗人个人的风格，它很可能只是一个指涉艺术趣味的问题。比如，在张枣这样沉溺于想象力的诗人身上，我也能读出大量涉及日常经验和具体事物的痕迹；又比如，在欧阳江河这样典型的“知识分子写作”诗人身上（如他的《那么，威尼斯呢?》），我也能辨别出多彩多姿的对日常经验的捕捉，并且在艺术效果上引人入胜。就我本人的创作经历而言，我更喜欢让诗歌的想象力在日常经验和冥想沉思之间充满张力的空间内驰骋。无视大地固然是不对的；但是仅仅“返回大地”也是不够的。诗歌，就它对细节的兴趣而言，可以是地理学；但是更为普遍地，就它和人类的能力的关系而言，诗歌是形象的人类学，是语言的宇宙学：它包涵大地，也接纳天空，甚至更远的地方。

将“知识分子写作”和知识/知识话语等同起来，是另一个层面上的丑化行为。谢有顺指责“知识分子写作”“把诗歌变成了知识和玄学，无法卒读”；沈奇则宣称“知识分子写作”是“图解知识”，“而图解知识和图解政治也没什么两样”，“知识分子写作”并不等同于知识/知识话语。在某种意义上，我本人也致力于倡导诗歌的非知识化，或者更准确地说，是诗歌的非历史化；致力于探索和建构一种语言实践，将诗歌从现代知识的罗网中解放出来。从表面上看，这和谢有顺的表述——“把诗歌从知识话语的霸权中解放出来”——很相近。但很快我就发现，这只是一种文化立场上的相近。而深层的分歧则表现在以下几个方面：我认为，在范式的意义上，诗歌仍然是一种知识，它涉及的是人的想象和感觉的语言化。此外，我同意伽达默尔的看法，在现时代，人类的一切活动都不可避免地是通过知识的方式体现出来的。诗歌，特别是考虑到它作为一种写作活动，当然也不例外。因此，将诗歌从现代知识的话语压抑中解放出来的基本涵义是指，努力将诗歌重新发展成一种独立于科学、历史、经济、政治、哲学的知识形态。换句话说，诗歌的非知识化，主要是使诗歌摆脱对现代知识的依附状态；其目的是捍卫想象力对存在的描绘与解释。这项工作并不导致诗歌的反知识，而是要将诗歌建构成一种关乎我们生存状况的特殊的知识。也不妨说，现代诗歌所取得的最大成就，即是通过持续的丰富多彩的艺术实验，将想象力塑造成了一种执着于自由关怀的知识。

附庸风雅的时代

韩 东

90年代的诗坛留给我的主要印象是：一批“老诗人”的成名。他们写作开始的时间是相对于于坚、杨黎们并不见得更晚，只是89年以后其写作方式才“大行其道”。从任何意义上说他们都不是所谓的“新诗人”或“新人”。然而，我们并不能据此认为90年代是一个“新人”及其创造力匮乏的时代，只不过由于历史进程的重大变故直接导致的审美风尚的变化，诗人的写作及其活动被分成为不同的层面。

一方面是位于表层的一批“老诗人”的成名，被极度地渲染和过分地阐释。一方面是位于“暗处”或“下面”的与“新人”的成长密切相关的创造力的独立运作。

我认为，90年代诗歌写作的全部意义即包括在第二个层面中。由于时代的原因，它并不是直接呈现在我们面前的那些夸大其词，而是需要我们谨慎探询和分辨的沉默之语。

89年以后诗人的分流是一个基本的事实。一些人浮出水面的同时另一些人下潜得更快。“断裂”在所难免。有人曾用“中断”描绘90年代初所发生的变化，事实上这一立足于时间流程的解释不过是巧舌如簧。时间中断的直接后果只能是空间断裂，或者是只有某种物质的断裂才能承担中断所带来的剧烈震荡。越过这一节谈论所谓中断后的延续和更高层次的进展只能是自欺欺人。

在此背景下，“重返民间”并不是一个蛊惑人心的口号，而是部分诗人的真实选择。我们看见，一些80年代异常活跃的诗人消失了，沉默了，喑哑了，他们或者不再写作，或者仍然在写，但不为人知，或者仍被提及，但被90年代的主流诗人及“新贵”们作为抨击和揶揄的对象。他们被指斥为“没有坚持”。但坚持什么呢？继续成名，并发扬光大？90年代的成名者津津乐道于“挺住，意味着一切”。但这是怎样的一种“挺住”？“一切”又意味着什么？

与此同时，一批新的诗人迅速成长起来，他们不属于那“挺住”的一群，他们的青春、生命力和居大的创造热情相对于90年代的季候而言是不合时宜的。因此尽管他们的写作卓有成效，甚至精彩纷呈，但在发表和评论的层面一直备受忽略和遭到拒斥。90年代那些“挺住”的诗人与“连任”的理论家们合谋，编织了一系列的语言罗网。他们说得很多，很诎牙拗口，耸人听闻和自我陶醉，但除了维护他们的权威我看不出有任何意义。尤其是对当代诗歌的可能性而言，对艺术的创造和未来而言，其作用是反面的。他们以“中年写作”指斥所谓的“青春期写作”，以“知识分子写作”对抗“艺术创造”，以“系统阐释”替代“经验直觉”，以“文化前提”抑制“个体生命”，以“终极关怀”贬低“独立精神”，以“世界背景”取消“民间立场”……

尽管如此，但在我看来对峙的双方间并不存在“美学之争”。90年代的特殊季候使沉渣泛起，对于诗坛而言不过意味着一个读者冒充创造者时代的到来，90年代成名的“老诗人”在崇尚创造的80年代是一些不甘寂寞的读者，这一点没有改变。这么说不意味着对读者的贬低，恰恰相反，我认为90年代的成名人物作为读者是不合格的。他们不仅不甘寂寞，附庸风雅，甚至十分嫉妒创造者的荣誉。他们的阅读是有目的的，这一目的并不在于对创造和艺术的热衷，而在对创造者和艺术家名声优越感的觊觎。这是在阅读中逐渐进入角色的一群。因此我们并不难理解他们对于书籍的那种病态爱好。实际上他们的读物亦十分偏狭，他们只读那些被人认为是自己写出来或可以写出来的书，只关注那些被认为是自己的或可能过上的生活（或生活方式）。实际情形正是这样，他们对翻译作品由衷地热爱，对西方文学史如此地熟悉，对当代艺术思潮人文理论如此地热衷，对在上述系统中的所谓大师、巨人如此五体投地，对他们的生平佚事更是如数家珍。这一切都不是偶然的。他们的灵感完全来自于以上的读物，其写作方式、格局以及形式也不出其后。他们的问题和思考从来不是自己的，而往往与大师巨人相互雷同，可他们竟认为这是不谋而合，而这种不可避免的不谋而合却给他们带来极大的安全感和信心，并使他们气壮如牛。像一切收藏家和古玩爱好者一样，他们对于书籍和书籍中思想和艺术价值态度是绝对认同的，尽管有时候他们的认同之物彼此矛盾。同时也并不妨碍他们绝对细致精确的鉴别能力，比如博尔赫斯和荷洋德林是同一级别的，而庞德可能稍差。但作为一个价值整体却构成了他们牢不可破的精神庇护所肉体的温柔之乡。同样，和那些走火入魔的收藏家一样，其极端表现就是能自己动手制造赝品，其赝品的最高境界就是以假乱真，使行家里手也看不出来。与最顶尖的收藏家古玩家爱好者尚有不同，我们的“读者—艺术家”最终欺骗了自己。

综上所述，我对90年代诗歌写作的看法是：

一、这是一个附庸风雅的读者扮演创造者角色的时代。

二、与新一代诗人的成长紧密相关的艺术创造活动并未停止，只是由于时代风尚的原因，它处于被忽略和遮蔽的“暗处”。

三、断裂业已存在。对峙的双方间并不存在美学之争，存在的只是艺术为伪艺术的尖锐对立。

九个年代诗歌及我的诗学立场

张曙光

谈论90年代诗歌也许还为时过早，至少不合时宜。因为一个时期的创作——它的美学特征，它的成功与不足，往往要在若干年后经过时间的检验才会清晰地显出自身的轮廓，这大概也就是人们所说的“尘埃落定”吧。无论如何，我以为，对90年代诗歌的整体评价由后人来进行肯定要比现在急于盖棺论定会好得多，客观得多。但这仅仅是问题的一个方面。眼下的问题是，很多人都在谈论起90年代的诗歌创作了，而且出于不同的心态或怀有不同的动机，有的甚至远离开了批评所应该具有的客观性和公正性，扯起一面面破旧不堪的旗帜，既无学术，也无学理，更无视带给诗歌创作和发展的消极影响。在这种情况下，对90年代诗歌进行评价，至少对其中若干创作问题进行澄清，就显得必要而迫切了。

谈论90年代诗歌所面临的一个最基本问题是，90年代诗歌是否成立？尽管诗歌同其它形式的艺术种类一样，总是在不断或缓或急地改变着自身，但90年代诗歌这个概念是否准确，是否能够从80年代的诗学特征中独立出来？也就是说，它是否能够具有自身的合法性？我无法确切说出80年代诗歌是什么时候开始形成的，它的一个明显特征是反叛的姿态，并且在一定程度上带有草莽性制裁。我无意贬毁80年代诗歌，无论在私下或公开场合，我都一再指出80年代无可怀疑地产生过一批优秀的诗歌和诗人，而我所认为的一些优秀诗人包括我本人，也都是从80年代开始起步并形成自己的特征的。不过从整体上讲，80年代诗歌能够留给人们深刻印象的反倒不是这些，而是那些流派和流派的宣言，尽管大部分流派并没有多少真正的诗学含量，尽管那些流派的宣言往往与具体写作名实不符，但它们仍然成为人们关注的焦点，而忽略了具体的诗人和写作。这也许不能归结于诗人和作品自身，而是标明了一个时代的征性。90年代的情况正好相反，80年代末期在中国社会生活中发生的一系列重大变化使诗人们的过量的热情开始降温，从表面上看这一时期的诗歌显得沉寂下来，以致在外界产生的印象是诗歌的不景气，但情况并不完全是这样——或许完全相反——随着对政治热情的冷却，随着一部分人放弃诗歌或对诗歌失去信心（念），90年代诗歌显得更加沉潜，也获得了更为自由的空间。换句话说，诗人们返回到了生活和写作本身，并向深处开掘。诗歌中日常性的特征和经验性得到了加强。另一方面，诗人们更加关注的是发出自己的声音，即从个人立场说话，而不再是代表着一个时代的最强音。

但诗人或诗歌真的不关心时代生活和人类命运了吗？并不是这样。只不过诗人们更多地把这些思考同具体的甚至琐屑的生活细节联系起来，努力使诗歌从原来的高蹈变得贴近生活。在前一个时期备受攻讦的“知识分子写作”立场恰好表明了人们对这一问题的思索和努力。似乎在一些批评和赞扬文章中都把我列入了“知识分子写作”的行列，但这无疑是一个误会：我从来不曾是这一理论的倡导者，尽管我一向不否认自己是知识分子，正如我不否认一切诗人也都不可避免地具有知识分子的身份一样。再进一步说，我认为这一理论有着一定的局限性，虽然我能理解这一观点是在怎样的具体环境和语境中产生的，也能理解在我国很多理论和观点是在一种无可奈何的情况下——倒并非由于政治因素——而更多地是针对写作中的一些偏差甚至是不应有的偏差提出的。在局外看来，强调知识分子写作或立场显然很可笑：哪一个诗人不是同时具有知识分子身份（正像一个禅宗公案上说的那样，哪一个不是精的）？但如果我们了解汉语诗歌的具体写作状况，就会或多或少地感到这一观点的合理性了。无论如何，它决非像攻击者所说的那样不堪，至少没有理由成为被攻击的对象。独立品质或独立人格，如果说不是知识分子所特有的，也正是知识分子所必须具有的。强调写作中知识分子身份，也许正是要力求突出独立品质，正是力求关注人类命运，关注时代和当下经验。更为重要的是，知识分子身份强调人格的完善，从诗坛的目前现状看，这一点更显得十分必要了。说它具有局限性，我并不是反对诗人应该关心历史进程和人类命运（在这个动荡不安的时代里，尤其应该这样），也不是反对诗歌的见证人身份，而是觉得，作为一个诗人，对这些的关心应该同表达自身独特的经验联系起来，同诗歌自身的发展联系起来。缺少后者，诗歌就不成其为诗歌了。换句话说，诗人在具有知识分子身份的同时应该超越这一身份。从这一点说，我只是这一观点的同情者而不是积极倡导者，当然这并不影响我对倡导这一观点的诗人和理论家们的敬重。我主张，在当前写作和评论都不很规范的情况下，进行多方面的诗学探索是有益的、必要的。诗人们一切努力都应予以肯定和鼓励，而不是相反，但必要的前提是，这一探索或努力必须是以发展诗歌事业为出发点而不是相反。

相反，我对前段时间有人提出的“民间立场”却持相当的怀疑态度。不仅仅是对这一观点能否有利于诗歌发展，而且也是出于对提出者自身动机的怀疑。这个看似过激的口号在我看来最终只会对诗歌和诗坛带来消极的影响（这影响已见端倪但还不曾达到顶点）。换句话说，这一概念的提出，并非出于推动汉语诗歌发展的良好愿望，而只是建立在个人功利性的目的上——而这最终同所谓“民间精神”是完全相悖的——因而它并不具有任何科学性，更不是对诗坛状况的客观总结，说好诗在民间，无疑会引起人的同情和共鸣，但关键在于对民间如何理解。民间的意思我们都很清楚，无须解释，但宣扬者却进一步告诫我们："民间的意思是一种独立的品质"，却不免使我们满头雾水。如果"民间"是按汉语辞典的解释，那么，我们尽管承认民间可能有好诗存在（就像承认火星上可能有生命），却无法同意好诗一定都在民间（且不说民间与非民间在某种程度上很难界定），而且，它也决不是"汉语诗歌的伟大传统"，至少现在还不是。因为对文学史稍有常识的人都会知道，除了《诗经》和"汉魏乐府"等少数作品外（它们也是经过了文人的整理），好诗人大都不是由民间产生的。甚至这个概念的提出者本人大约也算不上是在民间，因为他一直有在官方刊物发表作品的殊荣，并且可以为某部诗选轻待了他而大动干戈。如果按宣扬者的解释，民间即所谓"独立品质"，不依附任何庞然大物，那么很多号称坚持民间写作但一心想获取殊荣的人大约要被排斥在外，而受到攻击的主张知识分子写作的诗人们完全有理由心安理得地自称民间立场了，至少比宣扬者还更具备资格，因为知识分子写作注重的就是人格的独立，而且他们至少没有依附于"民间立场"这个庞然大物来盗名欺世。

由此看来，所谓民间立场不过是一种姿态而已。说到民间立场，我觉得在逻辑上也是混乱的（当然可能是有意为之）：一是对立项的混淆。民间立场的对立项应该是官方立场或官方写作。把知识分子身份和知识分子写作为民间立场对立的一方却难以成立。二者根本不存在对立的问题，除非你非要人为地把它们对立起来。二是混淆了中国古典诗歌和民间诗歌的界限。在一篇文章作者大谈张若虚，大谈杜甫，似乎他们是民间立场的先驱，他们创作的自然就是民间诗歌了。但遗憾的是他们并不是。就说杜甫吧，他做过几天官吏，可以不究，也不乏对民间苦难的同情，但他始终是以一个知识分子的身份发言。他始终没有放弃的理想和抱负，也正代表了当时多数知识分子态度。当然，民间立场的宣扬者自称是反知识的，这一点倒是没有多少水分：这种错攀亲的做法同对知识分子缺乏最基本的认识一样，恰恰反映出知识上的欠缺。三是写作中原则与策略的混淆。"民间立场"的提出者把写作中的一些属于策略的问题比如对西方诗歌的借鉴当做了写作原则，推到极致，进而进行攻击。而在我看来，向西方诗歌借鉴和向中国古典诗歌借鉴并没有太大差别（尽管都是必要的），原则只有一个，即写出真正优秀的诗歌作品来，它既是中国的，也是世界的，它既包含着中国精神，也与人类发展共同的进程一致。

当然，把民间立场作为一种写作姿态是无可厚非的。诗坛需要多元化，需要多方面的——包括极端化的探索。但要以此建立起新的权势话语，用民间立场去否定除他之外所有人的写作却是让人无法接受的。“独立品质”也许不错，但在强调“独立品质”、“不依附任何庞然大物”的同时他们似乎忘记了他们正在制造了一个新的庞然大物。他们把自己的写作方式当做一个绝对的标准强加给别人，并用此来衡量其他人的写作，从而统一天下。同时，他们也取消了艺术作品存在着客观和相对客观的标准。他们对知识和知识分子写作毫无道理的仇视表明了他们骨子里的痞性。我不知道完全独立的写作是否可能？对形式和意象的选择乃至主题的确立是否要经过判断，能否完全离得开知识？一个只有空洞形式（无论是雄浑、高古、还是飘逸、流动）而不具有任何精神内涵的作品能否成为优秀作品？从历史上看，中国的新诗从一开始就是从借鉴西方诗歌入手的。而在民间立场的坚持者看来，你吸收西方诗歌的有益养分，就是接受西方的标准，就是洋奴和买办，就是可耻的殖民地知识。这种逻辑我们在“文革”中经常可以见。另一方面，他似乎根本不清楚，文化是没有国界的，在今天世界变得如此狭小的情况下，还在坚持一种封闭的态度，是多么地可笑。这无疑是小农意识的产物，把诗歌变成了一间门窗紧闭的作坊（它所能产生的产品就可想而知了）。同样，在强调中国诗歌传统的同时如果看不到它的局限，那么无疑倒退到新文化运动以前的时代了。说汉语是世界上最优美、最富于诗性的语言，本身也许不错。但哪一个使用本国语言写作的诗人不是认为他所使用的语言是世界上最好的语言？如果只是满足于这种诗意的陶醉，而不是深入了解和把握汉语的特性，包括它的局限，那么，恕我直言，汉语诗歌包括汉语自身，就很难说有什么前途可言。

一方面自诩为中国诗歌精神继承者，反对依附于任何庞然大物（实质上是强调一种国粹或民粹主义写作，把汉语诗歌的疆域无限度地缩小），反对用西方的标准来衡量一切，另一方面却在引用西方哲人的话来装饰自己的观点，为自己寻找理论依据，从而制造一个新的庞然大物；一方面大谈所谓民间立场，另一方面却标榜自己不断在官方和海外获奖，享受着非民间的殊荣；一方面鼓吹诗歌的纯正性，一方面却要用诗歌来换取声誉。这正是所谓民间立场的真实写照。而出于以上种种原因，一些人对所谓民间立场的批评是势在必然的。这场论争在诗坛引起了不大不小的风波。但令人不解的是，在一些人那里对这样简单的是非尚不明了，甚至有的媒体借此来贬毁所有的诗人：在他们看来，这无非是一场名利之争。这也许不错，但两方的“名”“利”有着本质上的不同，如果看一看各自的文章就会清楚。至于这场论争是有没有意义，或者有多大意义，是否必要，我不敢说，正如我不知道《水浒》中杨志挥刀杀死泼皮牛二是否必要是否有意义一样。

坦率地讲，这场论争给我相当程度的失望，甚至是一种无法掩饰的厌恶。我原来总是以为，尽管在诗学上存在着分歧，但这仅仅是由于观点不同，是出于个人的喜好和趣味，至少大家可以坐下来平心静气地讨论问题。而诗人，在相当程度上应该摒弃成见，更多地去考虑诗歌自身的问题而不是其它。但事实并非如此。由于一些人的不正当的做法，使得诗坛成了一个名利场，或像武侠小说的江湖，一句话，一次排名，甚至一本书就会引出轩然大波。一方面，可以对别人的成就视而不见，抓住一些皮毛问题大肆攻击；另一方面，还可以利用自己所掌握的媒体册封所谓天才（这多多少少使人想到了当年爱封天才的林副统帅）。这样不但无益于诗歌的发展，最终搞乱诗坛，导致更大的混乱。由此看来，有的诗人并不像他们自己所标榜的那样超凡脱俗，在这种情况下，你会感到用石头砸死诗人或饿死诗人的说法也不是不无道理的（关键要看死的是哪些诗人）。套用但丁的话说，我没有想到名利毁坏了这么多的诗人，大约不算是错。这多多少少使我们回到了那个老掉牙的问题：到底为什么写作？如果连这个最基本问题都搞不清楚，如果连出发点都出了问题，那么别的一切似乎都没有什么讨论的必要了。

从新文化运动到今天，汉语诗歌一直走的是在形式和手法上借鉴西方诗歌的道路，而在精神和气质上又继承了中国艺术的某些真髓。90年代诗歌并不具有强烈的反叛性但无疑更加注重诗学上的建设，这无疑是成熟的标志。它比起三四十年代穆旦等现代派走得更远，甚至超出了一些当年持激进观点的人的视野和接受程度。出于这点考虑，90年代诗歌受到来自两个方面的攻击也是可以理解的了。我并不是无保留地推崇90年代诗歌，而是认为现在到了冷静下来认真思考一下诗歌发展前景的时候了，但这种思考应该更多地是宽容的，不带成见的：对人类共同具有的文化我们是继续采取一种包容态度，还是持一种狭隘的、封闭的心态；对中国的诗歌传统是否应该继承或如何继承并真正使之发扬光大，还是简单地回到一种过激的、盲目自大的立场；甚至如何看待汉语自身，包括它的优点和不足。说到底，很简单，诗人们关心的是要真正写出好诗——哪怕是具有本土特点的好诗，还是更多地关注自身、姿态、名利或其它？这是问题的关键，也是导致某些论争的根本症结。我个人认为，诗人应该从两个方向上努力：一是尽可能地吸收世界上一切有益的文化遗产（当然也包括中国传统诗歌在内）的长处，二是更加关注我们的时代和自身的生活。但一个必要的前提是重新构建诗歌写作和批评的标准和价值尺度。在我看来，90年代诗歌正是朝着这个方向努力并产生了一定的效果。当然无可讳言，90年代诗歌存在着局限性表现在经验的开掘上不够深入，表现出感情力量的不足和知识背景不够深厚，更确切地说，表现在汉语自身的局限上。每一种语言都有自身的长处和局限。至少汉语——尤其是现代汉语——还远不够成熟，至少不像一些人所标榜的那样，但因而它为诗人的写作提供了更为广阔的空间，这也正是90年代的诗歌写作者们共同奋斗的方向；汉语诗歌的局限性在最大程度上是它使用的那种语言的局限性，而诗人们正是通过对语言自身局限的克服来丰富和发展那一种语言，从而实现它自身的价值和魅力。

民间诗歌的神话

蒋　浩

近来，于坚在一篇文章的开篇即提出：“好诗在民间，这是当代诗歌的一个不争的事实，也是汉语诗歌的一个伟大传统。”言下之意十分明确，他按照简单的二元论认知，把诗人和诗歌轻易地划分成了两大阵营（或体系），并“假想式”的一定存在着一个非民间的诗人、诗歌团体，其作品不是“好诗”。事实上，抛开对其粗暴分野的质疑，仅仅从这个论点本身出发，仍然有许多问题让人困惑。比如说，什么是好诗？什么是民间？是否存在着一种独立于历时共时的民间？凭什么说这是“一个不争的事实”？并由此引申出对李白、杜甫、屈原等诗人、诗歌身份的再考察和再确立。中国现代诗从80年代“作为一种写作的诗歌”（臧棣语）到90年代趋向于个人、专业、独立的写作存在，它是否已经超越（或正在打破）这种民间/官方的盲目分野呢？诗歌或诗歌写作的终极目的是否是要求它从所谓的”民间身份”（或立场）中最终脱离出来，从而获得一种“诗歌”的认同和确立呢？

这些年来，不少诗人、论者总是津津乐道于对自我身份的归类和确立，并充分利用着这种简单、盲目的分类进入话语场。这当中难免不失偏颇和武断。于坚急急忙忙地推出“民间立场”和“诗人写作”，认为非民间立场的非诗人写作不是“一种造物的心情，一种除去了遮蔽之物，看见了世界之本真的心情”。于坚似乎由此取得了“好诗”作为“民间”的身份和代言人，并据此对当下的诗歌文本作出其来源、出身、构成方面的批判和诘难。这种质疑的勇气原本是可嘉的，而一旦上升为情绪化的抢夺话语权、舍我其谁的文革式批判，着实让人触目惊心。诗歌写作作为一种可能的复杂性精神工作，其意义中有一部分正源于世界和自我存在的经验、知识、直觉的“趋向于完善”的处理，在某种程度上可以认为，它是一个时间性极强的创造活动。因其如此，我们很难如于坚文中所言那样，用李白、杜甫、张若虚对诗歌的理解、贡献来要求我们今天的现代诗歌，具体地说，用简单的“古典”、“天人合一”、“起承转合”、“意境”、”东方”、“传统”等词来横加责难“90年代诗歌”、“叙述”、“知识分子写作”，“个人化”等实在有些可笑，反过来亦然。应该说，这是作为一个自觉的诗歌写作者首先必须警醒的入门问题。于坚认为，后者有违于“中国哲学中所谓‘天人合一’”不是“在世界中写作”，那么，民间写作就是在世界中写作，符合中国传统哲学？这颇为有些让人难以接受，是否带有某种对自我身份的确立、拔高之嫌，尚不得而知。

于坚说，“世界诗歌的标准早在中国六、七世纪全球诗歌的黄金时代中被唐诗和宋词所确立”，如此看来，整个世界诗歌自唐宋以来，都在为“再次达到这些标准”而努力，落实到具体的汉语诗歌，则必须是唐宋风骨。那么，我们很难判断分析出当代诗歌、屈原及先秦诗歌中究竟有别于唐宋的哪些性质，显然不能用简单的进化论来要求艺术。但可以考察这当中不断出现的不同的变化。按照于坚所认为的那样，中西诗歌原本一脉相承，不用相互指责、影响，而这恰恰是他极力指责现代汉诗从西方文化中获取的营养。于坚是想确立自己“中国”诗人的形象和身份，恪守唐宋标准，采用“乃是世界诗歌的常青的生命之源”的“唐诗宋词”作为自己诗歌得以确立的基础。这不由得让我想起了前段时间学术界一些别有用心的人所鼓吹的“民族主义”，其狭隘、短视、偏执着实应让人足够警惕。在诗歌研究、写作中，它很可能会上升为一种新的权力话语，这是纠集了口语、民间原生、南方、日常等方式方法达到其自我身份、民族情结、个人利益的权力经济学目的；由此而带来的艺术很可能是“制造效果的艺术”（米·福柯语）。具体在其操作程序上，首先是不加任何定义、解释地确立了“好诗”，然后指出它们“在民间”，并且，此乃“传统”（传统总是让人恐惧）。论据是“唐诗宋词”不受西方文化（英语）影响、污染，是“民间诗歌”，而李白、杜甫等诗人是基于“民间立场”的“民间诗人”，而当代诗人均已丧失了这一切，因此当代诗歌需要“重建”。这实在是颇有些让人担忧的新一轮诗歌写作的“民族神话”。由此，于坚把他的“民间诗歌神话”转换成了“民族神话”。

何谓“知识分子写作”

沈　奇

知识分子写作是90年代诗歌的一脉走向，起始的姿态其实也很民间、很纯粹，在四分五裂的过渡格局中，起到了重振抒情气质、价值关怀和自由立场的作用，一时影响甚大。但很快，这些作用和影响便走了味。一方面是自我感觉太过良好，急剧膨胀，天下非我莫属；一方面被某些新锐批评家圈为新的主流、新的庙堂，惟此为大为尊为90年代诗歌正宗。由此产生的导向作用和价值影响，越来越被弄成了某种新的、非官方而又等同于官方意味的“权力话语”。转来转去就是那么几个人，那么一种调调，似乎90年代诗歌就他们这样了，由此造成对其他诗歌路向的文本遮蔽和情感伤害。

新诗潮两个十年，头一个十年经由朦胧诗的崛起，复活了由“五四”开启的中国新诗的本质与精神，成为“我们时代最辉煌的精神光团”。（于坚语）第二个十年由复活进入深层次多向度拓殖，其中由“他们”和“非非”开辟的崭新路向，极大地拓展了中国诗歌的期待视野，发展趋势很好，尤其对精神乌托邦和语言贵族化倾向的矫正，使新的进发获得了极为坚实的基础和鲜活的生机。然而不久，以知识或知识分子写作为代表的所谓“后朦胧”诗歌，打着“资源共享”和“与国际接轨”的旗，重蹈语言贵族化、技术化、翻译语感化的旧辙，脱离当下的生存现实，一味在欧美词根诗风中找灵感，挖资源，制造出一批又一批满纸大词虚气洋腔、只见知识不见知识分子精神，只见技艺不知所云的文本，且很快演化为90年代诗歌的主流导向，一时云苫雾罩，惟此为大。实际上，这些诗歌已严重阻断了人们对90年代诗歌的阅读期待，成为与我们真实的生存感受和本土化的审美感受双重脱节的东西。新诗是“舶来品”，但不能永远只知“舶来”而不知再造与本土内化；诗与技艺有关，但更与生存现实有关，不能一味凌空蹈虚，不着人话；诗人都是知识分子，但打出知识分子的旗号不等于就持有了知识分子的应有立场，还得考量文本后面的精神指向到底如何；诗是小众文学，拥有的是无限多的少数读者，但同时诗也有责任通过自身的调节，与更多的少数发生关系，而不是自闭其路。这些也都已成常识、共识、明智之识，在知识或知识分子写作那里，却都有了问题，岂非“倒车”。再说，仅从阅读效应或接受美学上来看，除了个别诗人和少量作品，大部分知识或知识分子写作的作品，连我这因了专业的需要和爱好的偏执而可谓长年累月读诗研究诗的人都要犯“头晕”，试问，还能指望有多少人接受他们的存在，而保证其不会断送我们的诗歌前程？不是说“资源共享”吗？我这里恰好有两个现成的西方资源：一是刚读到《天涯》第3期上萧功秦先生题为《彼岸随想五题》的文章，内中说到：“在美国，知识分子往往不是一个好称呼，那些被认为不切实际的空想家才会被称之为知识分子。”同时作者认为：“如果每个中国知识分子能多一些专业人员的方式，而不是以哲学家和诗人方式来考虑中国的问题，也许中国就更有希望了。”觉着有意思，抄这里“共享”；二便是谢有顺在《诗歌与什么相关》一文中所举的两个西方小孩写的诗，拿来与以西方诗歌资源为要义的知识或知识分子写作相比较，就会发现，他们既未拿出《荒原》式的可资研究之巨作，也未拿出如两位小孩这样平实深切的感人之作，难道不应该感到脸红吗？

90年代：业余诗人专业写作的开始

侯　马

诗人，是在本质上对“人”最加以肯定的人。其平等的灵魂在过去不平等的岁月里就已经有意无意间成为抵制、反对等级的旗帜，其自觉的翅膀自由地穿行于帝王将相与士商僧丐之间。显然，在等级制度逐步被人类文明唾弃的同时，有些人希图利用诗歌凌驾于众人之上的愿望是难以实现的。实际上，80年代高唱着“在没有英雄的年代里，我只想做一个人”的诗人们，历史赋予他们是英雄的角色，他们英雄地推翻偶像、打倒英雄，英雄地扮演了个性解放的英雄，领受了世俗最后的膜拜。而在他们的感召、呼唤下个性次第解放的人们，必然是远离膜拜，更加独立的一代。90年代，市场经济大面积降临，全面地促进、深化了这一进程。这样，假如谁再以诗人标榜，会显得多么不合时宜。

不以诗人自居，不是因为畏惧公众的压力，也不是屈辱地迎合时代。这首先是诗歌作者的一个觉悟，是自觉的行动。如果说压力，压力是来自诗歌本身。回到何谓诗人这个问题上，我想直接定义为“写诗的人”。这要高度强调诗人与诗歌的依存关系：只有在谈到诗歌时，才谈到他的作者；或者说谈一个诗人，主要通过他的作品来谈。这本来是一个简单的道理，但被许多人客客气气，躲躲闪闪地回避着。有些人以诗人的身份活动着，但他几乎不写诗；有些人被称为诗人，但谁也说不出他有什么代表作。诗人变为一种社会身份，印在名片上，成了掩盖虚弱创作的面具。这些使人脸红的事就要结束了。90年代，新的诗歌创作者呼吁：“饿死诗人”。这是新一代的立场。非常幽默的是，饿死诗人的时代真的来了。诗歌换不到钱，换不到官。写诗进不了翰林院。预防戴一顶诗人帽子的人蹭饭、泡妞已成了公众的常识。喧闹的诗坛一下子沉寂了。许多诗人的诗被饿死了，但他们作为人活得更好，而留下的人和新加入者歌唱着这难得的清静："诗坛够寂寞了。但寂寞得还不够。"他们在落寞的 90 年代沉默而又坚忍地开始"诗歌精神的重建"，重建诗歌精神，这一先行者的自觉意识，以及他们在 80 年代充满人性光芒的诗作，是那个时代最可贵的遗产。

诗人被取消后，诗歌获得了独立的品格。简单地说，它终于开始摆脱它的依附地位。诗歌不再依附于政治。依附政治的诗歌，整体声势比不上电视、报纸，局部效果比不过村干部的标语和居委会的板报。

在我看来，智性的内核，简单的形式，是当代诗歌的两大要素。任何一种繁奥，也只能让人看到一种对诗人身份的炫耀和邀功请赏的媚态。

诗歌不再依附于文化。诗歌就其本质而言，它的直觉力、原创力是同文化对人的压迫针锋相对的，但历朝历代，古今中外，一批批迷恋诗人身份的生命弱化者，用所谓的文化诗来扼杀诗歌。离开了他们奉为至宝的那些经典，这些人找不到感觉，找不到情绪，甚至连写诗的词语都找不到了。今天有人倡导的所谓诗歌元素表，是古代"背会唐诗三百首，不会写诗也会诌"的绝妙翻版。这些伪诗人的作品缺乏对生命的真实体验，只有靠故作深沉、故弄玄虚来掩藏平庸、淫糜的心；缺乏对生活的真诚态度，只能从书本中、从典籍里、从"大师"那里寻找诗歌的资源。把他们作品中的外国地名、人名删掉，还能剩下什么呢？这样的诗作，在相当多的人那里被别有用心或愚不可及地称为"专业的创作"，混淆着视听。诗歌写作不是什么知识分子的写作，甚至也不是诗人的写作，它就是人的写作：生命和生活的写作。诗人被取消后，诗歌甚至不再依附于感情。尽管经常是情感激发了创作，但仅仅是表达自我情感的诗歌，已完全被视为业余作品，因为我们只能看到一个哭天抢地的诗人，无法领略诗歌自己的生命和自己的智慧。

敢对诗坛说“不”

徐　江

1995年，我曾在一篇题为《诗歌的语言还原》的文章中写道：“究竟是什么，使诗歌在今天丧失了它往昔的魅力？撇开政治的、时代的、科技的因素，我认为我们诗歌在语言上日益增大的惰性阻碍了我们艺术上的发展……语言是用来让人们沟通和交流的，并非是用来制造隔阂和栅栏的。现代诗发展到今天，诗人们好像日益地忘记了这一点。”五年过去了，我对母语和当代诗歌命运的担忧，在今天依然令人难堪地有效。当代汉语诗的写作环境非但没有变好，反而越发地糟糕，乃至于到了乌烟瘴气的地步。

作为个人，也作为参加者，我并不太愿意过多地谈论那些被称为“盘峰论剑”的无聊诗会。一是在会上，我亲眼目睹了许多向来为我所看重和关注的同行们的严重失态：王家新对我拍桌子弄茶杯、唐晓渡否认原创性的意义并大揭于坚的电话隐私、一干北京诗人诗评家围攻杨克不让其为谢有顺解释、某诗人说沈奇的诗评是垃圾……而这一切，仅仅是因为我们或在文章、或在会上对他们进行了公开的批评。我惊讶地发现，多年来我所企望的那种诗人彼此坦诚相见、互挑毛病的健康氛围并不存在。整个剑拔弩张的会场令我失望。我的真诚呼吁没有能感召王家新；我的坦诚交流没有能唤醒西川；我的幽默睿智没有能让唐晓渡明白作为一位前辈，他多少可以不那么大失风度；甚至孙文波，他也未能在会后好好反省自己创作低能的原因……我很惶惑：我放下自己繁忙的编务，放下正在构思的一部长篇，跑到平谷去干什么？没有多少人听得进不同意见了，而这，就是我伟大的母语，我们的当代诗歌所面临的生存环境。

“盘峰诗会”的建设性因为一些人小丑式的夸张表现被大大消解了，同时也被一些别有用心的媒体和理论家给扭曲了。本来，这是一次由泛学院化写作诗人、前第三代诗人中的口语诗人、以及90年代登上诗坛的我、伊沙、侯马等，反口语诗人共同参加的一次创作兼学术会议，结果竟被一些气昏了头的人搅成了吵架会，被一些糊涂人归类为“知识分子写作”与“民间写作”的交锋会，这种弱智般的任性与幼童式的简单化思维，实在让我觉得无言以对。我也不认为这样的吵架将会对中国诗歌产生什么正面的意义。如果硬说意义，也仅仅是一些诗人对另一些苦心经营了十年、试图控制诗歌话语权及误导中国诗歌的诗人，发出了“说不”的声音，为维护诗坛的民主生态站出来表了个态。但这些诗歌行业内部的事，是否就真值得媒体这样炒，我表示怀疑。诗人呵，还是在公众面前比拼作品为好。

在诗坛微黯、社会剧变的年代，我反而要感谢这场论争中的一些诗人和评论家了。比如王家新、西川：感谢你们以自身作为例证，提醒我纵然浸润写作多年，也仍然要重视自身心灵的健康，永远不要以一种狂妄的心态对待诗歌和更年轻的诗人；感谢唐晓渡、程光炜，你们让我明白对于诗歌，仅有热爱是不够的，还应该拥有理智和真诚；亲爱的孙文波，你使我意识到像你我这样资质平庸的人一旦远离了勤勉、远离了对艺术的虔敬同时又被虚名所诱惑，我将成为一个多么可悲的人。

我看到……

唐晓渡

我看到一股“舆论化”的歪风正试图裹胁世纪末的诗歌批评。

我看到有人耸人听闻地把审美维度和个体诗学的差异归结为诗歌中“两种立场”、“两条道路’、“两个阵营”的“对峙”和“冲突”；

我看到有人居心叵测地指认，所谓“知识分子写作”已成为“第二主流”、“非官方的官方”；

我看到有人唯恐天下不乱，把阴暗的一己私愤和门户之见，放大成“北京”压制“外省”的镜像；

我看到有人半是出于无知半是出于别有用意，硬要骑上民族主义的幻觉之马，在无限广阔的“诗歌资源”领域中圈出一块“中国经验”的领地；

我看到有人佯痴假呆，装扮成受害的“诗歌平民”，向一个子虚乌有的“权威”谋“出路”，讨“说法”；

我看到有人倚小卖小，明明受控于蒙昧却自以为拥有火眼金睛，宣称仅凭歪读一本诗就发现了一个“诗歌利益集团”及其“内在真相”。

我看到有人当众撒谎，而在谎言被揭穿后非但不思自省，反而不知道羞耻地诬称别人侵犯了他的“隐私”；

我看到有人公然一副市井流氓嘴脸，使出最下三滥的手段，捏造谣言强加给攻击对象；

我看到有人急于过“名人”的瘾却又拿不出半行有说服力的诗，只好自己把自己架上自己炮制的各类“排行榜”或钻进一个又一个“天才”泡沫；

我看到有人嫌用真名吹嘘自己、践踏别人尚不够方便，于是再用化名，以制造虚假的“来自读者的声音”；

我看到有人失身于赖以起家的恶俗小报趣味不能自拔，便把内心污秽泼向诗歌。在他们精心策划的“名录”闹剧中，对一大批诗人，尤其是女诗人的中伤和诽谤令人发指，具有典型的权力狂和性变态的症候；

我看到……还是别看了吧。

当代诗歌复兴以来，20年中似乎还从未形成过如此集中，而又类同丑闻的诗歌舆论；由此上溯新诗史乃至整个诗歌史，除了“文革”一段当作别论外，恐怕也罕有其匹。我不知道这算不算一种“原创性”？如果算，则这些人有福了。

所有这些据说都与一场“民间精神文化运动”有关，或者是这场“运动”的一部分。假如确实如此，假如这场尚在运筹帷幄、有待实施的“运动”必须诉诸此等行径的话，那么容我说一句晦气话，其前景大约不会像策划者所预期的那样光明。原因很简单：你不能过分低估了富于种种“运动”经验的几代读者的见识和眼光。

一位诗歌前辈在读过几篇讨论“知识分子写作”的文章后不无忧虑地说：“年纪大些的还可以理解，怎么有的小小年纪，也带着那么明显的‘文革’遗风?”

当然不止是“文革”遗风。

我在“盘峰诗会”上曾发言专谈诗歌批评的“舆论化”问题，由此而获罪于那些自称“坚持民间立场”的朋友，并又一次被舆论粗暴地“归类”。尽管如此，我的观点仍然并将继续是：正如诗歌存在的理由，在于发现那些只能经由诗歌发现的东西一样，有关诗歌的问题，也只能通过与之相称的方式和途径进行探讨。这是诗歌批评存在的理由。

同时我也意识到，至少是相对于这次争论而言，存有这样的想法近乎不识时务，尤其是在读到沈奇《谁伤害了90年代的诗歌》一文中的妙论之后。沈奇写道：“那个因朦胧诗中心转移后空缺的诗歌都会的显赫位置，总得有人去填充，进而养以移性、坐大为尊，以声望和利益取代了责任、信念与情怀。”在如此铁的必然性面前唯有某种地域的“原罪”，哪有半点诗歌学理的空间？

在这个“怎么都行”(?)，连作恶都有天然合法性的时代，不讲学理肯定算不了什么；但有一个基本事实还是可以提一提：那些被归入“知识分子写作”的诗人们除了自己的作品之外一无足恃，他们凭什么建立让人眼熟的“权威”乃至“霸权”呢？

为此我建议所有原居和“窃居”北京的有关诗人和批评家们实行法律意义上的“回避”，迁往“莫须有”之处，然后可以说：“现在，这‘诗歌都会的显赫位置’已经腾空了，请君入瓮吧。”

诗歌在疼痛

谢有顺

诗坛在一夜之间失去了平静，并且正在滑向一个令人担忧的方向。比如挨批评的是诗人，跳得最凶的却是诗评家；比如多年来诗坛话语霸权的操纵者，却反过来说一个刚在诗歌领域发言的年轻人在使用话语霸权；比如在一次全国性的诗歌会议上，一些人很激烈地对另一些未到会的人进行蛮横的缺席审判；比如对一本普遍认为比较公允、实在、有益当下诗歌建设的诗歌年鉴，却发动整个小圈子的人写各种“王顾左右而言他”的文章加以围攻；又比如某个诗人，写了篇毫无学理、逻辑不清的文章，却一字不改地将它重复发表在《文论报》、《中华读书报》、《中国图书商报》等多家报纸上，得意之情溢于言表……我以前所说的某个诗歌小圈子正在联结成为一个利益集团的事实，现在已经完全得到了证实。面对这样一个一目了然的腐朽局面，我想，任何敏感的读者都能体会到其中的悲哀。

我无意为自己所受到的无理攻击作任何回应，我永远不做这些。没有必要。但这些日子我的确冷静地将事情的前因后果想了一遍，内心有一个疑问一直无法抹去：一些人为什么会对《1998中国新诗年鉴》（杨克主编，花城出版社1999年2月版）的出版怀着那么大的怨恨，以致不惜在同仁之间留下气急败坏的印象？只有两种解释，一是这本书的出版确实触到了他们的痛处，拆穿了他们多年来所建立起来的虚假的诗歌幻觉；二是他们为了维护诗歌的正当权益，守护诗歌的纯洁。我真希望原因是后一种，可我经过细心观察，觉得无论从他们的反应方式，还是他们的言辞上看，都不像。因为如果他们真是为了守护真正的诗歌精神，为什么对《1998中国诗歌年鉴》气势汹汹，却对另一本几乎在同时出版的、更为平庸的、毫无创造性的诗歌年鉴不置一词？他们在文章中所攻击的《1998中国新诗年鉴》的所谓缺点，在后一本年鉴中全都有，而且更加突出，他们又为什么对此熟视无睹？原因很简单，就是因为后一本年鉴的编选者唐晓渡先生是他们的朋友兼理论阐释者，是那个诗歌利益集团的中坚力量。还有，在《1998中国新诗年鉴》之前出版的《岁月的遗照》，盗用“90年代诗歌选”的宏大名义，体现的却是那个狭隘的诗歌小集团的利益。在这本厚达513页的诗集中，大力推举的是“知识分子写作”（还有一个更莫名其妙的名称是“中年写作”）群体，仅编者程光炜先生的朋友张曙光、欧阳江河、王家新、西川、孙文波、臧棣等10位诗人的诗，篇幅就占了282页，大大超过一半，而于坚、韩东这些为90年代的诗歌发展作出了重要贡献的诗人，却只选了两首根本不是他们代表作的小诗搪塞了事，篇幅约3页，其中的反差是惊人的；更为可笑的是，《岁月的遗照》入选了曹禺的4首诗，而北岛、严力、多多、王小妮等优秀诗人却连名字都未提及。这么荒谬的事实，一些人为何不觉得气愤反而引以为荣呢？原因还是一样，因为编选者也是他们的朋友兼理论阐释者，且该选集维护了他们的小集团利益。与《岁月的遗照》不同的是，《1998中国新诗年鉴》的编选原则是，将最重要的篇幅和位置用来推出新人。即便是编者不推崇的“知识分子写作”，在“年鉴”中也独自占一卷，醒目程度不亚于其他的任何一个写作团体。只要前后稍作比较，真相立即大白，可“知识分子写作”群体却反过来说《1998 中国新诗年鉴》在拉帮结派，使我终于明白了什么叫指鹿为马。

我的内心有一种说不出的寒冷。一次本来很有意义的诗歌争论，发展到现在，已经不是观点、立场和学理之争，成了一看各自的说话口气就可立判高下的悲剧局面。有一个人对我说，诗人的说话方式和说话口气，更能见出他的心性，我想是有道理的。一些声名卓著的人，为了贬损一本对他们的写作提出了不同意见的诗歌年鉴，竟然这样说话，什么“你们这是在搞运动”，“谁也没有搞住谁”，“二十年后，咱们走着瞧”，“一本外省编的诗选”，“×××的文章显然是被操纵的”，等等。我前些天到南京出席一个会议，当一些理论界的同行就此向我表示难以理解之情时，我什么也没有说，只在内心为诗歌遭遇这种处境感到深深的难过。说实在的，坚持“知识分子写作”的那帮人所写的批判文章，见到的我几乎都看了，除了臧棣的《诗歌：作为一种特殊的知识》（载《文论报》1999 年 7 月 1 日），我较为欣赏之外，其余的均让人大失所望，有几篇甚至还有胡搅蛮缠的味道。至少迄今为止，“知识分子写作”并没有客观地在理论上和事实上对《1998 中国新诗年鉴》和于坚的序言作出有力的回应，结果使争论不断地向外转，不断地流于浮浅和意气用事，以致我写这篇文章时也不得不花篇幅来澄清一些外面的问题。

我的疑问继续展开：为什么一些人会这么恐惧？为什么一些人受到批评之后就忿忿不平，而不能有些冷静的自我反思？难道于坚对“知识分子写作”的批评一点道理也没有吗？难道《1998 中国新诗年鉴》所代表的诗歌应回到有活力的生活本身的倾向，不正是“知识分子写作”所最缺乏的？这本是一个常识问题，如今却要花时间来为之正名了。由于此前几乎没有人指出“知识分子写作”中的玄学化、知识化、为与西方诗歌接轨而努力的特质，“知识分子写作”群体已经集体陷入了庸俗的自我神话之中，他们即便是写随笔，看起来也像是在比赛引用大师名言和英语单词，诗歌就更不用说了，许多诗，一看就知道它试图置身于哪一个大师的精神背景下，连语感和文体，看起来都像翻译诗，看不出他们对任何具体的问题和事物有体验或疼痛。他们以为说，这就是对现存意识形态话语的一种疏离和反抗，但我要说，就这一点而言，于坚发表在《大家》杂志创刊号上的长诗《0 档案》，做得比他们彻底有力多了，为什么他们又对于坚的诗极力诋毁呢？有意思的是，经由这次《1998中国新诗年鉴》的提醒，“知识分子写作”群体似乎也开始想与知识化的倾向划清界限，以靠近日常生活，所以，他们写的反驳文章，都花尽心思证明“知识分子写作”中也有日常性，还举出例子来加以说明，如，“在张枣这样沉溺于想象力的诗人身上，我也能读出大量涉及日常经验和具体事物的痕迹”，“在欧阳江河这样典型的‘知识分子写作’诗人身上（如他的《那么，威尼斯呢?》)，我也能辨别出多彩多姿的对日常经验的捕捉”；有一个作者，还举出“孙文波对小镇和士兵生活的描述”（以上引文均散见《文论报》）作为例证，不禁让人大开眼界，难道对日常生活的精神关怀，就等于“对小镇和士兵生活的描述”？没想到，有人把中学作文的要求也搬到这次诗歌争论中来了。“知识分子写作”的整体面貌究竟如何，我想，读了他们的诗作和文章的人，都会有自己的判断的。前些天，我在《东海》杂志1999年第5期读到了张曙光的11首诗，分别是写给叶芝、里尔克、庞德、艾略特、奥顿、博尔赫斯、罗伯特·洛厄尔、帕斯捷尔纳克、拉金、阿什贝利、布罗茨基等11位外国大师的，俨然一副与这些大师是忘年交的姿态；还有像“狄更斯阴郁的伦敦。/在那里雪从你的诗中开始”、“透过玫瑰花园和查特莱夫人的白色寓所/猜测资产阶级隐蔽的魅力，/而在地下厨房的砍剁声中，却又想起/久已忘怀的《资本论》”等诗句，读起来与拙劣的英国诗人写的诗有何区别？这样的细节和写作习气，在“知识分子写作”群体中比比皆是。

还有更令人难以忍受的。为了证实这一点，我要再举《岁月的遗照》为例，这本被一些人引为笑谈，被另外一些人引为权威的诗歌选本，编者程光炜写了一篇著名的长篇序言《不知所终的旅行》（该序言还发表在《山花》杂志1997年第11期），对自己的几个朋友、“知识分子写作”诗人极尽吹捧，把他们神话到了登峰造极的荒唐地步。我这样说是有根据的。比如，这篇序言里有两段意味深长的话，一是：“在1991年初，我与诗人王家新在湖北武当山相遇，他拿出他刚写就不久的诗《瓦雷金诺叙事曲》、《帕斯捷尔纳克》、《反向》等给我看。我震惊于他这些诗作的沉痛，感觉不仅仅是他，也包括我们这代人心灵深处所发生的惊人的变化。我预感到：80年代结束了。”另外一段话是：“团结在这个杂志（指《倾向》）周围的，有欧阳江河、张曙光、王家新、陈东东、柏桦、西川、翟永明、开愚、孙文波、张枣、黄灿然、钟鸣、吕德安、臧棣和王艾等”，“这个同仁杂志成了'秩序与责任'的象征，正像彼得堡之于俄罗斯文化精神，海德格尔、雅斯贝尔斯之于二战后德国知识界普遍的沮丧、混乱一样，它无疑成了一盏照亮泥泞的中国诗歌的明灯。"这些又是让我大开眼界的文字。1991年，程光炜在武当山碰到王家新的时候，事实上的80年代已经结束近两年时间了，可在程光炜眼中，非得王家新写出了那几首诗之后，才"预感到：80年代结束了"，好像王家新不写那几首诗，80年代就不结束似的；而一本有限的同仁杂志也被程光炜夸大成是"一盏照亮泥泞的中国诗歌的明灯"，还美其名曰"成了'秩序与责任'的象征，正像彼得堡之于俄罗斯文化精神，海德格尔、雅斯贝尔斯之于二战后德国知识界普遍的沮丧、混乱一样"，这种行文逻辑，在当下批评界也算是一个奇迹了。于坚说"知识分子写作"群体有"天下者我们的天下"的心理，一点也没错。遗憾的是，这盏"明灯"不仅没有照亮"泥泞的中国诗歌"，反而把他们自己带到了知识的黑暗之中。

该结束了，诗歌的幻觉！

还是《岁月的遗照》这篇序言，程光炜先生这样阐释"知识分子写作"：张曙光"这一'先行者'的形象多少令人想起西伯利亚时期的约瑟夫·布罗茨基"，"他的作品里有叶芝、里尔克、米沃什、洛厄尔以及庞德等人的交叉影响"；欧阳江河"同波德莱尔一样，把一种毁灭性的体验作为语言的内蕴……"且"使阅读始终处于现实与幻觉的频频置换中，并产生出雅各布森所说的'障碍之感'"；"王家新对中国诗歌界产生实质性影响，是在他自英伦三岛返国之后。……米沃什、叶芝、帕斯捷尔纳克和布罗茨基流亡或准流亡的诗歌命运是王家新写作的主要源泉之一，……正像本雅明有'用引文写一部不朽之作'的伟大意愿，他显然试图通过与众多亡灵的对话，编写一部罕见的诗歌写作史。……它让我想到，中国诗人是否都应该像不断变换写作形式的庞德那样，才被证明为才华横溢?""西川的诗歌资源来自于拉美的聂鲁达、博尔赫斯，另一个是善用隐喻、行为怪诞的庞德。……西川身上，……有某种介于现代诗人和博尔赫斯式国家图书馆馆长之间的气质"；"南方文人传统和超现实主义，成为他（陈东东）写作的两个重要的出发点——有如法兰西学院和巴黎街头之于福柯。……阿波利奈尔、布勒东是怎样渗透进陈东东的诗句中的，这实在是一个难解之谜"，等等。——太可怕了。一个中国人，离开西方的大师名字、知识体系、技术神话和玄学迷津，到了已经无法说话的地步，这还不足以引起我们的警醒吗？我真诚地劝所有的读者都来读读程光炜的这段话，看看它是中国诗歌的光荣，还是对中国诗歌粗暴的践踏。另外，我还想告诉坚持“知识分子写作”的诗人们，程光炜这段有代表性的被他们一度引为知音的著名论述，已经不是一个要不要借鉴西方诗歌资源的问题了，也与三四十年代人们对卞之琳、戴望舒、穆旦、袁可嘉等人的指责完全不同，它关涉到一个诗人是否能够面对自己的生存现场，是否臣服于西方的价值体系而丧失创造性，是否还能重获写作的尊严等根本问题。

因此，我们反对“知识分子写作”的某种趣味，并非反对知识本身，而是反对他们把知识引到了通往死亡、冷漠、炫耀、附庸型、拒绝再创造、视其为最高标准的道路上。如果庞德、叶芝、布罗茨基等人理解知识资源也像程光炜等人理解他们一样，那历史上肯定不会有庞德、叶芝、布罗茨基等伟大诗人了。诗歌本应是最富有创造性、与自己的心灵有着最大关联的艺术，什么时候它变成了一种知识的演绎？“知识分子写作”群体并没有诚恳地面对这个问题，反而摆出一副反对“知识分子写作”就是反对知识本身的姿态，试图教训别人，可谁告诉你说，你笔下的那些知识就是真正的知识？难道不断地向大师致敬的写作方式就表明你视野开阔？难道生活本身不是最大的知识？苏珊·桑塔格说：“知识没有过错。问题是：什么样的知识。真正的知识可以解放人，它使人接触现实，使人看到事实真相，使人接触自己的时代、自己的良知。这种知识是应该为人们共有的。当然，知识也是一种力量，也有用知识压迫人的方法，这是人人皆知的。”可惜，“知识分子写作”与苏珊·桑塔格所说的“真正的知识”相距甚远，倒是与“用知识压迫人的方法”似乎相通，它除了吓唬一些无知的读者外，在这个交流的障碍越来越少的时代，谁还会因为你多用几个外国大师的名字就对你另眼相看？另外，反对“知识分子写作”唯西方是从的写作姿态，也并非张扬一种民族主义情绪，拒绝交流，而是力求使自己的任何阅读都是创造性的、批判性的、再生产的，也是能对自己当下的生活作出反应的，它与那种膜拜式的阅读有着本质的区别。我相信，只有保持了自己的独立思想与敏感心灵的阅读、借鉴和交流，才是共享别国文化资源的正途。“知识分子写作”对待西方的诗歌资源却不是这样，这可以从他们的阅读不能使他们的写作有效地在当下的生活中展开这一事实中看出。它必然导致诗歌原创性的萎缩，结果是满足于用死亡的毫无活力的知识写诗，对真实的生活本身却保持缄默。

我们知道，“知识分子写作”群体多数身处北京，长期占有诗歌界的话语霸权，进而误导着当下诗歌朝知识化、玄学化和不断向大师致敬的方向发展，造成了一种漠视具体事物和此时此地的日常经验的写作风气，鉴此，由南方编选出版的《1998中国新诗年鉴》，才有意地对从生活本身和创造性的阅读中寻找语言资源的“民间立场”的写作加以张扬，以矫正当下诗歌的某种已经完全变质的精神。《1998中国新诗年鉴》发掘了大量沉潜于民间的优秀诗作和优秀诗人，可以这样说，有不少具有非凡才情的年轻诗人，是经由《1998中国新诗年鉴》才被诗坛所认识的，它的平民立场和对生存现场的关怀，使我们看到了未来的诗歌希望。这本诗歌年鉴是第一年编辑(以后还会按年度出版)，肯定有一些不足，但它对年轻诗人的关注以及所建立起来的诗歌立场对当代诗歌的贡献，是谁也无法抹杀的。然而，“知识分子写作”群体居然对新一代诗人的崛起视而不见，一些人还在批评文章中用“充斥着大量平庸之作”这么不可一世的口气加以嘲讽，可见一些人的自我中心、自我幻觉厉害到了什么地步。

臧棣在《诗歌：作为一种特殊的知识》一文的开头坦陈：“‘知识分子写作’……庸俗化的危险主要来自其内部，或者说，来自它的参与者的自我神话的潜在倾向。”——能说出这样的话，足见臧棣是“知识分子写作”群体中少有的清醒者之一。自我神话确实是“知识分子写作”的致命缺陷。一些持“知识分子写作”观点的人，会对《1998中国新诗年鉴》的出版如此恼火，最根本的原因就是因为它有力地戳穿了他们的自我神话。这种自我神话被解构之后对当下诗歌发展的影响，随着时间的推移，还会越来越显著。凭着这一点，《1998中国新诗年鉴》的价值，已足以载入史册。另一面说，这场诗歌争论已深深地触动“知识分子写作”群体（虽然他们表面上还在竭力为自己的立场辩护)，我预言，不久之后，“知识分子写作”群体会收敛起他们过去所洋洋得意的观点、文风，也会重新调整他们与西方价值资源的关系，而且，一些人为了对另一些人的过度自我神话倾向保持必要的距离，这个群体最终必然彻底分化。我在灵魂里看到了这一天的到来。

新诗在历史脉络之中

——对一场争论的回答

程光炜

今年春天晚些时候，一场围绕90年代新诗的争论自南而北地展开。它的焦点是，知识分子写作与民间立场的关系，新诗发展与外国诗歌的影响，对诗的综合性要求与诗之日常经验观等等。有些问题在中国新诗的发展历程中曾反复出现过，个别层面甚至一直是影响新诗的思想与艺术个性走向自觉和成熟的障碍；有些问题则与90年代复杂的文化现实关联极深，不在诗学的讨论范围之内。例如，用商业谋略侵犯文学艺术，用知识分子的言说方式打击知识分子的精神世界等现象。

持“民间立场”的论者认为，知识分子写作的要害是“脱离人民”、“脱离生活”。从文学的角度看，这种说法可以一直追溯到五四时期平民文学的思想资源。在30年代前期，它是左翼文学试图取消其他文学存在权利的主要口号之一。40年代又发生了“主观论”和“文学发展道路”的争论，其中怎样解释“人民性”是争论最为激烈的一个部分。然而尽管如此，它们没有完全离开知识分子思想活动的范围，更没有远离五四时期所追求的历史目标。我想，1945年5月闻一多在纪念五四运动26周年时的发言所以能得到当时大多数知识者的赞同，具有较大的代表性，原因也在于此。他说：“国家究竟是什么？今天不又有人说‘人民的世纪’吗？……只有土地和主权都属于人民时，才讲得上国家，今天只有‘人民至上’，才是正确的口号。”但他又说，假如在这种历史条件下，“人民性”便失去了它的意义：“叫人民献出一切，缩紧腰带，拼了老命，捍卫了国家，自己却一无所得”。[①]由于“民间立场”论者对知识分子写作中的文化精神采取的多是否定的态度，否定后者对人的主体性的坚持，他们不仅未能认同闻一多承认人民性首先须承认其主体性的要求这一核心命题，反而对90年代诗人创作中相类似的追求抱以挖苦和嘲笑的态度。[2]这就使人不能不相信，与其他们接受了五四以来中国新诗史中关于人民性的诗歌观的影响，毋宁说新诗的“五六十年代”及其思想逻辑反倒成为他们批评知识分子写作的立足点。众所周知，五六十年代新诗由于复杂的社会历史因素，对人民性的理解发生了严重的偏误。它们把知识分子从人民中分离出来，使二者人为地对立，通过取消、限制诗人的主体性，达到最终限制人民对主体性的历史要求。闻名一时的对艾青的批判，对流沙河的批判，对公刘、邵燕祥、蔡其矫的批判，对七月诗人、中国新诗派和许多来自二三十年代老诗人的排斥，都是这种思想认识带来的必然结果。历史真像是一个预言。历史上曾经发生过、但一直未能很好解决的问题，在90年代的适当场合被重新提炼出来：将诗人与人民分离，推导成所谓“民间立场”与“知识分子写作”的对立，把本来在中国新诗史上属于常识问题的新诗发展与外来诗歌影响的命题，说成是向“西方文化资源”靠拢，企图将诗学问题政治化、民族主义化。实际上，这是一个文化原教旨主义和将批评私斗化和扩大的陷阱。它与五六十年代诗歌思维的区别在于，前者依靠的是制度的力量，后者却试图借长期以来文化心理积淀对群众艺术趣味的影响，来取得道德操守上的胜利。

中国新诗是中国现代文学现代化的总主题下发展和不断延伸的。在本世纪的历史空间中，“现代化”不仅仅是中国文学，实际也构成了世界文学进程中一个普遍性的焦虑。现代化反映到文学当中，首先是人的主体性的全面觉醒，也即鲁迅所主张的“立人”；它不单意味着人类的思想资源的共享，还意味着诗歌文体的追求将打破国与国、民族与民族之间的界限，在保持民族艺术个性前提下重新激活各个民族的艺术创造性。仅就新诗80年来的发展历程作一考察，不难发现，并非如“民间立场”论者所说，新诗与外国诗歌不是互文性的关系，而是一种对抗与排斥的关系。[3]恰恰相反，正是这种“关系”构成了新诗发展的主体脉络，使新诗获得了宽阔的艺术视野和现代性的品格。在中国新诗各个时期拓荒者们的创作中，程度不同地留下了英语、法语、俄语、德语和其他语种文化思想及诗歌影响的痕迹。例如，郭沫若之于惠特曼、歌德和表现主义诗歌，徐志摩之于济慈和英国湖畔诗人，戴望舒之于后期象征派诗歌，艾青之于超现实主义、凡尔哈伦、叶赛宁，冯至之于存在主义和里尔克，穆旦之于艾略特、奥登，北岛之于尼采、波德莱尔，海子之于荷尔德林，王家新之于布罗茨基、帕斯捷尔纳克，西川之于博尔赫斯等等。而现代化在中国诗歌中日渐深入的本土化过程，使中国现代文学首次确认了“新诗”的概念，它更标识着新诗人开始走出现代诗歌的“蒙昧期”，在诗的观念和形式的建构上有了高度的艺术自觉，在这其中，我以为戴望舒、艾青和穆旦的诗歌是最具典范性的文本。他们的作品在今天仍拥有广大的读者市场，被研究者看作理想的阅读文本，正说明了现代性在中国新诗中的活力。我们在“民间立场”论者这里读到的却是敌视中国新诗现代化的言论，“他们不约而同地到故纸堆、历史古迹、远方的乡村、空旷的天空、发达的西方去寻找诗歌写作的资源，他们信奉的真理是：生活在别处，诗歌也在别处。”“90年代的‘知识分子写作’是对诗歌精神的彻底背叛，其要害在于使汉语诗歌成为西方‘语言资源’、‘知识体系’的附庸”。[④] 诚然，这种论调不是骤然出现、凭空掉下来的。它的出现显然也不是国家权力话语运作的结果，而应该被编织在新诗现代化某种预期以外的复杂脉络当中。从“五四”到“解放区”，中间有一个过渡状态的“30年代”。这个十年事实上标志着“现代性”与“民族性”的对峙，“民族性”通过救亡图存、喜闻乐见等一系列压倒性的说法在逐步地挤压“现代性”的审美空间。解放区文化实践孜孜以求的就是反映下层价值取向的“民族风格”与“新国家理想”的结合，这种文化实践的生产过程和传播方式既不同于“五四”时期新诗对平民化品格的羡慕，也不是原汤原汁的民间文艺。它既有明显的“本土”、“大众”和“通俗”的色彩，反映出农村包围城市的政治文化策略，又流露着重构历史，并希图在城市知识分子话语之上确立一种新的意识形态中心话语的急切心情。在40年代到50年代的文学空间中，我们看到的正是这种本土化的农民意识形态最终“征服”或“吸引”知识分子意识形态的历史过程。就在民族性不是通过与现代性的结合而获得更为宏大的文化胸襟，而是单纯地排斥、拒绝现代性的过程里，中国新诗几乎断绝了与外部世界的交往。在40年代末，曾经无比丰富的新诗作品的长廊里，只剩下李季民歌体的《王贵和李香香》、阮章竞的《漳河水》和张志民的《王九诉苦》等诗作。我这样说，并不是否定它的政治特征及其有效性，也不是要把“民间立场”论者纳入“喜闻乐见”的“民族形式”派的思想范围。而只是想说，他们碰巧在这里与民族形式的思想资源相遇。在中国新诗发展的现代性和民族性的这两条线索中，[⑤] 他们碰巧拥护、认同了后一条线索而已。

既然意欲强调“民间性”、“民族性”，强调中国新诗应该首先做到“通俗易懂”和“喜闻乐见”，那么可以想象，它无论在审美习惯还是在艺术趣味上都不可能喜欢现代诗歌思想和文本的复杂性。因此，“民间立场”论者把诗歌处理现代社会复杂经验的能力说成是“字词迷津”、“知识和技术”，而推崇对“个人的、真实的、触手可及的”日常生活经验的反复品嚼；[6]他们耽于简单、直接、一目了然的生活口语，不耐烦于揭示现代生活多维性和矛盾性的诗艺的建设，希望新诗停留在一般化的发展水平；[7]甚至，有的专业性诗歌评论家居然称现代诗歌是“黑箱操作”，[8]一看就感到“头晕”。在中国新诗由白话而格律诗、由初期象征诗而现代派最终到后期象征诗的漫长而艰苦的艺术探索中，如何提高诗歌处理复杂文学主题、经验和技艺的能力，一直是新诗发展的焦点之一。另一方面，中华民族旷日持久的生存焦虑同时也影响着新诗对艺术形式的选择，影响着它对新的高度的攀登。几乎是从“红色的30年代”开始，单纯“宣传”和“推普”的功能及其要求，就给新诗的这种努力带来了极其明显的负面影响。例如，中国诗歌会批评后期新月派和现代派的诗人是“一般人在闹着洋化，一般人又还只是沉醉在风花雪月里。”而“我们不凭吊历史的残骸，/因为那已成为过去。/我们要捉住现实，/歌唱新世纪的意识。”“我们要用俗言俚语，/把这种矛盾写成民谣小调鼓词儿歌。”[9]在40年代，李季的诗歌和赵树理的小说之所以受到欣赏，原因就在“作品中那么熟练地丰富地运用了群众的语言，显示了他的口语化的卓越的能力；不但在人物对话上，而且在一般叙述的描写上，都是口语化的。”[10]正因为要求诗歌写给“大多数人”看，所以不这样做就被道德化地指责为“小资产阶级”——而在“民间立场”论者这里，则被冠之以“知识分子”、“知识和技术”——同样使用的是政治性道德的而非文学的批评标准。在这里我想借哈贝马斯在反省现代化运动在法国遭到禁止时说过的一段话，他说：“尽管当时它们向我们展示了一个全新的世界，可它们的观点却烙上了强烈的德意志色彩，带着狭隘的地方观念。”[11]那么，这会不会又被说成是“借用了西方资源”呢？

从李金发到戴望舒，从卞之琳到穆旦，乃至到80年代初关于朦胧诗的“懂与不懂”的争论，历史已经把新诗对更复杂、深刻的思想和艺术的探索展现在我们面前。毋须我再置喙。我感兴趣的是，从以上分析中“民间立场”论与文化激进主义思潮不言自明的历史和现实关系。文化激进主义在本世纪中国一直保持着旺盛的发展势头。它不像保守主义那样有较为一致的文化定势和稳定的理论建构，也不像自由主义那样倾心于社会有序的变革，它激昂多变，富有极大的冒险性。它的基本特征是，以革命姿态破除一切旧的文化秩序，集反中国传统文化和反西方近代文明的意向于一身。中国的激进主义文化思潮主要受到外来无政府主义、法兰西大革命的民主主义和俄国政治文化的影响。它之所以具有这种文化魅力，不仅在于它那迅猛激进的文化个性很能适应风云变幻和急剧演变的时代特点，而且中国这个超稳定的社会文化结构，也非需大力冲击不可。因此，一旦发生心理和文化的危机，激进主义文化思潮首先考虑的是举起民族主义、民间主义的旗帜，同时通过向广大群众宣传喜闻乐见的文化主张和文化形式，通过大多数人对少数人的说服、压制和诱导，来实现自己偏激的文化理想。在这种意义上可以说，《他们》诗歌是激进主义文化思潮在当前新诗创作中的集中反映。在80年代，他们以反中国传统文化的姿态出现，希望打破一切旧有的诗歌秩序。[12]在90年代，他们又以“反西方”的文化英雄自居，先是鼓吹“民间立场”，继而虚拟出一个所谓的“南方诗歌”与“北方诗歌”的对抗。由于深感艺术创造力的枯萎和水平的下滑，他们反对有序的诗歌建设；由于在当前复杂多变的文化现实中创作的单调乏术，于是不屑于冷静、认真的艺术探索。总之，他们试图树立的是一个受到主流诗歌压制的受难者的形象。值得注意的是，他们作为“主流文化”和“主流诗歌”的对立物而出现于中国的文化舞台，自然能适应人们今天的文化多样化、生活民主化的心理。但他们又不愿作长期艰苦的、深入细致的文化和诗歌理论的准备，一旦创作受挫，就容易产生痛恨现实的激情愤绪，孤注一掷的狂热心理，一步登天的艺术幻想，这不仅会使他们中一些有一定创作成就的诗人失去理智，而且还驱策一部分更年轻的具有激进主义文化情结的诗歌爱好者投身于激进的新诗口号之下。但是，新诗毕竟是一门艰苦的需要几代人付出一生认真劳动的复杂艺术，它也是检验一个时代和民族审美趣味的标准。因此，它忌讳的是急躁，是文化上的冒险主义，更不屑于一种急功近利、视艺术虔诚如儿戏的态度。我相信正像中国新诗曾经经历过的许多麻烦一样，漩涡和险滩过后，它还会回到正确的轨道上来，然后自信、勇猛地前行。

注释

①《人民的世纪》，昆明《大路周刊》创刊号。

②③于坚：《穿越诗歌的汉语之光》，《1998 中国新诗年鉴》，花城出版社 1999 年版。

④⑥谢有顺：《诗歌与什么相关》，《诗探索》1999 年 1 期。又见于坚的文章。

⑤在中国新诗的发展中，“现代性”与“民族性”本不应该是截然对立的关系，相反，它们的矛盾和张力恰恰为寻找新的审美空间提供了可能；但创作中的情形并非如此。

⑦见于坚近年来发表的文章。

⑧沈奇：《秋后算帐——1998 年：中国诗坛备忘录》，《诗探索》1999 年 1 期。

⑨任钧等：《缘起》、《发刊词》，《新诗歌》创刊号，1932 年 2 月；

⑩周扬：《论赵树理的创作》，《解放日报》1946 年 8 月 26 日。

⑪《哈贝马斯访谈录——现代性的地平线》第 3 页，上海人民出版社 1997 年版。

⑫见韩东的《有关大雁塔》、于坚的《尚义街六号》等。

看诗坛热闹

曾非也

俗话说“内行看门道，外行看热闹”，于诗我是外行，所以只能看热闹，平时喜欢随便读一点诗，尤其是朋友们的诗，但是看热闹的机会并不多。当然，由于是外行，所以也只能在诗歌门外徘徊，所以有些热闹还是看不到的。譬如今年上半年在北京召开的“世纪之交：中国诗歌创作态势与理论建设研讨会”，据说唇枪舌战、硝烟弥漫，摆事实讲道理的同时，也很讲究排阵势揭老底的策略，甚至不那么符合精神文明，不那么讲究“费厄泼赖”。可以想见其盛况，可惜无缘到场观战。然而战火已在各地报刊上蔓延开来，我等诗门外人喜欢看热闹的也就少了些遗憾。《大家》第5期上就有两篇这样的文章。

一篇是谢有顺的《诗歌在疼痛》。在此之前的第7期《北京文学》上已经有唐晓渡先生给谢有顺的公开信，那语气大有谢有顺不配谈诗的味道，实在有点霸道。而相比之下，同期发表的谢有顺的文章让人感到才气义气火气一同在燃烧，真所谓“气不打一处来”。现在的《诗歌在疼痛》大体仍是如此。论辩驳斥的言辞犀利，尤其是对《岁月的遗照》中程光炜先生的序言《不知所终的旅行》里一些具体的引证（在《北京文学》上的那篇文章中我们也已经看到过了，我想许多人恐怕都希望看到诸如此类的引证和分析），大可使“知识分子写作”论者哑口无言。文章的热闹在于开头与结尾。开头是“诗坛在一夜之间失去了平静，并且正在滑向一个令人担忧的方向”，接下来是排浪似的担忧所在，而结尾则预言了“知识分子写作”群体的分化，并且声言“在灵魂中看到了这一天的到来”，两相对照，似乎在一纸笔墨之间，危机化为乌有，光明就要到来。这里究竟是底气不足而故作耸人之语，还是兴之所致兴尽而返呢？我猜想，以谢有顺的才华和热情敏感，他会写出让我们欣赏非“知识分子写作”的诗歌的文字来，如果他仍然“无意为自己所受到的无理攻击作任何回应”的话。

与谢文相比，程光炜的文章《新诗在历史脉络中——对一场争论的回答》显得冷静得多，但是也难懂得多，狡猾得多，也就热闹得多，到底是文学博士、诗学专家的手笔。该文避实就虚，不谈当前所谓“知识分子写作”的具体情况如何，也不具体论析当前所谓“民间立场”写作的缺失所在。他大谈历史，也许“借古鉴今”从来就是学者的长项，但这里却不但没有使人看清楚今天反而叫人更加困惑。困惑之一是，他由历史上对诗歌人民性问题的理解的偏差，推断出现在的“民间立场”论者是“企图将诗学问题政治化、民族主义化”，认为“民间立场”论者对“知识分子写作”的指责“使用的是政治性道德的而非文学的批评标准”；困惑之二是，他由历史上文学的现代化追求和现代性焦虑引出“民间立场”论者是“敌视中国新诗现代化”，可是从他所引以为证的言论论据中是怎么也看不出这一点的，而更玄乎的是他分析这种情况出现的原因是“应该被编织在新诗现代化某种预期以外的复杂脉络当中”；困惑之三是，他指出“民间立场”论“与文化激进主义思潮不言自明的历史和现实关系”，并且证之以《他们》诗歌，而原因在于他们要“打破旧有的诗歌秩序”。一路困惑下来，不禁担心程光炜先生是否还要将“民间立场”论者与神秘主义、与法轮功联系起来。回头一看，结果恍然：程光炜的战术不过是扣帽子和打棍子，而且稍稍辨析一下便可看出这帽子和棍子皆属容易激起公愤性质的，热闹是够热闹的，可骨子里是多么空虚也一望而知。与其说这是“对一场争论的回答”，不如说他试图转移视线、混淆视听，搅起更大的混乱，那么，我等又有热闹可看了。

灵魂的回头与仰望

林　白

诗歌是不是与玫瑰有关呢?

我曾经在我的诗歌中歌唱过玫瑰，现在我发现，这种歌唱十分空洞。玫瑰与我并未构成真正的关系，我的生活中从未出现过玫瑰，它只是来自我的阅读和对西方的眺望，是我虚构的一个苍白的心灵影子。这是一种从英国诗人彭斯的身体里生长出的花朵，它所呼吸的空气不是我的空气，它头上的星空也不是我的星空。在我早年的生活中，与我有关的是指甲花，它常年生长在我的小镇，在许多人家的门口和天井，安静地开花，它嫣红的颜色曾经染在我的指甲上和脸颊上，这是一种与我有着切肤关系的花朵，但我从未想到过在诗歌中书写它。

这里所说的当然远不只是花，而是与我的生活、与我的心灵有关的一切，我不知道它们被什么挡住了。

我喜欢读同代人的诗，希望在别人的诗中读到自己的疼痛。但在很多年中，我对当代诗歌失去了判断力和感受力，我越来越害怕它们了。

我怕它们高深莫测的玄学气息，它们聱牙佶齿的语词迷津，我怕它们的形而上高度，它们虚无缥缈的神学心得，我怕它们的知识和技术，怕它们冰冷和坚硬的西学背景，我怕“诗言志”，怕集体记忆、社会公论，怕升华、怕终极、怕一语双关、微言大义、装神弄鬼、精雕细琢，怕用空洞的语言构造同样空洞的寓言。总之，怕一切没有人性、没有心灵真实的东西。

现在我读到了一本书，花城出版社出版的《1998中国新诗年鉴》，这里有一些诗使我恢复了对诗歌的感受力，我听到了诗歌与生活发生的摩擦声，感到了它们的体温和表情，它们的朴素与真实，这里有一些是写出来给人看的诗，它们来自生命与心灵（而不是来自书本与技术），也与我们的生命与心灵有关。

真　相

——关于“知识分子写作”和新潮诗歌批评

于　坚

1999年4月，在北京盘峰宾馆召开的由《诗探索》、《北京文学》等单位主办的“世纪末中国新诗态势发展研讨会”上，一群北京的新潮批评家和“现居北京”的诗人对来自中国外省的诗人进行了围攻，原因仅仅由于他们对鼓噪了近十年的“知识分子写作”不以为然，对北京出版的“90年代文学书系”诗歌卷《岁月的遗照》及其序言《不知所终的旅行——90年代诗歌综论》所称的“民刊《倾向》……这个同仁杂志成了‘秩序与责任的象征’。……它无疑成了一盏照亮泥泞中的中国诗歌和人心的明灯”感到惊讶，他们从未“团结”在这个杂志周围，对这盏明灯所热衷的“……国际汉学界的口味。它在眼下显然已成为一种尺度，诗人要走向世界，首先必须要过国际汉学界这一关，主要是欧美的一些汉学家，评价的尺度在他们那里”（语见程光炜《找回一个权威》）不以为然。他们对此发表了他们的看法，并且没有与北京的批评家商量，就编了一本《1998中国新诗年鉴》，并且居然印了两万册，使北京的某几个新潮诗歌批评家90年代以来一直梦想的“权威”地位一夕之间忽然落空。批评家们就恼羞成怒，完全不顾自己的职业道德，激烈之时，几个批评家围攻一位诗人，私人信件和私人电话都被作为攻击诗人的手段。有的“权威人士”甚至说，“一本外省编的诗选”，“谁赋予你们的权力”。作为与会者之一，我非常震惊，目瞪口呆。令我吃惊的还有，在那么多的批评家帮助下，占着北京的舆论优势，经营了十年之久的“知识分子写作”何以腐朽至此？诗人们十年之间在外省埋头写作，一旦发言，“知识分子写作”即刻成为“恼羞成怒”“破口大骂”“断章取义”“自我辩解”“大批判”“揭发和检举”，连一点起码的自信、自尊都没有。在硬着头皮阅读了“知识分子写作”90年代以来的那些令人头晕目旋的、枯燥乏味、故弄玄虚的，嵌满外国人名、名词、语录的言论之后，我发现，所谓的“知识分子写作”仅仅与写诗的四五个人有关，却有同样多，甚至更多的新潮诗歌批评家在为之摇旗呐喊。我发现，作为文本的“知识分子写作”是没有读者的“少数”，一个“圈子气候”，作为“知识分子”却企图扮演秩序、立场、权威、明灯之类的主流、多数的角度。我还发现“知识分子写作”，主要是一种“现居北京”的写作。

1.“知识分子写作”如何利用“政治神话”确立自己的“身份”……

据诗人西川说，知识分子写作是他在八六年提出来的。西川说：“从1986年下半年开始，我对用市井口语描写平民生活产生了深深的厌倦，因为如果中国诗歌被十二亿大众的庸俗无聊的日常生活所吞没，那将是极其可怕的事。……我提出了‘诗歌精神’和‘知识分子写作’等概念，并以自己的作品承认了形式的重要性，我的所作所为，一方面是希望对于当时业已泛滥成灾的平民诗歌进行校正，另一方面也是希望表明自己对于服务于意识形态的正统诗歌和以反抗的姿态依附于意识形态的朦胧诗的态度”。见《答鲍夏兰·鲁索四问》。在这里，西川指的只是他个人的写作立场。我记得当时他号称西川体。

虽然我不同意西川的上述见解，但我始终以为西川是一个优秀的诗人，是靠自己的文本说话的。几年后，知识分子写作被欧阳江河加以发挥，与西川的初衷已经不同。在后者那里，知识分子写作已经成了“中年写作”——“八九后的写作”。西川的“知识分子写作”只是西川体，但到了欧阳江河这里，“知识分子”写作已经成了“我们”。在《89后国内写作：

本土气质、中年特征与知识分子身份》一文中，欧阳江河开头就说："1989年我们将写作划分为以往的和以后的。"为什么是1989而不是1990，这似乎更是时间上所谓的"90年代"的开始，欧阳江河没有解释。但这种庸俗的、浅薄的、进化论的，以历史事件、时代、时间的先后为坐标的文学史分期法难道我们不是司空见惯么？例如，以1949年为界，将文学分成新文学和旧文学。在此文的另一处，欧阳江河说"我们这一代诗人的一个基本使命就是结束群众写作和政治写作这两个神话"。这些神话恐怕没有结束，而且一有机会，就被利用。可以看出，"知识分子"写作是基于时代和政治的划分——一种立场，而不是从文本出发的关于写作形式、风格的划分——一种写作。所以，后来有人一针见血地指出："实质上，欧阳江河的'知识分子'这一概念不仅指他们所属的文化身份或社会身份，相当程度上也是一种文化特征、文化立场、文化品质的能指隐喻"。见陈旭光等《知识分子写作，文化转型年代的诗与思——90年代诗学理论话语研究之一》。

2．"知识分子写作"只是几个人的"身份"，而不是一种写作趋势。

在《89后国内写作：本土气质、中年特征与知识分子身份》中，欧阳江河说："我们把这种写作看作1989年以来的国内诗歌界最重要、最具有代表性的趋势……"

谁的写作是以往的，他没有说。关于这个"趋势"，他提到了这些诗人，他本人、西川、王家新、肖开愚、孙文波、陈东东、张曙光。也提到了钟鸣、翟永明、万夏、柏桦和臧棣。（这份名单以后成了90年代几个住在北京市的新潮诗歌批评家通用的"中国诗歌界"的花名册，每次点名或少许的误差，但主要指的就是欧阳江河所圈定的那几个同志，其他人不过是拉来壮其声势。例如柏桦90年代已经下海，作品并不多，但他是一个优秀的有影响的诗人，所以要拉着。钟鸣90年代主要是在写散文。堪称大师的吕德安偶尔被拉来这个花名册中，叨陪末座，他90年代在《他们》和《大家》上发表了杰作《曼凯托》，从未有人细读，从来不提也不选，以免喧宾夺主。把翟永明塞在里面，是否为了性别上的平衡？她好像不是"知识分子写作"而是"女性诗歌"吧？

对于中国那些优秀的诗人们来说，1989年只是"上午德法战争爆发，下午游泳”罢了，写作在许多人那里，像以往一样进行。某些新潮诗歌批评家近年来在散布一个“80 年代的许多诗人都停止了写作”的谣言。这种谣言的后果就是给人造成只有“知识分子写作”的几个人存在，也就成了 90 年代的当然代表的印象。真正停止的只是从未开始过的写作。其实第三代的大多数重要诗人从未停止过写作，少谈些主义，多写些东西，他们在黑暗中写作。不能把停止发表，不能出版诗集和停止写作混为一谈。批评家们故意忽略这个事实，就是第三代诗人直到今天依然是另类。他们中大多数人从 80 年代至今很少有出版诗集的机会，他们是有着优秀作品但没有诗集的诗人。即使真的是第三代诗人都停止了写作，也不意味着第三代诗歌就停止了，李白、杜甫死去千年，他们的诗歌并未停止。避开具休的文本，从时代和时间上的“以往”把其他诗人一笔抹杀，为的不过是要确立几个人的“国内诗歌界最重要、最具有代表性的趋势……”的身份。但文本一旦露出水面，谣言就不攻自破了。例如有些诗人在少数人所谓的“90 年代诗歌”看来似乎并不存在，或已经销声匿迹，或默默无闻，例如朱文、周伦佑（停止了 80 年代的写作?)、海上、余怒、马永波、柏桦、孟浪、虹影……但一夕之间，这些诗人于 99 年在台湾出版了一套诗集，颇为轰动，是否他们就是大陆诗歌界“最重要、最具有代表性的趋势”呢？在“知识分子写作”的几个人以外，我可以举出许多诗人，他们一直在中国国内写作。李亚伟、何小竹、刘立杆、韩东、杨黎、丁当、于小韦、陆忆敏、海男、阿坚、周伦佑、海上、默默、普珉、海力洪、杨春光、车前子、简宁、杨克、非亚、莫非、郑单衣、小海、梁晓明……《他们》、《非非》都继续在办。年轻一代的诗人，在 80 年代完成了他们写作上的前期准备，在 90 年代出现在中国诗歌的地平线上，杨键、朱文、伊沙、余怒、朱朱、马永波、侯马、徐江、朵渔、雷平阳、哥布……年轻一代出版的民间刊物（《葵》、《诗参考》、《一行》、《诗境》）……并不亚于 80 年代。他们是以往的还是以后的？

欧阳江河没有说谁是以往的，那么他自己是不是以往的呢？不是。因为“中年写作”乃是“写作者的心情在累累果实与迟暮秋风之间”。而且，“我们把这种写作看作 1989 年以来的国内诗歌界最重要、最具有代表性的趋势……”这是欧阳江河此文的主题。要知道，欧阳江河并不是在描述一种他之外的已经存在的文学现象，而是在讲从他本人开始的几个人的趋势，他和他的几个“有限的少数”同志的“趋势”，自称自己是“国内诗歌界最重要、最具有代表性的”，在80年代以来的新潮诗歌的种种宣言中尚属耸人听闻的首创。稍微有点良知的人，都会看出此文正有着唐晓渡君指出过的那种“与革命的血缘关系”：开天辟地的宣言、唯我独尊、（在纸上）拉山头（语见《重新做一个读者》）。也正是程光炜《关于90年代诗歌的笔谈》中所说的“圈子意气之争和个人的盲目已经使诗歌的发展付出了惨重的代价，它是无助于个人获得某种伟大的品质的。”

3．“知识分子写作”如何用废话来冒充“知识”，其真正的“知识”是什么？

在“国内诗歌界最重要的，最具有代表性的趋势”这一界定下，他提供了三个线索。

其一，中年特征。据欧阳江河说，“中年写作与罗兰·巴特所说的秋天状态极为相似，”怎么会想出这种俗不可耐“中年写作”的命名，巴特的“秋天状态”不是更美么，何不直接拿来？中年写作，猛一看让人首先想到的恐怕是更年期综合症之类吧？他说，“显然，我们已经从青春期写作进入了中年写作。”“写作者的心情在累累果实与迟暮秋风之间”，且不说所谓的累累果实何在，“我们”的写作进入了更年期，“国内诗歌界最重要的、最具有代表性的趋势”就跟着成为年老色衰的口红了么？80年代末期在中国先锋诗歌的地平线上刚刚升起的，青春的，朝气蓬勃的，年青的诗歌天才们怎么办？那些老当益壮、炉火纯青的诗人们（例如牛汉、郑敏、昌耀……）又怎么办？

“知识分子写作”的一个特点是，把常识性的、规律性的东西用诘屈赘牙的玄学语言升华到理论、路线的高度，其实空洞无物。“中年写作”只是写作上的一种状态，一个诗人在写作生涯中的自我调整，自我控制。几乎所有长寿的诗人、作家都可能经历一个写作过程中“减速、抑制、开阔的”时期，它不是“新小说”、“古文运动”、“生活流”、“新状态”之类的文学上的新的内容形式，在理论只是一通废话。“青春期写作”或“中年写作”并不具有价值上的高低，或丰富盛大、或尖锐激昂，写作的不同状态而已。常识是，诗歌最重要的，最具有代表性的趋势，可以出现在李贺、兰波们中间，也可能出现在晚年的杜甫、歌德们中间，它是以写作风格为特征的。如果某一群人进入了中年，中年写作就成为这个国家“国内诗歌界最重要的、最具有代表性的趋势”，那么这个国家的写作简直太可笑了。

其二，本土气质：语言中的现实。“本土气质的现实感，不是在话语的封闭体系内，而是在话语与现实之间确立起来的”。废话，在话语的封闭体系内，如何建立话语与现实之间本土气质的现实感？“采用一种复合性质的定域语言（register）、即基本词根与专用词汇，书写词根与口语调根、复杂语码（elaborated code）与局限语码 restricted code）、共同语与本地语混而不分来写作”。还是废话，如果有人可以分清楚上述这些什么语并有意识地来写作，那么他肯定是白痴。

其三，知识分子身份。欧阳江河说：“以下五个语种（语种一词的意思是：“语言按语音、词汇、和语法特征、性质的不同而划分的种类。”《现代汉语词典》修订本1540页。笔者注）对我们产生了实质性（实质性：本质，指事物本身所国有的、决定事物的性质、面貌和发展的根本属性。《现代汉语词典》）的影响：英语、法语、西班牙语、俄语和德语”，“我所说的不仅是实际写作过程中所受到的影响，而是指对我们这一代诗人的精神成长、判断力和想象力、创造力的形成产生过的真正作用的影响”，这位“国内诗歌界最重要的、最具有代表性的趋势”的发言人在说完这些触目惊心的高论之后可能后心有些发冷，赶紧补充了一句，“我不认为接受外来影响会使我们的写作成为殖民地写作”。请欧阳江河先生教我，如果连诗人命根子的“判断力和想象力、创造力”都已经被“真正作用”也不会导致殖民地写作，要怎样的影响才成为殖民地写作？“间或，也用英语交谈”？（我不否认在本世纪中国诗歌确实受到了西方诗歌的影响，这种影响是必要的，也是有益的，但这种影响在具体的诗人那里并不一致，诗人受到影响的方式也是因人而异的。例如站着，交谈式的影响和——跪着，五体投地、脱胎换骨式的“身份”肯定有着本质的区别。）我要提醒某些闻知此语而兴高采烈的汉学家们，欧阳江河所说的这种“实质性的影响”决不是中国国内诗歌界最重要的、最具有代表性的趋势，更不是汉语诗人的身份。

此文中，欧阳江河把“知识分子”一词置于“诗人”一词之上，自称是“一群语词造成的亡灵”。这倒是一个发明。文革以来有过工人诗人、农民诗人、解放军诗人，但还没有“知识分子诗人”。时代不同，但用法是一样的，先确认政治或文化地位的血统、合法身份，然后么，是个亡灵。

至于“西方理论思潮（主要是法国的和英美的思潮）的深刻影响不仅在中国的批评界，而且在国内诗歌界已经日益显示出来。这对一个成熟的诗人来说未尝不是一件好事”，“阅读成了写作的一部分”、“先有某种阅读期待，然后把它强加给写作”，“除了关注怎样写作，我们也开始关注写出来的作品实际上是怎样被阅读的，我们希望它们应该被怎样阅读。”（要注意社会效应?）之类，不过表明一个读者对创造的无知和嫉妒，他自己的读后感。如果这就是“国内诗歌界最重要的，最具有代表性的趋势”的话，那中国诗歌就太可怕了。

就在此文写出来不久，他就去了美国，他点到名的那些诗人也有不少去了国外。作者都不在国内，“八九后的国内写作”是什么东西？最近，已经有国外的汉学家产生了这种由某些人跑到国外去苦心经营造成的错觉：“中国现代诗似乎……出现了重心的转移：读者和倾听者与其说在国内，还不如说在国外，对中文诗关注的与其说是中国人，还不如说是洋人。”（《作家》1999年9期，德国顾彬文）如果真的出现了这种转移，是汉语诗歌的光荣还是耻辱呢？现代诗是以“先锋派姿态”为特征的，中国现代诗的民间性和前卫性的价值，就在于它的拒绝媚俗的独立精神，它的原创力，它的中国经验，它的“在世界中”的不言自明的自信，它从汉语中获得的尊严，它与图式化的主流文化（全球一体化）的格格不入。国际性、接轨……不正是盛行于我们时代的最普遍的主流文化么？不正是最司空见惯的媚俗么？不正是连一个卖冰棍的老太太都心领神会的“时代”么？

喜欢自我营造幻觉，是文人们一贯被轻视的毛病。对于欧阳江河所谓“国内诗歌界最重要的、最具有代表性的趋势”，只能一笑置之，当不得真的。欧阳江河写过些小有聪明的诗歌，某几个句子写得不错，80年代跟着杨炼、江河学习史诗，没有学出什么名堂，又跟着西川讲“知识分子写作”。在天才辈出的时期，他属于小有名气但才能平平而被读者和诗歌界冷落的一流。他当然不喜欢80年代。他对第三代诗歌颇有微辞，但不明底细的洛夫当年在台湾《创世纪》出版“大陆第三代诗歌专辑”，把他列为代表之一，也从未见他有所更正。总的来说，我对他的作品和言论的读后感是，一个创造力很贫乏的人，依靠阅读写作。他的语言有一种暴力倾向，“知识赖以自豪的证明永远是暴力和强制”（别尔嘉耶夫），活生生的优美柔软的东西经他的知识阐述，都变得味同嚼蜡，坚硬累赘、充满机心。他是一个以进化论为基础的工业文明的现代主义知识系统的牺牲品。举个例子，诗人张枣有一首很优美的诗《悠悠》，写的是有一个语音室内的场景，其中有句云：“几个天外客站定在边缘。拨弄着夕照，他们猛地泻下一匹锦绣“虚空少于一朵花”。欧阳江河解释说：“虚空少于一朵花”可以拆解成三个语段，除去中间的“少于一”（这是布罗茨基一本文集的书名，作为有个专用名它不至于被颠倒了读），另两个语段都能倒过来读，前者读作“空虚”，后者读做“花朵”。这种读法使词的上下文关系不再是单向度的，它暗示了词在反词中的出现，在时间中逆行的可能性，逆行的迹象在诗中藏得如油画底色那么深，以致丧失了词和反词的对比，只剩下差异的大致轮廓。（见《读书》1999年5期）这种以才学、议论为诗，字字有来历，字字有出处的把戏，当年江西诗派早就玩过，不过是点金成石的功夫，有时也确实会淘出首把中品，但终归是小聪明。从文学史来看，是三四流诗人的特征。但江西诗派只是文字游戏，在二十世纪，这种游戏却常常被人们利用来建立知识所规定的意识形态、主义、立场、倾向、价值、秩序的权力话语，五十年代以来，我们不是多次领教过么？欧阳江河的特长在于理论和批评，写诗对于他可能是一个误会。最近有批评家把他划为批评家，是对的。并且他是一个很不错的批评家，他的一篇《89后国内写作：本土气质、中年特征与知识分子身份》竟然如此深远地影响了90年代的新潮诗歌批评，以至新潮诗歌家言必引用之，几乎编出一本新潮诗歌批评语录。他对张枣一首短诗的细读，尽管阐释过度，也比那些拾人牙慧的批评家高明。

这个时代在“诗人”一词名下，有两种人，一种就是天才，一种就是靠阅读写作。我们这个时代流行的是，衣服的价值要靠名牌，相貌的品位要靠染黄头发，诗人们可能受到影响，以为诗人要引起注意也可以如法炮制，所以90年代的风气，是诗歌要靠诗歌以外的东西，阅读啦，理论啦、外国名词啦、出国啦、把读者的注意力从贫乏的文本上引开，去注意他的知识来源，阅读范围，文化背景，让读者在这个茨基那个尔克的迷宫中发出幻觉，忘掉他的狐狸尾巴，以为他就是这个茨基那个尔克了。这也算是

"写作策略"、谋生手段之一吧，这个时代要靠诗歌谋生实在不容易，可以理解，可以体谅。

4."知识分子写作"如何成了少数新潮诗歌批评家的纲领，他们如何用"知识分子写作"来取代中国诗歌界

在盘峰会议上，坚持诗人写作和民间立场的诗人和主张首先是知识分子，其次才是诗人的"知识分子写作"的批评家、诗人之间展开了激烈的论战。我发现一个相当有趣的现象，就是，这是一场诗人和批评家之间对比悬殊的交锋。与会的不少新潮批评家都站在"知识分子"写作一边，倒是老资格的批评家们保持了以往的一贯立场，仅仅对文本发言，而不管它是什么理论支持下的写作。批评"知识分子写作"的不是批评家，而是一批没有批评家为之摇旗呐喊的诗人。批评家们不是在为"知识分子"写作的具体文本辩护，为诗歌辩护，而是在为他们的"观点"辩护；知识分子诗人们也一样，不是为诗辩护，而是为"知识分子写作"辩护。给我造成的一个印象是，如果没有了"知识分子写作"，他们马上就烟消云散了。另一个印象，某些批评家们似乎把所有诗人都当成了他们圈养的羊，如果有人对他们的批评提出批评，他们就面子上下不去，就感到被冒犯。也难怪，这时代谁敢得罪批评家？他们可以写文章为你做广告，可以在诗坛选本里把你排在前十名，（新潮批评今日流行的诗歌选本是选诗坛而不是选诗，而且这个诗坛只是几个人的小圈子的诗坛，别人只不过是拉来充数罢了。）他还可以把你介绍给汉学家，甚至可与审美尺子长短一样的批评家结伙当编委，形成权威之势……足够把十个李白灭掉。诗人本是"天子呼来不上船"的一族，现在却反过来，批评家拿着花名册，诗人眼巴巴地等着点名了，甚至出现了这种诗人，为批评家的理论写作。真是世风日下，今不如昔啊！我有过这种经历，当年我把作品拿给某位尚未当上批评家的前朋友看，朋友给朋友看作品，是很自然的事情。但后来，这件事就变成了"听说，他拿着诗奔走于某批评家门下"了。不止一位批评家在私下说，我们对他不错，写过他的评论，他怎么这么不领情……也不止一位批评家对我说，我最近写了一本书，把你放在重要位置。真是什么都敢讲，没有诗歌，批评家是什么玩意？没有80年代的第三代诗歌，新潮诗歌批评是什么东西？你写过赞美我的文章，我就不能批评你了？（有些新潮诗歌批评家甚至堕落到

这个地步，诗人批评他一下，诗人过去和他们的一切交往，信件、电话就都成了把柄、证据、材料。）这个时代某些批评家缺乏起码的职业道德，评论作品不是你的职业么？你怎么就有恩于被评论者了呢？一为批评家，就永远真理在握，就是当然的法官，批评是一种权力话语，还是写作方式的一种？写东西的人都承认自己也有中年写作力不从心的时候，批评家就不会有无能无德的时候么？你评论作品，难道不是你自己选择、喜欢、愿意和你的责任？幸好我是一个不怕被批评灭掉的人，我相信中国那些真正有文本的诗人都不怕被批评家灭掉。我最近看到一本《唐人选唐诗》，多么拙劣的选本啊，但唐诗的光荣被埋没了么？

欧阳江河旨在用一个自己一厢情愿的“纸上的”少数，来取代其他诗人90年代以来的写作实绩的“知识分子写作”，本来根本不值一提，这种自吹自擂东西诗坛上多如牛毛。对此，中国的诗人们并不与他计较，他的《89后国内写作：本土气质、中年特征与知识分子身份》发表后的若干年间从未有诗人对此提出过置疑或反驳，是否人们获认了八九后的“国内诗歌界最重要的、最具有代表性的趋势”就是欧阳江河们呢，不是，因为大家都以为这是自生自灭，不必认真对待的。相形之下，其他诗人们倒是从未标榜“国内诗歌界最重要的、最具有代表性的趋势”。但可笑的是这个在90年代被诗人们冷落的“知识分子”写作，却得到批评家的青睐，居然成了某些新潮诗歌批评的纲领性文件，步步升级，愈演愈烈，到了90年代末，已经被吹捧成“一盏照亮泥泞中的中国诗歌和人心的明灯”（程光炜语）。批评家当然要有自己的立场，自己的好恶，站在“知识分子写作”几个人里面当批评家也未可厚非。但是，如果是一味要用几个人来取代“90年代诗歌”，把它说成是“照亮泥泞中的中国诗歌和人心的明灯”，就是有昧良知、事实、学术立场和专业精神了，就是对那些对所谓“知识分子写作”不屑一顾，也不团结在那本叫做《倾向》的杂志周围的诗人们的公然侮辱了。

在《后朦胧诗：一种作为写作的诗歌》一文中，居住在北京市的北大的博士研究生臧棣说：“90年代初鲜明转向个人写作的诗歌……是对肇始自今天派的中国现代主义诗潮的最后总结，一次稳重的专注于文本的清算。是……新的诗歌艺术的曙光。”在此文中，所谓“曙光”指的是欧阳江河等。

在《关于当代诗歌的笔谈》一文中，居住在石家庄的大学教授陈超说，“诗在近年呈现了小说化的趋势……诗人们开始关心生活的细节，对话，叙述的准确，俗语和流行语中蕴藏的大量生存信息。这样一来，诗变得滞缓，庞杂，互否，充满了生活情境和事件。孙文波、肖开愚、张曙光在这方面走得早……。”历史在为几个人悄悄地改写。

他又说：“唐晓渡的《时间神话的终结》、西川的《关于诗学的九个问题》、欧阳江河的《89后国内写作：本土气质、中年特征与知识分子身份》、刘翔的《在历史语境中的中国当代诗歌》、臧棣的《后朦胧诗：一种作为写作的诗歌》、王家新的《回答四十个问题》，……是极为重要的文章，也可以说，90年代的诗学研究最终会以此为代表，它们提出的问题令人深思，启人心智。”（见《北回归线》96总第5期）这是1996年，90年代还有四年才结束呢，中国的诗歌研究也就是这几个人了吗？诗人搞小圈子，批评家也跟着搞小圈子，真是乌烟瘴气。陈超此话也可以看出“知识分子写作”一个特点，要提到他们的特点和“趋势”，人们首先想到的是“身份”而不是文本。所以90年代新潮诗歌批评的风气是，不读文本，大谈主义、价值、意义、立场、责任、秩序之类。在一个没有具体作品的理论迷宫中，建立一本为几个人点名使用的花名册，缺席的总是诗歌。知识分子写作不是在写作中诞生的知识，而是在少数知识势利眼的知识中派生的知识，价值和道德判断，“不能不读”的东西是知识和身份、立场，而不是诗歌。知识分子写作是意识形态的，形而上的、干燥的“无性写作”，诗人写作则是身体的、生殖式的、生长性的、湿润的母性写作。

1997年，居住在北京市的北大博士陈旭光和研究生谭五昌在《大家》第4期上发表的《知识分子写作，文化转型年代的诗与思——90年代诗学理论话语研究之一》一文称，欧阳江河用“知识分子诗人”这一称谓来命名包括他自己在内的那一批先锋诗人，“在某种意义上说，‘知识分子写作’的命题已成为一个特定时代的文化思想的象征或隐喻。”应该说，王家新所吁求的“知识分子写作”已经站在一个时代的高度把欧阳江河所阐释的“知识分子写作”推进到了一个新的阶段和高度。“那一批先锋诗人”，指的是主要是欧阳江河、王家新、孙文波、西川、陈东东。

此文还说，“‘第三代人’诗人的反文化矛头主要是针对知识分子精英文化而来的……在八十年代……在诗歌领域里发起了一场市民文化冲击与无情消解知识分子精英文化的‘艺术革命运动’。‘莽汉主义’与‘他们’这两上流派公然宣告自己的市民文化立场。”

1997 年，住在北京市的大学教授程光炜在《山花》11 期上发表《不知所终的旅行——90 年代诗歌综论》，此文即稍后出版的“90 年代文学书系”诗歌卷《岁月的遗照》的序言。此文说“我的‘非非’式的或说准 80 年代式的诗学趣味，一夕之间完全变了（这个“非非”式的诗学趣味自然也包括对汪国真的趣味吧?），1991 年夏，诗人陈东东从上海寄来了民刊《倾向》。”“这个同仁杂志成了‘秩序与责任’的象征。……它无疑成了一盏照亮泥泞中的中国诗歌和人心的明灯。团结在这个杂志周围的有欧阳江河、张曙光、王家新、陈东东、柏桦、西川、翟永明、肖开愚、孙文波、张枣、黄灿然、钟鸣、吕德安、臧棣和王艾等。”在《关于 90 年代诗歌的笔谈》中，这位编者写道：“我们应该坚决反对那种把个人自负凌架于创造力之上，凌架于别人写作权利之上的行为主义行为（它也是典型的非诗的行为）”，“明灯”是什么东西，谁给它权利凌驾于“泥泞中的中国诗歌”之上的?

此文说，第三代诗人通过达达的手段对付复杂的诗意，文化的反抗被降低为文化的表演。《倾向》以及后来的《南方诗志》已经取代了《今天》、《他们》、《非非》的艺术权威。

此文说，“90 年代的诗歌文本是由诗人、作品、读者和圈子知识气候共同创造的。”

此文说，张曙光“作品有叶芝、里尔克、米沃什、罗伯特·洛厄尔以及庞德等人的交叉影响，……这一‘先行者’的形象多少令人想起西伯利亚时期的约瑟夫·布罗茨基……”

“‘时常使人震惊的诗人欧阳江河’，同波德莱尔一样，把一种毁灭性的体验作为语言的内蕴……”

“王家新对中国诗歌界产生实质性影响，是在他从英伦三岛返国之后。……米沃什、叶芝、帕斯捷尔纳克和布罗茨基流亡或准流亡的诗歌命运是王家新写作的主要源泉之一……正像本雅明有‘用引文写一部不朽之作’

的伟大意愿，他显然试图通过与众多的亡灵对话，编写一部罕见的诗歌写作史……中国诗人是否都应该象不断变换写作形式的庞德那样，才被证明才华横溢?”王家新早年跟着朦胧诗混，没有混出什么名声，因为写得实在是太平庸。从英伦三岛回来，怎么就对“中国诗歌界产生实质性影响”了?(实质性：本质，指事物本身所固有的、决定事物的性质、面貌和发展的根本属性。《现代汉语词典》)影响可能是有的，但要看“中国诗歌界”是哪个诗歌界，是住在北京的几个诗人和批评家的“中国诗歌界”，还是整个中国的诗歌界？“钟鸣的玄学气质，黄灿然的博识，张枣语感自如，王寅松驰，海男自省，吕德安有迷人的幻想色彩……”恐怕并没有由于王家新对中国诗歌界产生的“实质性影响”而开始流亡，以至米沃什、叶芝、帕斯捷尔纳克和布罗茨基流亡或准流亡的诗歌命运成了他们写作的主要源泉吧?吹捧是可以的，也不事关人品，但要像中年写作那样“抑制、减速、开阔”。

“翟永明把普拉斯还给了普拉斯”。

“西川的语言资源来自于拉美的聂鲁达、博尔赫斯，另一个是善用隐喻行为怪诞的庞德……”

“南方的文人传统和超现实主义，成为陈东东写作的两个出发点——有如法兰西学院和巴黎街头之于福柯”……“阿波利乃尔、布勒东是怎样渗透进陈东东的诗句中的这实在是一个难解之迷。”

“开愚的短诗……语言类似美国的某些现代诗……”(在《找回一个权威》一文中，他进一步公开了之所以那么热衷于肯定“语言资源”来自于西方诗歌的奥妙：“一个是国际汉学界的口味。它在眼下显然已成为一种尺度在他们那里。”看了这些话，我真的是非常悲哀，这个人不经我批准就擅自将我的诗歌收在他编的书里，我以为是对我的公然侮辱。)

90年代诗歌，“它要求写作者首先是一个具有独立立场和见解的知识分子，其次才是一个诗人。”诗人的“独立立场和见解”难道不仅仅是他的诗歌么？首先是一个具有阶级觉悟和鲜明是非的某某，其次才是一个某某，这种标准在六十年代不是很流行吗？把立场和见解看得高于专业，不正是五十年代以来的教科书所提供的么？90年代诗歌“与80年代的瞎闹在本质上是截然有别的”，80年代仅仅是瞎闹么，我劝这个信口雌黄的编者读读这套丛书的主编洪子诚先生的《中国当代新诗史》，或者重温一下他自己出版于 1990 年的《朦胧诗实验诗艺术论》。“一夕之间”的美学趣味还是留着去搞诗歌大奖赛吧。

谁都看得出来，程光炜要编的是一本“知识分子写作”的人们的诗选，“还有什么比重温一遍我所喜欢的若干诗篇更有意思的呢？”当然，“按照个人的艺术趣味和兴趣来编选”也是可以的，他其实满可以像《他们十年诗选》那样光明磊落地去编一本《倾向》诗选，但他没有，他把几个人的“知识分子写作”，把“诗人要走向世界，首先必须要过国际汉学界这一关，主要是欧美的一些汉学家，评价的尺度在他们那里”——作为“明灯”强加给“90 年代诗歌”，并就此把中国诗歌界贬为“泥泞的”。程光炜的“90 年代文学书系”诗歌卷《岁月的遗照》及其序言《不知所终的旅行——90 年代诗歌综论》，乃是对汉语诗人尊严的公开挑战，从此时起，诗人们不能再沉默。历史表明，是某些小圈子的批评家一再对诗人们发难，企图对诗歌依照他们的秩序进行“清场”，诗人们的愤怒是由于忍无可忍。

在这些新潮批评家中，唐晓渡是资格最老的一个，当年编《中国当代实验诗选》为先锋诗歌的历史进程作出了重要贡献。这几年他很少发表诗歌方面的文章，我一直以为他是大度雍容，在多数新潮诗歌批评家都朝一个山头靠的时候，他可能还坚持着公正、客观、中立的立场，凭着这一立场，人们本来对他编诗歌选集的公正性可以放心。但这一立场被他放弃了。最近出版的《现代汉诗年鉴》，十三个编委中，除去海外的四位，在国内的九人中，除去老诗人牛汉，朦胧诗的芒克和女诗人翟永明，其余全是“知识分子写作”的同志，已经可见一斑，再读读他从阐发欧阳江河的《89 后国内写作：本土气质、中年特征与知识分子身份》中的论点开始的以欧阳江河、张曙光、肖开愚、西川、陈东东等“为例”的《90 年代先锋诗歌的几个问题》就更清楚了。《现代汉诗年鉴》，一个充斥着平庸之作的“诗坛选本”，醉翁之意不在诗，在于“年鉴”一词的权威性以及秩序，在于选一个诗坛而不在于选诗。在盘峰的会议上，他更公开站出来比谁都愤怒地为“知识分子写作”辩护。他说，先锋诗歌内部并不存在真相的问题，民间立场和知识分子写作怎么成了对立的呢？哪里有什么永恒的民间立场？（他连“民间”都已经不懂了，“民间”本来也不是立场，而是一个诗人的根本在场。离开民间，诗人在哪里？80年代以来的中国当代诗歌，不在民间，一个所谓的“诗歌黑社会”，它在何处？）甚至说，诗歌的原创性是不可能的！真是敢说敢讲啊！评论家谢有顺在《南方周末》发表过一篇叫做《内在的诗歌真相》的文章，谈了他对当代诗歌的一些见解，竟然引起新潮诗歌批评家们的“公愤”，唐晓渡居然质问谢有顺有何资格干预诗歌内部的事，这是我们同行专业内部的事！甚至“一本外省编的诗选”，“谁赋予你们的权力？”俨然中国诗坛是他一家的诗坛的架势，真叫人瞠目结舌。鲁迅为什么写到一半就写起杂文来了，在盘峰会议上我才忽然明白了。在中国，一个诗人恐怕很难仅仅面对诗歌啊！

历史转了一圈，又回到了起点。欧阳江河多年前虚构的“知识分子写作”神话，经新潮批评家们的不断重复，成了“知识分子写作”的理论资源。但近十年的重复并没有丝毫新意，其现实的好处是，在90年代，当诗歌普遍被漠视，诗人们为出版诗集而倾家荡产的时候，在这边，诗集、选集却一套套的公开正式地出版。确实是“挺住，就意味着一切”啦。问题是，并不是文学流派的“知识分子写作”为何一再得到新潮诗歌批评家们的青睐？一再地置当代中国诗歌的杰出的文本实绩于不顾，把几个人捧为“曙光”、“理想主义”、“精神向度”、“明灯”？

5．知识分子写作的秩序和责任，乃是为了与主流意识形态和道德主义达成“某种话语缝合的状态”

其实坚持民间立场的诗人写作与知识分子写作从开始就是不同的写作，不可同日而语的写作。这种根本不同，并不仅仅是写作方式的不同。“知识分子写作”并不是一种单纯的写作方式，而是一种改头换面的主流意识形态或者道德主义。《知识分子写作，文化转型年代的思与诗——90年代诗学理论话语研究之一》一文说得很清楚，“实质上，欧阳江河的‘知识分子’这一概念不仅指他们所属的文化身份或社会身份，相当程度上也是一种文化精神、文化立场、文化品质的能指隐喻”。此文把知识分子写作和1993年的“人文精神”和“理想主义”讨论联系起来：“这场持续了一、二年之久的话语论争也反映了一部分知识分子想用一套人文话语重新‘驯化’市民意识形态的文化意图和价值取向。当今文坛上知识分子型的作家张承志、张炜等人对市民文化的代言人王朔等人的激烈批判便是一个极端而典型的例子。于是‘知识分子写作’作为一种文化号召在文学界及学术界一时广为盛行。先锋诗坛对此作出了敏锐与热烈的呼应（事实上诗人的文化意识总是超前的）。……‘知识分子写作’具有具体的历史与文化语境，是针对‘第三代诗歌’总体上的文化虚无主义态度以及某种‘践踏’艺术的叛逆行为而言的，是基于他们自身的‘理想主义信念’。”

这种“信念”我们并不陌生。对第三代诗歌的来自意识形态和道德主义的攻击从80年代就开始，不同的是，过去的攻击主要来自官方的意识形态阵营，现在又加入了“知识分子”。在1990年11月17日的《文艺报》上，《对“新诗潮”的透视》一文，指责《非非》、“大学生诗派”、徐敬亚、孟浪编的《中国现代主义诗群大观》和我的《诗歌精神的重建》以及许多第三代诗人的作品，说“事实上，有的‘宣言’本身就是一种政治，就是一种对马列主义美学原则挑战的政治示威”。在引述了我的一段话后，他指责道：生命意识的实质，就是“以表现生命本体为由，实则排斥人的社会性，强调人的生物本能，性欲冲动与追求物欲的享乐主义等等。……我们决不能以写‘生命本能的勃发’为借口，去歌颂流氓阿飞的暴行和描写‘手淫者’的‘嚓嚓之声’，以‘内心历程的探险’为名，去津津乐道于变态心理的宣泄。那样做，不仅背离了社会主义诗歌的方向也是对诗坛的亵渎”。其实“知识分子写作”的基本观点并不那么高深莫测或罕见，在中国它普遍得很，再随便找篇文章摘一段看看，例如，《云南日报》1996年12月21日，《诗歌，请停止自杀!》，在列举了几位第三代诗人的作品片断后，作者指责说，“许多诗作完全背离了诗的本质，丢掉了应有的诗歌精神，它没有对真理、正义在执著追求，没有对人类、时代和民族的深切关注，抛弃了起码的道德准则，放逐了信条和理性，丧失了艺术良知，思想苍白，语言粗糙芜杂，缺少精神之光，灵魂之光。没有深刻的洞见，缺乏生活实感，话语解构，理性没价值，文字已被淘空了意义，看不到切身的审美体验，美丽的意象消失了，纯真的感情不见了，伟大的精神气质和庄严神圣的理性力量不见了，崇高的意境和理想主义精神更是荡然无存，生命的意义、艺术的精神都消泯在冰冷的话语操作过程中……相反，情绪宣泄、变态心理、猥琐事件、庸俗气息、粗言鄙词却比比皆是，日益泛滥……”；他呼吁：“要端正创作态度，认真学习古今中外各家各派的创作和理论，打好根基，提高修养，对言不由衷乏情无味的假诗进行清理，对不三不四的非驴非马的语言赘物进行批判，扫荡淫靡诗风，扫荡非诗化倾向，重建诗歌新的精神和审美”。他不正是在很通俗易懂地讲知识分子写作么？在对第三代诗歌的立场上，“知识分子写作”的“秩序与责任”是否“在总体或整体的程度上最终与国家意识形态达到了某种话语缝合的状态”（见陈旭光、谭五昌《知识分子写作，文化转型年代的诗与思——90代诗学理论话语研究之一》）呢？“那个叫做权力、制度、时代和群众的庞然大物会读我们的诗歌么？”会的，只要“隐匿在我们深处的叶芝（W. B. yeats）里尔克（R. M. rilke）、庞德（E. 1. pound）、曼杰施塔姆（O. E. Mandelstam）和米沃什（C. Milosz）等诗人也已经汉语化了，本土化了。”（89年后国内写作：本土气质、中年特征与知识分子身份），只要我们写“正派的诗歌”，坚持“理想主义”和“乌托邦气质”，“驯化”市民意识形态的文化意图的价值，“对不三不四的非驴非马的语言赘物进行批判，扫荡淫靡诗风，扫荡非诗化倾向，重建诗歌新的精神和审美价值。”

其实对于那些坚持民间立场和诗人写作的诗人来说，他们一直清楚这些，一直在承担着他们在此时代的诗歌命运。“知识分子写作”不过是众声喧哗中的小打小闹之一罢了。“卢骆王杨当时体，轻薄为文哂未休，尔曹身与名俱裂，不废江河万古流”。

重要的是，为什么某些新潮的诗歌批评家们如此讨厌“真相”一词，他们为什么那么害怕这个真相？因为盘峰会议表明：

坚持民间立场、诗人写作、中国经验、以及诗歌的自由、独立、原创力、民主精神和非意识形态的位于边缘的外省诗人与利用北京的文化政治地理优势企图将80年代以来重获独立和尊严的诗歌再次依照历史惯例纳入权力话语，建立惟我独尊的诗坛秩序、霸权的批评家们之间水火不容的关系已经真相大白。

那些在中国外省的辽阔大地上埋头写作，没有批评家为其摇旗呐喊，远离便于国际接轨的北京，仅仅靠具有创造力的不同凡响的诗歌文本在中国诗坛的铜墙铁壁之间建立了诗歌的尊严和个人魅力的独往独来的优秀诗人与倚靠权力话语，批评家吹捧，离开了权力和吹捧就不存在的西方诗歌和文艺理论的读者冒充的平庸诗人的“知识分子写作”的思想战线之间的泾渭分明之势，已经真相大白。

在伟大的80年代依靠第三代诗歌的杰出文本实绩起家的新潮诗歌批评中的北京部分，已经彻底背叛了在那个伟大的充满自由主义精神的时代中得以重新建立起来的诗歌批评对少数，对另类写作的宽容；非道德、非意识形态的、自由、独立、客观、公正的专业精神和唯文本的学术立场，可怜地成了“知识分子写作”——一个“小圈子气候”的代言人，再也无法冒充“公正、权威”，他们对于诗歌、诗人的态度其实不过是“顺我者昌逆我者亡”罢了，他们公然敢那样穷凶极恶围攻作者——诗人，说明这些“新潮诗歌批评家”从来就没有尊重过诗歌。已经真相大白。

让争论沉下来

沈浩波

“现在的争论开始逐步接近深层的问题，应沉下来”。这是诗人林莽在“盘峰诗会”上语重心长的劝告。（转引自张清华《一次真正的诗歌对话与交锋》，见《北京文学》1999年7月号）时至今日，好几个月过去了，争论的双方火气越来越大，言辞越来越激烈，但能“沉下来”，冷静地思考、分析、批评、阐释的文字却日渐稀少，谩骂、贬损、面红耳赤甚至捏造谣言倒是日趋增多。在遭至批评后的气头上，诗人们没有能够“沉下来”，倒是“浮上去”了。没有人意识到这种浮是一种“轻浮”，是对中国诗歌的伤害，是可能导致这次本该具备分水岭般意义的争论变成一场闹剧的前提。

虽然退一步讲，诗人们的唇枪舌战未尝不是一件好事，近十年了，我们几乎很少看到本来应该很尖锐的诗人之间的批评，人们已经习惯于看到诗人们温文尔雅，在北京，成名后的诗人们频繁地出入于名流聚会的场所，与评论家们相处甚洽，在文章中也相互提及或者提携，一切似乎已经成为秩序、成为常规、成为沙龙、成为圈子，诗人们志得意满，沉迷于要求

"无限少的读者"的狭隘精英意识。而中国读者由于特定时代的整体文化素养局限而形成的知识崇拜、身份崇拜心理也为这种现状提供了温床。在这样的情况之下伊沙的锋芒毕露和徐江的喋喋不休倒反而成了旁门左道，难以为人们接受。所以相对于近十年来不温不火、井然有序的沉闷无趣的情形，世纪末的这场"大吵嘴"倒是给了诗歌一点生机，一点"人情味"(虽然很暴烈)。

但轻浮的"吵嘴"固然热闹，毕竟不如"沉下来"的争论更能进入问题的实质，更能使这场争论成为中国诗歌走出沉闷迂腐，走向新生的一个转折。但目前的现实却是，部分诗人和诗评家似乎在有意回避一些重要问题。最近，王家新、西川、唐晓渡等频频发表文章，一再强调不存在更为深层的文化冲突和精神冲突，比如"我看到有人耸人听闻地把审美程度和个体诗学的差异归结为诗歌中'两种立场'、'两条道路'、'两个阵营'的'对峙'和'冲突'。"(唐晓渡语)"这些人果真有什么'立场'、'理论'或'原则'吗？没有。有的只是权力欲、巨星欲……"(王家新语)面对这样一些言论，我感到深深的悲凉，我不知道这些诗人和诗评家为什么要回避和抹煞这次争论的核心问题，我不知道他们到底想将这场争论引向何方——不了了之抑或是一场相互辱骂的闹剧？怎么就不是"两种立场"呢？怎么就不是两条道路的对峙和冲突呢？我们甚至可以上溯到80年代，那时占据优势的第三代的代表们"他们"、"非非"、于坚、韩东、杨黎、何小竹、王小龙、丁当、吕德安与潜流涌动的后朦胧诗人们欧阳江河、陈东东、西川……诗学立场与精神向度的分歧在今天看来难道不是显而易见的吗？进入90年代以后，海子之死以及同期的一系列社会变故，使注重词藻和形式的那一类诗风得以大行其道，以欧阳江河、肖开愚、孙文波等为代表的四川"后朦胧"诗人入京，并迅速与以西川以及后来的年青诗人臧棣为"学院写作"(姑且定名)合流，这两拨力量，加之程光炜力赞之北京诗人王家新，以及陈东东、钟鸣、张枣等人形成了一个强大的，强调"形式"、"词语"、"知识"、"技术"的阵营，并得到北京诗评家唐晓渡、程光炜连篇累牍的赞许。与此同时，昔日第三代诗人们，韩东在南京、于坚在昆明、杨黎、何小竹在成都，也都坚持着自己的写作并日趋成熟，而与他们有着共同精神向度的年轻诗人伊沙、侯马、朱文、徐江、贾薇等也正日渐引起人们的瞩目。明眼人不难发觉，这两个阵营在精神内核、文化向度、审美趣味等方面的分歧已经越来越大。应当说，“盘峰诗会”为正视诗歌界的这场裂变，正视诗歌分歧所包孕的巨大文化意义开了个好头。但我实在不明白，为什么在紧接下来的争论中，某些著名诗人和诗评家竟会彻底抹煞本应成为这场争论的核心的观念分歧与精神向度的分歧。我实在不明白，他们到底是心虚还是无知，抑或是别有用心。

让争论“沉下来”吧，做些真正有益于诗歌的事吧，少来些“策略”和“避重就轻”吧，要知道，诗坛并不仅仅就是这两大派别……还有无数的读者和有心人正在目睹着这场世纪末的争论，难道你们愿意让他们看到的仅仅是一场闹剧吗？

附录二：

1999中国新诗理论与批评观点摘要

一月

1. 吕进在《西南师范大学学报·哲学社会科学版》第1期发表《从文体看中国新诗》一文，认为："诗体重建的课题已经摆在中国新诗面前，它关涉到新诗的兴衰甚至存亡。从文体角度考察，新诗有自由诗和格律诗。自由诗始终是中国新诗的主流。自由诗除一般形式外，还有两大品类：小诗、散文诗。中国新诗有三个高潮，三个高潮都是自由诗领潮。自由诗的三个高峰出现在"五四"时期、抗战时期和新时期。从文体角度，自由诗建设的中心问题是诗美规范的确立。离开规范，何以言诗。从这个视角看，"自由诗"的冠名是不确切的。从来没有享有绝对自由的艺术。"自由诗"的"自由"相当有限。如果"自由"失度，"诗"也就消失了。可以说，正是对自由诗的"自由"、"新诗"的"新"的错觉，妨碍了中国新诗的诗体重建。现代格律诗建设的中心问题是艺术实验，尤其是诗的音乐性的实验。新诗的诗体重建，在无限多样的诗体（而不是为数很少甚至单一的诗体）创造中，有两个美学使命：规范自由诗；倡导现代格律诗。对自由诗而言，"成熟"的标尺是"成功"（最佳诗规范的获得）。对格律诗而言，"成熟"的标尺是"成形"。当下的新诗虽然和初期白话诗已经不可同日而语，但从文体角度看，还处在草创初期。新诗期待着在下个世纪能完全摆脱草创期的幼稚而走向辉煌。

2. 陈仲义在《诗刊》第1期发表题为《试论智性诗》一文，认为“世界级大师们一贯把智性当作诗人最主要的素质。智性成为支持‘大诗’的灵魂。”文章最终提出了“智性诗学的三种智性‘表现’”，即：

——拥有哲学背景的潜在高度。

——拥有内在思辩力量。

——拥有智慧与“诗想”的转化能力。

3. 公刘在《中华诗词》第1期发表《新诗不可丢了自家的家饭碗》一文，提出“尊重国情，尊重传统，尊重古典”的诗歌主张，并对此作了“用古而不复古，师外而不媚外，发挥真正的原创力，锻造出中国的现代诗和现代的中国诗”的阐释。

3. 陈超在发表于《作家》文学月刊第3期题为《少就是多：我看到的臧棣》一文中，论及诗之“艰涩”时提出新的观念，他认为：艰涩的前提是一定要有修辞可信感，有超量的义项要压合。真正内在而精确的汉语诗歌，在现代条件下，常会体现出不同程度的艰涩感。因为现代语境中人的经验和情感日趋内向复杂了，减化和避闪有违写作意义上的“伦理”。困难在于，我们同时要警惕那些徒具“含混”外表，骨子里没啥名堂的人利用这一口实欺世（所谓“神赐的妙语”，在目下已讽刺性地变成新八股）。在此，我想最好让我们将两种“艰涩”厘清，把那种有价值和魅力的艰涩，视为对词语更精确和饱满的摸索（修辞可信感）。

4. 张中宇在《重庆教育学院学报》第1期发表《从数字看当前诗歌的几个问题》一文，针对《诗刊》社1998年3月到7月，对1600余名不同社会群体成员进行书面调查中部分数据进行分析，认为它表明：“当前有一部分诗歌远离数量最大的普通读者，走向小圈子化、高学历化或者‘贵族化’”，“普通读者对诗歌则明显疏远”。同时“还反映出我国诗歌界一个不应忽视的问题，就是讳疾忌医，即不愿面对诗歌创作处于相对低潮的现实，不愿正视诗歌本身存在的问题，包括大量失去读者的原因，一味地把读者的疏远视为外部环境的变化和读者兴趣的转移”。

5. 张桃洲在《浙江学刊》第1期发表题为《鲁迅与中国新诗的境遇》一文，通过考察鲁迅与中国新诗的某种关联，从鲁迅对新诗的零星论述中，就两个侧面辨析中国新诗所置身的境遇：一方面，由于语言变革的不彻底性和未完成性，新诗一开始便面临着语言自身的内在困难，并将之延续至今；另一方面，特别是进入当代以来，新诗的精神性骨架在一些诗人那里付诸阙如，新诗失去了原有的精神传统。“因此，当前新诗的重建应该从汉语语言的自审和诗歌精神的恢复两方面作深入思考。”并同时指出“退出公众视线而回归个体甚至回到诗本身，这于诗也许是一种进步。但是，诗对现实‘介入’和文化参与的拒斥，对价值判断和美学批判的逃逸，却并非利于新诗的重建”。

二月

1. 沈奇在《文论报》1999年2月25日第2版发表《热闹中的尴尬与困惑——从诗坛两个“排行榜”说起》一文。文章首先批驳了《诗刊》社“最有影响的现当代诗人”50名“排行榜”，继而因“昌耀、伊沙、痖弦”等人的缺席以及“‘北大情结’突出”、“现代主义流向的代表薄弱”等理由，对北大文学社“最具实力”的36名诗人“排行榜”的“学院审美口味”也进行了批评。文章由此又提出关于“民间诗歌写作与学院诗歌批评之间的调适问题”。

2. 台湾资深诗人纪弦在《创世纪》第1期（总118期）特辟“展望21世纪中国现代诗”专栏中，发表题为《登陆木星》的短文，指出：“一个现代诗的作者，必须是一个现代主义者，而其意识形态的现代化，则系具有决定性的。他必须是一个现代人而非古代人，一个工业社会人而非农业社会人；如果在他的头脑中还残存着一些农业社会士大夫阶级的封建思想的话，那他就完蛋了。我认为，再过两年，到了21世纪，像这样一种新传统，新观念，还是会继续发扬光大下去的。换句话说，两岸三地的中国现代诗，题材必将愈更丰富，而全面进入‘太空时代’了。”同时，在具体谈到现代诗的诗形与诗法时，纪弦认为：“到了下一世纪，我相信，诗人们仍将使用‘散文’之新工具，采取‘自由诗’之新形式，而不再使用‘韵文’之旧工具，采取‘格律诗’之旧形式了。至于其表现手法，则除了本世纪普遍运用的象征主义、意象主义、立体主义和超现实主义之外，很可能还会产生某些更新鲜而有效的手法——但那必须是更能‘使诗成其为诗’的‘建设性’的而非‘破坏性’的。当然，‘诗’非‘歌’，诗是‘少数人的文学'，永远不可能如同山歌、民谣一般'大众化'的"。

3. 台湾诗人罗门在《创世纪》第1期（总118期）特辟"展望21世纪中国现代诗"专栏中，发表题为《面对21世纪，诗的重认》短文中提出："在未来的21世纪，面对高度的科技文明与新的自然观，诗人更必须在西方较偏向理知性的脑世界与东方较偏向心灵悟性的心世界之间，为诗确实建造往来畅通的'通化街'，使'知'与'感'、'物象'与'心象'继续交流交溶成有蕴涵有人文深度与感度的理想诗境。"并认为："在未来的21世纪，诗除了在舒解田园菜油灯与都市日光灯相对望的第一波乡愁之外，尚要面对高科技的机器人与复制人可能使人离开自己肉体的故乡，所引起的第二波更严重的乡愁，同时诗也更被视为同高科技推动的具压倒性的'物化空间'对话时，始终坚持人文人本思想最有力的发言人。"

三月

1. 郑敏在《诗探索》第1辑发表总题为《胡'涂'篇》的一组诗学短论。在之四"师谁"篇中，指出："艺术文学多元的涵义就是艺术文学不应以时间来定新旧，好的作品是超越时空的一种存在，其价值不以时间的新旧和空间的东、西来决定。艺术文学是精神文化，与科技的物质产品不同，在文学艺术的王国内只有优劣之别，而没有先进、落后之分，淘汰不以新/旧，青/老为依据。本世纪以来由于对西方科技先进的敬仰，往往忽视科技的物质商品与人文的精神产品之间的不同价值观。这造成两种不好的后果，一是对物质文明发展较迟缓的东方国家的人文文化抱有歧视，并养成中国人自卑心态；二是对文学艺术采取后一代淘汰前一代的错误价值观，以致争当"先锋"，往往宣称自己是超过前一代的最新诗歌大师，并有文学每五年换一代的荒谬理论，造成青年创作队伍浮躁与追逐新潮的风气，未能潜心钻研，坚持"根深树大"的文学艺术信念，只求以最短的时间争取最大的名声与商业效益。长此以往只能是遍野闲花小草，而无松柏。这些都是将科技商品的价值观套用在精神文化产品上的不良后果，直接影响21世纪中国精神文化、文学艺术的成就，使新诗没有可能在世界诗歌王国中占有与中国古典诗歌同等的超群地位。"

2. 翟永明在《诗探索》第1辑发表题为《献给无限的少数人》的短文，表示："我的诗始终是献给我心中的少数人，他们可以是我心中臆想的陌生的读者，更多时候则是我身边某位具体的朋友，我的诗仿佛是为他而写，就像我的心在那一时刻急于与要他的心交谈。这也可以说明为何我的诗中总有一个暗含的他者，一个处于倾听中心的隐身人。因此，我写作，并不与时下的倾向有关，也不与当前迫切的哲学思潮有关，它们只是个人在词语和纸背中向外注视着一个变化的时代，实在无足轻重，不被人所体味与认同，其妙处只被自己和少数喜欢和理解'毫无意义'的事物的人所领略。偶尔或被人这样那样的归类和存档，却也是别人的事，与我的写作无关。"

3. 李霞在《诗探索》第1辑发表《汉诗新世纪：诗人写作或'我'的写作》一文。文章首先指出："90年代汉诗写作，有两个比较明显的阶段或主线，即后现代诗歌写作和个人化诗歌写作。"进而提出"我的写作"与"诗人写作"的理念，认为"我的写作或诗人写作，比个人写作更具有思想的哲学性和世界的人本性。而个人，则很难洗掉天生的政治或意识形态的痕迹。""我的写作，不以生存经验为原动力的写作。""诗人'我'的缺失，最直接的后果是有'诗人'而没有诗。这也是'后朦胧'诗人，不管嘴巴多么硬，一触历史和时间最起码和朦胧诗相比便瘫痪的致命伤。"文章最后还指出："汉诗审美的新趋势，应该是具体、朴素、单纯、喜剧。"并认为："现在中国的诗歌幽灵，正游动在几个新的张力场中——民间性与国际性之中；学术性与日常性之中；宗教性与日常性之中；经典性与世俗性之中。其共生互生、共存互存的姿态，难免使我们暗喜。"

4. 王珂在《诗探索》第1辑发表题为《为何出现'萧条论'——为90年代诗歌一辩》的文章，指出："调整新诗百年来庄重有余轻松不足的'最高的语言艺术'的贵族地位，让诗由启蒙大众的精英艺术变为安慰大众甚至自己的平民艺术。让诗神既生活于象牙塔中，也生活于贫民窟中，更让她在两者之间流浪，产生以平民化自娱性诗歌为主流的多级化、多职能的诗歌，这是90年代诗歌的最大特色。"

5. 小海在《诗探索》第1辑发表《我观当代诗坛》一文，认为："我们离诗歌不是近了而是远了，我们的写作陷入了痴人说梦的状况，或者说是在泥淖中打滚，越陷越深，一切都被弄颠倒了。我们在自己安身立命的国度，却像一群凄惶的异乡人那样活着。我们的气息越来越可疑，面目越来越可憎。要我说，所谓第三次诗歌浪潮或第三代诗人，不过是一堆欲望的符号或欲望的集合体，所剩的仅仅是维持一个长长的尾声而已。这样的写作是有毒的，对我们的心灵和生活没有丝毫帮助，在这个过程中，我们的根基被逐渐铲除了，变得浮躁、游移、轻狂，那种古往今来独抒性灵、悲天怜人、天人合一的抒写传统几乎丧失殆尽，更不用说去承接我们伟大诗歌传统的那口‘气’了。……该是浪子回头的时候了。我们在外已梦游得太久了，对回到诗歌的本源上来，应该有一种如子忆母的迫切。是到了挖掘自家秘藏的时候了。”

6. 沈泽宜在《诗探索》第1辑发表题为《说说“个人化”》的短文，指出：现代诗曲曲折折地走到了90年代。在内容探索被封杀、纯形式操练已达10年之久的前提下，90年代的诗写得越来越好了，也越来越衰弱了。原因之一是“个人化”的被继续强调。20年前，当谢冕提出诗必须“个人化”的时候，何其正确！当时，时代刚刚从一张扼杀个性的铺天盖地的大网中突围而出，真实的、人子的声音还很稚弱。谢冕提出诗歌“个人化”的诉求，不但是必要的，也是及时的。但是，20年后的今天，人的价值观念已有如此之大的改变，继续强调“个人化”就有落入纯私人化的危险。而今日青年诗坛，个人化写作正在向极端推进。诗成了私家生活的炫耀、博学的炫耀、意象大剂量排列的炫耀、个人才气的炫耀，而唯独缺少对他者的存在状况、知识者心态、群体命运的深切关注和诚实言说。

7. 周晓风在《诗探索》第1辑发表题为《90年代的诗歌生态》的短文，应当看到，90年代后新诗潮所处的社会条件和艺术氛围已与80年代初期新诗潮时代有了很大的不同，因而今日的评论家对于后新诗潮的批评与当年对于朦胧诗的批评不可同日而语。但当今日的批评家既是新时期诗歌发展的开路人，其艺术追求又具有无可指摘的严肃性时，诗歌观念的分歧就具有了更为深刻的文学史的意义。就我的观察而言，尽管所谓后新诗潮诗歌在其发展中的确存在一些不容忽视的问题，其主导倾向仍具有无可置疑的历史合理性。我并不认为凡是存在的都是合理的，但对于今日中国诗歌而言，个人化写作和语言本体论写作仍是需要加以发扬的东西。不过我想说的主要还不是这些。我想说的是，我们如果不囿于所谓新诗潮本身，而着眼于90年代诗歌生态的大格局来看，就可以发现，整个90年代诗歌发展实际上已经逐步形成一种良好的格局。所谓后新诗潮也是其中不可或缺的一个方面。

8. 臧棣在《文论报》3月25日一版发表题为《海子：向神话致敬》一文，指出："我们所处的时代，大约是一个对任何意义上的文化神话都充满敌意的时代。原因是多方面的。我们已看到的、或正在经历的历史无不深受形形色色的神话的蛊惑的陷构，所以也发明了报复这些神话的最彻底的方式：各种各样的怀疑主义。用怀疑主义来对付世界，特别是历史，常常是一件令人愉快的事情。更主要的，它能造成并维持一个我们似乎在其中进行了某种独立思考的精神状态。怀疑主义的另一个文化的副产品，是帮助我们返回常识，甚至是获得常识。因为毕竟，我们在生存中遇到的许多问题，包括一些重大的问题，都能在常识的范围里得到解决。尽管这些解决充满假象，但对我们短暂的一生来说，已经足够了。但是，我要说，我们遭遇的另一些问题，永远也不能靠常识（或者像目前某类诗人所宣称的"回到常识"）来解决的。同样，靠历史，也无法解决。这些问题涉及生与死之间的所有领域，人的渴望，求真意志，超越感，沉溺的情结，放弃的能力和生存中那些不能简化为细节的困惑。在目前，就我的视野而言，最具可能的解决的方式就是文学和艺术。这个方式也是我所能意识到的最奇妙的领域。换句话说，我们在生存中遭遇的最根本的问题，只有依靠人的想象力才能加以解决。而我们靠想象力加以解决的事情，是人类存在的最根本的理由（如果不说是目的的话）。而诗歌，无疑是想象力最伟大的、也是最敏感的源泉。如果不是这样，我看不出为什么世界上有如此之多的才智优异的人会去热爱诗歌、以及为什么诗歌经常会处于民族的文化守护神的位置。"

9. 李宪瑜在《北京大学学报．哲学社会科学版》第2期，发表《中国新诗发展的一个重要环节——"白洋淀诗群"研究》，文章指出："'白洋淀诗群'受到关注，是在'朦胧诗'的热潮之后。但大多研究者仍然是将'白洋淀诗群'作为'朦胧诗'的'附属'或背景来观照，把它视作'前崛起'、'前朦胧'。本文则认为，两种诗歌有着实质性原差别。'白洋淀诗歌'更接近于一种诗歌写作的'原状态'。也就是说，它不受意识形态控制，也不受接受群体的口味左右，更不受传媒或商业化因素的诱导，而是一种忠实于自我的'个人写作'。在这个意义上，与作为诗歌运动的'朦胧诗'相比，‘白洋淀诗群’更具先锋性和预见性。”

四月

1. 南帆在发表于《文论报》1999 年 4 月 29 日版的《90 年代的诗歌境遇》一文中指出：“公众对于诗的漠然暗示了一个意味深长的事实：个人、美学与国家之间的传统联系已经中断，三者之间的新型关系并未在市场环境中得到理想的修复。诗人的‘代言人’身份已经丧失了国家神话体系的保护和规约，诗人的内心悸动与社会波澜之间并未找到共同语言。”文章最后提出：“游离于国家神话与世俗抒情之外，同时成为体制与市场的异己，这个时候，诗人何为？——这的确是一个无可回避的严重问题。”

2. 毛翰在《星星》诗刊 4 期发表《陈年皇历看不得——再谈语文教科书的新诗篇目》一文，对中学语文教科书中新诗篇目再次提出尖锐批评：“现行语文教科书的新诗篇目之僵化陈旧，无异于一套宽敞明亮的新居室内，挂一副陈年老皇历，其滑稽之状有目共睹。”文章具体分析了《桂林山水歌》和《周总理，你在哪里?》两首入选教科书的诗篇之历史局限和艺术成色之后，特别指出：“实在不是我辈有意找茬，得理不饶人。对作者的迁就，就是对读者的残酷。把一些质地粗劣或有明显瑕疵的作品强行灌输给中学生，于心何忍？本世纪中国新诗有一首一尾两个高潮，近 20 年的辉煌成就，已使此前一些年头的作品相形见拙，某些流派其兴也勃焉其亡也忽焉的命运是不可避免的。改革开放前流行的那种颂歌和战歌，大多有着明显的时代局限，如果诗人尚有自知之明，悄然退隐，使之从人们的视野里淡出，人们尚能谅解；但如果至今还以诗歌正宗自居，摆出一副虎踞龙盘的架势，盘踞于教科书，让数以亿计的天真纯洁的少男少女年复一年地诵读之，从而败坏其读诗的胃口，败坏新诗的信誉，以为新诗不过尔尔，那就不是我辈所愿见到，所能明哲世故继续保持缄默的了。”

五月

1. 严力在美国《一行》诗刊 1999 年 5 月号总 24 期发表的诗学随笔

《基点是二进位》一文中提出："现代的汉语诗人中对我有影响的并不是诗，而是为诗的真实的生存谋求空间的人。在自由的空间有保障之前，文字的诗只能称为"准诗歌"，或者说这些诗歌为了争取自由空间的目的有相当大的被动的因素，因此这些诗歌也必须是展现和传达这些现代中国之社会观念的。而不顾中国社会现状及历史局限性的一些语言意义上的探索只是美学上的游戏……"严力进而说："我提倡中国的诗人精神，如果没有独立、自由的精神或者跳过这一命题去品味诗，将使许多写一套做一套的伪诗人因为玩文字游戏而被算为诗人，失去了行为的精神层面，中国的诗坛将继续虚伪。所以我心中的诗人在中国依然是一群在维持与扩展民间阵地的诗人。

2. 张人云在发表于《文论报》1999年5月20题为《"中年写作"》的文章中，提出"后理想主义"诗歌写作的说法，认为"至今仍然在辛勤写作的诗人恐怕除了成为一个后理想主义者之外别无选择"。"自觉或不自觉地，许多中国诗人他们90年代的写作中采取了这样一种姿势：从属于自身的似水流年中取一瓢饮。他们进入写作的'抑制、减速、开阔的中年'（肖开愚语）是年龄、阅历、命运综合作用的结果，没有谁比他们更清楚流逝是怎么一回事了。他们的青春期写作曾经组成了中国诗坛整个80年代的炽烈风景，现在他们站在岸边目送自己早年的诗篇和那些金色的手艺、嘹亮的忧伤、夭亡的天才一起顺流而下……"从而"我们在90年代很多诗人的写作中都能找到后理想主义的蛛丝马迹。"文章最后指出："从青春期写作到中年写作，从理想主义到后理想主义，在我们的诗人身上，这两个转变几乎是同步进行的，它们之间是否存在着一种对应与暗合呢?"

3.《台湾文学选刊》第5期转载台湾青年诗人黄梁的文章《台湾当代诗的新版块》，其"结语"中指出：台湾当代诗从70年代以降，精神意识逐步萎缩，诗人自残语言的剑戟，由于匮乏纯粹审美精神作导引，诗歌写作始终摆荡在自我感受和修辞层面作无聊的徘徊；现实主义诗歌更是荒谬，连最基本的语言自律的要求都阙如，在主题意识的框架里塞满了各种事件和道具。由于诗人的精神定位被拉扯到现实平面上，却没有宏观思想照明，诗人意识遂被局限于现实镜像模拟，连想像力也都省略了。80年代罗智成、夏宇的出现是一场夭折的革命，一方面新世代的文本能量无法有效的运动集结，另一方面也缺乏美学思想作背景。审美评价座标无力建构扩大了价值混乱，“为什么而写”和“写什么”的因果关系再也清理不了。80年代群雄并起的新世代而今安在？90年代的价值混乱依旧，新世代的浮沉周期比80年代更短促，眼看着“诗人已死”的谜底就要揭晓，一大票的新新诗人又几乎在同一时期跃上舞台。舞姿比80年代更傲慢！更轻浮！更诡异！更虚无！不怕晕眩的一代诗人们，你们刚浮上来的新版块是标帜一个新时代的到临，诗人勇于承担文化责任？还是游子放浪天涯前的踏垫、寒士进据威权的台阶？谁来参与文学社区的营造任务，为新诗的历史推展奉献一份心力？谁能秉守诗学意义的永恒追求？诗歌写作是一生的坚忍与劳苦，行入漫漫长夜，枯索的沉默与威吓长在心灵左右……

六月

1. 陈仲义在《诗探索》第2辑发表《日常主义诗歌——论90年代先锋诗歌走势》一文。文章首先指出：“诗歌进入90年代，在存在这一主题层面上，呈现两种引人注目的样貌：一种是充满泛宗教情怀、在人性与神性迭合部，指向人的精神结构：“光”的照耀、“大鸟”飞翔、“天籁”、“金属”，如同稍早的“村庄”“麦地”，一起汇合成灵魂的施洗；另一种是于琐碎的日常事物，发散私我的生命情怀，从随处可见的“形而下”物象表象，挖掘遮蔽的诗意。早先以海子为代表的神性取向，追求大的启示、引领、关怀、叩问，90年代后期转演成相对小一些、较为具体的“附着”，抽身回退之中，依然坚守血液、骨骼、盐分等人格指标和灵魂浇塑。而以韩东为代表的日常主义流势，自从80年代“生命起源”后，则发生较大变化，一部分继续承接，在短小、简明、语感的河床上行驶，另一部分则展开更为开阔复杂的追求。”

文章认为，这一“新一轮的美学生长点，至少给本世纪诗学带来几点启示：①诗歌确乎能够进入日常极其琐碎的事物里，它孕藏弥散于事物表象，哪怕是针眼般缝隙和皱折，都是诗歌不可忽视的对象。它表明进入诗歌视域的事物几乎是无穷无尽，没有止境的。日常生活“资料”溶入了具体复杂的文化语境，诗意的采撷作业转移到万千平淡无奇的凡庸事物，诗歌的可能性获得大幅度激发。②诗人的工作方式由早先高度激化、提炼、升华“转业”到了——使用“观察”（在显微镜下凝神放大几倍乃至十几倍）——“解剖”（像外科医生冰冷手术刀的精确分解）——“考古”（如考古学家的毛刷层层逼近似发现）——的过程。诗歌在相当程度上成了日常事物的细密“考古学”。诗歌成了“米粒”上的雕刻手艺？③日常主义诗歌提供的“观察”“解剖”“考古”方式与正统现代主义的意象化、象征、隐喻路径迥然不同，它导致诗歌变得异常细屑、缠绕、相互析释、综合杂芜等特点，并且形成“叙说”与“混沌”互为表征的一路诗风。文化色彩大大覆盖传统诗意，诗歌文化上的层层推进，付出了诗性节节削减的代价。”

2. 孙文波在《诗探索》第2辑发表《我理解的90年代：个人写作、叙事及其他》一文。文章首先对80年代诗歌作了回顾与定位：“今天回头看80年代，我看到的是文学革命的热情，对运动的热衷高于对写作的内部真正的探究。至于能够看到的，也是说法多于作品，宣言多于实干。因而即使是诗歌史家，他们谈论的最多的，也不是某些诗人的某些作品，而是某个派别、团体的某些行动，很少能记住其他的对于诗歌历史而言更重要的文本，而即使能够记住一些作品，也不过成为上述派别、团体存在的佐证。如果要为80年代的诗歌定位，我的定位就是：它的活跃的、激进的、夸炫的氛围，以及由此形成的多少有些混乱局面，这也是90年代诗歌得以发展的先在条件。”“……80年代是产生了少量的好诗人，而不是普遍的好作品的时代，曾经有过的，对某些作品的价值不是看错了，就是其真正的意义被夸大了，一代诗人的成熟还需要时间的打磨。革命之后的发展才更为关键。”文章继而指出：“使一切具体起来，不再把问题弄得玄乎，一方面强调某种一致性，一方面注意依据自身经验使诗歌在结构、形式、甚至修辞方式保持独立性，这无疑是90年代诗歌的显著之点。”“这样，曾经萦绕于80年代的诗歌的‘纯’与‘不纯’的纠葛，在90年代作为问题已不存在。”文章最后指出：“……90年代产生了影响的诗人不管是强调个人的原始创造力、追求幻想的诗人，在文化的国际间寻找差异性互补的诗人，注重挖掘日常生活经验的诗人以及其他类型的诗人，都无不将写作与现实的关系作为自己必须考虑的因素，并在这一考虑中为自己找到了写作的出发点和诗歌写作技艺的全新理解。”

3. 郜积意在《东南学术》第2期，由孙绍振主持的《当代中国诗歌现状》笔谈专辑中，发表《90年代诗歌的智识意义》一文，认为“90年代诗歌对技艺的重视是以往所不曾有的。”一些“从另一种角度来写作的诗人……把诗歌写作看作是自己智性的考验。”“这些智识型的诗歌在‘朦胧诗’中就已经大量存在，而90年代诗歌只是更自觉地把自己的写作放在‘国家’或‘民族’这一大框架之外，而是在自己的经验领域中展示诗歌才华。但这一经验既不等同于与‘国家’对立的‘自我’，又不等同于与‘时代’无关的‘生命’，而是对历史发展包括对诗歌特性的一种谦卑认同，它一方面承认个体在各方面包括诗歌写作的有限性，另一方面又认识到诗歌写作永恒必须依靠个人的有限性才能得以实现，所以必须充分发挥自己在诗歌写作中的创造力。”“智识型诗歌让我们看到一种新的写作意义，看到诗人与诗歌作用的淡化，看到传统政治话语、经济话语权力对个人有限性的破坏，因此他们的写作是对这种权的无声消解，这样的写作也体现为一种新的生活态度，具体说，它不是英雄主义的，是平民化的；不是悲剧的，是日常生活的悲喜剧；诗人不是时代受难的代表，不是普罗米修斯式的人物，而是历史进程的参与者，是赫耳墨斯式传达讯息的人。而我们知道，他们传达的讯息是经过他们的学识和智慧过滤之后的结晶，是重新建立诗歌和生活新型关系的标志。”文章最后也同时指出：“智识性诗歌必须以学识和智慧作依据。只有极个别的诗人才能做到这点，而且这些人的诗作也不是都能贯彻这个原则。大多数的人经常会流于肤浅的表象主义而热衷于生活琐碎的平铺直叙，有的对生活缺乏最起码的理解和驾驭能力，还有的过分沉迷于诗歌实验的乐趣，包括对诗歌语言的恣意滥用，无限夸大词与物的人为距离等等。正是在这样的情形下，由启蒙转向智识也包含了诗歌转型的某种危险性。”

4. 陈仲义在《中国文化研究》第3期发表《乡土诗学新论》，指出“长期来，乡土诗学给人一种保守、传统、不求新变的形象。”但“如果不是带着有色眼镜固执偏见，该承认自90年代起乡土诗学开始突破传统藩篱，择其精要，似乎可以概括为如下三点变化：(1) 从传统风光田园深入到本土腹地的原初价值和文化意蕴；(2) 从土地主人生活疾苦转向生命关怀的终极寻找，带有更多尖利的深层体验疼痛；(3) 在传统大量的白描基础上，掺杂一定分量的现代或后现代的言说方式。

5.《诗刊》第6期刊发由林凤访问整理的《谢冕访谈录》，其中在回答林风所问：“您如何看等待诗与遗产（传统）、诗与时代”时，谢冕说：“你提这两个问题提得非常好！这两个问题正是当前诗人所缺乏的。诗不管写什么诗都是从传统经验来的，这传统经验有中国前人的、有外国前辈诗人的传统。一个诗人不能，也不可能离开传统经验而生存。有人讲断裂是很浅薄的说法！不会断裂！所有人都是吸收传统营养长大的，如同母乳！即便是狼孩也是吃狼的奶长大的！否定传统对一个诗人来说是浅薄的！无知的！谈到当代。所有诗人都是当代诗人，不可能离开当代生活而写作，当代的时代气氛、时代的精神、时代的关怀对诗人来说是非常重要的。”

6. 程光炜在《创世纪》诗杂志夏季号总119期，发表题为《90年代诗歌：叙事策略及其它》一文，文章开篇指出：“历史在突然的逆转之中让我们茫然无措，同时又以巨大的反讽力量给人强有力的暗示：现今的诗歌技艺意味着与一个抒情的、解释学的、先锋性的时间记忆的“脱钩”，它是朝着诗人当下境遇像锤下一颗钉子般地深深楔入；它同时证明，证实一个诗人与一首诗的才赋的，不再是写作者戏仿历史的能力，而是他的语言在揭示事物“某一过程”中非凡的潜力。对一个诗人而言，头等重要的也许还在对个人语言行为的深刻省察，在于他怎样借助简捷的手段来达到复杂性的叙述，而这种叙事策略在具体的写作中，经常是习焉不察和难以指认的。在“可读性，不可读性”一节中，文章认为：“在当前诗人的写作中，诗歌的形式越来越成为决定写作成败的一个重要因素。与80年代诗人单一的抒情手段相比，复杂与有效的技术处理说明今天的诗作者更看重‘经验的转换’，在作品中，一段引文，几句人物对话、独白，甚至叙述节奏的快慢，都能使诗歌充满意想不到的戏剧性。”文章在最后一节“文本不断历史化”中进而指出：“在经历了一系列的意识形态写作、反文化冲动、神话策略和所谓纯诗建构之后，诗歌写作愈益意识到了回到历史化文本的必要。也就是说，诗歌不可能、也无法绕开写作中的‘中国语境’。如果说，在这其中首先经历了一个‘历史文本化’的过程。那么，‘文本的历史化’日益成为最近写作中的一个重要特征。”

7. 敬文东在《读书》杂志6期发表短论《诗歌中的90年代》，从宏观角度指出：“80年代的诗歌中抒情的一面始终占据了上风；……叙述在80年代的诗歌里，基本没有什么地位。”而“叙述的90年代彻底打破了自有新诗以来（不单单是80年代）建立在人们脑海中的那种诗歌纯洁性的神话。”“叙述的90年代并不是对抒情的80年代的彻底背离，而是有礼貌、有风度的继承。这就意味着，80年代那特有的反思也有了双重的转换；首先是从反思社会转为反思个人的生活；其次是把抒情的愤怒宣泄溶解到叙述的技巧之内。与80年代有明显区别的是，叙述的90年代更把诗歌的目光投向了低矮的、轻声呼叫的，甚至是默默无闻的“现事”和“现时”凡俗生活本身，宏大、广阔不再作为叙述性的90年代诗歌的背景。”文章最后指出：“在一个有着长期意境追求的国度，90年代的汉语诗歌写作会让许多人难以接受。本乎于此，许多人抱怨诗歌、远离诗歌就是可以想像的了。但远离者们忘了，生活本身的芜杂，人生本身的无序和杂乱无章早已是个普遍的事实，如果诗歌要刻意做得纯洁、纤尘不染（这并不困难），这很可能的确可以满足我们对纯粹抒情的心理渴求，然而，这样做又有什么可信度呢？接下来的一个问题必然是，它能够表达我们的生活以及我们对生活的真实意见吗？

七月

1. 唐晋在7月26日的《太原日报·文学周刊》专题报道《世纪之交的诗歌论争——中国诗歌创作态势与理论研讨会纪要》专栏中，发表题为《“盘峰会议”的危险倾向》一文，指出北京“盘峰诗会”暴露了两个危险的内容：一是某些诗人自我的极度膨胀。这些人居便利之地，生活优裕，目空一切，已不容别人的批评。在世纪末的诗坛上，他们俨然以大师自居，其实还差得很远。可以说，他们能在诗歌文本上貌似或模仿大师，但从心态、视野、道德以及胸怀上远远不及。危险之处在于，这种膨胀在中国诗坛呈蔓延趋势，直接威胁着中国诗歌的正常发展。二是诗坛的“江湖”化。在极度自我膨胀的同时，是某些小团伙的整体膨胀。这种现象带来的后果是，诗歌界“山头主义”、“圈子主义”泛滥，诗歌话语霸权沉滓浮起，一场又一场的原本是“华山论剑”式的诗歌研讨，最终都成为“江湖大厮杀”。危险之处在于，它直接影响并损害中国诗歌发展和融入世界诗歌大家庭的正常秩序，同时，严重伤害着关注且热爱中国诗歌的广大读者的心。

2. 郑敏在接受《太原日报·文学周刊》7月26日有关北京“盘峰诗会”

专题报道的专访中，对这次诗会发表了自己的看法，并指出：一个人一生写诗有时有很多阶段，一个阶段喜欢写这样，一个阶段就写那样。我就弄上一个宣言，然后我就忠于我的宣言，我觉得这是挺傻的，自己浪费自己的精力。其实一个诗人可以写各种体的文字，千万别先发表宣言，把自己限制死，关键是你内心的写作的片刻，它有一个要求，想写什么就写什么，不能为了口号而写作。长期以来，总是在统一的模式之下，现在有机会可以各自发展，但人们还不习惯，还有那种非此即彼的心理，认为只有一个正统，正宗的，其它都是歪门邪道，旁门左道，老以为自己有什么使命呀什么的。他们感情幼稚，思想简单。应该说，“诗歌从我这一代开始”的说法有些过份。提出这样的口号有很大成份的“权力话语”的嫌疑，有占领诗坛的欲望。其它一些非诗因素，如选了你的，没选我的；北京是否近水楼台，就是正宗、主流？这些想法都有害的。

3．罗晓非在《学术探索》（昆明）第4期发表《论后朦胧诗的语言革命》一文。分“解构象征，拒绝意义，追求纯粹语言本体，即‘纯诗’”、“冷抒情，冷嘲讽，追求‘零度’写作”、“口语化的叙述流走向过程”三个方面，论及后朦胧诗的诗歌语言特色。文章最后认为：“总之，后朦胧诗彻底颠覆一体化的语词极权，剔除其不可侵犯的神圣性和神秘性，使新诗“白话、口语化”的传统再度获得延续，强化了诗歌的“现代”色彩和“现代”气息，敦促人们注意到并不是现存的想法和说法都是理所当然。当然，后朦胧诗也有很多内外皆平淡而盲目进行“语言革命”的劣作，过分追求“口语化”，“叙述流”，故作深沉的“冷抒情”，油腔滑调的“冷嘲讽”以及追求日常生命的体验，拒绝深度，诗人一味沉溺于琐屑，沉溺于把玩“自我本能”的闲适中，势必减少人对自身灵魂和感情世界的深入，很难使诗达到理性的审美深度，难免使诗流于媚俗、粗鄙、平庸。

4．周晓风在《星星》第7期发表《90年代的诗歌生态》一文。文章认为：“诗歌的世俗化是一个颇令人难堪的话题。但是90年代诗人在市场经济语境下首先必须正视的问题是，诗人能否还像过去那样依靠某种特权生存并获得荣耀？结论是不能。市场经济的铁血法则似乎要求写作者只能寄希望于大众购买他们的作品而后才可能成为诗人。这里用得着诗人伊沙所说的那句惊世骇俗的话：饿死诗人，开始写作。用评论家李震的话则是从神话写作走向反神话写作。反神话写作显然很难再成为写作者对某种集体意识的转述，而更趋于一种“个人化写作”。因为神灵退隐之后便显示出了个体人格的高大。而且，经过80年代启蒙话语的努力，主体性此时已深入到文本和读者之中，后新诗潮诗歌遂又成为“语言本体论”的写作。上述两个方面既构成所谓后新诗潮诗歌的重要表征，同时也反映了90年代诗歌发展中值得注意的动向。

5. 杨克在《淮北煤师院学报·哲学社会科学版》第3期发表题为《90年代：诗歌的状况、分野和新的生长点》一文中，指认“体制外曾经表面一致的诗歌阵营，在90年代发生了裂变，两种不同的写作道路的分野如此明显，以至今天已无法掩盖。”“一种是我们多年来习惯了的声称其写作资源来自于西方某某的诗歌歌，以能否与西方诗歌接轨作为衡量诗人艺术成就的标志。”“之外，在中国远离政治文化中心的广大地区，诗最优秀的胚根依然潜在。一大批杰出的诗人，包括许多新人，早就以结结实实的写作，使90年代决不比新诗的任何一个十年平庸逊色。他们注重原创造性，以柔软的表达，把生命形而上的意义化解到动态的形而下的生活场景中，他们的作品更关心普通人的生存境遇，蕴含更多当下的在场的叙事因素，而进入‘叙事’和‘抒情’的途径则是开阔的，随意而灵活生动的。他们运用鲜活的口语暨我们这个时代的说话方式写作，所告之的是‘中国经验’，亲切而富有人性，与读者是对话沟通的关系。”“在他们的写作里，诗永远是可以独立呈现的，直指人的内心的，也是诉诸于每个读者艺术直觉的，而不是‘二传手’知识或其他‘庞然大物’的附庸。当然不能说这样的写作就篇篇珠玑，但诗中勃发的生命力，肯定比沉闷的工匠式雕琢的另一路写作更为强劲。”

八月

1. 蓝棣之在《淮北煤师院学报·哲学社会科学版》第3期（季刊）发表题为《略说二十世纪先锋诗的主潮》一文，认为“从走向来看，超现实、语言诗是二十世纪先锋诗的主潮。推动这个走向的是三个东西：(1) 现代心理学理论；(2) 解构主义理论；(3) 现代语言学理论。”文章最后特别指出：“二十世纪诗歌遗产的一个重要训示是，避免诗歌边缘化的办法，是触及时代课题，活跃在时代脉搏跳动剧烈的领域，从文化、哲学获得营养，以自己的方式关注权力、政治。”“总之，诗求纯声，诗就边缘化了。”

2. 张同道在《淮北煤师院学报·哲学社会科学版》第3期（季刊）发表题为《自由与格律：中国新诗的形式追寻》一文，认为“从1918年新诗诞生到1998年为止，新诗实验过的形式主要为三种范式：自由式、新格律诗和新民歌。”“自由诗在新诗80年历史中一直是主要诗体，涌现的诗人和作品最多，成就也最大。”但“作为一种审美范式，新诗还没能契合民族心理，成为中国人乐意先择为一种抒发情感、表达心绪的方式。”“新诗的汉语特征与民族美学还有待于深入民族心理，因为任何一种艺术样式都必须暗合民族之根本才会兴盛繁茂，为整个民族所接受。”

3. 李怡在《淮北煤师院学报·哲学社会科学版》第3期（季刊）发表题为《后新诗潮：时间的延续与空间的定位》的一文，提出：对“后新诗潮”的理解就和对初期白话诗歌运动的理解一样，重要的是分析它们所面对的文化传统与诗歌传统，它们的众多选择都可以看作是对巨大传统压力的一种挣脱，寻找自由是它们共同的愿望，更重要的是，这所谓的传统在很大的意义上是源于我们几千年的过分辉煌的诗歌。当然，在诗歌史的意义上，“后新诗潮”与初期白话诗歌运动仍然有着诸多的差别，如何来读解这些差别同样是我们重要的工作，不过，我以为，也只有在“对巨大传统压力的挣脱”这样一个背景上，我们的结论才会增大其效力。正是在这个意义上，我将新诗潮的出现及追求看作是一种“时间的延续”——就是对于初期白话新诗文化追求的新的连接。

4. 臧棣在《文论报》8月26日第2版，发表《当代诗歌发展的一条线索》一文，指出：“自朦胧诗以降，当代中国诗人一直致力于的主要工作，便是追求诗歌的主体性和想象的自主性。换句话说，是要建立诗人个人的声音的权威性。朦胧诗人，如北岛、多多、顾城、杨炼，基本上是通过把这两个目标纳入诗歌的现代主义模式来推进他们的写作的。但是，在某种意义上，他们的写作仍然受制于文学的历史化：比如，在确认诗歌的主体性的有效问题上，他们都依赖于历史的不可分割的关系，都相信诗人的声音的完整与深刻必须通过建构自我与历史的某种正确关系才能实现。显然，在朦胧诗人开始写作时，这种关系由于受到文学的政治化的干扰，变得极不正常。因而，朦胧诗人在自我与历史的张力关系基础上重新建构当代诗歌的声音，便引起各种文学势力的瞩目与同情。重新建构的诗歌的声音，其基调是对抗与抗辩，并包含了一种非常突出的社会学假设：我们每个人在面对历史时所持有的价值观是相同的，而诗人由于他们的先知先觉比我们意识得更全面、更透彻，所以诗人的声音经常会被误解为诗歌的声音。也不妨说，历史实际上仍然被朦胧诗人看成是诗歌的最大读者，是诗歌倾诉的终极对象。这导致了对当代诗歌的一种专横的辨认：诗歌的严肃性是同对历史及其意识形态特征的批判联系在一起的。北岛和多多在70年代末和80年代前期写作的诗歌，强化了批评界和读者的这种倾向。被诗人认可的和受到批评界鼓励的诗歌风格，实际上是这种认识在美学上的延伸：它显示的是沉郁、庄重、典雅。朦胧诗人和下一代诗人的分歧，在1984左右日趋公开。这种分歧，由于“朦胧诗”当时所遭受的社会压力，和下一代诗人在美学上的阐释不当，而长期受到各方面的曲解。现在看来，分歧的实质仍然是诗歌的多样性的问题。“朦胧诗”针对诗歌的高度意识形态化，提供了它对诗歌的多样性的设想和实践，“朦胧诗”之后的诗人提出的其实是同样的命题及其相关的实践。亦即，在“朦胧诗”所显示的诗歌范式之外，当代中国诗歌在美学上还有很多种可能性。

九月

1. 德国汉学家顾彬（Wolfgangkubin）在《作家》第9期发表题为《综合的心智——张枣诗集〈春秋来信〉译后记》的文章，开篇即提出：“人们都在谈论诗歌受到的危害，在中国，甚至谈到了‘诗歌的危机’。真的，到了20世纪，诗歌，这所有文化中人类精神史的发轫者，似乎走到了末日，政治与媒体看好的只是大众，而大众并不需要诗歌，于是，诗歌艺术这一门类便由于内在的美学原因走向了边缘，站在自绝于人的悬崖上。但更令人吃惊的却是：21世纪来临之际，诗人并未死绝，而且，尽管现代诗高蹈晦涩，复杂难懂，读者乃至倾听者，仍有人在。甚至中国现代诗也是这样，只是似乎出现了一个重心的转移：读者和倾听者与其说在中国，还不如说在国外，对中文诗关注的人与其说是中国人，还不如说是洋人。为何？因为西方至少知道资本主义仅仅只是生活的一半，而在中国，市场经济作为生活方式刚刚被允许，人们不想知道那另一半是什么。物质的利欲熏心导向自我麻痹的可能，而不是导向诘问。现代诗，或准确地说当代诗，正是这诘问的表达，备受国际瞩目的中国诗人也正是置身在诘问与批评者的行列中。在这情形中，我们也可以观察到一个从民族重要性向国际重要性转移的奇迹。”文中更指出：“海外人们谈论中国当代文学，首先谈到的是朦胧诗的北岛，顾城，杨炼，舒婷和多多等以及后朦胧诗的张枣，欧阳江河和王家新等，将这些诗人分成两波当然是很有问题的，不过这样倒是方便，可以帮助我们澄清一些区别。粗说起来，朦胧诗有政治色彩，其对象过去常常是而且仍然是历史即中国历史，其声音更多是要求变革的一代新人的而不是个体的。怪不得一位评论家曾讥讽朦胧诗的真正读者是中国历史。朦胧诗的政治色彩在1983—1984年也遇到政治上的反馈。虽然它在海外续存下来，其最重要代表的作品亦有很大改变。后朦胧诗的诞生以及对时势和意识形态的远离不仅有外在的社会的而且还有内蕴的美学原因。对朦胧诗进行纯诗艺批判的后朦胧诗人关注的是文学的自主和书写的独立，诗艺的语言化和个体的不可混淆的鲜明。

2. 程光炜在《创世纪》诗杂志秋季号总120期发表《从五四文化到解放区文化——1949－1966当代中国新诗综论》长文。文章在序言中指出：从一九四九到一九七六，最引人注目的历史大事件是新中国成立和文革的终结。在“五四文化”与“解放区文化”两大文化的接缝处，新诗史在“当代”进入了一个特殊的时期：它不仅成为文化调整政策的对象，更承担了在这一调整中歌唱与礼赞的使命。政治与文学的关系从没有如此的密切过，文学也从没有如此得心应手地配合着政治的发展。如果离开了对当代中国这一政治、经济和文化现状的深入考察，就不能说进入到了当代文学之中；如果脱离开对与“运动”相关切的思想准则和价值观念，很难说透彻了解了这个时期诗的主题、题材、艺术形式、审美情趣，以及它完整的历史发展面貌。

全文继而分“历史排场和个人命运”、“来自不同文化区域的各个诗人群”、“本时期诗歌发展的三个阶段”三个方面对当代中国前27年的新诗状况进行了综论性分析。

3. 张闳在《文论报》1999年8月19日版发表题为《90年代诗歌与“介人性”》一文，其结尾部分总结性地提出：“生存的和诗艺的”，这正是诗歌写作所面临的最严重的考验，它们是一个问题的两个方面。在今天，诗歌的“介入”无疑是困难的，但却不是没有可能的。“介入”的困难性不单单来自生存的方面，而是来自这二者之间的现实相关性。毫无疑问，“介入”需要一种道德的力量，同样也需要一种美学的力量。对于诗歌来说，“介入”的道德，首先是一种对于语言的道德。而“介入”的美学则是通过“介入”的道德实践才能实现其价值。对于诗歌而言，缺乏美学前提的道德承诺，则有可能被权力所征用，而转向人性的反面。在“介入”行动中，诗歌的道德与美学才有可能真正被统一起来。“介入”的诗歌以它诗意的目光表达了对现实生存的深厚关怀，同时，诗歌自身也通过这种关怀而获得力量。

十月

1. 姜耕玉在《诗刊》第10期发表题为《诗风与策略：口语化的叙述》的诗论文章，指出：“新诗形式重建，是对切入诗性本质的现代汉语形式的探求。从诗性言说的方式考察，八90年代发生了由传统抒情向个人化的叙述日渐成风，盛行开来”。“先锋诗人把口语化叙述视为一种语言策略，然而对这种语言策略的意义的理解，却有歧义。我颇认同新诗的口语化，是对‘语言的过于欧化和任意扭捏’‘这一流风的逆转’。(沈奇《口语、禅味与本土意识》)世纪初新诗一诞生，就显示了口语化的生机。但后来对西方自由体和现代主义的引进，新诗语言出现了欧化、译化的倾向。如何在中西诗歌语言艺术的交流和比较的背景中，增强口语化叙述的现代汉语特质，恰是新诗建设中需要很好解决的重要问题，应当成为‘语言策略’的指向之所在。文章同时指出“一种诗风的流行，并不表明诗的成熟，叙述口语因失去节制的散文化，因赶‘风’而导致大面积复制等现象，仍是当下诗歌的负面表现。”“现代诗的口语化叙述，具有个人化抒情所不易达到的亲和性，比较切入现代人的阅读兴趣。而在诗歌文本的解读中却客观产生一种疲软和厌倦，其原因大致是对文本的弥散性张力的生疏感。我们不能认同后现代诗歌一味追求平民化平面化而放弃了艺术感化力和深度。叙述口语一旦放弃对诗歌文本外的弥散意味的追求，就会丧失现代诗艺术的阵地。

2. 王家新在《诗参考》10月号（14.15合刊）发表《从一场朦朦细雨开始》的文章，认为："90年代诗歌"体现了一代诗人的共同努力与诗歌发展本身所经历的一场深刻变化。和90年代诗歌经常相联系的"知识分子写作"、"个人写作"、"叙事"、"反讽"等等，它们并非流派性宣言，也绝不仅是限于某个小圈子里的"知识气候"，它们实际上相当普遍地体现了一个时代对写作的认知和艺术要求。因此，它们不仅体现在目下被强行归属于"知识分子写作"的诗人们那里，而且在众多其他诗人那里以及在一些被划入所谓"民间写作"的诗人那里，也或隐或显地呈现出这种时代性的风沿或征候。

3.《葵》诗刊1999年卷，刊出徐江、沈浩波、朵渔三人谈《后口语写作与90年代诗歌》，正式提出"前口语诗"和"后口语诗"的命名和有关问题的讨论，其中沈浩波指出：我们知道，90年代的诗歌是直接从80年代的朦胧诗、第三代诗以及朦胧诗一些模仿者所组成的"后朦胧诗"演进发展而来的。80年代末、90年代初，作为当时诗坛主流的第三代诗口语诗(在本文中我们将其称为"前口语"写作）因其队伍的驳杂和文化环境的猝变，显得有些难以为继，第三代诗歌运动暂告一段落。一部分诗人（比如始终在更新自己的于坚、杨黎等人）自觉地转入"后口语"写作，继续探索现代诗口语化道路的可能；一部分诗人改行去做了商人；而"后朦胧诗"写作者及其后继者则进一步形成了泛学院化写作的诗歌联盟。""这里需要关注一点：为什么90年代中期以前，我们的诗坛会给予泛学院化写作那么大的存活空间？我认为，这首先是因为与它同期的"前口语"诗歌在创新上有些难以为继，并开始暴露出语言粗糙和过于随意的问题，这很容易使口语成为口水，成为生活的"简单提货单"（沈奇语)。海子等后朦胧诗人的早夭相应地又将读者的注意力转移到偏重形式的一部分诗歌上面。而泛学院化写作对词语的表面光滑又颇为注重，恰在此时弥补了人们对诗歌语言精致化要求这方面的空白。它的登场显然就成了顺理成章的事。"

十一月

谢冕在发表于《山花》第11期的题为《20世纪中国新诗：1989－

1999》一文中，认为进入90年代后，诗歌无序地涌动的状态，已形成无可阻挡之势。中国现代诗于是开始了杂呈的、同时又是纷乱的大面积弥散。”文章指出：“诗歌采取独立的立场，和社会的意识形态保持一定的距离。从而摆脱了诗以外的因素的干扰和渗透，这对维护诗自身的品质来说，无疑是一个重大的进步。但极端个人化的结果，使一部分诗成为与社会的现实和历史不相干的行为，从而使之陷入与现世隔绝的自恋之中。诗的摆脱“代言”的本意，原在于使诗能获得更为广阔的空间，而这种极端化的结果，却使它陷入“个人”无限的羁绊，最后终于失去了它所希冀的广阔。90年代，当诗走过“空言”和“大言”的禁囿，却发现举目尽是一些迷恋于自我抚摩的“小”诗。这样的结果也许有违于后新诗潮萌起的初衷，也是人们始料不及的。它无疑造成了诗歌生态的不平衡。后新诗潮消解它的前身的使命负载的意愿，导致了对于意义的怀疑和取消。那些获得平民意识的诗人，对于诗的“贵族化”怀有很大的警惕。在他们的意识中，平民不仅与政治性的豪言壮语无涉，甚至也与诗的崇高感和理想主义无涉。他们轻而易举地把那一切目之为神话或虚构。因此，当平常人、平常心大量涌入诗中的同时，也涌入了凡人的庸俗和卑琐。而此种情状却被痴迷于此中的人们不视为异常，但事实上它所造成的匮乏则是明显的。诗与高远阔大的境界的不同程度的疏离乃至决裂，造成了诗自身的困厄并坠入卑微。尽管大多数论者仍然把诗的回归个人视为一个伟大的进步，然而，它所造成的负面效果也是确实的事实。同时，谢冕在此文中还特别指出：“令人意外的是，在普泛的个人化的追求中，其直接的受惠者，却是中国当代的女性写作者。可以认为，如果没有诗的个人化运动，如果没有勇敢的对于‘公众’的拒绝，如果没有对于个人言说自由乃至对于“身体”的独特关怀，女性诗歌在当代的巨大发展是不可能的。”

十二月

肖鹰在《文艺报》12月14日“理论与批评”版，发表题为《当前中国诗歌缺少什么?》一文。文章分“当前的诗歌争论，是中国诗歌危机的恶性爆发”和“世俗化世界与诗歌的命运”两大部分。在前一部分中，文章提出了在“中国社会生产和生活的世俗化变革”过程中、90年代诗歌因陷入“个人写作”的极端性发展，而“丧失了内在的整体性”的命题。进而指出：“90年代中国诗歌，不再感动读者，不再成为读者生活的内在需要，究其根源，就在于诗歌写作的极端个人化追求，使诗歌不再具有一种能与他人（读者）沟通的共同的内在整体感。

在后一部分中，文章认为：当前中国诗歌的论争，很大程度上是美国50—70年代学院派诗歌与反学院派诗歌论争的一个遥远回声。更准确讲，当前中国诗坛进行的是既被简化又被极化的艾略特诗学和金斯堡广场学的论争。中国诗歌要从当前危机的恶性暴发中摆脱出来，要把这次危机转化为一次对诗歌建设的追求，就必须摆脱艾略特和金斯堡式的对立，就此，波德莱尔和里尔克的诗歌追求是非常值得借鉴的。

附录三：

1999 中国诗歌大事记

一月

1.1 月 1 日出版的《南方周末》将小海、杨克选编的《〈他们〉十年诗选》评为 1998 年度推荐的十本好书之一，为入选的唯一诗集。

2. 由戈仁主编的《世界华文新诗年鉴 1991—1995 卷》，由金陵书社出版公司出版。全书选入世界华文新诗、诗论六百余家作品，逾百万字，是一部具有文献价值的特殊选本。

3.《诗歌报》再度被迫停刊，震惊全国诗坛。杨远宏、唐晓渡、陈超、程光炜、陈仲义五位诗评家联名发起《尊重诗歌，尽快复刊》的呼吁，众多著名诗人为该刊再次遭遇“休克”仗义执言，诉求有关方面尽快促其复刊。

二月

1. 由杨克主编的《1998 中国新诗年鉴》由花城出版社出版发行。全书共收入近年活跃在大陆诗坛的 112 位诗人和诗评家的诗创作与理论文章，并力图建构一种新的编选立场：强调艺术的原创性、汉语诗歌资源中的

“中国经验”和日常生活体验，摒弃论资排辈，关注新的诗歌生长点和最有活力的部分。

2. 台湾青年诗人、诗评家黄粱主编、青铜社策划的《大陆先锋诗丛》由台湾唐山出版社印行。丛书推举出大陆九位先锋诗人诗集和一部包括主编黄粱在内的十人诗论合集，其各卷分别为：《朱文：他们不得不从河堤上走回去》、《海上：死，遗弃以及空舟》、《马永波：以两种速度播放的夏天》、《余怒：守夜人》、《周伦佑：在刀锋上完成的句法转换》、《虹影：快跑，月食》、《于坚：一枚穿过天空的钉子》、《孟浪：连朝霞也是陈腐的》、《柏桦：望气的人》及诗论合集《地下的光脉》。

四月

1. 唐晓渡主编的《1998 现代汉诗年鉴》由中国文联出版社出版。该《年鉴》共选收大陆及台湾一百多位诗人诗作和十多位诗评家文章，并附编委会推荐的年度作品及“1998 年汉语诗歌大事记”。

2.4 月 15 日，北京《诗刊》召开新闻发布会宣布，诗刊社已于 4 月 8 日向北京市朝阳区人民法院起诉《太原日报》“文学周刊”发表有侮辱诽谤性质的文章《〈诗刊〉你要堕落到几时》是一种“恶意名誉侵权行为”并要求被告赔礼道歉且赔偿 50 万元。朝阳区法院已正式受理此案。《〈诗刊〉你要堕落到几时》一文署名“金汝平”，刊登在《太原日报》1999 年 1 月 4 日第 5 版，文中激烈批评北京《诗刊》“是这个时代最堕落的刊物之一”，指认其“办得越来越糟，越来越配不上自己‘高贵’的名称”。文章还对诗刊社搞的《中国诗歌现状调查》及其“最有印象的当代诗人”排行榜进行了尖锐批评。据悉，此案为 20 世纪中国诗歌界中第一例，社会各界对此反响极为强烈。

3.4 月 16 日至 18 日，由中国社科院文学所当代室、北京市作家协会、《诗探索》编辑部、《北京文学》编辑部联合举办的“世纪之交：中国诗歌创作态势与理论建设研讨会”在北京市平谷县盘峰宾馆召开，全国近 40 位重要诗人、诗歌理论与批评家与会。这是继 1998 年 3 月在北京召开的“后新诗潮研讨会”之后的又一次重要诗会，也是近年来争论最为激烈的一次诗会。会议的发言，有对新诗潮历史进程的回顾，对当前诗歌现状的检视，以及对各种诗学立场的辨析，但其主要方面，则集中在关于“知识分子写作”与“民间写作”的论争与交锋上。

此次诗会由谢冕、吴思敬、李青、兴安共同主持。应邀出席会议并发言的诗人、诗评家有：任洪渊、林莽、于坚、西川、王家新、臧棣、杨克、伊沙、侯马、徐江、西渡、小海、车前子、孙文波、陈仲义、唐晓渡、程光炜、陈超、沈奇、刘福春、张清华等。会后，《北京文学》、《诗探索》、《大家》、《山花》、《文艺报》、《文论报》、《中华读书报》、《中国青年报》、《中国图书商报》、《太原日报·文学周刊》等多家报刊对这场论争予以持续报道和组发有关论争文章。

4.“人民文学50年精品文丛”之诗歌卷《光的赞歌》，由韩作荣主编，新世纪出版社1999年4月出版。

五月

1. 杨克主编的《90年代实力诗人诗选》由漓江出版社出版发行。《诗选》共收入“居住在中国大陆的”91位诗人的代表作品和11篇诗人、诗评家的理论与批评文章。

七月

1.《北京文学》第7期辟专栏刊发北京平谷“盘峰诗会”后的论争文章，除张清华题为《一次真正的诗歌对话与交锋》一文，系对“盘峰诗会”的综述之外，另有陈超、李志清《问与答：对几个常识问题的看法》、唐晓渡《致谢有顺君的公开信》、谢有顺《谁在伤害真正的诗歌》、西川《思考比谩骂更重要》和韩东《附庸风雅的时代》五篇。

2. 臧棣选编的《1998·中国最佳诗歌》由辽宁人民出版社出版，集中共选入121位大陆及海外诗人（不含台湾诗人）176首诗作，系同年出版的第三部年鉴式诗选。

3. 由伊沙主编的《零点地铁诗丛》共计16种，由青海人民出版社发行。《诗丛》各单行本诗集作者分别为：严力、伊沙、侯马、徐江、秦巴子、马非、中岛、西村、张耳、陈蔚、方兴东、邹赴晓、唐欣、宋晓贤、丁德文、小蝉。

八月

1.《北京文学》第8期再次在“百家诤言·关于诗歌及批评的争论（之二）”专栏中，刊发北京“盘峰诗会”后于坚、臧棣、西渡、孙文波、王家新、沈奇、侯马七人的论争文章。

九月

1.《中国新诗研究所》编的《新中国50年诗选》共3卷，由重庆出版社出版发行。《诗选》共选入583位诗人的764首诗作，厚达二千三百多页，并在其第三卷中特辟“香港分篇”，“散文诗分篇”和“歌诗分篇”，显示编者在体例上的特殊选择。

2.痖弦主编的台湾《天下诗选》Ⅰ、Ⅱ两卷由台湾“天下远见出版公司”于9.21大地震后推出。全书依主题内容分为“人性的映影”、“时间的约会”、城市的边缘”、“山水的惊艳”、“静物的玄想”、“生命的观照”、“情意的绽放”七辑，以“编一部适合高中以上程度读者阅读的现代诗选”为主旨，收入101家台湾现代诗人101首佳作。

3.《诗刊》与《太原日报》的官司双方达成谅解，共同举办“太行诗会”。二十余位诗人应邀参加。

4.“中国人民共和国文学名作文库”之《新诗卷》，由卞之琳主编，作家出版社1999年9月出版。

5.“90年代文学潮流大系”之《主潮诗歌》，由吴思敬编选，《先锋诗歌》，由唐晓渡编选，北京师范大学出版社1999年9月出版。

十月

1.《山花》第10期刊出“子岸”撰写的《90年代诗歌纪事》，以一家之言及片面资料取代“90 年代诗歌”。

十一月

1.11 月 12 日至 14 日，由《诗探索》编辑部和《中国新诗年鉴》编委会联合举办的“99 中国龙脉诗会”，在北京昌平龙脉温泉宾馆举行。诗会以“为使盘峰诗会讨论的问题能得到进一步的深化，为使持有不同观点的诗人和批评家能够坦诚相见，加强诗歌界的团结，促使当代诗歌创作的发展与繁荣，迎接新世纪的到来”为宗旨，除邀请 4 月盘峰诗会的所有到会人员外，还特别邀请了部分老一辈学者、评论家。部分被邀代表因故未能到会。此次诗会由谢冕、吴思敬、杨克共同主持。应邀出席会议并发言的诗人、诗评家有：孙绍振、于坚、徐敬亚、任洪渊、孟繁华、王光明、谢有顺、张柠、沈奇、欧阳昱、周晓风、孙基林、周雅琴、伊沙、侯马、徐江、沈浩波、车前子、树才、阿坚、杨晓民等。《诗探索》编辑部林莽、刘福春、刘士杰、陈旭光，《中国新诗年鉴》编委温远辉、黎明鹏、李青果、杨茂东，《北京文学》编辑部张颐雯及清华大学蓝棣之教授也出席了会议，最后由杨匡汉作了总结。

十二月

1. 何小竹主编的《1999 中国诗年选》，由陕西师范大学出版社 1999 年 12 月出版。该书所持的明确的民间立场倾向，引起了诗歌界的关注。

附录四：

新人类·卡通一代诗在中国

世宾 杨昂

背 景

新人类·卡通一代的提出，是针对中国当下处于传统农业向现代商业过渡的转折点以及整个发达国家的商业市场大开放的生存背景提出的。商业利益的巨大诱惑必然强有力地刺激着大小集团去全力以赴发展科技经济。科技在各个领域不断取代人的体力性创造的同时，也在不断地改变人的生存需要和价值取向。其中生物技术和电子产业的高速发展对人类传统的生存观念提出的挑战是最强有力的。生物工程在改变人类的食物结构和生理性的更换、再造将起着惊人的作用。如日本的克隆牛肉的面市，必然使我们想象的覆盖在白云下面的草原、牛群消失在我们带有对丰盛产物的赞叹的眼光里。生物工程另一个惊人的作用就是置换再造我们与生俱来的肉体，使它可以成为一个复合物：你的心脏可能是一个钢铁马达；肺可能是来自某个温室培育出来的克隆产品，你的皮肤正如你所愿已在美容院洗得发白，泛着健康的光泽；假如你的血和大脑都需要更换的话，也可以。这种现状的到来，对传统“自我”的疑问无疑是严峻的。而电子技术为人类创造的第二生存空间——虚拟空间的出现，首先为网虫和热衷于网上购物的人群提供了一个理想的去处，往后那些在现实空间不可预测的生存中无法得到安慰的人，便会向虚拟空间寻求必要的寄托和情感安顿。生理再造和虚拟空间的开放显而易见已改变了人类生存的根基，那么他们的生存意志和价值取向必然产生变化。当前我们还很难对这种变化进行很好的预测，但传统的任何观念将受到不可置疑的动摇，乃至崩溃已是事实。

新人类·卡通一代的提出正是针对这一生存现实，以开放的眼光对传统理想进行必要的扬弃之后提出的。对于生存在我们中间热衷奇装异服、染发、瘦身、无限度地佩带首饰，热衷于蹦迪、过夜生活、食西方快餐、日本零食；热衷于网上生活、网上游戏的青年人群我们无法做到无视。新人类·卡通一代在中国的提出，必然要求我们注重关注中国本土的生存现实以及与此相关的观念的变化。

我们将尽力地做到使新人类·卡通一代艺术不要成为实验性的流派，人类在20世纪的工业文明的实验与考察使我们无必要再狂乱、迷惑地去面对一个必然要到来的时代。人类一直在寻求美好的生活，并为此付出了惨重的代价，将来必然还要为此而不断斗争。但当前，在世界范围内，我们可以看到商业文明为人类提供的另一种新的生存可能：高科技、秩序和观念的大开放。人类整整一个世纪用各种令人目不忍睹的方式争论各种不同的生存方式，但在商业规律的作用下，旧世界将获得有效的整合，一种在世界范围内都有效的机制便产生了。寻求高品质经济利润（经济利润具有互动性，这一点马克思的经济学中是缺乏论述的）的动力使人类社会产生崭新的秩序：那就是高度的开放性。

置身在中国这块土地上，我们深感封建的传统意识和与之对抗的力量直至20世纪的最后一年还依然如此浓烈，一个多世纪的抗争仿佛并无多大的收效。基于此，我们发现了商业文明的巨大解构力量，西方一位领导人有感于东西方的对抗，提出“不战自胜”的对策正是立足于此，新人类·卡通一代的提出应和商业时代的发展规律和中国人对富裕的、开放的新生活的向往。

这一切已不是想象之中的景象，70年代中期之后出生的这一代人身上，我们已看到他们与传统生存、文化背景彻底割裂的现象。他们不背负泛政治化的传统文化包袱，只求自我创新。如果说90年代初刚成长起来的这一代人有依附于流行时尚的嫌疑，那么在90年代末慢于前者出生但受到更完善教育的新一代人，便有了他们自身选择和热爱的对象。流行文化还是他们的文化背景，但他们的选择更显示了他们的独立性。

产生

面对这一新的生存方式和价值取向，有责任感的诗人已不能沉溺在过去的写作模式和不复存在的诗意的追询上，而应该把目光投落到现实和已徐徐展平的未来的生存上。新人类·卡通一代诗诞生是基于这一点。

1999年9月，由卡通艺术家黄一瀚和诗人世宾发起的“新人类·卡通一代”诗歌运动在广州诞生了。卡通一代的生存成为他们的关注点，他们坚信这种生存模式不仅是青年的生存模式，而是中国21世纪的生存模式。诗人把他们的热情和歌声献给这种生存也显得十分有必要。

新人类·卡通一代诗立足于一种新的生存模式，这就注定他们与以往任何时代的诗歌流派不同，新一代的诗人决不是以扮演某种颠覆者的角色为荣的一代。恰恰相反，他们不约而同地表现出了对汉语诗歌的现状的严重漠视。他们不打算将现存的诗歌秩序视为假想敌，也不打算推翻现存的诗歌权威并取而代之，他们对当下仍在写作的诗人采取了和平共处的态度，同时又竭力寻找属于自己的写作空间和发表园地。他们也搞诗群，也搞运动，但那绝非80年代疾风暴雨似的语言革命，而是一场温和，但坚定的非暴力不合作运动。他们就是70年代中期以来出生的，以电视剧，动画片，电子游戏与互联网为基本精神食粮来源的新一代诗人，我们可以称之为“新人类·卡通一代”诗人。他们的诗歌写作观念与其前辈诗人完全背道而驰，他们有着与其生存环境相适应的诗歌写作原则。

他们热爱商业社会并投身其中，相信现代社会中有着前所未有的诗歌资源并努力发现它们。他们崇尚现代科技，蔑视与时代脱节的陈腐诗歌，为新一代诗歌插上多媒体的翅膀。他们有志于创造新的诗歌模式，模糊诗与其他文学、艺术形式的界线，创造出无所不在的当代诗歌及其变体，尽可能拓展诗歌的生存空间。打破诗坛的霸权主义，罢黜诗坛的价值审判官，消解当下诗坛两派相争的硝烟战火，寻求一切可资利用的语言资源。反对深奥的诗歌，追求诗的大众化与平民化，但与第三代诗又有所不同，新一代诗歌没有反叛对象，也不存在矫枉过正。它生而浅显，注定平凡，因为它追求廉价的个性，请特别注意，它追求廉价的个性而不是没有个性。廉价是我们时代的象征，我们必须为之喝采，廉价的电脑比昂贵的好，艺术，文学，诗歌莫不如是。他们唯一的反叛，是对旧的出版体制的反叛，卡通一代的诗不崇拜铅字，排斥任何发表资源的垄断，它将通过一切媒体出现在尽可能多的读者面前。卡通一代诗人热爱生活、尊重生命，反对任何自毁倾向，反对为艺术而艺术，坚信生活第一，艺术第二。他们写作的全部理由在于使生活更美好而不是使语言更美好。

卡通一代诗人是全新的一代诗人，他们热爱前辈诗人并继承前辈诗人，他们有着自己的诗歌准则，因此我们有理由相信他们将创造新一代的诗歌。

被我们命名为“卡通一代”和今后的新人类的生存虽然由不得我们选择，但在我们带有历史视野的认识中肯定是可取的。新人类·卡通一代诗人正是面对未来，面对这个即将到来的、与传统生活、观念彻底割裂而诞生于商业背景的时代，给予了超前的、必要的关注。他们的态度可能有偏颇，但却是有建设性的，他们的疑虑、担忧和歌唱，因为超前性，必将成为中国人及至人类未来生存的预言。

附新人类·卡通一代诗七首：

吧吧啦（外二首）

李　丽

日子像三粒钮扣，
用熟络的手势解开，
把我的名字打入，
你的十佳排行榜，
像打入第十九层地狱。

批量生产的爱情，
你贴着识辨真伪的标签吗?
我扯断我的假发，
做一件纯羊毛斗蓬披风，
让你更袒露些，
有点品位吧!

海洛因风貌的少年，
波普艺术包装了你吗?
我撩开我的贝贝裙，
做一只不上绳的风筝，
让你在不对称的世界滑翔，
有点刺激吧!

立交桥上上下下的蚂蚂蚁蚁，
渴了吗? 喝点苏打水吧!
鼓手吧女电子信徒网虫大叔，
上坡就努力下坡就加速，
无人售票的厕所也是需要吧!

我无意洞穿一切，
我的年轻与费劲像打结的露脐装，
我虚无为你流泪为你真诚为你，
有空就伸出你的正手，握握我的反手吧。

把理想当汉堡吃掉

七彩头发在中国飘起
一只啄木鸟在治病
把世界玩成机器

加菲猫伸伸腰
降雨机率零
一级格斗
现代化
乳沟
肾

洞
真理
美少女
下岗问题
20 元人民币
见到谁爱上谁
超人泡在可乐里
把理想当汉堡吃掉
人们为共产主义奋斗

代　沟

这是场很有意义的争吵
女孩第一次穿了长裙
与你相亲
在格调普通的咖啡厅

听着
前提是服从我的理论
先同居再操纵爱情
对未来概不负责

你推了推眼镜

毛骨悚然望望四周
嘘
小声点
我主张从谈朋友开始
一切水到渠成
你明白吗
我很保守

女孩提高了声调
没有半点商量余地

拉倒
美国处男都不如
ontofdate 的马拉松和持久战
你再耽误我一分钟
就担负霸占一个单身女子的罪名

四周的人竖起耳朵
你的脑袋缩到衣领里
咖啡杯咯咯笑到打颤

我只想在图书馆的书架后
久久凝视 -个纯情少女
玉洁冰清

毛病！代沟！学究气！
女孩掉头而去
泼在你脸上的咖啡像幅
前卫作品

一个网虫的生活

世　宾

我的快乐来自“哒哒，哒哒哒”
我知道有战争，但不知在什么地方
只听过饥饿和人吃人
但不知是什么机器生产出粮食

我的快乐来自：“哒哒，哒哒哒”
满眼是美丽的图像：正义就是力量
我所有的热情，没有虚抛
它献给了未来战士和SNOOPY
简单的生活使我飞起来
政治是一堆狗粪，MIT是我的家
在那里奔跑，唱歌
把诗篇唱给一个相遇的陌生人

我的快乐来自“哒哒，哒哒哒”
有过的风暴已云消雾散
没有什么能惊动我
我来的地方：大海波澜壮阔

奔腾的心

杨　昂

古典写作又一次面临终结，
我的笔，我的电脑说：

你的激情呢?
你的那颗心，
是不是一颗奔腾的心?
让我们计算一下，
我，杨昂，汉语诗人
每分钟心跳七十下，约一赫兹
奔腾的心，英特尔 99 年出品，
主频四百五十万赫兹，
让我把光荣的任务交给你
我的电脑
你将写下不朽诗篇
因为你有一颗奔腾的心

追、追、追、跑、跑、跑、我要变成打不死的怪兽

彭俏梅

绿色是 colqare 挤出的牙膏
白色的饭粒挤上鲜红的茄汁
大怪兽、大怪兽
闪烁的机房里
银灰色的游戏机
浮出紫色的脸红色的毛发的大怪兽
与我的红色头发衬到绝
打、打、打、手在按钮上颤动
腿在抖、头在抖、屁股扭扭
只为打倒那只大怪兽
黄色的荷包蛋黄、被不锈钢刀叉撕破表皮
流出的是液体

摸慰着嗓子眼的
是棕色的可乐
哥斯拉大怪兽
我爱你
我真想变成打不死的大怪兽
吓死你，绿毛怪，三眼兽
追追追，跑跑跑
我要追上大怪兽，我好想亲亲大怪兽

史诺比放狗屁

李小燕

一

打遍天下无敌手，成龙大哥一不小心
种下龙种
准备在龙之年诞生自编自导自演作品——
小龙女
甲说：是男人都是这么衰
乙写：港姐玩野啦

二

三角——代表稳定的图形
在恋爱中变得如此动荡不安
靓伊面哥哥长发一甩
两位美女的心即刻乱如麻
玩一玩一箭双“琪”的游戏吧

三

无情无义，骗财骗色
一时间成了窦唯的代名词

"王菲的老公"这比"北京摇滚乐手"更合乎称谓吧
甲说：名女人不一定是好老婆
乙说：好女人遇到现代陈世美
搞一个民意调查吧
支持王菲的举手（现场反应）
支持窦唯的给点反应吧（现场反应）
唉，你是明星吗
唉，你想成名吗
那么，你是：
一只玻璃缸里的金鱼

你什么时候上厕所?
你用多少节厕纸?
你有老婆吗，你有情人吗，你有私生子吗?
不管你知不知道
狗仔队比你更清楚
"雅芳比女人更了解女人"
狗仔比你更明白你

附录五：

入选作品出处

宋晓贤诗七首　选自自印诗集《梦见歌声》

吕约　父亲/运动员/助手　选自《山花》1999 年第 10 期

幻影　选自《作品》1999 年第 7 期

沈浩波　福莱轩咖啡馆·点燃火焰的姑娘/我想看见光　选自自印诗集《雨中抒情》　302 中巴·作为一名听众/老家伙/女友醒来　选自《葵诗歌作品集·1999 年第 1 卷》

李红旗诗四首　选自《芙蓉》1999 年第 6 期

朵渔　河流的终点　选自《朋友们》1999 年第 2 期　穷人旅店　选自《葵诗歌作品集·1999 年第 1 卷》　玻璃蜂房　选自《诗》1999 年第 7 期

巫昂诗五首　选自 1999 年自印资料

盛兴诗五首　选自《葵诗歌作品集·1999 年第 1 卷》

李建春诗三首　选自《新诗人》创刊号 1999 年 12 月版

颜峻诗三首　选自《朋友们》1999 年卷

世宾诗四首　选自诗集《如此固执地爱着》1999 年 11 月版

杨志诗四首　选自自印诗集《纸上寻欢》

安琪诗一首　选自《太湖》1999 年 A 卷

王小妮诗一首　选自《作家》1999 年第 11 期

宋琳诗二首　选自《山花》1999 年第期

于坚诗二首　选自《作家》1999年第9期和《葵诗歌作品集·1999年第1卷》

侯马　吃杏的姑娘/凝望雪的傅琼　选自《广州文艺》1999年8月　望长安/欲飞结　选自《顺便吻一下》

韩东诗六首　选自《大家》第4期

翟永明诗二首　选自《花城》1999年第2期

伊沙　生活的常识/张常氏，你的保姆/风光无限/遥远的前世/回答母亲　选自《我终于理解了你的拒绝》

杨克　缓慢的感觉　选自《火锅子45期·亚州诗坛》

　　获赠书上的签名　选自《南方都市报》1999年12月

梁小斌诗二首　选自《广州文艺》1999年第9期

阿坚诗一首　选自《湖南文学》1998年第12期

徐江　关于青春/大好年华　选自诗集《我斜视》

　　俺这十年　选自《葵诗歌作品集》1999卷

杨黎诗一首　选自自印《诗刊》

何小竹诗二首　选自自印《诗刊》

马松诗二首　选自《广州文艺》1999年10月

余怒诗五首　选自《诗参考》总第14、15期

灰娃诗二首　选自《人民文学》1999年第9期

吉木狼格诗一首　选自成都自印《诗刊》

张枣诗一首　选自《作家》1999年9月

潞潞　笼罩童年的一日　选自《上海文学》1999年3月号

　　一切都不可避免　选自《一行》1999年5月，总第24期

北岛诗三首　选自《火锅子46期·亚州诗坛》

食指诗三首　选自《新周末》

刘立杆诗三首　选自《广州文艺》1999年第6期

昌耀诗一首　选自《长城》1999年第2期

莫非诗一首　选自《桌面》1999年第1期

张曙光诗二首　选自《阿波利奈尔》1999年第8期

叶舟诗三首　选自《满族文学》1999年第3期

臧棣诗一首　选自《诗刊》1999年第5期

凌越诗二首　选自《新诗人》创刊号，1998 年 12 月号
树才　活下去　选自《桌面》1999 年第 1 期
　　人们欢乐/小小蚂蚁　选自《诗刊》1999 年第 8 期
西川诗二首　选自《花城》1999 年第 1 期
朱朱诗三首　选自《花城》1999 年第 6 期
唐丹鸿诗二首　选自《大家》1999 年第 2 期
桑克诗一首　选自《滇池》1999 年第 5 期
胡续冬诗二首　选自自印集《中国诗歌》
南人诗二首　选自自印集《气死李白》
姜涛　三姊妹　选自《偏移》1999 年第 8 期
张执浩　一碗米　选自《广州文艺》1999 年 10 月
刘漫流诗三首　选自《东北亚诗刊》1999 年第 11 期
彭燕郊诗一首　选自《湘泉之友报》
殷龙龙诗一首　选自《诗刊》1999 年第 8 期
周伦佑诗二首　选自诗集《在刀锋上完成的句法转换》（唐山出版社，1999 年 2 月版）
叶文福诗一首　选自《人民文学》
任洪渊诗一首　选自《龙谱报》1999 年第 6 期
林莽诗三首　选自《人民文学》1999 年 4 期
绿原诗一首　选自《当代诗人》
屠岸诗一首　选自《作品》1999 年第 6 期
田原诗二首　选自《原乡》第 5 期和《今天》
麦城　失题　选自《作家》1999 年第 9 期
邵燕祥诗三首　选自《人民文学》1999 年第 6 期
彭凯雷诗一首　选自《彭凯雷诗抄》
吴晨骏诗二首　选自《葵》1999 卷
简宁诗一首　选自《斜面》1999 年 1 期
莫雅平诗一首　选自《湖南文学》1999 年第 3 期
叶匡政　夫妻肖像　选自《星星》1999 年 9 月
　　郊外，春花饭馆　选自《本地》1999 卷
　　位置　选自《广州文艺》1999 年第 9 期

大卫　种过大豆之后种什么　选自《飞天》1999年9月

继续/一种情愫　选自《鸭绿江》1999年1月号

李士非诗二首　选自《南方周末》1999年12月10日

中岛诗二首　选自《诗参考》总14、15期

杨晓民诗三首　选自诗集《羞涩》

张宏志诗一首　选自《作家》1999年2月

东川诗一首　选自《大型诗丛》1999年3月

车前子诗一首　选自《桌面》1999年第1期

陆健诗二首　选自《人民文学》1999年第7期

李元胜诗二首　选自《橄榄树》1999年第6期

卢卫平诗二首　选自《诗刊》1999年第4期

道辉诗一首　选自《长江文艺》1999年第4期

钟鸣诗一首　选自《作家》1999年第5期

巴音博罗诗一首　选自《上海文艺》1999年第7期

曹宇翔诗一首　选自《诗潮》1999年9—10月号

大解诗一首　选自《诗刊》1999年第5期

李森诗一首　选自《作家》1999年第10期

李龙炳诗一首　选自《诗境》第二辑

娜夜诗一首　选自《人民文学》1999年第8期

李南诗二首　选自《诗刊》1999年第8期

江熙诗二首　选自《葵》1999年第2卷

凸凹诗一首　选自《星星》1999年9月

江城诗一首　选自诗集《如此固执地爱着》1999年11月版

路也诗一首　选自《星星》诗刊1999年第6期

老刀诗一首　选自《花城》

江一朗诗一首　选自《江南》1999年第2期

小海诗一首　选自《上海文学》1999年8月

刘玉浦　只有春天在遥远地支撑　选自《北京文学》1999年4月

五月的大风吹走我的情人　选自《北京文学》1999年3月

肖长春诗一首　选自个人随笔集《与江河同行》

黄灿然　杜甫　选自《明报》99年4月10日

路过深圳　选自《纯文学》复刊第 14 期
张国治　肉身铭文　选自《中国时报》1999 年 11 月 12 日副刊
电子情人　选自 1999 年 5 月 4 日《自由副刊》
颜艾琳　客人　选自台湾《1998 年年度诗选》1999 年 6 月版
洛夫　白色的喧嚣　选自诗集《雪落无声》1999 年 6 月出版
余光中　风声　选自《98 年度诗选》(1999 年 6 月出版)
唐捐诗一首　选自 99 新作
叶英杰诗一首　选自《纯文学》复刊第 15 期，1999 年 7 月出版
罗门诗一首　选自台湾《联合报》1999 年 7 月 14 日副刊
詹澈诗一首　选自《诗短·情长》
简政珍诗一首　选自《中国时报·人间副刊》
张默诗一首　选自《蓝星诗学》创刊号
向明诗一首　选自《80 七年诗选》1999 年 6 月出版
辛郁诗二首　选自台湾《中国时报》1999 年 1 月 5 号
隐地诗一首　选自台湾《中国时报》1999 年 8 月 4 日副刊
尹玲诗一首　选自《台湾诗刊》1999 年 9 月号
黄粱诗一首　选自《台港文学选刊》，1999 年第 9 期
香君诗一首　选自自印诗集《在光和庇荫下》
杜家祁诗一首　选自《纯文学》复刊第 15 期
廖伟棠诗一首　选自香港《大公报》1999 年 1 月 13 日

胡彦《没落，还是新生?》选自《作家》1999 年第 7 期
黄灿然《在两大传统的阴影下》选自作者手稿
张柠《〈0 档案〉：词语集中营》选自《作家》1999 年第 9 期
崔卫平、奚密《为现代诗一辩》选自《读书》1999 年第 5 期
韩东《论民间》选自作者手稿
沈浩波《后口语写作在当下的可能性》选自作者手稿
谢冕《实现的与期待的》选自《东南学术》1999 年第 2 期
沈奇《诗性、诗形与非诗》选自《当代作家评论》1999 年第 6 期
陈仲义《诗写的个人化与相对主义》选自《东南学术》1999 年第 2 期
王光明《个体承担的诗歌》选自《诗探索》1999 年第 1 期

伊沙《世纪末：诗人为何要打仗》选自《文友》1999年第11期

谢有顺《内在的诗歌真相》选自《南方周末》1999年4月2日

唐晓渡《致谢有顺君的公开信》选自《北京文学》1999年第7期

西川《思考比谩骂更重要》选自《北京文学》1999年第7期

沈浩波《谁在拿"90年代"开涮》选自《文友》1999年第1期

王家新《也谈"真相"》选自《科学时报·今日生活》版

孙文波《事实必须澄清》选自《科学时报·今日生活》版

伊沙《究竟谁疯了?》选自《科学时报·今日生活》版

臧棣《诗歌：作为一种特殊的知识》选自《文论报》1999年7月1日

韩东《附庸风雅的时代》选自《北京文学》1999年第7期

张曙光《90年代诗歌及我的诗学立场》选自《诗参考》1999年总第14期

蒋浩《民间诗歌的神话》选自《科学时报·今日生活》版

沈奇《何谓"知识分子写作"》选自《北京文学》1999年第8期

侯马《90年代业余诗人专业写作的开始》选自《北京文学》1999年第8期

唐晓渡《我看到……》选自《科学时报·今日生活》版

徐江《敢对诗坛说"不"》选自《北京文学》1999年第8期

谢有顺《诗歌在疼痛》选自《大家》1999年第5期

程光炜《新诗在历史脉络之中》选自《大家》1999年第5期

曾非也《看诗坛热闹》选自《东方文化周刊》1999年第26期

林白《灵魂的回头与仰望》选自《青年文学》1999年第8期

于坚《真相——关于"知识分子写作"和新潮诗歌批评》选自《诗参考》1999年总第14期

沈浩波《让争论沉下来》选自《科学时报·今日生活》版

世宾、杨昂《新人类·卡通一代诗在中国》及所附诗歌均选自打印资料。

注：其余未注明出处的作品均选自作者寄来的手稿

《中国新诗年鉴》99 工作手记

《1998 中国新诗年鉴》作为诸多“导火索”之一,在千年结束之际的 1999 年,引发了诗歌界自朦胧诗以来的又一场大论战。在大众文化恣肆汪洋的传媒时代,在诗歌这种最古老的艺术样式似乎愈来愈远离人们视野的今天,我们不仅成功找到了畅通表达纯粹艺术探索的渠道,而且强烈感受到了诗在我们近几代人的生活里依然有着的旺盛生命力,这么多的读者、诗人、批评家和传媒关注中国新诗的建设,令编委们更加意识到自己工作的意义和责任。尽管论争中有个别言论也许过于激烈,有的话题甚至脱离了诗学范畴,有相互攻讦之嫌,但有幸的是,这毕竟是发生在诗歌界内部的艺术之争,在二十世纪下半叶——我们共和国五十年的历史进程中,它很可能是诗坛唯一一次没有受到政治干预的文艺争鸣。就外部文化大环境来说,它至少拓展了诗歌交流的空间,在一定程度上激活了诗歌选集的出版;就写作本身而言,论战从根子里涉及的现代汉诗的资源和语言问题,艺术向度的原创性与互文性问题,诗的感受力深度与思想深度问题等等,绝不是无谓的“场域”之争。“98 年鉴”所倡导的直面切入当下生活,蕴含更多在场的叙事因素,以简洁的表达与事物相遇,把事物复杂的内在以诗的形式表现出来,探索汉语语言新的美学空间,光复汉语尊严的“年鉴精神”,在新诗于新的世纪再次上路的时刻,对激发正在创作的诗人的激情与活力,对未来新诗发展走向都有所裨益。当从谁离“缪斯”更近的意气用事的辩驳中冷静下来后,诗人经过反思,最终还是会回到诗歌写作本身。我们相信,随着时间的推移,这场对话的重要性将愈发彰显。

《1999中国新诗年鉴》的编选是上一年度工作的承接。年鉴策划伊始,我们就以务实的态度,拟将这项事业持续性地坚持下去,且力求愈做愈好。1999年3月,编委会全体成员会聚广州,然后又去了桂林,商讨年度工作计划。4月至8月,在穗的编委多次聚会,安排并且具体开展编务活动。6月起,我们陆续在近二十家报刊登载了"征稿启事",并给数百位有影响的诗人发了约稿函,收集、整理、复印从正式出版物和民间自印刊物上筛选的作品。11月中旬,经杨茂东提议,年鉴编委会和《诗探索》编辑部共同在京郊举办了"龙脉诗会",力图让诗人和批评家就创作实践和批评实践真正产生一些对话。会后,全体编委齐聚中关村,对一年来方方面面的意见和建议作了认真梳理,对年鉴的具体编选进行了细致的讨论。大家认为,"98年鉴"对我们自己时代文化状况和诗歌创作的把握和判断基本是准确的,年鉴的诗学立场和艺术取向值得肯定。真正的诗从来就是独立的,自在的,体现的是自由激荡的创造精神。尽管90年代以来的社会转型,使文学的生存空间也发生了变化,意识形态色彩逐渐淡化,民间诗歌与公开出版物上发表的诗歌其实有相当部分是重叠的。但诗跟小说之类至今仍完全依赖于主流载体的文学样式情况不同,体制内的诗歌刊物和挤出少量版面发表诗歌的文学杂志,在推出好诗上一直未能形成气候,未能取得诗界本身的认同,因此正式出版物从未有获得诗人和读者公认的真正能代表诗歌艺术成就的权威期刊出现,加上诗较之其它写作手段更少刺激感官的作用,不被大众传媒"看好",这就使得诗歌依然分散性而非集束性发表,更多的仍旧以民间的方式相传。还有一个更为重要的因素,近二十多年来诗歌的命运,使"民间性"成为中国新诗的"小传统",成了诗人的自觉行为。一批又一批诗人前赴后继,以拒绝和绕开的的姿态,毫不妥协地面对各种庞然大物,组织了数以千计的民间诗社,创办了数以百计的民间诗报,出版了数以万计的自印作品，捍卫了写作的自由和纯正，守护了文学家的人格与良知。当后世的读者和文学史家回望这一时期的中国文学时将发现，正是这个伟大的传统，使诗歌没有蒙羞，成为二十世纪末中国现代文化的精神源头之一。一个读者或一个批评家，一个想了解或研究中国诗歌的人，如果不涉及民间诗歌，仅凭公开出版的刊物所提供的诗歌资料，他见到的实际上仅是冰山浮在海面的一小部分，他想当然地对诗歌作出的判断与结论，肯定是不可靠的。这就是编委会不接受“年鉴应只收入‘正规’发表过的诗作”建议的根本原因。打个也许不很恰当的比喻，《诗经》的精髓“国风”，就是我们所编的年鉴区别于其他诗选的最重要的品质。

年鉴编委会成员在 99 年度有所变化。2 月，资深诗歌批评家沈奇加入编委；4 月，韩东因故退出，他表示仍将继续支持大家共同的事业；10 月，侯马作为新一代诗人中坚力量的代表之一进入；11 月，又接纳了当下最活跃的实力派批评家张柠。由于 1999 年 9 月我到北京大学做谢冕先生指导的访问学者，本年度后期大量具体琐碎的编辑事务，主要由在广州的编委完成。温远辉、李青果、张柠(广州的青年诗人宋晓贤、世宾、老刀等应邀协助)从众多诗作中初选出一千多页的作品；尔后，黎明鹏参与，由张柠担纲细读，大家又用了大量时间，反复斟酌，将诗作删到五百多页，再压缩到近四百页；谢有顺承担了写序的重任，并主要负责理论部分和争鸣文章的编选；西安的沈奇担负了港台诗歌的初选，整理全年诗歌大事记和作诗学理论文章摘录；杨茂东组织编辑部人马完成了繁烦庞杂的编校和策划工作。跨进 2000 年，全部稿子寄到北京，我和侯马又一次作了增删(青年诗人沈浩波提供了不少有益的建议)。元月中旬，我放寒假回到广州，召集在穗的编委再次详尽讨论了年鉴有关事宜。对有些诗作，编委的看法相左，争论反驳，发言很激烈，甚至尖锐对立，大家都充分阐述了自己的观点。实在说不服对方的，最后投票表决。若是处于极少数仍不放弃，坚持不渝的，便再议,因为有时真理确实掌握在少数人手里。编委会遵循的“游戏规则”是民主机制,每个人都是平等的,你完全可以因艺术观点的分歧吵个面红耳赤,但争过之后并不影响彼此关系的和谐融洽。在漫长的编选进程中,编委会一直与远在昆明的于坚保持联络,向他通报情况,听取建议。大致定稿后,我们将全部稿子寄给于坚。于坚也及时把他的重要意见反馈回来。

《1999中国新诗年鉴》第一卷为本年度推出的新人代表作。我们每年都把最醒目的位置给予新的一代,并非艺术上也信奉进化论,而是因为假若年鉴漏选了某个名家,的确不会对其在诗坛的地位和成就造成多大影响,可长期以来,最能体现诗歌正在发生的革命性变化的新人如果没有某种渊源,却很难被收进格局偏于固定狭窄的诗歌选本。其实所谓的“新人”,写作的年头都已不算短,作品也相当成熟,他们非但不比“大诗人”逊色,反而更有艺术探索精神,更有清亮明朗的个性,更具有活性和冲击力。我们企盼通过这种努力使该卷成为年鉴的主要特色之一和品牌,以吸引年轻诗人源源不断参与竞争。第二卷诗人的作品,在基本立场上凸现了年鉴的编辑倾向与尺度,编委看诗的方法和对好诗的认知。收入第三卷的是各种风格意义上有价值的诗歌,体现的是年鉴所具备的包容性和多元化原则。第四卷收入港台诗人的最新诗作。第五卷把肖长春单列,原因跟上一年度的胡宽、灰娃一样,他也是一位几乎被完全遮蔽的极优秀的诗人。肖长春在北京的一所高校教书,写诗二十多年,几乎所有的寒暑假,他都用来徒步行走中国广袤的大地,遗憾的是,他写下的极具个性生命的大诗,竟像他的脚印那样湮灭在诗坛浮躁的尘埃当中。我们将他向读者力荐,期待他的诗能够得到应有的重视。第六卷为诗歌理论。附录则包括争鸣文章、诗歌大事记、诗学观点摘要几个部分;而卡通诗歌作为一种新的文化现象,我们经过再三考虑,也存档备忘。本年鉴不收长诗,特此说明,谨向写出了长篇杰作的诗人致歉。

还有一点需要交代,每卷入选诗作的顺序,我们曾经考虑过行家们提出的按作者姓氏笔划或拼音字母排列的"科学"方法。但尽管这样编排十分严谨,也很省事,却未免过于沉闷呆板。在这个问题上,我们更乐于采取凸现编委主观美学趣味的方式编排,以达成整体上自由流畅的审美快感。因此名字在前在后,不代表作品质量的高低,我们顾及的是阅读整部年鉴时诗歌情愫、风格的迭荡变化。

2000 年,我们将一如既往,依靠民间的力量,为中国新诗的发展多做几件实事。年鉴编委会不是一个凝固的机构,而是一个自由组合的、富有朝气和冲击力的集群,它永远向着杰出的、有见地的、而又愿意脚踏实地做具体工作的诗人和批评家敞开。作为年鉴编纂事业发展的见证,在新的一年里,独具特色的诗人伊沙和70 年代出生的新秀沈浩波又加入到我们编委的行列。将汉语语言最纯美的华章、最先锋的美学独创呈现给读者,是《中国新诗年鉴》编者的职责和使命。我们诚邀更多的诗歌创作者和批评家赐稿,只要你认为你的作品具有一定的成熟性,可把该年度新创作以及自印和公开出版物上发表的诗文直接寄给编委会候选。

中国新诗年鉴编辑部的邮政信箱为:广州市体育东邮局 048 信箱(邮编:510620);电子信箱是:gzxc@ihw.com.cn。来稿请注明出处。今年,我们还计划举办年度诗会、作品研讨会、诗歌朗诵会等多种学术文化活动,欢迎更多的学者、诗人、诗歌爱好者踊跃参加。我们期待更多不同风格的诗选出现,唯有多样化才会出现相互制衡的健康局面。

新千年新气象,我们祝福中国的诗歌万古长新。

杨　克

2000 年春节写于广州